Digital Nudges :
소비자행동론

Understanding Digital Nudges: Consumer Behavior

김영균·김성광·임영수 공저

도서출판 두남

Preface

머리말

마케팅 환경은 급변하고 있고, 초우량 기업조차도 순식간에 몰락하는 모습을 우리는 목격하고 있습니다. 이보다 더 큰 변화는 마케팅의 주체로 볼 수 있는 소비자들의 기대수준이 상승하고 있다는 것입니다. ICT 뿐만 아니라 AI의 확산으로 인해 소비자들은 실시간으로 방대한 양의 정보를 습득하고 재생산할 수 있는 환경을 갖추게 되고 있습니다. 이에 기업들은 치열한 무한경쟁 체제에 진입하고 있으며, 생존을 위해서는 소비자의 욕구와 구매 행동을 비롯한 소비자 행동의 심층적인 이해가 중요합니다. 그러나 이해만으로는 부족하며, 효과적인 전략이 필요합니다. 특히 디지털 시대에 부합하는 접근 방식(Digital Nudges)을 모색하고자 합니다.

모든 기업은 소비자들의 충족되지 못한 욕구를 정확히 파악하여 이를 만족시켜야만 지속적인 성장을 할 수 있는 시대가 되었습니다. 고객만족 경영이나 고객감동을 넘어선, 고객들이 아직 깨닫지 못한 욕구까지 충족시키지 않으면 까다로운 욕구와 높은 기대수준을 만족시킬 수 없으며, 결국 시장에서 경쟁력을 잃을 수 있습니다. 고객을 지배하고 일정 수준까지 통제할 수 있는 전통적인 기업의 관념은 이제 무의미하며 경쟁에서 도태될 개념입니다. 이러한 시대적 변화로 인해 소비자행동에 대한 정확한 연구, 조사, 분석이 더욱 필수적으로 요구되고 있습니다. 다시 말해, 이제는 무한경쟁 구조에서 기업이 경쟁 기업을 능가하는 더 나은 가치를 제공하기 위해 소비자들의 다양한 요인을 고려하고 파악할 수 있는 고객지향적 시스템을 개발해야만 합니다. 더불어 고객들의 충성도를 유지하는 것이 필수입니다. 이러한 과제는 단순히 마케팅 부서의 문제가 아닌, 조직 전체의 통합을 통해서만 목표를 달성할 수 있는 기업에게 있어서 가장 중요한 활동입니다. 다시 말해, 최고경영자의 의지, 기업의 전략적 방향성, 조직문화의 변화, 그리고 시스템의 근본적 변화가 요구되는 것입니다. 그러나 이러한 일련의 행동들은 결코 단순하거나 쉬운 과정이 아닙니다. 따라서 고객에 대한 깊은 연구와 이론적, 경험적 배경이 반드시 바탕이 되어야 합니다.

저자는 1980년대 말부터 국내외 대기업과 컨설팅회사등을 포함하는 20년간의 기업체에서의 근무 경험과 다양한 기업 운영 경험, 그리고 수년간의 교단에서 강의한 경험을 토대로 이 책을 구성하게 되었습니다. 이 과정에서 저자는 실무적인 감각을 쌓고 학생들의 반응을 주요한 요소로 삼아 내용을 구성하였습니다. 마케팅 원론까지는 재미있게 이해할 수 있었던 학생들도 소비자행동 부분으로 들어가면 어렵다는 생각을 하였습니다. 그래서 이러한 학생들을 위해 본 책은 사례를 중심으로 구성하여 어려운 용어의 일방적인 나열보다는 수월한 대화체로 내용을 전달하려고 노력하였습니다. 이를 통해 학생들이 꾸준히 읽고 습득할 수 있도록 돕고자 최선을 다하였습니다.

저자의 의도는 이 책을 통해 현업에서 일하시는 기업인들과 마케팅 분야에 관심이 있는 분들, 그리고 미래에 마케팅 분야에서 경력을 쌓고자 하는 분들에게 고객에 대한 통찰력과 깊은 이해를 전달하고자 하는 것입니다. 이를 위해 다양한 기업 사례들을 최근 미국과 한국의 제품들을 예시로 들어 설명하고자 하였습니다. 이에 따라서 본서는 고전적인 사례를 제외하고는 미흡한 부분과 급변하는 기업 환경을 고려하여 지속적으로 보완하고 수정할 계획임을 밝힙니다.

그리고 본서를 완성하기까지 많은 분들의 관심과 도움을 받은 점에 대한 감사의 마음을 표현하고자 합니다. 특히 본서 집필 및 출판에 기여해준 김성광 박사, 임영수 박사는 공저자로서 역할을 해주었고, 또 생산적인 의견 제시를 통해서 많은 도움을 준 설무곤 박사에게도 감사를 드립니다.

항상 든든한 버팀목이 되어 주시는 부모님과 원고 수정에도 기여해준 민지, 민정과 태우에게도 감사와 사랑을 전합니다.

그리고 도서출판 두남의 전두표 사장님과 직원들, 그리고 소중한 제언을 해주신 선배 교수님들과 후배·동료 교수님들에게 진심으로 감사의 말씀을 드립니다.

마지막으로, 본서가 글로벌 경기침체에도 불구하고 국내 기업들의 경쟁력 향상과 학생들의 역량 강화에 도움이 되기를 소망하는 마음을 전달하고자 합니다.

2023년 기록적인 폭염 속에서
김영균, 김성광, 임영수 공저자

"I am eternally grateful to my savior,
whose name I will cherish forever.
In Buddha we trust."

차 례

Contents

Chapter 1 소비자행동 서론 (Introduction to Consumer Behavior)

Chapter 2 관여도 (Involvement)

Chapter 3 소비자 의사결정 과정 (Consumer Decision Making Process)

Chapter 4 구매 전 대안평가와 구매 (Alternative Selection and Purchase)

Chapter 5 구매 후 평가 (Post-purchase Evaluation)

Chapter 6 소비자 정보처리 과정 (Information Processing Model)

Chapter 7 기억 (Memory)

Chapter 8 신념, 태도 (Belief and Attitude)

Chapter 9 태도의 변화 (Changes in Attitude)

Chapter 10 학습 (Learning)

Chapter 11 개성과 라이프스타일 (Personality and Lifestyle)

Chapter 12 문화, 사회계층, 가족 (Culture, Social Class and Family)

Chapter 13 준거집단, 집단 내 커뮤니케이션, 확산

Chapter 14 소비자행동과 유통전략

Chapter

1

소비자행동 서론

(Introduction to Consumer Behavior)

Case study

명분 있는 가성비로 MZ세대 사로잡아

유통 플레이어들이 안고 있는 오랜 숙제는 향후 주요 소비층으로 떠오르게 될 MZ세대(1980년대 초~ 2000년대 초 출생)를 사로잡아야 한다는 것이다. 과거 20년 동안 백화점의 메인 고객이던 X세대는 어느덧 중장년층이 됐고 그간 '캐시카우'로 존재감을 보여온 6070 고객들은 더욱 고령화되며 구매력 지형에 지각변동이 생겼다. 매출 규모만 놓고 본다면 현재 2030 소비자층은 백화점에 큰 매출을 안겨주지 못한다. 그러나 새로운 고객층을 흡수하는 것은 백화점의 지속가능성과 결부되어 있다.

1. 사야 할 '명분'이 있어야 팔린다.

MZ세대를 관통하는 소비 트렌드는 '명분 있는 가성비'이다. 흔히 성능 대비 가격이 저렴한 제품에 '가성비'가 좋다는 평을 하는데 이와는 개념이 조금 다르다. 가령 나이키와 토이스토리가 컬래버레이션을 해 상품을 출시하면 사람들은 해당 제품의 희소성과 상품성 대비 가격을 놓고 가성비를 따져본다. 중요한 것은 이 제품이 품고 있는 '스토리'가 구매로 이어지는 주요한 명분이 된다는 점이다. 또 하나의 키워드는 '빈티지'이다. 이것 역시 최신 트렌드 스터디를 통해 뽑은 키워드이다. 특히 젊은 층 사이에서 본인의 출생연도와 같은 빈티지 롤렉스가 화제가 되고 있다. 또한, MZ세대가 아날로그 문화를 추억하며 흑백 카메라와 레코드 LP판 같은 빈티지 아이템에 관심이 많다.

2. 브랜드보다 '팬덤'을 보라.

젊은 층을 현장으로 불러들이는 결정적인 요소는 결국 마니아층을 보유하고 있는 브랜드 파워이다. MZ세대 소비자층은 오프라인에서 만날 수 있는 자신의 '최애' 브랜드를 경험하고 그 브랜드가 추구하는 가치에 동참하기 위해 제 발로 리테일 매장을 찾아온다. 특히 백화점이 선택한 브랜드에 대해 소비자들이 트렌디하고 패셔너블한 것으로 신뢰할 수 있게끔 만드는 것이 중요하다.

「동아비즈니스리뷰 335호(2021년 12월 Issue 2), 일부수정」

고객의 중요성과 고객이해(understanding customer)

최근 기업들은 급변하는 경영환경 속에서 경쟁하고 있다. 하지만 아직도 우리는 글로벌 스탠다드에 못 미치는 전략들을 간혹 사용하고 있기도 하다. 예를 들어서 국내의 최고 기업 중 하나인 현대. 기아차의 경우도 관세인하 및 철폐의 여파로 인해 가격 경쟁력을 갖춘 수입 자동차들의 의해서 시장을 잠식당하고 있고, 중국 등 일부 시장에서 고전을 하고 있기도 하다. 게다가 수입차들이 적정가격에 좋은 품질로 제품을 제공하다 보니 해외시장에서도 역시 비슷한 성능에 비교적 저렴한 가격 정책을 구사했던 가격 정책도 무의미한 시대이다.

현재의 고객들은 한 가지 제품의 구매를 통해서 열 가지의 욕구를 만족시키고자 한다. 이는 결국 복잡한 구매행동이나 교차 구매행동으로 나타나기 때문에 기업들의 입장에서 본다면 매우 힘든 시기인 것이다. 만일 대형차를 구매하는 고객들에게 가장 중요한 구매 포인트는 무엇일까 생각해보자. 아마도 소비자의 경제적, 사회적 능력을 보여줄 수 있는 고급스러운 외장과 내장, 스타일, 안전성 그리고 강력한 차량 성능 정도가 떠오를 것이다. 이것이 소비자가 원하는 모든 욕구를 대변한다고 할 수 있을까?

또한 전기차와 하이브리드 등등 기존의 자동차의 엔진 성능을 능가하면서도 연비가 우수한 새로운 카메이커가 속속 등장하고 있는 것도 현실이다.

하지만 브랜드 파워가 있는 글로벌 카메이커들(Mercedez-benz, BMW, Lexus)은 대형 고급차를 출시하면서 역시 연비에도 신경을 쓰고 있는 점을 생각해 볼 필요가 있다. 국내에서 재벌그룹 총수들이 가장 많이 애용한다고 하는 Benz의 S시리즈인 S500, S600의 경우 고급차의 대명사임에도 불구하고 연비를 살펴보면 리터당 33.3Km라는 놀라운 경제연비를 보여주고 있다.

차별화를 연구하는 많은 학자들은 경쟁자와 동일한 제품으로는 소비자의 주의를 끌지 못하며, 현 시장에서는 퍼플 카우(purple cow)와 같이 차별화된 제품만이 생존의 길이고 과거와 같이 대규모 홍보와 광고에 의존하게 되면 결국 수익성 악화로 인해서 오늘의 독점적인 시장 지위는 내일을 기약하기 힘들어 진다고 말을 한다(김영미, Seth Godin). 기업들의 제품개발이나 가격정책, 홍보나 유통에 중요한 역할을 하는 마케팅 믹스(Marketing Mix)이지만, 이 모든 것들도 결국 소비자에게 차별화된 마케팅 믹스 전략을 구사하지 못할 경우 아무 소용이 없다는 것이고 이는 많은 요인들 중 소비자들이 가장 중요한 요인이라는 것을 나타내고 있다.

그렇다면 시장에서 소비자들이 어떤 존재이며 어떤 상황에서 소비자행동이 발생하게 되어가는 마케팅에서 가장 중요한 시작점이라고 볼 수 있겠다.

일반적으로 주중에 바쁘게 근무하는 직장인과 사업자들은 대부분 관심 있는 드라마나 스포츠 관련 내용을 본방송보다는 주말에 집에서 재방송으로 시청하는 경우가 대부분이다. 이때, 소비자들이 가장 흔하게 접하게 되는 것은 각 기업들이 제품이나 브랜드의 우수성을 알리기 위해서 소비자들의 관심을 끌 수 있도록 제작된 광고들을 먼저 접하게 되는 것이 일반적일 것이다. 흔히 주말에 편성되는 프로그램들은 시청률이 높아서 심한 경우, 드라마 시작 전후 15개에서 20개 가까운 광고들이 연결되어 방영되곤 한다. 이중에는 동일한 상품을 취급하는 경쟁사간 광고도 있고, 또는 같은 회사의 다른 제품에 대한 광고가 중복이 되기도 한다. 따라서 소비자들이 처리할 수 있는 정보량에 비교해서는 매우 많은 자극들이 쏟아져 나오고 있는 것이 현실이라 차별화되어 소비자들의 관심과 지각을 끌 수 있는 마케팅 믹스를 펼쳐야 하는 것이다.

소비자들이 하루 일과를 시작하는 아침부터 하루를 정리하고 내일을 준비하는 시간까지 의식적, 무의식적으로 제품이나 브랜드 관련 자극을 받고 여러 가지 제품과 서비스를 이용하는 소비자행동을 하게 되는데, 이윤창출을 목표로 하는 기업들은 이러한 치열한 경쟁 속에서 소비자들이 자사브랜드의 제품을 선택하도록 최선의 마케팅노력을 하고 있다. 일반적으로 학자간의 의견이 다르지만 대략 소비자들은 일일 1,500~3,100개 정도의 마케팅자극을 받는 것으로 알려져 있다. 과연 소비자들이 이렇게 많은 수의 광고나 정보를 접하게 될까하는 의구심을 가질 수 있고 매우 많은 숫자인 것처럼 보이지만, 소비자가 아침에 눈을 뜨고 TV를 시청하고 신문을 잠깐 보다가 집을 나서면서 현관문에 붙어 있는 전단지(flier)들 그리고 주차장으로 가는 길이거나 차를 소유하지 않은 소비자의 경우는 걸어서 버스정류장까지 가면서 많은 상점의 간판, 플래카드와 안내물들 그리고 정류장에 있는 외부 돌출 광고들 또 버스 내부 광고들과 지나가면서 보게 되는 많은 광고와 회사에 출근해서 보게 되는 광고성 이 메일(e-mail), 스마트폰을 통한 문자(SMS, MMS, SNS) 등을 합치면 하루 생활하는 동안 접하게 되는 광고의 수는 엄청난 수인 것이다.

기업들이 꼭 염두에 두어야 하는 것은 이와 같이 수많은 광고자극들의 홍수 속에서 실제 소비자가 인지하고 기억하는 마케팅자극의 수는 11~14개에 불과 한 것이 현실이다. 이 경우는 소비자들이 알고 싶어 하지 않아도 치열한 경쟁으로 인해 쏟아져 나오는 다양한 자극이 되겠다.

현실에서는 소비자들이 의도와는 무관하게 많은 정보에 노출되어 있고 또 과거의 제품 사용 경험이나 유사제품의 사용을 통해 축적된 제한된 제품 지식도 있기는 하지만, 정작, 특정제품을 구매하고자 할 때에는 시장에서 그들이 원하는 재화나 서비스를 선택하는 것이 쉽지 않다. 왜냐하면 소비자는 자신의 욕구를 충족시켜 줄 만한 충분한 지식원천을 가지고 있지 못하며 많은 마케팅 자극에도 불구하고 자신의 욕구를 충족시켜 줄 수 있는 재화나 서비스를 원하는 시점에는 적절한 정보를 찾기가 쉽지 않기 때문이다.

기업과 소비자의 관계의 변화

① 생산자 시대 : 수요 〉 공급－기업이 정보 및 여러 가지 입장에서 우위를 가지고 제품이나 서비스를 제공만 하면 되던 시대
② 판매자 시대 : 수요 ≒ 공급－소비자의 욕구가 공급과 거의 같아진 시대
③ 마케팅 시대 : 수요 〈 공급－경쟁이 치열해 지고 소비자가 선택의 권리를 가지게 되어 고객만족이라는 개념이 대두된 시대로서 현재까지를 칭하며, 이는 계속 심화될 것임

생산자 시대와 같이 제조업체가 경쟁우위를 가지고 많은 이익을 추구하고 고객에 대한 배려가 최소상태였던 시대는 흘러가고 소비자들이 경쟁우위를 가지고 있는 상태임으로 과거의 기업과 소비자의 관계와는 완전히 상반되게 소비자들의 숨겨진 욕구와 필요를 경쟁사보다 더 흡족하게 만족시켜야 하는 입장이 된 것이다. 이렇듯이 각 기업과 서비스회사들이 공급하는 재화나 서비스가 고객의 수요를 넘어서고 있는 상황에서는 우선 고객이 무엇을 원하고 있는가에 대한 정확한 분석을 바탕으로 제품을 만들고 또 이렇게 만들어진 제품을 좀 더 정확하고 효율적으로 알려서 판매로 이어지도록 하기 위해서 소비자행동을 연구하지 않고는 성공할 수 없는 시대가 도래한 것이다. 이와 마찬가지로 고객의 획득이 어려운 마케팅시대에 속해 있는 마케팅 관리자나 기업가들은 고객의 중요성을 인식하고 한번 기업의 고객이 된 사람들에게는 그 고객이 이탈하지 않고 계속 고객으로 남아 있을 수 있도록 하는 관계 마케팅의 개념이 중요시되고 있다.

특히 인터넷 시대로 접어들면서 일대일 마케팅이 큰 주목을 받으며 시행되고 있는 것이다. 예전에는 고객이 한번 물건을 구입하면 무관심했으나 지금은 구입한 제품을 소비자가 사용하다가 고장이 나서 A/S를 받아간 후에도 고객에게 며칠 있다가 전화를 걸어서 수리하신 제품에 이상 유무를 확인하는 전화(trace calls)를 걸 정도로 고객의 중요성이 부각되고 있으며, 기업의 입장에선 고객과의 관계를 지속적으로 유지를 하여 지속적인 만족을 제공할 때만이 치열한 경쟁 속에서 소비자들의 관심과 애호도를 통한 고객 충성도를 발생시킬 수 있는 것이다. Phillip Kotler가 이론을 세운 수렵형 경영과 경작형 경영을 통해서 이 관점을 살펴보자.

① 수렵형 경영 : 사자가 먹이를 구할 때 우기에는 많은 동물들이 샘물에 먹이를 구하러 오기 때문에 매우 풍부해서 먹이를 구하기가 매우 쉽다. 그러나 건기에는 먹이를 구하기가 매우 힘들어서 그 기복이 심하다.

기업은 생산자나 판매자 시대에는 제품만 만들면 저절로 판매되는 시기였기에 불만족을 가진 고객들의 문제를 적극적으로 해결하지 않아도 되었다.

그러나 지금처럼 많은 기업들이 소수의 고객의 마음을 얻고자 하는 시대에 수렵형 경영 방식을 추구하는 회사는 시장에서 도태될 것이다.

② 경작형 경영 : 인류가 농사를 지으면서 군집생활을 시작함으로 역사가 시작되었다는 역사가들의 의견과 같이 다양한 욕구를 가진 소비자들을 만족시킬 수 있는 제품과 서비스를 제공하고 그들이 원하는 것을 지속적으로 충족시킬 수 있도록 관리를 하는 경영방식 만이 고객을 지속적으로 유지할 수 있기에 일반 대중들을 대상으로 한 대중 마케팅에서 표적 집단을 대상으로 한 표적 마케팅으로 또 그 표적 중에서도 가장 수익성이 큰 개개인의 고객들을 대상으로 하는 일대일 마케팅이 자리를 잡아가고 있는 것이다. 각 마케팅 관련 주요 내용은 [표 1-1]을 보면 쉽게 알 수 있을 것이다.

결론적으로 보면, 일방적으로 고객을 향해 광고나 홍보를 하는 것에는 한계가 있고, 또 모든 고객들의 생애가치(Life time value)는 동일하지 않기에 자사의 브랜드(제품이나 서비스)와 가장 부합하는 개인들을 찾아내고 지속적으로 그들이 원하는 제품을 제공하고, 또 더 나아가서는 그들이 아직 깨닫지 못하지만 꼭 필요한 제품들을 출시해서 지속적인 관계를 맺어 가는 것이 치열한 경쟁시대에 생존할 수 있는 유일한 길이고 그 실행은 통신기술을 포함한 ICT (Information, Communication, Technology)로 인해서 가능해진 것이다.

[표 1-1] 마케팅 방식의 변화

구 분	대중마케팅	표적마케팅	인터넷마케팅
대상	대중	표적집단	개인
시장접근방법	비차별적	차별적	데이터베이스
마케팅 목표	시장점유율	시장, 고객점유율	고객점유율
관리	제품관리	제품 및 시장관리	고객관리
커뮤니케이션	단방향	단방향	쌍방향
시장세분화	인구통계학적	소비자행동 분석적	데이터베이스
광고	Push형	Pull형	상호작용
촉진	대중	고객의 요구	새로운 촉진법
유통채널	중간상	중간상, 직접	직접

소비자행동과 경쟁적 환경 속에서의 고객만족

최근 의료 트렌드를 살펴보면 중국, 러시아를 위시한 동남아시아에서 많은 환자들이 한국에 와서 여행도 하고 성형수술을 하는 수가 급증하고 강남의 병원 밀집지역을 가보면 두 병원 중 하나는 성형외과임을 알 수 있다. 대형 병원들도 각종 맞춤형 프로그램으로 해외에서 성형 및 의료 환자들을 모집하고 있다.

우리는 흔히 제품과 서비스와 같은 물리적인 제품들만을 소비자들이 구매하고 심리적으로 느끼는 부분만을 소비자행동의 전형적인 유형이라고 보아 왔지만, 최근 이리힌 '외모 지상주의' 시대에는 성형수술과 같은 것들도 소비자들의 소비 행동이라고 볼 수 있을 것이다. 과거, 성형이라고 하면 연예인이나 외모에 자신이 없는 미혼 여성들이 관심을 가지는 것으로 알고 있고 대중적이라고 하면 쌍꺼풀 수술 정도였다면 지금은 성별이나 나이에 관계없이 중요한 변수로 쓰이는 시대에 살고 있다. 모든 의료 행위가 위험을 필연적으로 내포함에도 불구하고 아름다워지고자 하는 욕구는 소비자 자신이 가지고 싶은 명품 백, 액세서리, 보석, 화장품, 각종 전자제품, 차 등의 제품들을 구입하는 행동과 마찬가지로 일종의 소비자행동인 것이다. 물론 자의도 있고 타의도 있을 수가 있으나 최근 리크루트(recruit) 센터 주관으로 각 30대 그룹회사의 인사관리 담당자 508명을 대상으로 서베이(survey)한 결과, '그들이 선호하는 특정형의 얼굴형과 외모가 있다'라고 알려졌는데 이를 살펴보면, 담당자들 중 75%가 선호하는 얼굴형은 계란형이며 큰 쌍꺼풀이진 눈의 정형화된 얼굴형이었다. 갈수록 취업이 어려워지는 불경기에 남자들도 성형수술을 받기 위해서 성형외과를 찾는다고 한다. 이런 것들이 성형수술을 만연하게 하는 외부의 자극이라고 볼 수 있다. 그래서 최근에는 상대적으로 의료비는 저렴하되 수술이나 시술 능력은 뛰어난 우리나라에 많은 외국 고객들이 방문하는 것으로 알려져 있고 그중에서도 가장 해외 유치 실적이 높은 병원은 기본적인 시술외에도 여러 가지 서비스를 포함한 상품을 개발해서 차별화 전략을 구사하고 있다고 한다.

그렇다면 이러한 소비자행동은 왜 일어나는 것일까? 일반적으로 모든 사람들은 현재의 자신 보다 소비생활을 통해서 조금 더 나아진 모습을 꿈꾸고 있다. 예를 들어, 몸매가 통통한 사람들도 입으면 날씬해 보인다고 하는 옷에 많은 관심을 보이는 이유가 실제로 날씬해지지는 안겠지만 적절한 컬러 코디네이션을 통해서 실제의 자신(real self)보다 더 나은 이상적인 자신(ideal self)이 될 수 있다고 하는 믿음 때문일 것이다. 따라서 조금 더 안정적이고 풍요로운 생활을 하고자 하거나 이상적 자신을 만들어 줄 수 있다고 믿어지는 재화나 서비스를 구매하고자 하는 욕구가 소비자 행동을 일으키는 동인(motive)인 것이다. 다시 말하면 소비자들이 아름다운 외모를 가꾸기 위해서 보석과 좋은 옷을 구입하는 것과 마찬가지로 성형수술의 목적도 조금 더 예뻐지고 매력적인 외모를 가지기 위해서일 것이다.

LG전자에서는 최고의 미니멀리즘 디자인과 극강의 성능을 갖춘 '초프리미엄'을 내세운 '시그니처' 브랜드 제품을 개발했다. 디자인과 성능을 적당히 타협하는 게 아니라 어려움을 무릅쓰고 두 마리 토끼를 잡는 '팬텀 존'으로의 진입 전략을 내세웠다. 그 결과 2년 동안 예상 판매량의 두 배를 기록했고, 브랜드 선호도와 프리미엄 지불 의향도 상승 등의 효과를 가져왔다. 최근에는 여러 프리미엄 제품들을 다양하게 출시하고 있다.

이렇듯 한 제품이나 서비스가 대 유행을 일으킨다면 수익적인 면이나 기업의 이미지 제고에 대단한 기여를 하게 되는데 소비자들이 원하는 신제품의 경우는 가격정책도 같은 제품을 만들고 경쟁이 심한 같은 제품을 판매하고자 할 때의 가격결정과는 달리 좀 더 높은 가격을 받을 수 있는 것에 기인한다. 과거 신약들이 출시되면 고가의 가격정책을 사용해온 것과 맥락을 같이 한다.

충족되지 않은 욕구의 충족은 매우 중요하다. 미국에서 다양한 신약을 개발하고 우리나라에도 개량 신약을 판매하면서 높은 수익을 올리고 있는 화이자(Pfizer) 회사가 당시 고객들이 필요는 하지만 충족시킬 수 없었던 욕구를 이해하고 예측함으로써 긍정적인 소비자 행동을 통해서 브랜드 가치를 높인 사례이다. 지금은 프랑스와 국내 제약업체들이 비슷한 경쟁 제품을 출시하며 경쟁 하고 있지만 출시 당시에는 많은 수익을 올릴 수 있었던 것이 사실이다. 소비자욕구를 충족시키는 것이 기업에게 얼마나 중요한지 보여주는 사례인데 이 회사의 매출은 매년 23%씩 증가를 했지만 당기 순이익에 경우는 높은 가격에 시판되는 비아그라의 영향으로 51%나 차지하게 되는 결과를 가져온 것이다.

또한, 고객의 존경받고 싶은 욕구의 충족은 많은 고급제품들의 출시를 촉발하게 하였다. 예를 들어, Lexus나 현대 Genesis의 EQ900 Flagship(대표) 제품광고를 보면 단순한 제품의 편익의 열거에서 벗어나 소비자들의 감성을 자극하는 광고를 하고 있는 것이 그 좋은 예가 될 것이다. 위의 두 회사의 사례와 같이 자신이 가장 잘 제조할 수 있는 기술이나 전문성 측면에서 벗어나 고객들이 가장 필요로 하되 아직 충족되지 않은 욕구를 파악하고 그러한 욕구를 해결해 줄 수 있는 제품을 출시하는 것이 수익 창출과 호의적인 기업 이미지를 세우는 길임을 우선으로 해야 할 것이고 이를 위해서 기업이나 마케터들은 호의적인 반응을 유발하는 소비자행동을 연구하고 있는 것이다.

의사가 환자를 많이 유치하기 위해 노력하는 것은 마케터들이 제품을 많이 팔고자 하는 노력과 다름이 없으며, 성공적인 마케팅을 위해서는 환자의 필요와 욕구를 잘 파악한 후 환자들이 만족할만한 시술실력과 정확한 고객의 요구사항 실현 그리고 고통 없는 수술 등 다양한 고객만족을 위해서 노력할 때 이루어 질 것이다. 최근에는 국내의 의료기관들이 해외에서 많은 환자들을 유치하기 위해서 많은 부대시설(호텔 및 휴양시설)과 통역 요원(각국 언어 능통자) 등 좀 더 나은 서비스를 제공하면서 경쟁적으로 활동하고 있는데 이는 이미 포화 상태에 있는 국내 시장보다 좀 더 수익성이 좋은 교포나 외국인들을 유치하는 것이 수익성 측면에서 효율적이라는 것을 알게 된 이유이다. 그리고 최근에는 안전하면서도 효과가 좋은 줄기세포 관련 연구기관에 미국의 유명한 영화배우들이 와서 치료를 받고 있는데 그 배경에는 미국과 같은 나라에는 의료보험을 개인적으로 들어야 하는 경우가 많아서 미국인들도 미국에서 수술을 받는 비용이 한국에 와서 의료 보험 없이 수술을 받는 비용보다 비싸다는 점과, 해외 교포들의 경우 신체 구조와 골격이 차이가 나는 서양 사람들을 위한 인공관절이나 의료 제품을 신뢰하지 못해서 한국에 와서 수술 하는 사람들이 늘어나고 있다는 것이다. 여러 가지 이유에서 소비자들은 소비자행동을 하게 되는데 최근에는 기술의 평준화가 이루어져 과거처럼 현격한 기술력이나 가격의 차이가 없는 상태에서 경쟁을 할 경우에는 차별화 할 수 있는 강점이나 대상을 찾는 것이 훨씬 더 효율적일 것이다.

고객에 대한 이해와 생애가치개념

시대를 이끌고 있는 정보기술(IT)의 아이콘을 꼽으라면 많은 사람들이 애플의 아이팟과 닌텐도를 선택할 것이다. 장기 불황에 허덕이는 일본 기업들 가운데 닌텐도만이 흔들리지 않고 성장을 거듭해왔으며, 급기야 닌텐도의 시가총액이 혼다, 캐논, NTT 도코모를 넘어섰다. 성장 동력을 보면 여러 가지가 있겠지만 대표적인 것이 스토리일 것이다. '슈퍼마리오'를 개발한 미야모토 시게루는 기존 슈팅이나 스포츠 게임은 흥미를 오래 끌 수 없으며, 게임에는 스토리가 있어야 더 오랫동안 게임을 즐길 수 있다고 하였다. 그는 어릴 적 호기심과 새롭게 만든 이야기를 바탕으로 '슈퍼마리오'를 탄생시켰는데 이 게임은 전 세계에서 가장 많이 팔린 게임으로 기네스북에 오를 정도로 대성공을 거뒀고, 1993년 영화로 제작되기도 했다. 2019년에는 포켓몬(PokeMon)도 영화화 되었다.

이러한 이유로 대한민국의 거의 모든 지자체들은 스토리 발굴에 집중하고 있고 일부는 동일한 대상을 두고 경쟁까지 하는 시대에 살고 있다(아기공룡 둘리 : 부천시와 서울 노원구의 경쟁).

해외 하청공장 수준에서 OEM(주문자상표) 제품만을 만들던 시절에는 모든 소비자들이 국내 제품을 신뢰하지 않고 제품을 보증하고 수리해 줄 수 있는 A/S 센터도 갖추지 못한 외국 제품을 고가격에 사서 써야만 한다고 생각하던 시절이 있었다. 지금은 오히려 국내 가전제품 회사가 세계 전자제품의 각축장이라고 할 수 있는 미국시장에서 고가에 팔리고 있는 현실임으로 실로 격세지감을 느낄 수 있겠다. 물론 일본의 업체들이 힘을 합쳐서 다시 전자제품 시장에서 약진하고 있고 충분한 내수시장과 수출시장을 가진 중국이 빠르게 추격해 오고 있음을 우리가 경계해야 할 상황이다.

다만, 과거에는 제조사별 기술 차이로 호불호가 명확했으나 지금은 유사한 기술력과 기능성만이 소비자들을 유혹할 수 있는 필요충분조건이 아니라는 점에서 더욱 더 많은 신경을 쓰고 있는 것이다. 따라서 자사의 제품을 팔기 위해서는 고객의 마음을 사로잡아야만 하는 첨예한 무한 경쟁시대에 돌입을 했고 이제는 고객만족의 단계를 초월하는 고객감동–고객영혼에의 만족–고객을 졸도 시킬 수 있는 만족을 주기위해서 지속적인 관계 마케팅을 해야 함에 마케터들은 직면하게 되었다.

물론 이러한 고객만족을 위해서 여러 가지 제도를 시행하다 보면 회사의 입장에선 일시적으로는 손해를 볼 수 있지만 만일 자사제품이나 고객만족 서비스에 흡족해하는 고객이 계속해서 자사의 제품을 구매해 준다면 장기적인 이익의 흐름과 충성스러운 고객을 보유하게 된다는 점을 인지하고 고객의 생애가치에 초점을 두고 있는 회사가 늘어나고 있다.

한 예로 고객이 한 제품을 구입하여 고장이 발생했을 때 제품을 무상으로 교체해주거나 고쳐주어 불만을 해결해 준다면 그 고객은 살아가면서 계속 여러 가지 제품을 구입하게 될 것이므로 오늘의 작은 손실이 미래에 많은 이익을 가져다준다는 개념이 고객의 생애가치라고 한다. 예를 들면 대학생들이 객지에서 유학을 와서 하숙하면서 공부할 때 작은 방에서 쓸 수 있는 소형 TV를 구입한 후 고장이 생겼을 때 무상 수리나 교환 등의 불만요인 해소는 소비자 만족을 가져오고 이는 후일 소비자가 학교졸업 후 결혼할 때 40인치 TV를 사고 더 나이가 들어서 60인치 TV를 구입하고 몇 년 후에는 고가의 벽걸이 형 대형 UHD/HDTV를 구입하게 되는 것인데 이렇게 고객을 만족시킨 회사의 입장을 살펴본다면 한 번의 거래로 관계가 종결되는 것이 아니고 고객이 살아가면서 계속적으로 물건을 구입해 주는 것임으로 계속적인 이익의 흐름을 가지게 되는 개념이다. 또한 그 효과는 TV 제품에만 한정되는 것이 아닌데 예를 들어, 소비자가 삼성이라는 전자회사가 제조한 TV와 그 애프터서비스에 만족한 고객은 이 회사가 제조하는 여러 전자 제품들에 대한 이미지가 향상이 됨으로서 그 회사에서 제조하고 판매하는 모든 제품들에 대해서도 호의적인 감정과 브랜드 충성도를 가지게 되고 재구매 가능성이 높아질 것이다(Collins & Porras).

참고

고객이 만족했을 경우 지속적 판매가능

◇ Cross shopping(교차판매) : 구매한 제품 이 다른 제품도 추가로 구매함

◇ Up Selling(상향판매) : 기존 구매했던 제품보다 고급 제품을 추가 구매」

생산지향적 사고와 마케팅지향적 사고

생산지향적인 사례의 대표적인 케이스는 지금도 양념업계에서는 제일 명망 있는 미국의 McCormic(맥코믹)사가 좋은 사례가 될 수 있겠다. 역사는 130년 정도에 가까운 회사로서 이 회사의 경영 방침은 '원가와 내용 상관없이 좋은 제품을 만들면 된다'는 방침이었다. 그러나 소비자들의 라이프스타일이 변화해서 맞벌이 부부가 많은 미국에서 차분하게 음식 준비만 하는 가정주부들이 아닌 이상 과거 전통적인 방식은 현 생활과 많은 차이가 있음에도 불구하고 창업자가 주장했던 "Make the Best, Someone will buy"라는 좌우명으로 생산지향적인 경영방법을 견지하여 왔다. 창시자의 이러한 좌우명에 맞춰 이 기업은 제품종류를 다양화하고 슈퍼마켓에서 소비자의 눈에 잘 띄도록 넓은 판매대에 진열하기만 하면 자연적으로 판매된다고 생각했다. 그러나 매출은 계속 하락하였고 시장점유율은 계속 줄어들었는데 이러한 실패요인은 이 기업이 시대에 변화에 따른 소비자의 욕구를 제대로 인지하지 못하였기 때문이다. 즉 직장생활에 지친 맞벌이 주부들이 사용하기 간편한 양념을 요구하는 데도 불구하고 계속 요리하기 불편한 전통조리법(Start from Scratch)에 충실한 양념만을 생산 후 판매하였기 때문에 실패한 것이다. 이렇듯 "물건만 잘 만들면 다 팔린다고 믿음"의 판매자중심시장(Sellers' market)에서 세분화되고 복잡해진 소비자들을 만족시켜야만 제품을 판매할 수 있는 구매자중심시장(Buyer's Market)으로의 전환을 뜻하는 것이고 많은 기업들이 발상의 전환을 해오고 있고 또 생존을 위해서는 전환을 해야만 하는 시대가 된 것이다.

그에 따라 관심의 초점을 생산 활동에서 마케팅 개념(미국 마케팅협회의 정의 : 소비자들의 숨겨진 욕구를 발견하고 경쟁자보다 더 나은 가치를 제공함으로써 소비자의 만족을 창출하여 개인과 조직의 만족을 위한 교환을 촉진하기 위하여 기업의 활동을 마케팅으로 통합한다는 개념)으로 전환하였다. 이를 마케팅 개념(Marketing Concept)이라 하고 이러한 시대를 '제품과 그 외 관련 서비스를 최상으로 제공해야 하는 시대'라고 보고 이익은 고객만족을 통해서 자연적으로 이루어지는 것이라고 보는 관점이 대두하였다(Kotler).

즉 이 시대의 마케터는 마케팅 활동을 보다 새롭고 효율적으로 수행하기 위하여 소비자행동의 기본원리에 관심을 가져야 하는데 이러한 관점은 마케터로 하여금 소비자 행동에 영향을 미치는 요인들을 면밀히 분석하도록 촉구하고 있다. 이러한 마케팅환경으로 인해 많은 기업들이 마케팅 콘셉트를 새로운 기업 경영철학으로 수용하고 있으며 국내에서는 1990년대 이후로부터 본격적인 수용이 시작되어 지금은 국내 기업들 대부분이 고객 만족을 위해서 제품 판매 후에도 추적 전화(trace call)나 다양한 혜택을 제공하고 있다.

생산자 시장에서는 한 번 물건을 팔고 나면 언제 보았는가 하는 식의 무관심이 있었으나 최근에는 일상용품을 판매하는 유통업체들도 소비자가 문제를 느끼면 적극적인 문제 해결과 이것이 안 될 때에는 물건 값 환불 그리고 고객이 겪은 불편 까지도 보상하는 회사들이 많아지고 있다. 신세계 백화점 같은 경우는 고객서비스를 높이기 위해서 전 업장에서 일하는 직원들 주머니에 만원을 꼽아놓게 하고 이름표 위에 "제가 불친절하면 이 돈을 뽑아 가십시오."라고 부착하게 했는데 결과는 실제 불친절하게 한 점원의 경우는 업무가 끝난 후 조회 때 인사고과에 반영이 되기 때문에 결국 자기 돈을 다시 꼽아놓는 일이 발생함으로 종업원의 불친절은 자신의 이미지는 물론 경제적 손실까지도 받게 되어 종업원들의 친절도가 매우 향상되었다고 한다.

개인소득의 증대 및 다양한 신상표의 시장도입들로 인해 소비자는 상당히 다양해진 욕구가 생기고 이에 따른 선택구매가 가능해짐으로서 제품들을 구매가능 여부보다는 특정 제품들, 여러 상표들 중 소비자의 욕구를 가장 잘 충족시킬 수 있는 상표를 선택하는데 그 관심이 모아지고 있다.

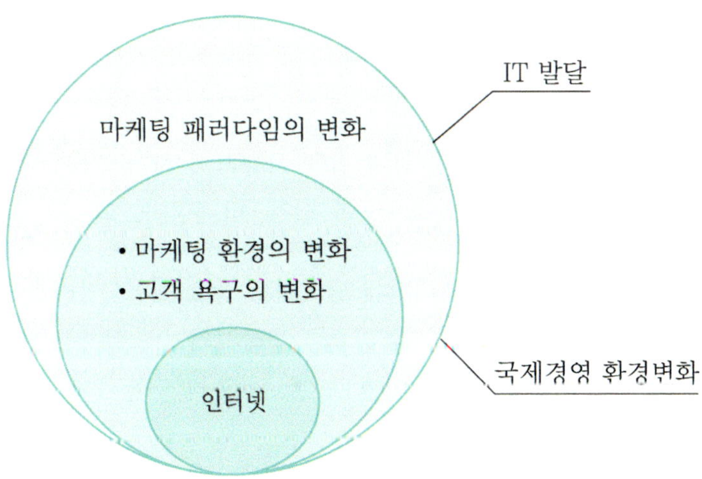

[그림 1-1] 마케팅 패러다임의 변화 표

소비자행동 연구의 유용성(Mowen)

첫째, 소비자행동에 관한 지식은 소비자가 보다 효율적인 소비행위를 하는데 도움이 된다.

둘째, 소비자행동의 대한 연구는 세 가지 유형의 정보를 제공한다.

① 소비자 성향
② 구매행동에 대한 사실
③ 사고과정을 설명하는 이론들

셋째, 소비자행동분석은 마케팅관리에 기초를 제공한다.

① 시장 세분화 : 다양화되어 가는 소비자의 욕구를 일관적으로 만족시키기 어려워졌기 때문에 시장을 유사한 욕구를 가지는 소집단으로 나누고 각 세분시장의 욕구를 충족시킬 수 있는 다양한 제품들을 개발하게 되었다.
② 제품 포지셔닝과 차별화 : 소비자행동에 따라 제품 포지셔닝과 리포지셔닝을 하는 데 근간이 됨
③ 환경 분석
④ 시장조사 연구개발 : 마케팅 전략의 성과는 근본적으로 소비자 반응을 측정함으로써 평가될 수 있는데, 적절한 측정방법을 선택하고 적용하기 위해서는 소비자행동에 대한 지식이 필요하다.
⑤ 마케팅 믹스 계획 : 마케팅 전략의 수립을 가능하게 한다. 다시 말해 시장기회의 분석과 예측, 시장세분화와 표적시장의 선정, 마케팅믹스의 구성을 할 수 있다.

넷째, 소비자행동분석은 공공정책개발에 있어서도 중요하다 : 영리조직 뿐만 아니라 비영리 조직들도 사회 내의 어떤 욕구와 필요를 충족시키거나 문제를 해결함으로써 상대방들의 호응(참여와 지지)을 얻어내야 하므로 소비자행동에 관한 지식을 활용해야 한다.

소비자행동의 정의와 관련 개념(What is Consumer Behavior)

Mowen의 정의를 따르면 소비자행동이란 '소비자들이 그들의 욕구를 충족시켜줄 수 있는 제품, 서비스, 아이디어, 전문 서비스 등을 탐색, 평가, 구매, 사용 또는 폐기할 때까지의 소비자의 의사결정 과정과 교환활동'이라고 정의하며, 이러한 정의의 내용을 충분히 이해하기 위해서는 다음과 같은 개념요소에 대한 검토가 필요하다.

1. 교환활동(Exchange Process)

소비자들은 교환당사자 양쪽 중 한쪽에 위치하며 교환 활동을 하는 사람들로서(Bagozzi) 예를 들면 전술된 성형외과 의사와 환자와의 관계를 보면 의사는 수술을 해주고 돈을 받으며, 환자는 돈을 주고 자신의 이미지를 향상시켜줄 수 있는 외모를 구입하는 것이다. 따라서 이들이 서로가 교환활동을 일으키는 당사자 들인 것이다.

2. 소비자

소비자행동의 유형 중 어떠한 활동에든 참여하는 개인 또는 단체를 모두 지칭하는 용어이며, 제품범주에 대한 모든 행위자를 포함한다. 최근에는 개인 소비자에 대한 연구 외에도 조직구매자(Corporate buyer: B2B) 등에 대한 연구도 활발히 진행되고 있다. 따라서 어떤 제품, 상표, 구매하는 점포에 관계없이 제품을 구매하고 사용하는 사람, 회사는 모두 소비자라고 볼 수 있다.

3. 행동

소비자에게 의미가 있는 대상물의 교환을 용이하게 하며 완성시키는 행위를 말하는데, 일반적으로 가시적인 신체적 움직임을 지칭하지만, 소비자행동에서는 정신적(심리적) 활동까지도 포함한다. 따라서 가시적인 구매행위는 소비자행동의 한 측면에 불과하며 소비자행동은 구매에 영향을 미칠 수 있는 신념이나 태도의 변화 등 정신적 활동까지도 포함하는 포괄적인 개념이다. 실제로 소비자행동에서는 실제 소비자들이 나타내는 행동도 중요하지만 소비자 내면 속에서 소비자들이 행동을 발생시키는 심리적인 측면이 더욱 더 중요한 것이고 그래서 심리학에서 연구된 많은 이론들이 소비자행동에서는 중요한 요소들도 사용되는 것이다.

4. 재화 또는 서비스

재화 또는 서비스라고 제품을 설명하는 이유는 흔히 우리가 제품이라고 부르는 자동차, 의류, 가구 등과 같은 유형의 품목뿐 아니라 미용, 의료행위, 법률상담 등과 같은 전문적인 또는 일반적인 서비스를 포함하기 때문이다. 따라서 여기서의 제품의 정의는 교환될 수 있고 소비자에게 가치를 가진다고 지각되는 모든 욕구를 만족시켜줄 수 있는 대상을 모두 포함한다고 할 수 있다.

소비자행동분석의 변천

소비자행동이란 여러 가지 요인에 복합적인 영향으로서 일어나기 때문에 소비자의 특정상황에서의 행동을 명확하게 한가지로 정의하고 단정 짓기는 어렵다고 볼 수 있다. 위의 소비자행동의 정의와 마찬가지로 교환활동이 일어나기 위해선 마케팅 자극을 소비자가 받아들여 구매라는 반응을 보여야 하는데 기업들이 많은 비용을 들여 막대한 광고를 해도 소비자들이 자신들이 필요한 경우에 따라서만 반응을 할 뿐이므로 기업의 입장에서는 참으로 어려움을 겪고 있다. 그래서 보랏빛 소가 온다고 하는 쎄스 고딘의 경우는 P&G(Proctor and Gamble)의 사례처럼 현재 소비재 시장에서 마켓리더(market leader)인 회사의 경우도 많은 광고와 홍보비를 투입해서 이 위치를 고수하고 있는 것만으로는 부족하다고 역설하고 있는 이유일 것이다.

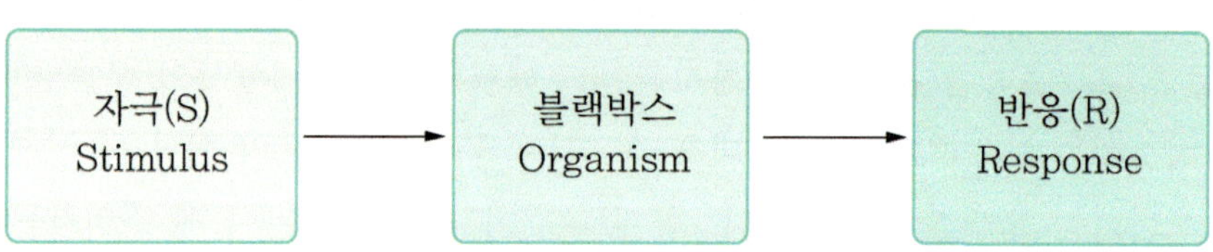

[그림 1-2] S-O-R 블랙박스모델

이처럼 많은 개념들은 직접적으로 관찰될 수 있는 물리적인 실체를 가지고 있지 않고 또 물리적으로 측정하기 힘든 것들을 개념적인 사고를 돕기 위해 창안된 이러한 교환과정을 일반적으로 블랙박스이론이라고 한다(Kotler, Woodworth).

[그림 1-2] 블랙박스모델은 자극을 받은 소비자가 나타내는 반응은 블랙박스 안에서 결정이 된다는 의미이고, 변환과정을 실제로 명확하게 분석을 하기는 어려운 경우가 있으나 심층면접법이나 관찰법을 사용하면 어느 정도 파악이 가능한 것도 사실이다. 예를 들어, 최근 몇 년간 일본과의 관계는 최악이고 이와 관련한 고급 일본 수입차 광고를 대상 소비자에게 보였을 때 그 사람의 표정에 나타나는 인상으로 그 사람이 흥미를 가지고 있는지 아니면 적개심이나 무관심한지를 알아낼 수 있다. 물론 소규모에 사람들을 측정할 수밖에 없는 한계점과 전체적이고 일반적인 도식화를 이끌어내기 어렵다는 점이 한계점이다. 최근에는 기술의 발달로 인해서 광고에 노출되는 고객들의 눈동자 추적(eye tracking device)을 통해서 광고(모델 또는 제품)에 대한 효과도 측정 가능하게 되었다. 예를 들어, 최근 아이린이 참이슬 광고를 했는데 눈동자 추적을 통해서 보면 소주보다는 아이린에게 집중된 점을 알 수 있는데 이렇게 소비자들의 주목을 받는 부분을 세분화해서 알 수 있게 되었다.

소비자행동은 경영학측면에선 1968년 이후에 독자적인 학문으로 자리를 잡고 연구되기 시작되었는데 수요와 공급이라는 개념과 한정된 자원을 가지고 사람이 어떻게 재화나 서비스를 구입하는가를 규명하기 위해 연구되어 왔고 그 대답은 효용이라는 개념과 연결되어 초기에는 경제적 측면에서 연구되기 시작했다. 그러나 경제학적인 측면에서의 접근은 다음과 같은 한계를 안겨 주었고 이는 다시 심리학적인 측면에서의 소비자행동을 중요하게 부각시키는 계기가 되었다.

① 인간을 완전히 합리적인 존재로 보고 경제학 논리에 의거 합리적인 의사결정만을 하는 것으로 본(Freud의 이론에 의하면 인간은 이성에 의해서만 행동하는 것이 아니고 대부분 무의식적, 잠재적인 행동이 많다고 하였다. 실제로 미국에 경우나 국내의 카푸어(Car Poor)라 불리는 20대의 신세대들을 예로 보면 집은 못 마련해도 고가의 수입 자동차를 타는 것을 많이 목격할 수 있다.)

② 효용이라는 개념으로 소비자행동을 정의하고 있는 경제학이론은 효용 자체가 측정하기 어려운 개념이라는 한계점을 가진다.

③ 소비자들이 최적의 효용을 추구하려면 제품이나 서비스의 속성과 가격의 구조까지도 알아야 하는데 현실적으로 이러한 정보를 다 가지고 의사결정을 하는 것은 불가능하다.

④ 소비자들은 다른 사람의 영향을 받지 않고 독립적으로 그들의 선호도를 발전시키고 이 선호도는 변하지 않는다고 봄(실제 소비자들은 주변의 많은 영향을 받고 그들에 태도나 신념을 변화시킨다)

그 후 다원적인 측면에서 인류학, 사회학 심리학 등에서 연구된 여러 이론들을 종합적으로 경영학에 접목시키는 노력이 진행되어왔고 이중 여러 가지 모델이 있지만 가장 널리 쓰이는 모델은 Engel, Blackwell & Miniard와 Betteman의 모델을 위주로 주로 설명되어지고 있으며 이 소비자정보처리모델(Consumer Information Processing Model)은 소비자를 논리적이고 구조적인 의사 결정자로 보며, 의사결정에 많은 인지적인 노력을 하는 것으로 가정하고 있으며 다음에 약식으로 표현된 모델은 1960년대 이후로 현재까지 지배적인 틀로 쓰이고 있다.

다음 [표 1-3]은 이학식 외 2인이 요약해 놓은 도표인데 전체적인 개괄(overview)을 보여주는 표이다.

소비자행동 모델이란 "소비자행동에 관계되는 변수들을 확인하고 그들 사이의 관계를 본질적으로 상술하여 행동이 형성되고 영향 받는 양상을 묘사하기 위한 것"으로 정의된다.

[표 1-3] **소비자행동 모델**

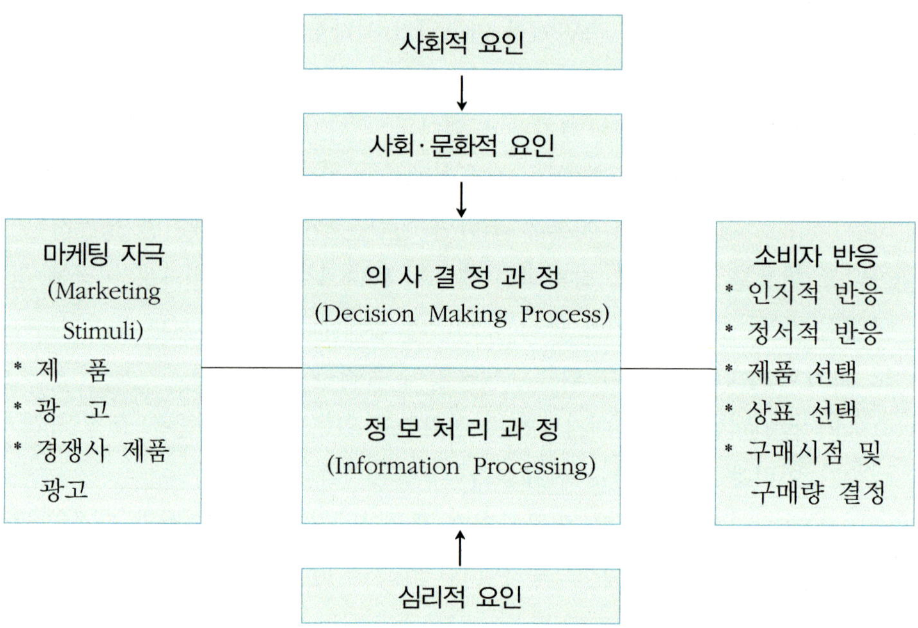

많은 소비자행동의 연구자들은 각자 동기부여와 행위의 근거가 되는 변수들에 관해 자신만의 아이디어를 갖고 있을 것인데, 이러한 아이디어를 묘사하는 흐름도가 바로 소비자행동 모델인 것이다.

한편, 이러한 소비자행동 모델은 다음과 같은 유용성을 가진다.

① 소비자행동에 관하여 통합적인 관점을 제공한다.

② 마케팅 의사결정에 필요한 조사분야를 확인시켜 주며 변수간 관계의 계량화를 격려한다.

③ 조사 발견점을 평가하고 그것을 의미하는 방법으로 해석하도록 도와준다.

④ 마케팅 전략을 개발하고 소비자행동을 예측하기 위한 근거를 제공해 준다.

⑤ 소비자 행동에 관한 이론구성과 학습을 지원한다.

서론부분에서 소비자행동이 일어나는 이유는 모든 소비자들이 현재보다 좀 더 안정적이고 풍요로운 생활을 하고자 하는 욕구가 있고, 이러한 다양한 욕구를 현실적으로 충족시킬 수 있는 것은 시장에서 재화나 서비스를 구매함으로써 가능해 지는 것이다. 바꾸어 말하면 재화나 서비스 구매를 통해서 현재 환기된 문제를 해결하고자 함이다. 소비자들의 이상과 욕망은 무궁무진 한데 비해 현실은 그것을 제대로 충족시켜 주지 못한다. 그러한 소비자 문제들은 그들의 라이프스타일을 개발하고 유지 또는 변화시키려는 과정에서 야기된다.

참고문헌

유동근 · 김승섭 · 박상금, 소비자행동, 2017.

이학식 · 안광호 · 하영원 · 석관호, 소비자행동, 2020.

Alisha Davis, "A Summer Foot Fetish," Newsweek, Aug. 1999. p.63.

Erin White, "Chatting a Singer up the Pop Charts, Wall Street Journal," Oct. 5, 1999, pp.B1~B4.

J. F. Engel, R.D. Blackwell and P.W, Miniard, Consumer Behavior, 6th ed., Dryden Press 1990, pp.475~482.

James C. Collins and Jerry Porras, Built to Last: Succesful Habits of Visionary Companies, (Harper Collins, 1994).

John C Mowen, "Beyond Consumer Decision Making," Journal of Consumer Marketing 5 (Winter 1988); pp.15~25.

John C Mowen, Consumer Behavior, A Framework, Prentice-Hall, Upper Saddle River.NJ.

Kardes, Cline, and Cronley, "Consumer Behavior: Science and Practice", 2011, Cengage Learning.

Phillip Kotler, Maketing Management, 10th ed, Prentice-Hall, 2000, p.484.

Richard Bagozzi, "Marketing as Exchange," Journal of Marketing 39(Oct. 1975); pp.431~447.

Rick Barrera, "Over promise and Over deliver", Random House.

Chapter

2

관 여 도

(Involvement)

관여도의 개념(What is Involvement) 및 본질

관여도란 '소비자가 재화나 서비스 또는 아이디어를 구입하고 소비하고 폐기하는 일련의 주어진 상황에서 특정 대상에 대한 개인의 중요성 지각정도 및 개인의 관련성 지각정도'라고 정의된다(Celsi and Olson). 다시 말하면 나에게 중요하고 또 관련성이 많은 사항에 대해서는 많은 관여를 보일 것이고 상대적으로 관련이 적고 중요하다고 느끼지 않은 일에는 상대적으로 무관심 또는 적은 관심을 가지려고 하는 상태를 말한다. 일반적으로는 고관여와 저관여로 나눌 수 있지만, 실제 소비자 행동을 하는 현실에서는 제품이나 서비스가 꼭 명확하게 고관여와 저관여로 나누어지는 것은 아니다. 왜냐하면 같은 제품을 구입할 때에도 소비자의 심리 상태나 경제력 정도 또 나만 홀로 사용하고 남들에게 보여지지 않는 제품인가에 따라서 많은 차이를 나타내게 되기 때문이다. 예를 들어서 사랑하는 연인에게 선물을 할 때 만일 선물이 만족스럽지 못하여 선물을 주고도 불쾌감을 줄 수 있다고 생각한다면 저렴한 제품을 구매할 때에도 일시적으로 관여도가 매우 높아 질 수 있겠다. 이렇듯이 개인적인 용도나 또는 사랑하는 사람을 위해서 구입하는 상황인가에 따라 소비자의 관여는 큰 차이를 보일 수가 있다. 특히 사랑하는 사람을 위해 물건을 구입한다면 아무리 하찮은 카드를 구입할 때라도 좀 더 예쁘고 나의 예술적 또는 지적인 수준을 부각시킬 수 있는 제품을 구입하고자 고관여의 성향을 띠게 될 것이다.

다음과 같은 두 개의 상품목록을 생각해 보자. 각 목록에 속해 있는 품목들은 무엇인가 공통적인 특성을 갖고 있으며, 그러한 공통적인 특성은 두 목록 사이에서 뚜렷이 다르다. 즉 무엇이 한 목록의 품목들을 다른 목록의 품목들과 다르게 느껴지도록 만드는가? 한 가지 분명한 대답은 가격일 수 있으나, 가격보다 훨씬 더 기본적인 측면을 생각해 볼 수 있다.

- 목록 1 : 승용차, 주택, 스마트폰, 정장, 오디오 세트, 향수
- 목록 2 : 화장지, 탄산음료, 스낵, 학습용 필기구, 전구, 알루미늄 호일

즉 목록 1의 각 품목은 어떤 이유에서든 소비자에게 개인적인 관련성(personal relevance)이 높다. 즉 승용차, 주택, 스마트폰, 오디오 세트, 향수 등의 구매는 상대적으로 높은 가격, 복잡한 기능, 대안 간의 상당한 품질 차이 및 의사결정 결과와 자아 이미지

와의 관련성에 대한 지각된 위험 때문이다. 이러한 품목을 구매하거나 특정 브랜드를 선택하는 것은 소비자 자신에게 중요한 의미를 갖게 된다.

예를 들어, 정장은 그것을 입은 사람에 관해 어떤 이미지를 세상에 전달할 것이며, 거주하는 집도 그 사람의 사회적 성취도나 경제적 능력을 나타내 주므로 이러한 상품들의 구매는 구매자 자신에게 개인적 관련성이 높고 강한 브랜드 선호와 브랜드 충성을 보인다. 또한, 소비자들은 부적절하거나 위험할지 모르는 상품의 구매를 회피해야 하므로 향수나 의약품(특히 부작용이 염려되거나 품질 차이가 현저한 경우)도 개인적 관련성을 많이 갖는다.

반면에 목록 2의 품목은 대부분의 소비자에게는 개인적 관련성이 적다. 상품의 범주 자체가 소비자의 자아 이미지를 반영하지 않고, 상품 범주 내의 대안들은 크게 차이가 나지 않으며, 구매행동은 훨씬 간단하고, 브랜드 대체가 빈번하다. 그렇기 때문에 소비자는 어떤 브랜드를 선택하든 상관없다.

이와 같이 소비자의 구매행동에서 나타나는 흥미의 강도(intensity of isterest)를 관여도(involvement)라고 하며, 다음과 같은 특징을 갖는다.

- 관여도는 상품의 개인적 관련성에 영향을 미치는 소비자의 가치 및 자아 이미지와 관련이 있다.
- 관여도의 수준은 상품, 소비자, 상황에 따라 논의될 수 있다.
- 관여도는 동기의 환기 수준과 관련이 있다.

초기 마케팅 학자들은 제품의 가격에 관계없이 모든 구매에 복잡한 정보처리 과정이 적용될 것이라고 믿었다. 그러나 많은 구매과정에서는, 특히 일상적인 구매에는 포괄적인 정보처리와 평가 과정이 생략된다는 것을 깨달았다. 이런 종류의 구매는 소비자 개인과의 연관성이 매우 적으며, 탐색 지향적 구매와 거리가 멀기 때문이다. 이러한 이해는 소비자 관여도에 대한 연구와 개념화로 이어졌다.

소비자 관여도(consumer involvement)는 소비자가 특정 제품과 구매에 대해 얼마나 개인적 관련성을 느끼는지의 정도를 의미한다. 고관여 구매(high-involvement purchase)는 소비자에게 매우 중요하며(위험 인식의 관점에서), 포괄적인 문제 해결과 정보처리 과정을 유발한다. 이 개념에 따르면 자동차와 비듬 샴푸는 모두 고관여 구매에 해당한다. 자동차는 (대부분의 사람들에게) 재무적 위험이 높고, 샴푸는 (일부 사람들에게) 사회적 위험이 높은 제품이다. 저관여 구매(low-involvement purchase)는 크게 중요하지 않고, 적은 연관성을 갖고 있으며, 지각된 위험이 적은 구매로, 제한적인 정보처리를 유발한다.

우리는 매일 무수한 광고에 노출되지만 특정 광고에만 특별히 관심을 기울이고 다른 광고는 무시한다. 하나의 제품을 구매할 때 브랜드 대안들의 차이를 잘 모르더라도 대략적인 선택을 하는 반면, 다른 제품을 구입할 때는 더 신중하게 선택한다. 동일한 제품군에서의 선택이라도 어떤 경우(예, 자신의 사용을 위한 제품 구매)에는 적당히 선택을 하지만 다른 경우(예, 선물 구매)에는 더 신중하게 선택한다. 이러한 차이를 설명해 주는 개념이 관여도(involvement)이다. 관여도는 '특정 상황에서 특정 대상에 대해 인식된 개인적인 중요성(perceived personal importance) 또는 흥미(interest)' 또는 '특정 상황에서 특정 대상에 대해 인식된 개인적인 관련성(perceived personal relevance)'으로 정의될 수 있다. 관여도의 정도는 대상에 따라 개인(person)의 차이가 있으며, 같은 대상(object)에 대한 관여도도 상황(situation)에 따라 변할 수 있다. 따라서 관여도는 개인, 대상 및 상황의 함수이다.

관여도는 연속적이고 상대적인 개념이지만, 편의상 고관여(high involvement)와 저관여(low involvement)로 나눌 수 있다. 소비자가 특정 제품 범주에서 어떤 브랜드를 선택하기 위해 정보를 탐색하고 평가하는 경우, 제품 범주에 대한 관여도가 높을 때는 낮은 경우에 비하여 더 많은 노력을 기울이고 신중해진다(의사결정 과정). 또한, 고관여 제품 범주의 광고에 노출될 때는 저관여도 제품 범주의 광고에 비해 더 많은 관심을 기울이고 깊이 생각하게 된다(정보처리 과정). 또한, 브랜드에 대한 태도의 형성 또는 변화 과정은 관여도의 정도에 따라 매우 다를 수 있다(태도의 형성 및 변화). 이러한 점에서 관여도는 소비자 행동의 여러 측면에 큰 영향을 미친다.

일반적으로 편의점이든 대형 할인 마트이든 계산대로 가보면 껌, 초콜릿, 은단, 캔디와 구강청정 사탕종류, 작은 인형, 라이터를 진열해 놓고 있는데 특히 자정 가까운 시간에 담배를 사러 들어왔던 사람들의 모습을 지켜보면 계산을 하는 동안 아무 생각 없이 이것, 저것을 집어서 같이 계산해 달라고 하는 사람들을 볼 수 있다. 술이 약간 취한 상태에서 껌류, 사탕류를 사다가 특이한 모양의 라이터를 구입하기도 하는데 일반적으로 일회용 라이터가 아닌 이상 흡연자들에게 어느 정도 고관여 상품일 수가 있는데 편의점에서 파는 라이터는 3,000원 미만인 경우가 많아 많은 취객들이 저관여 상태에서 사람들이 구입하는 것을 볼 수 있다.

결론적으로 고가격 제품만이 고관여 제품이라고 볼 수는 없는데, 그 이유는 저가격 제품도 개인 소비자에게 중요할 수도 있기 때문이다.

소비자행동을 연구해온 Krugman은 관여도를 상황의 세 가지 측면에서 언급하였다.

첫째, 관여도가 높은 제품이란 가격이나 제품의 복잡성, 품질차이, 지각된 위험, 자아이미지에 대한 영향 등으로 인하여 개인적인 관련성이 큰 제품을 말한다.

둘째, 관여도가 높은 소비자란 상표들 사이의 차이에 매우 관심이 많은 소비자인데 이러한 관심은 광고에 대한 주의를 증대시킬 뿐 아니라 상당한 양의 능동적인 정보탐색을 야기한다.

셋째, 관여도의 수준은 구매상황 또는 학습상황에 따라서도 달라질 수 있다.

이때 관여도의 수준에 따른 반응계층을 살펴보면 고관여도 반응계층에 있어서 인지는 획득된 정보로부터 소비자가 도출한 상표들에 관한 지식과 신념을 말하는데, 정보의 탐색과 능동적 학습을 통하여 형성된다.

두 번째 단계인 신념들에 대한 평가는 소비자로 하여금 상표에 대한 태도를 형성하고 그들의 상대적 요망성을 결정하도록 하며, 그 후 야기되는 행동(구매)은 이러한 태도로부터 크게 영향을 받는다.

한편, 저관여도 반응계층에 있어서 인지는 관여도가 높은 여건에서의 경우와 상당히 다르다. 즉 소비자는 상표에 대한 태도를 형성하기 위하여 정보를 처리하려는 의도가 거의 없기 때문에 주의의 수준이 대단히 낮고 반복노출과 수동적 학습을 통하여 상표친숙도가 형성될 뿐이다. 그러므로 고관여도에선 태도를 형성하고 구매를 결정하는 것과 달리 저관여도 상태에선 결국 상표에 관한 신념들은 뚜렷하지 않고 상표태도를 형

[표 2-1] **관여도별 태도모델**

〈고관여도 계층〉	〈저관여도 계층〉
인지 (정보탐색과 능동적 학습을 통한 신념의 형성)	인지 (반복노출과 수동적 학습을 통한 신념의 형성)
↓	↓
태도 (상표대안들의 평가)	행동 (상표 친숙도를 근거로 한 구매)
↓	↓
행동 (태도를 근거로 한 구매)	태도 (구매 후 평가의 결과)

성할 만큼 강하지도 않다. 두 번째 단계인 구매행동은 강한 상표태도가 형성되기 이전에 친숙도만을 근거로 하여 일어나며, 오히려 제품을 구매하여 사용한 후 그에 관한 평가와 태도를 형성한다. 좀 더 쉬운 이해를 위해 [표 2-1]에 도표로 설명을 하였다.

Krugman 이론은 본장 후반부에서 설명이 되겠지만 간략하게 알아보았다.

관여도의 특성차원

1. 관여도의 수준

관여도는 일반적으로 “고/저”(높다/낮다)의 두 가지 수준으로 나뉘어지며, 대체로 상품, 소비자, 상황에 대해 광범위하게 적용될 수 있다.

먼저 대부분의 소비자에게 고관여도 상품(high-involvement product)이란 앞의 목록1에 예시로 든 품목들과 같이 개인적으로 관련성이 높은 상품이며, 목록2에 속하는 품목들은 저관여도 상품(low-involvement product)이다.

또한, 고관여도 소비자(highly-involved consumer)는 브랜드 간의 차이에 매우 관심이 많으며, 이러한 관심은 광고에 대한 주의를 증대시키고 더 많은 적극적 정보탐색을 유발한다. 즉 고관여도 소비자는 정보를 수동적으로 받아들이지 않고 적극적으로 탐색하고, 획득된 정보의 의미를 신중하게 평가하며, 이러한 평가를 기반으로 특정 브랜드에 대한 태도를 형성한다.

하지만 한 소비자에도 상황에 따라 관여도의 수준은 달라질 수 있다. 구매 상황(또는 학습 상황)에서는 구매 결정(또는 학습활동)에 투입된 에너지의 양으로 관여도를 평가할 수 있다. 즉 소비자가 저관여도 상황(low-involvement situation)에서 활동적일 때는 브랜드 대안에 대한 정보를 적극적으로 탐색하지 않고 수동적으로 수용한다. 따라서 브랜드 인지도 또는 이해도의 수준이 상대적으로 낮으며, 더구나 소비자는 이러한 정보에서 명확한 브랜드에 대한 태도를 형성하지 않는다.

2. 관여도 수준에 대한 영향요인

관여도의 수준에 영향을 미치는 가장 중요한 요인은 소비자 자신(consumer himself)

이며, 각 소비자는 다른 가치체계, 자아 이미지 및 경험으로 인해 특정 구매 행동에 대한 관여도가 매우 다를 수 있다. 사실, 일부 소비자는 물질에 대한 관심이 거의 없고, 어떤 상품을 구매할지에 대해서 관심이 없다.

두 번째로 영향을 미치는 요인은 가격, 상품의 복잡성, 품질 차이 및 지각된 위험과 관련된 상품특성(product characteristics)이다. 목록1의 품목들과 목록2의 품목들을 구분하는 특성에서 이를 예시로 찾아볼 수 있다. 승용차나 스마트폰과 같은 다양한 상품의 특성은 소비자가 최선의 대안을 선택하기 위해 상당한 노력을 기울이도록 만든다.

세 번째로 영향을 미치는 요인은 상황적 특성(situational characteristics)이다. 동일한 상품에 대해서도 구매 및 소비가 매우 중요한 상황에서는 관여도가 증가한다. 예를 들어, 특별한 친구를 만찬에 초대해 와인이나 고기를 선택하는 경우 소비자는 더 신중하게 선택할 것이다. 또한, 구매 상황에서 소비자가 지각하는 위험의 정도도 관여도 수준에 영향을 미칠 수 있다.

3. 관여도 수준에 따른 반응계층

관여도 수준에 따른 반응계층이란 관여도 수준에 따라 소비자들이 나타내는 정신적, 신체적 반응을 묘사한다. 이러한 반응에는 정보탐색과 획득, 상품을 평가하고 그에 관한 의사결정을 하기 위한 정보처리가 포함된다.

고관여도는 소비자들이 상품과 브랜드에 대한 정보 원천에 주의를 기울이며, 정보를 적극적으로 탐색하는 것을 장려한다(능동적 탐색, 자발적 노출). 반면, 저관여도는 적극적인 정보탐색이 있더라도 매우 일부분으로 한정되며, 주로 수동적인 수용을 유발하는데, 상품에 대한 노출은 주로 소비자가 다른 활동(TV 시청 등)에 참여하던 중 우연히 접하는 광고를 통해 일어난다(비자발적 노출).

정보를 획득한 후에 소비자는 그 의미를 도출하기 위해 정보를 처리하며, 이 정보처리 단계에서 나타나는 반응은 종종 구매를 위한 정신적인 과정들을 묘사하는 반응계층 모델(hierarchy of effects models)로 설명된다. 전통적인 반응계층의 모델은 주로 고관여도를 위해 제안되었지만, 최근에는 저관여도에 대해 별도의 반응계층이 제안되었다.

고관여도 반응계층에서의 인지(cognition)는 소비자가 획득한 정보로부터 얻은 브랜드에 대한 지식과 신념을 나타내며, 정보탐색과 적극적 학습을 통해 형성된다. 이때 소비자는 자신이 이미 가지고 있는 브랜드 지식 및 신념과의 일관성(consistency)에 따라 이 정보를 주의 깊게 검토하는데, 기존 신념과 불일치하는 정보는 비판적으로 해석되든지 거부되며, 일치하는 정보는 강력히 지지되어 상표에 관한 기존의 신념들을 보강한다.

고관여도 반응계층의 두 번째 단계에서는 신념이 소비자로 하여금 브랜드의 상대적 요망성(relative desirability)을 반영하여 브랜드 태도를 형성하게 하며, 이 태도가 후속 행동(구매)에 큰 영향을 미친다.

반면, 저관여도 반응계층에서의 인지는 고관여도의 상황과는 매우 다르다. 즉, 소비자는 브랜드에 대한 태도를 형성하기 위해 정보를 처리하려는 의도가 거의 없으므로, 브랜드 친밀감은 반복적 노출과 수동적 학습을 통해서만 형성된다. 궁극적으로 브랜드에 대한 신념은 명확하지 않고 브랜드 태도도 강하지 않다.

그러나 저관여도 상황에서 광고물 반복적으로 노출되는 것은 소비자가 해당 브랜드에 익숙해지고 쇼핑 중에 재인(recognition)하는 것을 이끌어낼 수 있는 이유가 될 수 있다. 만일 소비자가 특정한 상표에 대해 강력한 태도를 갖고 있지 않다면 이러한 친숙성은 구매에 대한 충분한 이유가 될 수 있다. 따라서 저관여도 반응계층의 두 번째 단계에서는 강한 브랜드 태도 없이 친숙도에만 근거하여 구매 행동이 일어나며, 상품에 대한 평가와 태도는 구매하여 사용한 후에만 형성된다.

이러한 저관여도 반응계층에 대한 논의는 두 가지 사실을 제시한다. 첫째, 소비자들은 때로 브랜드 대안과 그 특성에 대해 학습하는 데 관심이 없을 수 있다. 둘째, 소비자들은 명확한 브랜드 태도를 형성하지 않는다. 구매 결정은 브랜드 친숙도만을 기반으로 하며, 브랜드 대안에 대한 지식을 거의 갖지 않은 채 이루어진다.

관여도의 결정요인

1. 관여도의 선행요인

1) 개인적 요인

기호식품들은 특정 주류나 담배 종류를 말하는데 소비자들에 따라서는 특정 맥주나 담배를 고집하는 경우가 많다. 이러한 것들도 어찌 보면 기업들이 원하는 브랜드 충성도라고 볼 수 있는데 이러한 사람들은 다른 제품을 제공받게 되면 꼭 자신들이 원하는 제품을 직접 사다가라도 피우려 할 것이다. 특히 요즘처럼 식당이나 공공 식객업소에서 담배를 피울 수 없는 경우에는 차량에나 본인 자신이 선호하는 담배를 여러 갑 가지고 다니며 피우는 사람이 많아지고 있다. 또한, 신제품 맥주 광고에 처음으로 노출된 경우, 평소 맥주를 즐기는 사람은 그렇지 않은 사람에 비하여 그 광고에 더 많은 관심을 갖는다. 이와 같이 어떤 제품군에 대해서 지속적인 관심을 가지고 있는 것을 지속적 관여(Enduring Involvement)라고 한다. 자동차 마니아, 와인 마니아, 바비(Barbie)인형 마니아 등은 각 제품에 대해 지속적 관여도가 높으며, 평소 그 제품과 관련된 정보를 지속적으로 수집하고 신제품이 출시되면 특히 관심을 갖는다. 지속적 관여는 제품이 자신의 중요한 가치(value)와 관련되거나 자아(ego)와 관련될수록 높아진다. 예를 들어, 자신이 품위 있게 보이거나 매력적으로 보이는 것을 중요하시 하는 소비자는 타인들에 비해 의류에 보다 높게 관여된다.

2) 제품요인

미국의 소비자 행동을 연구하는 학자인 벨크(Russel Belk)는 소비자들은 제품들을 단순한 물건 이상의 의미와 가치를 부여한다는 것을 알게 되었는데 그것은 소비자들이 제품을 단순한 물건이 아니고 나를 대변해 주는 또 다른 나(extended self: 확장된 자신)라고 느낀다는 것을 연구했는데 예를 들어, 사회에 막 진출한 신입 회사원이 차량을 구입한 경우, 차를 처음 구입한 사람은 특히 자동차에 대해서 애착을 가지고 관리를 하는 것을 알 수 있다. 거의 매일 차량관리를 하고 왁스칠을 하고 그 차를 타고 또래 집단에 나가서 과시를 하는 경향이 있는데 만일 이렇게 애지중지 하던 차량이 스크래치(scratch)가 생기거나 파손되면 마치 자기 자신이 다친 것처럼 아프게 느끼고 남들이 알기 전에 속히 수리하는 경향이 높다는 것을 알게 되었다. 이는 소비자들이 자동차를 단순하게 교통수단으로써 이동하는 기능만 있다고 보는 게 아니라 자신을 나타내 주는 제품으로까지 본다는 것을 의미한다.

일반적으로 소비자는 자신의 중요한 욕구와 가치를 충족시키는 제품에 높게 관여된다. 또한 자신에게 즐거움과 쾌락적 가치를 부여하는 제품에 대하여 높게 관여된다. 이는 제품의 객관적 혜택과는 거의 무관한 주관적인 것이다. 소비자의 자아를 나타내 준다고 믿는 중요하게 느끼는 제품들을 구입함에 있어서는 만일 잘못된 구매 결정 시에 여러 가지 위험이 존재한다고 생각한다면 관여도는 더욱더 높아질 것이다. 소비자는 제품과 관련해서 높은 수준의 지각된 위험(perceived risks)을 가질 때 그 제품에 보다 높게 관여된다. 여기서 지각된 위험이란 제품의 구매·사용에 의하여 초래될 수 있는 예기치 않은 결과에 대한 불안감을 말한다. 이러한 지각된 위험에는 다음과 같은 것들이 있다. 청소년기부터 모터사이클을 좋아했으나 경제적 능력도 없고 또 부모들의 관리로 인해서 구입하지 못하던 사람이 장년에 나이가 되어 경제적으로 모터사이클을 구매할 수 있어져서 직접 구매를 하는 경우를 예를 들어 살펴보자(Bauer).

① 성능 위험(performance risk): 그 제품이 성능을 제대로 발휘하지 못할 것에 대한 염려를 말한다. 새 차를 구입할 때에 비해 중고차를 구입할 때 소비자는 보다 큰 성능 위험을 지각할 수 있다. 자동차, 가전제품 등 내구재 메이커들은 보증기간을 길게 함으로써 성능 위험을 줄이고자 한다. 현대자동차가 미국에서 성공한 한 요인은 경쟁 차들보다 보증기간이 더 길기 때문이다.

② 신체적 위험(physical risk): 그 제품의 사용결과 소비자가 해를 입을 가능성에 대한 불안감인데, 예를 들어, 잘 모르는 약을 타인이 권할 때 사람들은 부작용의 염려 때문에 주저한다. 식품을 구매할 때 유통기한을 살피는 것도 이와 관련된다.

③ 심리적 위험(psychological risk): 그 제품이 자신의 자아 이미지(self-image)에 부정적인 영향을 미칠 수 있는 위험을 말한다. 예를 들어, 보수적이며 전통적인 가치관을 가진 사람이 청바지나 색깔이 현란한 옷 등을 입기를 꺼리는 것은 심리적 위험 때문이다.

④ 사회적 위험(social risk): 제품구매가 다른 사람들, 특히 중요한 준거집단으로부터 부정적으로 평가받을 위험이다. 어떤 사람들은 외제품을 사고 싶어도 다른 사람들을 의식해서 주저하는데 이는 사회적 위험 때문이다.

⑤ 재무적 위험(financial risk): 소비자가 구매를 위해 지출해야 하는 비용이 자신의 가처분 소득에 비하여 클 때 갖는 위험이다. 동일한 승용차를 구매하더라도 가처분 소득이 낮은 사람은 높은 사람에 비해 더 큰 재무적 위험을 느낀다.

⑥ 시간손실 위험(time-loss risk): 제품구매가 잘못된 경우 다시 구매하는 데 필요한 시간에 대한 염려이다. 바쁜 사람일수록 시간손실 위험을 크게 지각하게 된다.

소비자들은 지각된 위험(특히, 성능 위험)을 낮추기 위해 가급적 많은 정보들을 탐색하거나 과거 만족했거나 수용할 만하다고 생각한 브랜드를 구매한다. 또한 가격이 높으면 품질이 좋을 것이라는 기대 하에 보다 높은 가격의 대안을 선택할 수 있다. 혹은 광고 등을 통해 잘 알려진 브랜드를 구매할 수도 있다. 보증의 내용이 많고 보증기간이 긴 브랜드를 구매하는 것도 지각된 위험을 낮추는 방법이다. 한편, 마케터는 무료 샘플, 환불 또는 교환 보증, 수리 보증, 테스트 드라이브, 자세한 사용 안내서 등으로 자사 브랜드를 구매하려는 소비자의 지각된 위험(특히, 성능 위험)을 낮출 수 있다.

3) 상황적 요인

어떤 제품에 대한 소비자의 관여도는 상황에 따라 달라진다. 여성 속옷이나 화장품에 대해 전혀 무관심하던 소비자도 며칠 전 선을 본 아가씨의 생일을 맞아서 선물을 준비해서 호감을 전달하고자 선물을 구매하게 된다면 일시적으로 화장품이나 여성 속옷에 대한 관여도가 증가하게 될 것이다. 평소 음악을 즐기지 않아 오디오 시스템에 관심을 갖지 않던 소비자도 자녀들을 위하여 오디오 시스템을 구매하고자 하면 일시적으로 이에 대한 관여도가 높아진다. 또한, 대부분의 사람들이 자신이 사용하기 위하여 어떤 제품을 구매하는 경우에 비하여 선물로 주기 위하여 구매할 때 일시적으로 그 제품에 대한 관여도가 높아져 선택에 보다 고심을 하게 된다. 이와 같이 상황에 따라 변화하는 관여를 상황적 관여(situational involvement)라고 부른다. 예를 들어, 미국에서 꽃 매출이 가장 높은 시기는 꽃을 선물로 주고받는 발렌타인 데이(Valentine's day)이다. 반면에 한국의 발렌타인 데이는 일 년 중 초콜릿 매출이 최대인 날이다. 발렌타인 데이에 한국 소비자는 초콜릿에 대하여, 미국 소비자는 꽃에 대하여 상황적 관여가 높아지게 되며, 이 구매상황을 표적으로 하는 마케팅이 이루어지기도 한다.

상황적 관여를 높이는 중요한 한 요인은 특정 상황에서의 활성화된 욕구(activated needs)이다. 예를 들어, 배가 고플수록 음식에 대해 높게 관여된다. 욕구는 사회적 욕구(social needs)와 비사회적 욕구(nonsocial needs)로 나눌 수 있다. 이 중 사회적 욕구는 다른 사람들과의 관계와 관련된 욕구이다. Maslow의 욕구의 5단계 중 보다 상위에 속하는 욕구가 이에 해당한다. 비사회적 욕구는 타인과는 무관하게 자기 자신에만 관련된 욕구로서, 욕구의 5단계 중 생리적 욕구와 안전에 대한 욕구가 이에 해당한다.

욕구는 또한 기능적 욕구(functional needs), 상징적 욕구(symbolic needs), 쾌락적 욕구(hedonic needs)로 나눌 수 있다. 기능적 욕구는 보다 기능이 높은 제품에 대한 욕구이며, 상징적 욕구는 제품을 통하여 자신의 성취, 사회적 지위, 부 등을 나타내고자 하는 욕구이다. 또한 쾌락적 욕구는 감각적 자극(sensory stimulation)을 즐기고자 하는 욕구이다. 기능적 욕구는 인지적 관여와 관련되고, 상징적 및 쾌락적 욕구는 감정적 관여와 관련된다.

다음의 [그림 2-1]은 소비자들이 의사결정과정을 거치게 되는 요인들을 간략하게 표시해본 것이다.

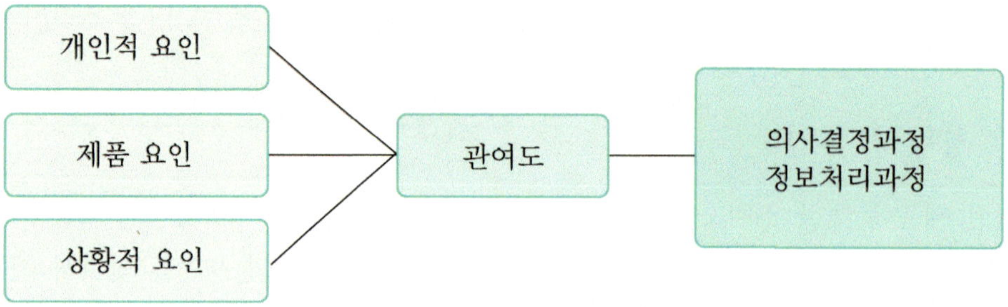

[그림 2-1] **소비자 관여도와 의사결정 요인**

2. 관여도의 기본모델

1) 지속적 관여도

벨크(Russell Belk)의 연구와 같이 특정 제품이 소비자 자신의 자아를 나타내주고 남들 앞에서 자신의 일부로 보여 지는 제품들에 대해서는 소비자가 지속적인 관여도를 가지게 될 것이다. 남자의 경우 청소년기부터 나이가 들 때까지 자동차나 모터사이클에 많은 관심을 나타내는데 이는 자동차와 같은 스피드를 낼 수 있는 제품들을 통해서 동료집단(peer group)들에게 개성과 자아 이미지를 나타내어주는 중요한 제품으로 받아들이게 됨으로서 지속적인 관여도를 가지고 있는 제품의 예가 되겠다. 그래서 자신이 차를 구입한 후에도 계속해서 신 모델 출시광고라든지 아니면 자동차 관련 잡지, 모터쇼에도 참석하는 경우가 많은 것이 전형적인 예가 될 수 있겠다.

우리나라의 경우도 특이한 현상이 있는데 스마트폰(Smart Phone)의 평균 수명은 17개월에서 다시 9개월 정도로 급격히 교체주기를 보이는데 그 이유는 제품의 이상보다는 신모델/신기능 등을 선호하는 국민성이 반영이 되어서 세계 제일의 폰 폐기율을 보이고 버려진 국내 스마트폰이 서구 유럽과 동남아시아로 수출되고 있으며, 해외의 굴지 스마트폰 제조 회사들도 국내에 연구 시설을 갖추고 출시되는 제품들을 테스트 하는 시험시장(test market)으로 활용 하고 있다는 점이다.

국내의 이러한 경향은 여러 가지 이유가 있겠지만, 경제적 성장으로 인한 국민들이 구매력이 있는 점과 최근에는 아이들을 소수로 낳아서 제대로 키우려는 부모들의 마음이 반영된 것도 한 가지 이유로 보이는데, 이러한 이유로 청소년들이 유행과 패션에 신경 쓰게 되고 동료 그룹간에서 구형이나 낡은 제품은 세련되고 참신하다고 믿는 소비자의 자아를 손상시킨다고 느끼고 신제품 출시에 지속적인 관심을 나타내고 기회가 되면 계속 교체를 하는 것이다(Richin & Bloch).

2) 상황적 관여도

위에 자동차나 스마트폰처럼 자연스럽게 제품을 사용하는 동안 동료 그룹에게 지속적으로 보이는 제품과 달리 한 번 구입하면 별로 신경을 쓰지 않게 되는 제품의 경우는 한번 쓰려고 하다가 고장이란 것을 알게 되면 관여도가 일시적으로 증가해서 수리를 하거나 새로운 제품을 구매하게 되는데 그 후에는 역시 관여도가 현저히 감소하는 것을 알 수 있다. 한 가지 좋은 예는 전동공구의 평생사용 시간이 15분이라는 놀라운 연구가 있는데 이는 구매 후 별로 사용 안 하지만, 구입할 때는 고가의 전동공구를 구입하는 상황적 관여가 높은 것이 예이다. 또 같은 제품이지만 자신을 위해 구입할 때보다 선물용으로 남에게 증정하고자 할 때는 좀 더 높은 관여를 보이게 되는 것을 상황적 관여라고 한다.

3) 높은 관여 수준의 결정 요인(High Degree of Involvement)

높은 관여 수준을 나타내는 결정적인 요인을 찾기는 의외로 쉽지 않은데 만일 소비자들이 선택하고자 하는 대안들이 소비자가 충분한 주의를 가지고 살펴본다면 많은 차이가 발생한다거나 시간적인 여유가 많은 소비자들은 꼭 이렇게 높은 수준의 관여를 보인다는 것도 아닌 것이다. 즉 소비자가 시간적인 여유가 많다고 해서 소비자들이 문제인식을 한 후에 모든 선택대안들을 살펴보고 의사결정을 하는 광범위한 문제해결을 하는 것은 아닐 수도 있다는 것이다. 그렇다면 일반적으로 소비자들이 높은 관여를 보이게 되는 요인들을 간략하게 살펴보고 다시 후반부에 다루어질 관여도의 측정 부분에서 로렌과 캐피러(Laurent and Kapferer)의 고관여의 결정을 가져오는 요인들을 종합적으로 알아보자.

(1) 자아관련성(ego relationship)

제품이나 서비스의 종류 중에서 실제 기능성보다는 자동차나 보석류와 같이 자아 이미지(Self Image)를 반영하는 성향이 큰 제품을 선택할 때는 소비자들의 관여가 크게 발생한다고 보여 진다.

(2) 부정적 결과에 대한 지각적 위험(perceived risk of negative consequences)

소비자들은 어떤 결정을 하더라도 구매결과가 구매전 기대 수준에 미달될까봐 염려를 하게 되는데 만일 잘못된 결과가 발생하더라도 금전적으로나 제품을 사용함으로서 발생될 수 있는 사고 등의 위험요소가 적은 경우는 저관여가 될 수 있으나 반대의 경우로 잘못된 선택이 커다란 위험을 수반하게 된다면 소비자들은 고관여도를 가지게 된다.

(3) 사회적 제재(social sanctions)

어떤 제품이나 서비스의 선택이 사회적인 평가를 받게 되는 경우에 소비자들은 일반적으로 광범위한 고관여 의사결정을 하게 된다고 하는데(Petty, Cacioppo & Schumann) 이는 잘못된 선택으로 제품을 사용하는 기능적인 목적을 달성하는 것 자체가 사회적으로 용납이 안 되는 경우 고관여도를 유발하게 되는 것이다.

4) 관여도를 높이는 방법

관여도의 결정요인과 제품 관련 위험부분에서 다루었듯이 소비자들마다 느끼는 관여수준은 차이가 있고 지각된 위험수준과 관련해서도 관여정도에 차이가 발생하게 되는데 이는 치열한 경쟁 속에서 기업들이 판매하는 제품이나 서비스에 대해서 소비자들이 높은 관여도를 보일 경우 경쟁제품간의 차별성을 부각시키거나 자사 제품의 우수성을 알리면 소비자들의 긍정적인 반응을 유도 할 수 있게 되기에 소비자들의 관여도 수준을 향상시키는 것은 매우 중요한 절차가 되겠다. 다음의 내용들이 관여도를 높일 수 있는 내용들이 되겠다.

(1) 제품의 부각되지 않은 속성을 부각시킨다

기존 소비자들이 제품을 구입하고자 할 때 미처 인식하고 있지 못했던 속성을 부각시키거나 기존제품의 문제점을 제기함으로서 소비자들이 높은 관여를 할 수 있게 한다. 예를 들어, 고급 대형 승용차를 구매 하면서 소형차의 연비를 기대하는 사람들은 없을 것이다. 하지만 해외 수입 고급차들이 혁신적인 연비를 제공하는 것은 새로운 속성의 제공인 것이다. 이는 현대, 기아자동차의 여러 대형 승용차(에쿠스, 뉴제네시스, K9)이 고려해야 하는 점일 것이다.

(2) 목표시장의 소비자들과 유사한 모델을 사용한다

요즘 광고를 보면 각종 제품에 유명 연예인 모델이 아닌 일반 모델을 기용하는 광고 사례가 많다. 특히 죤슨 앤 죤슨(Johnson & Johnson)사의 생리대나 비누, 샴푸 등과 같은 제품을 사용한 일반 소비자들이 나와서 자신의 모발이나 피부에 적합한 제품을 찾았다고 하는 증언식의 광고를 많이 하는데 이는 소비자들이 모델과 같이 유사하게 생각이 되고 또한 연예인과 같은 특수한 미용 관리를 하는 사람들이 아니기에 자신도 일반인모델과 같이 될 가능성이 높다는 것을 느끼고 사용 결과 목표일치성이 크게 반응을 하게 되고 이는 소비자 정보처리에 긍정적인 강한 영향을 주게 되는 것이다.

(3) 제품을 관여도를 높일 수 있는 상황과 연계한다

예를 들어, 결혼을 많이 하는 가을 시즌에 맞추어 혼수품 특판 이라는 대대적인 홍보가 나가게 되면 결혼을 앞둔 많은 수의 소비자들이 주의를 끌게 되어 결혼관련 박람회에 많은 사람들이 모이게 되는 현상을 말한다. 또는 미국의 Sominex 수면제 광고처럼 자정이 넘은 시간에 수면제의 광고를 하거나 이와는 반대되는 개념이지만 시험공부 때문에 잠을 이겨내야 하거나 야간근무를 해야 하는 사람들을 위해 Vivarine처럼 잠을 깨는 약을 선전하는 것이 일반적으로 낮이나 초저녁에 광고하는 것보다는 훨씬 더 효과적으로 소비자의 관여도를 높일 수 있는 길일 것이다.

얼마 전 유행했던 스프라이트 광고도 맛있는 음식을 먹을 때 떠오를 수 있게 라이프 스타일을 반영해서 광고한 것이다.

[그림 2-2] 맛있는 거 옆에 : 스프라이트의 광고

(4) 제품의 특징을 드라마화하여 제시하라

소비자들이 훨씬 더 호감을 가질 수 있는 드라마 형식 광고의 도입으로서 소비자가 정보처리를 촉진하게 할 수 있다. 특히 드라마식 광고의 효과를 극대화하려면 기억부분에서 다루게 되겠지만 광고를 드라마화할 때 매회 광고를 완결을 맺지 않고 항상 연결이 되도록 중간에 끊는 것이 소비자들의 관심을 지속적으로 유지시킨다고 하는 자이

가닉(Zeigarnik effect) 효과의 예이다. 광고를 이렇듯이 진기하게 만들거나 호감을 가질 수 있도록 하는 것이 광고에 대한 호감도 증가 외에도 광고에 등장하는 제품에 대해서도 관여도나 호감도가 증가할 수 있는 것이다. 최근 광고를 보면 드라마의 형식처럼 다음 편에 계속이라고 해서 소비자들의 관심을 끌고 유지하고자 하는 노력들을 볼 수 있다.

얼마 전 유행했던 피죤 광고도 상황별로 광고를 제작해 독특한 컨셉으로 자리 잡고 있다.

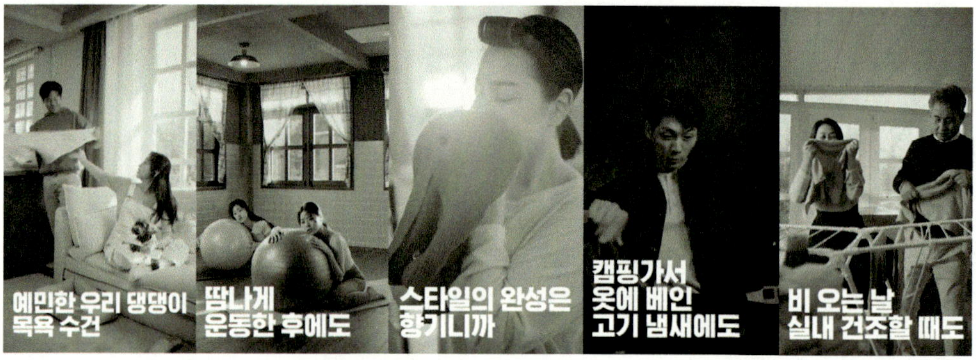

[그림 2-3] **피죤 -반려동물, 홈트레이닝, 데일리룩, 캠핑, 실내건조 편- : 피죤의 광고들**

(5) 그 제품에 중요한 특성을 도입한다

물론 소비자들이 인식하고 있는 저관여 제품에 중요한 특성을 부여한다고 해서 갑자기 제품자체가 고관여 상품으로 전환이 되는 것은 아니지만 소비자들이 제품을 고려할 때 적어도 좀 더 많은 인지 노력을 기울이게 할 수는 있을 것이다. 예를 들어, 복분자의 경우 스태미너가 증진된다는 이미지를 부각시켜서 주류 시장에서 웰빙(wellbeing)으로 성공적으로 진입을 할 수 있었듯이 새로운 중요한 특성을 도입해서 소비자들에게 홍보하는 것과 과거 저가의 저관여 상품이었던 껌시장의 경우 자일리톨 껌은 일반 껌과 같이 치아를 상하게 하는 껌이 아니고 취침 전에 씹어도 자일리톨 성분의 영향으로 오히려 치세균(뮤탄스균)을 죽이는 역할을 한다는 중요한 특성을 도입함으로서 소비자들이 껌을 선택할 때 좀 더 인지적인 노력을 기울이게도 할 수 있다는 것이다. 이러한 관여도의 증가로 인해서 껌은 원래 관습적으로 매우 저렴한 제품이라는 인식도 대폭적으로 수정을 할 수 있었던 것이 사례가 될 것이다.

저관여 의사결정 관련 이론

1. Krugman의 수동적 학습이론

크루그만(Krugman)은 대부분의 소비자들은 고관여적인 학습이 일어나지 않을지도 모른다는 점을 시사하였다. 텔레비전 광고는 고가의 매체임에도 불구하고 특정 상표에 대한 강력한 구매 전 태도를 형성하지 못하며 미미한 지각적 변화만을 일으킨다고 보았다. 이 단계의 광고는 시간이 오래 걸리며 별로 지속되지도 않는 학습과정을 유발하는데 불과하며 소비자들이 상표대안들을 구분해내고 차이를 보이기를 기대하기는 어렵다고 했다.

수동적 학습이론에 따르면 TV는 인쇄매체에 비하여 관여도가 낮은 매체로 규정된다. 즉 긴장이 풀려 있고 메시지에 많은 주의를 기울이지 않는 관여도가 낮은 여건에서 소비자는 메시지의 정보를 그의 욕구나 신념에 연관시키지 않으며 반복을 근거로 하여 메시지를 무작위로 기억하는 수동적 학습에 참여한다. 이유는 프로그램 시청 속도를 제어할 수 없고, 수동적인 매체이며 인쇄매체에 비해 수동적이라 볼 수 있다. 또한 그러한 이유를 뒷받침해 주는 이유는 제 1장 사례에서 전술되었던 것과 마찬가지로 소비자들이 처리할 수 있는 정보처리 능력은 한계가 있는데 많은 광고와 자극들이 주어지기 때문일 수도 있겠다.

참고

Three Exposure Theory by Krugman

재화나 서비스를 모르는 사람들이 광고를 보고서 제품의 존재를 인지하는데 평균적으로 3번 정도 노출이 되어야 광고에 대한 기억을 가지게 되는데 이를 위해서는 평균적으로 12~15회 이상 광고에 노출이 되어야 한다고 연구됨. 그러나 최근에는 이 수가 더 많아져서 노출이 가능하다고 보여 진다.

마케팅시사점은

① 제품이나 소비자, 상황에 있어서 관여도가 낮은 여건에서는 TV가, 관여도가 높은 여건에서는 인쇄매체가 효과적이다.

② 관여도가 높은 소비자들이 상표선택에서 도움이 되는 정보들을 기억하는데 반하여 관여도가 낮은 소비자들은 정보내용보다는 음악, 인물, 풍경과 같은 광고의 요소들을 주목하는 경향이 있다. 즉 관여도가 높은 소비자들에 대한 광고가 명확하고 정보 제공적인 메시지를 강조해야 하며, 관여도가 낮은 소비자에 대한 광고는 상표와 긍정적인 연상을 형성하기 위한 상징, 인물, 배경 등에 의존해야 함을 암시하는 것이다.

2. Sheriff의 사회적 판단이론

소비자가 대상에 대해 기존에 의견이나 태도를 가지고 있을 때 새롭게 제시된 정보를 반영한 태도 변화가 발생하는지의 여부는 설득적인 정보의 수용 가능성에 달려 있다. 사회적 판단이론(social judgment theory)에 따르면 개인이 설득적인 메시지에 노출되었을 때 그 메시지가 수용영역 내에 속하면 설득이 발생하고, 거부영역 내에 속하면 설득이 발생하지 않으며, 중립영역 내에 속하면 수용도 아니지만 그렇다고 거부도 아닌 입장을 취한다. 사회적 판단이론에 따르면 브랜드에 대한 태도를 변경하기 위하여 브랜드에 관한 신념을 변화시키거나 이들 신념과 연관되는 가중치를 변경시키는 일은 소비자가 광고 메시지를 일단 수용한다는 가정이 있어야 한다. 그러나 고관여 상황에서 사회적 판단이론은 광고 메시지가 제안하는 변화가 극단적이라면 거부될 것이며(대조효과, contrast effect), 광고 메시지가 중간의 변화를 제안한다면 소비자들은 수용할 가능성이 크다(동화효과, assimilation effect). 그러므로 마케터는 어느 정도의 태도 변화를 추구할지 결정해야 한다.

셰리프(Sheriff)의 사회적 판단이론은 외부적 자극에 대하여 소비자가 취하는 입장을 수용, 거부, 무관심의 세 개의 범주로 구분하고 이들의 범위가 관여도 수준에 따라 달라짐을 제안한다(Sherif & Sherif). 즉 어떤 문제에 관하여 확고한 자신의 의견을 갖고 있는 관여도가 높은 소비자는 자신의 의견과 일치하는 극히 일부의 자극만을 수용하면서 대부분의 자극을 거부하는데 반하여 관여도가 낮은 소비자는 보다 많은 자극을 수용하는 경향이 있다. 특히 관여도가 높은 소비자는 동화효과와 대조효과를 보이는 경향이 있다(Assael).

동화효과라는 것은 소비자가 어떤 제품을 사용하고 느끼는 수용과 거부의 영역이 있다는 것이다. 만일 제품성과가 소비자의 기대와 약간의 차이만을 보이게 되면 그 차이를 동화시켜서 그 불만족을 감소시키게 되지만 상당한 차이가 있다면 대조효과가 일어나서 불만족이 더욱 심화된다는 것이다.

마케팅시사점은

① 관여도가 낮은 소비자들은 광고에 있어서 거의 인지활동을 거치지 않고 수용되며, 제품들은 상표 친숙도를 참조하거나 특별한 생각 없이 반복적으로 구매한다. 이는 관여도가 높은 소비자에게는 일부 상표만이 수용될 수 있는데 반하여 관여도가 낮은 소비자에게는 보다 많은 상표가 수용될 수 있음을 암시한다.

② 관여도가 낮은 소비자는 관여도가 높은 소비자에 비하여 상표평가에서 적은 수의 속성을 사용한다. 즉 관여도가 낮은 경우에는 다수의 상표를 고려하되 소수의 속성을 사용하며, 관여도가 높은 경우에는 소수의 상표를 고려하되 다수의 속성을 사용하여 평가한다.

참고문헌

유동근 · 김승섭 · 박상금, 소비자행동, 2017.

이학식 · 안광호 · 하영원 · 석관호, 소비자행동, 2020.

Henry Assael, Consumer Behavior and Marketing Action, PWS-Kent Publishing Co., Boston, Massachusetts, 1992, pp.216~217.

Herbert Krugman, "The Impact of Television in Advertising: Learning without Involvement," Public Opinion Quarterly 30, pp.583~596.

Jacoby, Jacob, and Leon B. Kaplan, "The components of perceived risk," ACR special volumes(1972).

John C. Mowen and M. Minon, "Consumer Behavior", A Framework, Prentice-Hall, Upper Saddle River. NJ.

Laurent, Giles and Jean Kapferer(1985) "Measuring Consumer Involvement Profiles," Journal of Marketing Research, 22, Feb. p.45.

Marsha Richins and Peter H. Bloch, "After the New Wears off: The Temporal Context of Product Involvement," Journal of Consumer Research 13(Sep. 1986): pp.280~285.

Raymond A. Bauer, "Consumer Behavior as Risk Taking," in Robert S. Hancock, ed., Dynamic Marketing for Changing World(Chicago American Marketing Association, 1960). p.8.

Richard L. Celsi and Jerry Olson, "The Role of Involvement in Attention and Comprehension Processes," Journal of Consumer Research 15(Sep. 1985): pp.210-224.

Richard Petty, John Cacioppo and David Schumann, "Central and Peripheral Routes to Advertising Effectiveness; The Moderating Role of Involvement," Journal of Consumer Research 10(Sep. 1983), pp.135~146.

Russel Belk, "Possessions and the Extended self," Journal of Consumer Research Vol. 15. (Sep. 1988); pp.139~182.

Chapter

3

소비자 의사결정 과정 (Consumer Decision Making Process)

Case study

새로운 제품을 구매 하고자 하는 욕구 발생

최근에는 너무 치열한 국제 기업에게 있어 지속가능한 생존을 위해서는 소비자들의 마음이나 소비자들이 어떻게 의사결정을 하고 제품 구매행동으로 이어지는 가를 이해하는 것이 필수적이다.

물론 소비자들은 구매행동을 통해서 좀 더 안정적이고 풍요로운 상태로 가기 위해 목표를 세우고 성취하고자 하는데 여기서의 목표란 편의품, 식료품의 구입부터 학교의 선택, 배우자를 선택하는 것에 이르기까지 인간의 모든 욕구 충족을 의미한다. 이러한 욕구를 충족시키기 위해서 소비자들은 노력을 하게 되는데 소비자는 현실적으로 시간과 돈 그리고 에너지가 한정되어있기 때문에 제한된 내용 중에서 최적의 선택을 하고자 할 것이다. 이러한 다양한 방법 중에서 여러 가지 대안들을 비교 검토한 후 그 중 한 가지를 선택하는 것을 의사결정이라고 하며, 최종의사결정을 할 때까지 마음속의 의문점들을 해소해 나가기 위한 과정들을 의사결정과정이라고 한다. 지금과 같이 많은 재화와 서비스가 존재하는 상태에서는 소비자들이 제품을 선택하는 데에 많은 경우의 수가 있기 때문에 여러 가지 대체 방안들을 차분히 비교 검토 후 결정하는 것을 의사결정과정이라고 하지만 이러한 경쟁을 촉발시키는 시장이 결국 소비자에게는 좀 더 나은 제품을 경쟁적인 가격에 구입할 수 있게 해주는 것이다.

다음의 예는 소비자 의사결정과정에서 사용될 제품 관련 예이다. 과거 수많은 저가 제품을 만들던 회사에서 가장 첨단 전자제품을 만드는 회사로 자리 잡은 삼성의 경우는 "디자인과 기술에서 가장 앞선 최고의 제품을 제공 한다"라는 야심찬 슬로건에 맞는 제품들을 출시하고 있다. 따라서 과거에는 벤치마킹에 대상이었던 회사들이 지금은 삼성의 제품을 분석하고 스타일을 따라 하고 있는 시대인데, 그중에서도 대표적인 제품이 다양한 기능을 가진 스마트폰이라고 할 수 있겠다. 국내에서는 다양한 욕구를 가진 소비자들을 충족시키기 위해서 많은 새로운 신제품들이 쏟아져 나오고 있어서 청소년들의 스마트폰 교체 주기는 9개월이 채 안된다고 한다. 스마트폰이 고가임에도 불구하고 제품이 결국 또 다른 '나'이고 '나'를 돋보이게 하기 위해서는 새로운 제품을 누구보다 먼저 써야 한다는 조기수용자 정신(early adopter)이 빠른 교체 주기를 만드는 것이다. 특히 최근에는 모든 다양한 기능 MP3, 카메라, 동영상, 게임, 인터넷, 저장매체 등등의 기능을 탑재하고 전 세계는 물론 까다롭기로 유명한 일본시장에서도 선풍적인 인기를 얻고 있는 웨어러블 스마트 디바이스

(Wearable Smart Device)에 이르듯이 수없이 많은 신제품들이 시장에 출시되고 있는 것이 현실이고 이는 더욱 더 가속화가 되는데, 동료집단에서 자신의 위치를 매우 중요하게 생각하는 청소년들의 스마트폰 교체 주기가 짧아지는 것은 당연하다고 볼 수 있겠다. 물론 현명한 소비자들인 청소년들은 다양한 매체를 통해서 저렴하게 구매할 수 있는 방식을 찾아서 오프라인 매장과 온라인 매장 등등 가격 비교 사이트를 방문해서 추가적인 정보탐색으로 이어질 것이고 이는 다음 장에서 다루도록 하겠다.

위의 예를 통해서 보면 소비자들은 여러 가지 광고, 제품(경쟁사 포함) 등의 마케팅 자극을 받은 후 일련의 심리적인 과정을 통해서 재화나 서비스를 구매하는 결정을 하게 된다.

이런 마음 상태가 마케팅 자극(친구들의 최신 제품)에 노출되면 소비자는 바람직한 상태(욕구들이 충족되어있는 상태)와 실제 상태(일부 또는 전체 욕구들이 제대로 충족되지 않은 상태)를 비교하는데, 이들 사이에서 괴리를 느껴 불행함이나 불편함을 알게 된다면 그러한 긴장 상태는 괴리를 해소하기 위한 행동을 하도록 끊임없이 추구할 것이다. 이러한 불편한 상태는 결국 소비자들이 새로운 제품의 구입이라는 해답으로 나타나게 될 것이다.

이와 같이 소비자들이 자신의 불행함이나 불편함으로 나타나는 긴장상태를 알게 되는 단계를 문제의 인식(Problem recognition) 또는 욕구의 환기(Need arousal)라고 한다.

욕구의 환기가 일어난다고 해서 모든 문제 해결과정이 발생하는 것이 아니고 욕구가 충분하게 발생을 할 때에 행동이 일어나게 되는데 충분히 욕구가 발생하면 동기가 유발된다고 볼 수 있고 동기의 정의 및 동기가 미치는 영향은 다음과 같다.

동기(Motivation)

본격적 의사결정 과정의 시작인 문제인식 단계의 주요 요인은 동기와 욕구이다. 일반적으로 소비자들이 재화나 서비스를 구입해서 부족하다고 느끼는 욕구를 충족시키고자 할 때 발생한다. 그렇다면 동기의 본질과 욕구-동기-행동 사이의 관계를 살펴보자

동기란 '생체에너지를 활성화시키고 -대체로 외부적 환경 내에 존재하는- 소비자의 목표를 향하여 그러한 생체에너지의 방향을 결정짓는 내적 요인'이라고 정의한다.

이때 목표란 기본적인 욕구의 충족을 의미하는데, 심리적인 안정과 같이 그 목표가 소비자 내부에 존재할 수 있으나 대체로 욕구충족수단을 외부로부터 구하려는 경우가 보편적이다.

이러한 정의에 따르면 동기는

① 생체에너지를 활성화시키는 역할과

② 그러한 생체에너지의 방향을 결정하는 역할을 수행한다(Hilgard 외 1인).

기업 입장에서 소비자들의 동기란 소비자가 현재의 자신이 실제 어떤 특정제품을 사용할 수 있도록 자극을 받아, 욕구 충족을 위해서 자사의 제품을 선택해 주는 방향으로 활성화 시키는 것을 말한다고 할 수 있다.

잠재된 상태로 존재하고 있었던 가장 기본적인 욕구에 어떤 자극이 주어질 때 그러한 자극과 관련된 욕구가 활성화되어 구체적인 행동을 유발시키는 동기로 작용하게 되는데 이러한 활성화된 행동의 한 가지 구매행동은 동시에 여러 욕구 또는 동기의 다발(Bundle)을 충족시킬 수도 있다.

패션의류나 액세서리와 같은 유행에 민감한 제품의 구매에서도 다양한 동기가 구매원동력으로 작용하듯이 생수의 구매와 같은 사소한 행동도 안전, 건강, 사회적 지위 등의 욕구로부터 동기가 부여되고 영향을 받을 수 있다.

한때 페리에(Perrier)나 에비앙(Evian)을 들고 다니는 것이 유행한 적이 있는데 이는 음료가 단순히 갈증을 해소시켜 주는 물이 아니라 내가 이러한 제품을 선호하는 차별화된 사람이라고 하는 나름대로의 의견 제시라고 볼 수 있다. 물론 이러한 소비자들의 행동이 옳은가 아닌가에 대한 얘기보다는 왜 기업들은 소비자들이 선호하는 브랜드를 만들기 위해서 장시간 많은 재원을 투입해서 노력을 하는가 또 그런 브랜드에는 소비

자들이 자아를 충족 시켜줄 수 있는 일종의 프리미엄이 더해져서 결국 치열한 경쟁 속에서도 소비자들이 먼저 찾는 브랜드 로열티(brand loyalty)를 발생시키는가에 초점을 맞추어야 한다.

이렇듯이 동일한 제품을 구매하는 소비자들 사이에서도 그러한 행동의 원동력이 되는 동기는 다를 수 있으며, 한 소비자의 구매행동도 상황에 따라 다른 동기로부터 영향을 받을 수 있다. 외부로 드러나는 행동의 내면에는 특정 행동을 유발시킨 동기가 존재하기 때문에 소비자들을 정확히 이해하고 동기를 파악하는 것이 소비자행동을 구체적으로 파악하는 좋은 도구가 될 것이다.

욕구가 동기로 변환되는 과정과 동기의 작용구조

앞장의 동기의 정의와 유사하지만 다시 살펴보면 동기란 행동의 이유를 말하는데, 구체적인 욕구가 환기되면서 동기로 전환될 때는

① 생체에너지가 활성화되어 소비자로 하여금 어떠한 행동이든 취하도록 촉구하며,

② 일반적인 행동방향을 제시한다.

소비자의 생체에너지는 대체로 다음과 같은 요인들이 홀로 또는 공동으로 작용함으로써 활성화되어 욕구를 환기시킨다.

내부적 자극(생리적 및 심리적 여건)이란 욕구는 음식이나 물 등을 비롯하여 인간이 생존하는데 필요한 것들에 대한 생물적(생리적) 욕구를 충족시키기 위해 환기될 수 있다.

환경적 자극(외부적 자극)이란 소비자가 당면하는 환경적 자극들도 역시 욕구를 환기시킬 수 있다. 소비자의 주의를 끌고 욕구를 환기시킬 수 있는 환경적 자극은 마케팅 전략상 매우 유용한 가치를 갖는데, 마케터들은 그러한 자극을 제품포장이나 촉진활동에 통합시켜 바람직한 소비자행동을 촉발시킬 수 있다.

인지활동(생각, 사고)이란 소비자는 사고의 대상이 실제로 존재하지 않을 때조차도 많은 인지활동에 참여하며, 이러한 인지활동은 욕구를 환기시킬 수 있다.

동기의 작용 구조를 살펴보면 환기된 욕구(동기)들은 통합된 형태로 조화를 이루어 소비자에게 영향을 미치는데, 이러한 점은 동기들 사이에 우선순위 체계나 구조화 메

커니즘이 존재함을 암시한다.

동기의 역할

이와 같이 동기는 소비자행동에 직, 간접적인 영향을 주고 그 방향을 결정해 주는 역할을 수행하고 있으며 또한 소비자가 어떤 행동을 할 때 왜 그런 행동을 하는가를 설명해 주는 기능을 하기도 하는데 소비자 정보처리과정의 여러 측면들이 소비자의 욕구와 목표, 간단히 말하면 소비자동기에 영향을 받게 된다(Bettman). 또한 마케터나 기업에게는 소비자들의 욕구(wants)와 필요(needs)를 잘 이해할 수 있는 좋은 기준이 될 수 있으며 이를 통해서 소비자행동에 좀 더 쉽게 대처할 수 있게 될 것이다. 간략하게 소비자들의 필요와 욕구를 살펴보면 다음과 같다.

① 필요(needs) : 무엇인가가 결핍된 상태로서, 특정한 제품이나 서비스가 필요한 단계는 아니다. (배가 고프다, 갈증이 난다)

② 욕구(wants) : 결핍된 무엇인가를 충족시키고자 구체적으로 행동이 일어나게 되는 상태로서 마케터들은 필요보다는 욕구에 초점을 두고 소비자행동을 유발하게 한다. (한식, 중식 ……, 물, 옥수수 수염차 ……)

다음은 동기의 역할에 대해서 루돈과 비타(Loudon & Bitta)가 연구한 동기의 분류에 대한 설명이다.

1. 소비자들의 기본적 욕구 파악 기능

동기는 소비자들이 기본적으로 원하는 것이 무엇인가를 깨닫게 하고 욕구를 추구하게 되는데 영향을 끼친다. 예를 들어서 매스로우(Maslow)의 욕구 계층이론(hierarchy of needs)에 각 단계를 차지하고 있는 생리적 욕구, 안전의 욕구, 소속의 욕구, 자긍심의 욕구 그리고 자아실현 욕구등과 같은 단계적인 목표가 존재한다. 이는 결국 현재 소비자들이 느끼는 현재 상태(real self)와 차이가 나는 이상적인 상태(ideal self)에 대한 갭을 줄이는 원동력이 되는 개념이다. 또한 이런 기본적인 욕구나 목표를 파악함으로서 다양한 의사결정과 행동을 일반적인 방향으로 행동하도록 하는 데 도움을 주게 된다. 이러한 이해를 통해서만이 안정적으로 소비자들의 욕구의 변화 추이를 알게 되고 이는 소비자들의 욕구충족을 위한 동기 부여에 적합한 자극의 형태로 나타날 수 있다.

2. 목표 대상 확인 기능

소비자행동은 소비자들이 제품과 서비스를 사용함으로서 좀 더 나은 자신의 모습을 위해서 일어나는 행동이라고 제1장에서 다루었듯이 소비자는 또한 그들의 동기를 성취시킬 수 있는 수단의 역할을 한다고 본다. 다시 말하면 제품이나 서비스의 사용을 통해서 욕구의 충족이 일어나지만 소비자들은 흔히 제품이나 서비스의 사용이 실제 목표대상인 것으로 생각하기도 하는데, 이와 같이 소비자들이 제품이나 서비스를 그들이 원하는 목표대상과 동일 시 한다는 사실은 실로 마케터나 기업의 입장으로 보면 매우 중요하다. 그 이유는 기업이 판매하는 제품에 어떤 특성을 부여했는가에 따라서 소비자는 그 제품을 소유 하고자 하는 열망이 매우 심해질 것이며 이러한 열망이 있다면 기업 입장에서는 소비자들로 하여금 자사의 제품을 사용함으로서 소비자들이 얻게 되는 내면 동기에 만족을 부각시킴으로서 효과적인 촉진전략이 될 수 있는 근거가 될 것이다.

3. 선택기준의 확립

소비자들이 제품이나 서비스를 구입하고자 하는 결정을 할 때 동기는 선택기준이 될 수도 있다. 다시 말하면, 실용적인 동기를 가지고 있는 소비자는 자동차를 선택하고자 할 때 가격이나 유지비등과 같은 특성을 고려하게 되겠지만 상징적인 측면이나 자아실현동기가 더 부각되는 동기를 가지고 있다면 자동차의 선택기준은 고가의 자동차를 선택함으로서 소비자가 얻게 되는 상징적 모습들이 중요한 고려 특성이 될 것이다. 마케터들 역시 소비자의 선택기준에 영향을 미칠 수 있다. 소비자들이 자신의 동기를 잘 인식하고 있지 못하거나 또는 동기를 인식하고 있다고 해도 선택대안들을 평가하는 방법을 모르는 경우도 있을 수 있기 때문에 소비자들에게 중요한 속성들을 상기시켜주고 자사가 판매하는 제품이 소비자의 기준에 어떻게 부합되는지를 알려 줄 수도 있다. 예를 들어서 친화욕구가 큰 소비자 층으로 분류되는 청소년들을 대상으로 할 때는 청소년층에 인기가 많은 연예인들을 내세운 광고를 하고, 사랑을 하고픈 욕구도 친화욕구와 관련이 있으므로, 성적소구(sex appeal) 광고도 또한 소비자들의 내재된 친화나 친교욕구를 반영하는 것이라고 볼 수 있다.

매스로우의 욕구 계층이론

매스로우의 욕구계층(Hierarchy of Needs)이론은 원래 타고 나거나 사회적 교류작용을 통해 형성된 동기들을 다섯 개의 기본적인 범주로 분류하여 생리적 동기를 가장 낮은 위치로 하고 자아실현을 가장 높은 위치로 하는 계층을 제안하였다. 즉 동기범주들은 생존에 필수적인 정도에 따라 상대적 우월성 또는 초기 중요성이 결정되는데 동기들은 그들의 상대적 우세성에 따라 소비자에게 작용한다. 다음은 매스로우의 욕구계층을 열거해 놓은 것으로서 원래 이론에는 삽입되지 않았던 직장과 관련해서 일어날 수 있는 것들을 포함해 놓았다(Maslow & Murray).

저차원인 생리적 욕구부터 순차적으로 발생하는 욕구라고 보며 단계 밑에 있는 욕구가 충족되어야 다음 단계의 욕구가 발생한다고 본다. 하지만 나이가 젊은 사람들의 경우엔 기초적인 생리적 욕구 보다 자아실현욕구가 더 높을 수가 있어서 욕구계층이론이 저차원적인 욕구부터 만족된 후 순차적으로 상향한다는 모델의 한계점을 드러내는 것으로 볼 수 있으나 추후 연구에 근간이 된 공로는 인정을 받고 있다.

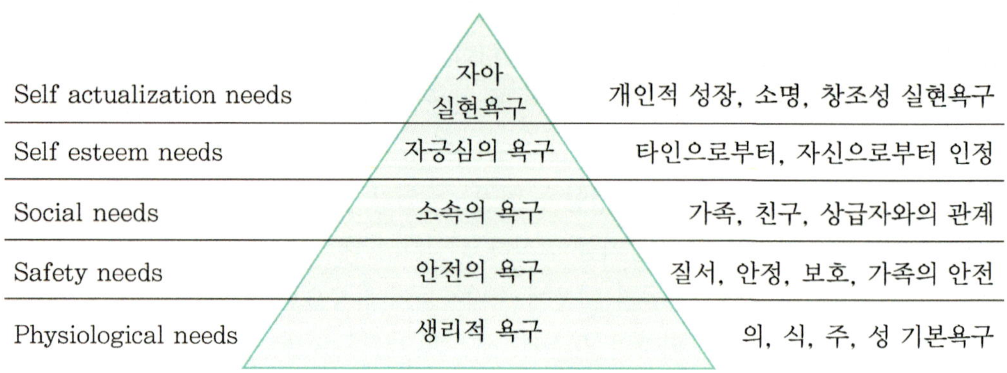

[그림 3-1] **욕구계층 이론**

매스로우(Maslow)와 비슷한 시대의 알더퍼가 중복되는 부분을 통합한 또 다른 동기부여 관련 이론인데 그 외에도 McCelland, Broom 등의 많은 이론들이 있는데 알아보도록 하자.

알더퍼(Clayton Alderfer)의 ERG 이론

매스로우의 이론을 조금 더 간략하게 중첩되는 부분들을 가감하고 세 가지의 욕구로 간략회시킨 이론으로시 그 세 가지 항목은 다음과 같다.

각 항목의 머리글자를 따서 ERG이론이라고 한다.

① Existence need : 신체적 안녕에 대한 욕구

② Relatedness need : 타인과 좋은 관계를 유지하고자 하는 욕구

③ Growth need : 인간가능성에 대한 욕구와 개인적 성장과 늘어나는 자신감에 대한 욕구

동기들은 마치 소비자에게 독립적으로 한 번에 하나씩 영향을 미치는 것처럼 분리하여 논의하는 것이 편리하지만 실제에 있어서는 다수의 동기들이 상호 작용하여 소비자에게 통합된 영향을 미친다(Holbrook & Hirschman). 동기들은 그들의 구체성에 따라 연쇄관계를 보이는데, 하나의 세분된 동기를 성취하는 일은 그 자체가 포괄적인 동기를 성취하기 위한 수단으로 간주된다는 것이다. 한 제품은 구체성이 유사한 수준에 있는 여러 가지 동기들을 동시에 만족시킬 수 있는데, 이는 소비자행동에 대한 동기들의 다발을 의미한다.

예를 들어, 편리한 이동과 안전성의 대한 욕구는 가장 기본적인 성능에 저렴한 자동차를 구매할 수 있는 동기부여를 하기도 하지만 만일 이 같은 욕구에 사회성과 타인대비한 성취감 그리고 나아가 사회적 인정 등의 동기들이 합쳐지고 존경받고 싶은 욕구로 인해서 소비자로 하여금 고급 유럽산 승용차를 구매하도록 영향을 미칠 수 있다.

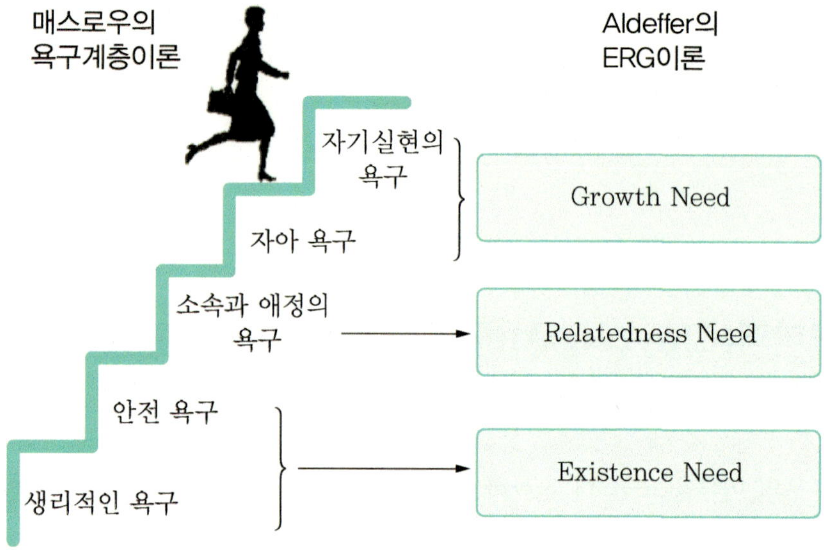

[그림 3-2] **욕구 단계이론과 ERG 이론 비교 그림**

매클랜드의 학습된 욕구 이론

(McCelland's Acquired Needs Theory)

전술된 이론과 달리 소비자들이 보유하는 욕구는 선천적인 것이 아니고 학습이나 개성에 의해 살아가면서 형성된 것으로 보는 이론이다.

① 성취에 대한 욕구(Need for Achievement) : 어려운 일, 보통 이상의 사람이 되고자 하는 욕구

② 친교에 대한 욕구(Need for Affiliation) : 사람들과 갈등회피, 친밀감, 그리고 우정을 쌓고자 하는 욕구

③ 권력에 대한 욕구(Need for Power) : 타인을 조정 지배 영향을 미치고 타인에게 권한으로 영향을 미치고자 하는 욕구

공정성 이론(Equity Theory) : J.S Adams

공정성 이론은 개인이 자신의 노력과 그 결과로 얻어지는 보상과의 관계를 다른 사람과 비교하여 자신이 느끼는 공정성에 따라 행동하되 준거대상이 되는 사람과 비교결과 자신의 투입 대비 산출비율이 상대적으로 적을 때는 노력, 시간, 기술, 비용, 학습 등의 투입요소를 하향 조정하는 경향이 나타나고 받은 보상이 더 크다고 느낄 때에는 투입요소를 상향 조정하는 경향이 있다는 것이다.

■ 결과로 나타날 수 있는 유형

① 투입량 변화(보상이 적다고 느끼는 사람은 노력을 덜하고 결근율이 증가 하는 반면, 보상을 잘 받고 있다고 느끼는 사람은 좀 더 노력을 하는 경향이 있음)

② 봉급 변화(투입량에 비해 적게 보상을 받는다고 느끼는 사람은 봉급 인상을 원하거나 근무 조건변화를 요구하게 되고 이런 경향이 많으며 노조가 임금인상이나 근무조건 상승을 요구하게 됨)

③ 위에 투입량이나 봉급변화가 어려울 경우 자신의 잣대를 수정(불공정하다고 느끼는 비교대상을 수정하거나 자신의 일을 인공적으로 변화를 시켜 만족을 느낄 수 있도록 시도함)

④ 이직(좀 더 공정한 대우를 받을 수 있는 새로운 직장을 찾는 경우 발생)

참고

- 배분적 정의(Distributive Justice) : 공정성이론의 일부로서 종업원 개인들간에 보상의 양과 분배에 대해서 초점을 두는 이론이다.
- 절차적 정의(Procedural Justice) : 보상이 배분되어야 한다고 믿는 결정절차에 대한 지각(상급자가 부하직원들을 인사고과 및 평가를 통해 임금 인상이나 승진을 시키는 절차를 고려하는 것으로 신뢰에 영향을 준다)
- 상호작용 정의(Interactional Justice) : 상호작용 속에서 어떤 대우를 받는가가 중요한 요소로 부각되고 있다(Tipping Point)

브룸의 기대이론(Broom : Expectancy Theory)

기대이론에서의 동기유발은 종업원들의 자기 자신의 직무수행능력에 대한 적합한 보상이 될 것이라는 기대에 달려 있다고 본다. 즉 여러 자발적인 행위 가운데서 사람들의 선택을 지배하는 과정으로 정의할 수 있는데 Bill이란 학생은 재무관리 전공이라 적어도 재무관리 과목은 B를 받겠다는 의지가 충만한데 중간고사에서 C+를 받았기 때문에 기말고사에선 꼭 A를 받아야 통합점수가 B를 받을 수 있다면,

① 열심히 공부해서 기말고사엔 A를 받거나

② 기말고사에서 A를 받게 되면 성적이 B 이상이 될 것이라는 기대가 있다는 것이다. 만일 Bill이 기말고사에서도 A를 절대 받을 수 없거나 A를 받아도 종합점수는 B가 나오지 않는다고 믿는다면 굉장히 열심히 공부를 하지 않을 것이란 것이다.

따라서 기대이론에서는 종업원들이 적합한 보상을 받을 수 있다는 확신과도전할 경우 성취 가능한 목표를 제시하는 것이 가장 중요한 요인(factor)이다.

사회학습이론(Social Learning Theory)

사회학습이론은 종업원들이 다른(동료, 가족, 친구, 친척) 사람들의 행동을 보고 학습해서 행동하게 되는 것을 말하고 어떤 타인의 행동을 통해서 보상이나 처벌을 받는 것을 보게 되면 그에 맞추어서 행동하게 된다는 것이다.

참고

자기효용감(Self Efficacy)

개개인이 어떤 행동을 성공적으로 할 수 있는 유무에 대한 판단을 말한다.

만일 자기효용감(Self Efficacy)이 높은 사람이라면 업무 수행 시 좀 더 노력을 할 것이고 노력을 하다가 장애나 방해요인을 직면해도 더욱 노력을 통해 해결하고자 할 것이다(예 : 회사 내에 신규 컴퓨터 프로그램을 사용하고자 하는 노력여부).

목표 설정이론(Goal Setting Theory)

Motivation is based on a desired future state

1. 목표 설정이론

여기서 말하는 Future State란 종업원이 도달하고자 희망하는 목표수준으로서 Goal(목표)라고 볼 수 있다.

1) 효과적인 목표 기준

- 명확하고 측정 가능해야 한다 : 가능하면 불량률 1% 감소, 매출 2% 신장과 같이 숫자로 명확하게 하는 것이 좋다.
- 주요 분야에 초점을 맞추어야 한다 : 조직의 일을 수행하는 데 있어서 모든 면에서 체크하고 목표를 정해 주는 것보다는 4~5가지의 주요사항을 중점적으로 보는 것이 효율적이다.
- 목표가 Challenging 하되 현실적으로 가능해야 한다 : 도전할 수 있는 동기유발이 가능한 어느 정도 힘든 목표여야 하지만 아무리 노력해도 불가능한 목표를 제시한다면 실패로 끝나기 쉽고 향후 도전하려 하지 않을 것이다.
- 한정된 시간동안에 이루어질 수 있는 목표를 제공해라 : 일정 시간 내에 목표가 달성될 수 있도록 정해주어야 하고 장기목표는 세분화해서 연간 계획으로 만들어야 한다.
- 목표를 달성했을 시에는 보상과 연결되어야 한다 : 목표를 수행해 낸다면 임금인상이나 승진 등 종업원이 중요하게 생각하는 보상을 해주어야 한다. (어려운 상황에서 일부 달성)

- 목표는 종업원에게 수용되고 지지되어야 한다 : 목표가 성과가 있으려면 종업원들도 의사결정 시 참여를 시켜서 몰입할 수 있게 하여야 한다. 스스로 세운 목표가 남이 일방적으로 정해준 목표보다 바람직하다.

2) 목표설정에 따른 부정적인 결과 가능성

- 중요하게 부각된 목표를 달성하기 위해 부각되지 않았으나 중요한 다른 업무를 무시하고 전체 업무를 보는 시각이 편협해질 수 있다.
- 종업원이 한 목표를 실행하기 위해서 다른 목표와 갈등이 생기고 그 결과로 한 목표를 희생하는 결과를 초래하기도 한다.
- 이루기 힘든 목표를 설정해 준다고 해서 모든 종업원이 열심히 도전하는 것은 아니고 어떤 경우엔 나쁜 결과를 초래하기도 한다.

2. 동기 절차 이론이 많은 조직 내에 적용되는 방법들

절차이론은 종업원들이 조직 내에서 접하는 절차상의 일로 실제 조직마다 보상의 상황이나 내용에 대해 종업원이 느끼는 점은 다르다. 그러므로 절차이론은 조직마다 다르게 적용된다.

1) 성과관리(Performance Management)

성과관리란 관리자가 개별종업원의 조직행동이 회사의 목표와 일치하게 함을 확실히 하는 절차를 말하며 Performance Management System은 종업원의 행동, 결과, 그리고 활동이 회사의 전략적 계획들과 합치할 수 있게 하는 시스템을 말한다. 보상(임금 인상, 승진, 해고) 등의 전반적인 경영관리 결정 외에도 종업원에게 그들의 강점과 약점까지도 피드백을 해 줄 수 있는 시스템으로서 [그림 3-3]에서 보면 알 수 있다.

Defining Performance (수행성과의 정의)

↓

Performance Measuring (수행성과 측정)

↓

Feed Back Performance Results to Employees(수행성과 통보)

[그림 3-3] **성과관리 시스템**

참고

참조되는 절차이론

① **목표 설정 이론** : 정확한 목표를 설정해주어서 동기 유발을 시켜야 하고

② **공정성 이론** : 공정한 대우를 받고 있다는 느낌을 가져서 더욱 동기 유발을 촉진해야 함.

- 공정하다는 느낌을 주기위해선 관리자가 개별 종업원들이 자신이 해야 하는 수행업무 표준을 정확히 이해하고 그 표준에 따른 보상(임금 외)기준도 명확히 알게 해야 함.
- 또한 이런 보상을 구성하는 평가 기준도 명확히 알려주고 항상 일관성 있게 실행해야 하며 종업원이 의문사항이 생기면 관리자에게 항시 물어볼 수 있게 하고 또한 그들의 시각에서 어떻게 평가되어야 한다고 생각하는 Input도 수용하려는 자세가 있어야 함.

2) 조직행동 변화(O.B. Modification)

목표설정이론에서 다루었듯이 조직행동 변화(O.B Modification)는 강화이론에 기초해서 종업원들이 동기유발을 할 수 있게 하는 이론으로서 관리자들이 종업원들의 업무수행 성과의 향상을 위해 종업원의 행동을 인지하고, 분석한 후, 변화시켜줄 수 있는

행동관리 틀을 제시해 준다.

① 종업원의 행동들 중 수정해주어야 하는 행동을 파악(근태상황, 작업장 내 위험한 행동)

② 그 행동이 얼마나 자주 일어나는가를 파악(위험한 행동의 빈도수)

③ 행동이 일어나게 된 단서, 선행동기, 그리고 결과를 분석(게으름 또는 무지함)

④ 강화이론에서 다룬 4가지 긍정적 강화, 부정적 강화, 처벌, 소멸 등의 방법으로 중간에 대처

⑤ 대처한 방법이 얼마나 효율적인가를 평가하고 문제행동의 변화를 지켜본 후 결정

* 과거 20년간의 조직행동 변화방식을 도입한 회사에서는 평균 17% 이상의 개선이 있었다.

3) M. B. O(Management By Objective)

관리자와 종업원이 각 부서, 프로젝트, 개인별 목표를 정하고 그에 따른 결과적인 성과를 모니터함으로써 조직체와 개인의 목적을 동시에 달성하려는 관리 기법이다.

① 목표에 의한 관리가 성공하려면 지켜야 할 4가지 절차

Step 1 : 목표 설정(조직의 전략적 목표 vs 부서별 목표 vs 개인별 목표)

Step 2 : 목표를 성취할 수 있는 실행계획 개발

Step 3 : 진척도를 파악해서 정상이면 진행 비정상일 때는 수정 행동 실시(연중 수회 실시)

Step 4 : 일 년간 전반적으로 개인별, 부문별 성과를 파악해서 목표를 달성한 개인이나 부서는 임금 인상이나 다른 보상을 해줌으로서 다음해 계획 수립의 기초로 사용한다.

② MBO의 장단점

- 장점 : 목표 성취를 위한 노력이 집중되고, 업무수행이 향상되고, 종업원들은 동기유발, 개인과 회사의 목표가 일치된다.
- 단점 : 환경의 잦은 변화에 대처 미진, 노사 간 나쁜 관계일 때는 효율이 떨어지고, 전사적 전략적 목표와 수행목표가 다를 수 있고, 많은 서류업무가 발생

4) Incentive Compensation

종업원 개개인, 팀, 부서별, 전사적 목표를 달성했을 때 현금이나 주식 등을 인센티브로 제공하는 방법으로서 이 보상제도만으로는 종업원의 동기유발을 전적으로 할 수 없다. 흔히 말하는 당근과 채찍식 접근은 현대와 맞지 않는다는 반론이 제기되고 있다.

① 외적보상은 내적보상을 줄인다

외적보상에 치중하다 보면 스스로 전반적인 개선을 하려는 노력이 감소한다.

② 외적보상은 일시적인 효과이다

외적보상을 추구하다 보면 단기적 보상만을 추구하고 장기적인 안목으로 개발하고 노력하는 경향이 줄어든다.

③ 외적보상은 종업원 저차원적인 욕구를 가지고 있다고 가정한다

하지만 현대의 복잡하고 유능한 종업원들은 고차원적인 욕구를 추구하고자 한다는 것을 간과하면 안 된다.

참고

■ 인센티브 보상제도의 종류

① Pay for Performance : 성과에 따라서 지급하게 되는 보상법 : 성과급(Merit Pay)
② Gain Sharing : 한 사업부 단위 내에서 관리자와 종업원이 함께 성과목표를 달성할 때 보상하는 것
③ Employee Stock Ownership Plan(ESOP) : 종업원 주주제를 도입해서 향상된 성과에 따른 이익을 분배해 주는 시스템
④ Lump-Sum Bonus : 성과나 기여도에 따라서 일회성으로 큰 금액을 지급해 주는 것
⑤ Pay for Knowledge : 자격증 취득이나 새로운 업무를 익힘에 따라서 돈을 지급해 줌

회사는 유연성과 효율성을 추구할 수 있다(다 업무로 대체 등 가능).

Team based Compensation : 종업원의 활동이나 행동이 팀에 좋은 영향을 주는 것(예 : 협동심, 수긍, 타인을 도와줌)

소비자 구매의사결정 과정(Consumer Decision Making Process)

일반적으로 소비자들은 어떠한 문제를 인식하고 현실이 이상적인 상태를 충족시키지 못하게 되면 스스로 답답하고 불안해지고 심한 경우 초조상태에 이르게 되는데 그래서 이것을 우리는 문제의 인식이라고 하고 여기서 문제라고 하는 것은 일반적으로 소비자들이 현재 충족되지 않은 현실을 깨닫는 시기라고 본다. 이런 정의에 의하면 거의 모든 소비자들이 문제가 있는 사람들이라고 볼 수 있으나 기업이나 마케터들의 입장에서 보면 아쉽게도 모든 문제가 있는 소비자들이 그 문제를 해결하려고 하는 것은 아니라는 것이다. 이렇게 실제 모습과 이상적인 모습과의 갭이 있어도 소비자는 일정수준의 동기 부여가 일어나야 되고 또 동기 부여가 있다고 해도 제품이나 서비스를 구매 하는 문제 해결 행동이 일어나기 위해서는 경제적으로 해결할 수 있는 능력이 되어야 하고 또 사회적으로 그 욕구를 충족시키는 것이 규범상 위배되지 않아야만 문제 해결 행동이 일어난다.

이와 같은 소비자의 문제 해결과정을 존 듀이(Dewey, John)의 의사결정과정 행동에 접목시켜 다음과 같이 다섯 단계로 나누어서 간략하게 살펴보고 추후 자세하게 알아보겠다.

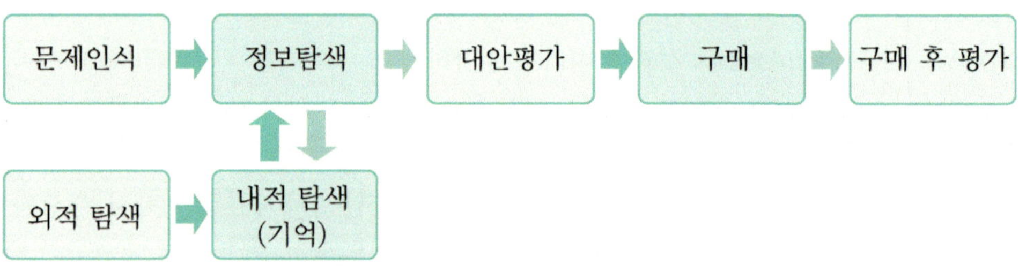

[그림 3-4] 소비자의사결정과정

1. 문제인식(Problem Recognition)

소비자의사결정 절차에 대한 논의는 후반부에서 좀 더 구체적으로 이루어지겠지만 일단, 간략하게 소비자의사결정과정(consumer decision making Process)에 대해서 알아보도록 하겠는데 그 첫 단계가 문제인식이다. 이는 소비자들로 하여금 소비자의사결정과정을 유발시키고 촉발시키기에 충분한 현실과 이상의 차이를 느끼는 단계를 말하며 생리적 반응처럼 내적인 측면에서도 발생하기는 하지만 타인의 충고나 조언 등과 같은 외적인 요인에서도 발생을 한다.

소비자들이 모든 충족되지 않은 욕구를 소비자들이 만족시키고자 하는 것은 아니고 어느 수준 이상의 욕구가 존재하고 그 욕구를 충족시키기 위해서 사용할 수 있는 가처분소득과 사회적인 제약이 없는 경우에만 활성화될 가능성이 높은 것이다.

2. 정보탐색(Information Search)

정보탐색은 소비자가 충족되지 않은 욕구가 있다는 것을 깨닫고 과거의 사용하였던 제품이나 서비스 사용경험을 회상하여 그 중에 만족스러웠던 제품이나 서비스를 상기해 내는 내적인 탐색과 과거의 경험에는 없지만 기존에 보유하고 있는 정보가 좀 부족하여 내적인 탐색만으로는 부족할 때 또는 제품을 구매하는 것이 중요한 반면 기존 지식으로는 자신이 없을 때 외부의 정보를 찾게 되는 외적인 탐색을 하게도 되는 것이다.

외적탐색의 분류는 다음 페이지에서 상세하게 다루지만 소비자행동 연구에서 전반적으로 중요하게 다루어지는 관여도 역시 중요한 역할을 하게 될 것이다.

소비자가 중요하다고 느끼거나 자신한테 관련정도가 큰 제품을 구입하고자 할 때에 정보탐색의 수준이나 열의는 일상용품과 같이 저관여라고 느끼는 제품을 구입하고자

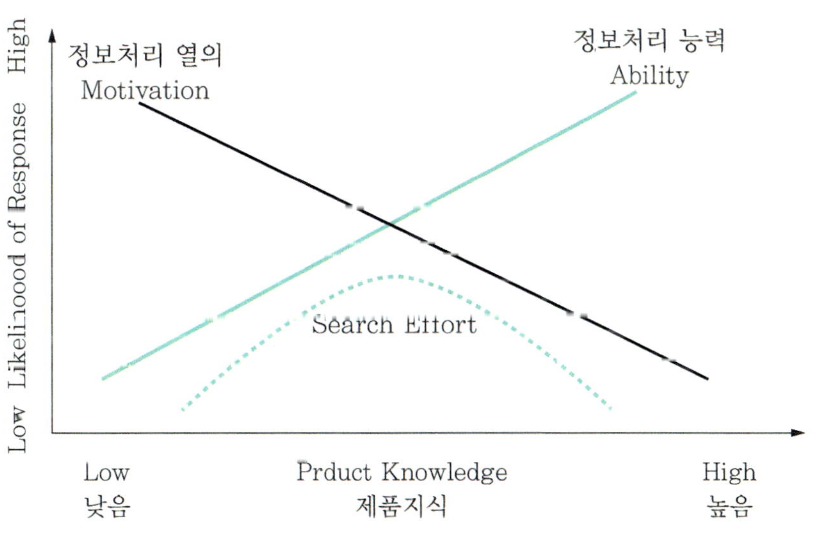

[그림 3-5] 제시된 정보와 정보처리와의 관련도

할 때 평상시와는 달리 많은 정보탐색을 하게 된다. 일반적으로 정보를 처리할 수 있는 지식과 능력이 일정 수준인 소비자들이 정보탐색을 하고자 노력을 할 것이고 이때 마케터들이 적정한 정보를 제공할 수 있다면 매출로 이어질 수 있을 것이다.

예를 들어, 컴퓨터에 대하여 잘 모르는 중장년의 소비자가 컴퓨터를 구입하고자 할 때 정보탐색을 하고자 하는 열의는 매우 부족할 것이다. 왜냐하면 CPU, 사양, 그 외 제품관련 특징에 대해서 열심히 들어도 머릿속에 잘 들어오지 않으므로 해서 쓰기 편리한 제품은 무엇인지, 가격대는 어느 것이 적당한지 정도의 탐색만을 하고자 할 것이기 때문이다. 많은 기업체의 홍보 담당자들은 제품에 관한 많은 내용을 광고에 담고자 하고 여러 내용들을 실제 광고에 내보내지만, 너무 많은 내용을 알려주고자 하면 오히려 소비자들의 정보처리능력과 열의가 감소되어 역 U자 모양의 커브를 그리며 하향하게 될 것이다.

3. 선택대안 평가(Alternative Evaluation)

이 단계는 소비자의 관여도 정도와 제품의 종류에 따라 많은 차이가 있을 수 있는데 소비자가 시간과 비용을 투자하여 기대할 수 있는 혜택들을 종합한 관점에서 대안들을 평가한 후 그 중 선호되는 대안을 선택할 수 있도록 폭을 줄여 나가는 단계로서 대안을 평가하기 위해서는 먼저 소비자들이 원하는 평가기준을 설정해야 하는데 선택기준(choice criteria) 또는 평가기준(evaluative criteria)이라고 불리는 이 기준들을 이용해서 대안을 비교하거나 평가하며 모든 소비자들이 동일한 기준을 가지고 있지 않으며 이 기준들을 바탕으로 해서 부가적인 신념(소비자의 지각정도)을 가지고 되고 이를 바탕으로 해서 제품이나 기업에 대한 전반적인 태도를 가지게 된다.

선택대안에 평가 방법은 크게 두 가지가 있다.

① 비보완적 방식 : 여러 속성 기준들 중 어느 기준 하나가 기준점 이하가 되면 바로 제거되는 방식 주로 관여도가 낮은 경우에 사용한다.

② 보완적 방식 : 어떤 선택기준이나 평가기준 중 어떤 중요한 속성이 결핍되어도 보완할 수 있는 다른 속성에 의해서 보완이 되어 선택될 수 있도록 남게 되는 방식으로 주로 관여도가 높은 경우에 사용한다.

4. 구매(Purchase)

선택대안을 거쳐서 가장 만족할 만한 평가를 받은 제품이나 서비스를 구매하거나 최고점을 받은 대안이 있어도 경제적인 이유로 인해서 저렴한 차선의 평가를 받은 제품을 구입하는 실제적인 구매행동을 하는 단계이다. 구매과정에는 소비자가 선호하는 제품을 구매하는 구매결정과 마찬가지로 점포의 선택 또는 진열대에 전시되어 있는 제품들 중에서 제품을 구매하는 선택행동까지도 모두 포함하는 단계로서 선택대안평가를 통해서만 제품이 구매되어지는 것이 아니고 점포 내에서 충동구매라든지 판매시점 촉진에 영향을 받아서 제품을 구매하게 되는 등 상황에 따른 영향을 받을 수도 있다. 아마도 여러분도 어떤 제품을 사러 마켓을 갔는데 특정 시점에 비슷한 품질의 제품이 세일이라든지 아니면 사은품을 제공해 주는 경우가 있어서 원래 구매하려고 했던 상품을 사지 않았던 경험들을 가지고 있을 것이다.

그래서 점포 내 캠페인이나 이벤트 등도 중요한 역할을 하는 경우가 종종 있다.

5. 구매 후 행동(Post purchase Behavior)

소비자들이 무엇인가 결핍되어 있나고 느끼고 과거의 경험이나 새로운 정보탐색을 통해서 그중 가처분소득과 소비자 입장에서 가장 적합한 대안을 선택하고 구매를 함으로서 소비자 구매과정이 끝났다고 볼 수 있지만 실제로는 소비자들이 자신이 한 선택(구매)에 대해서 바른 결정 아니면 실패한 결정이었다고 하는 것을 느끼게 되는 구매 후 행동이 가장 마지막 과정이라고 본다.

소비자가 일반적으로 느끼는 반응은 제품을 사용한 결과 기대했던 품질 이상일 경우 올바른 선택이었다는 만족감과 또는 기대했던 품질보다 못할 경우 느끼게 되는 불만족감 그리고 더 나아가서 불만족에 그치지 않고 추가로 발생하게 되는 불만족에 따른 불평 행동 등으로 구분되는데 여기서 만족/불만족을 가르는 기준은 제품이나 서비스를 구매하기 전에 보유하고 있던 기대치와 사용한 후 실제평가와의 비교로서 이루어진다.

고관여 구매행동	저관여 구매행동
1. 복잡한 구매행동 2. 부조화 감소 구매행동	1. 습관적 구매행동 2. 다양성 추구 구매행동

중요도 관련성 ↑	중요도 관련성 ↓

[그림 3-6] 관여도에 따른 구매행동

소비자가 제품이나 서비스를 사용한 후에 기대한 성과와 비슷하거나 기대보다 나은 경우에는 만족을 느끼지만 만일 사용 후 실제 평가가 기대수준을 미달할 때에는 불만족이 일어난다는 것이다.

소비자가 불만족을 경험한 경우 주변사람들에게 많은 부정적인 구전과 영향을 미치게 되어 불만족한 제품을 판매한 회사에 악영향을 미칠 수 있는 것이다. 이러하듯이 회사에 입장에서는 제품의 판매에서 회사의 활동이 멈추는 것이 아니라 구매 후에도 구매한 제품을 평가함으로써 기대 이상일 때에만 문제 해결과정 또는 소비자의사결정 과정이 일단락되는 것이다(Doran).

문제인식(Problom Recognition)(1단계)

문제의 인식이란 자신의 욕구 중 일부가 바람직한 수준으로 충족되지 않았음을 인식하여 잠재된 욕구를 활성화시키는 단계로서 "욕구의 환기"(need arousal)라고도 한다(Bruner & Pomazal).

소비자의 실제 상태(actual state)와 원하는 상태(desired state) 사이에 상당한 차이(gap)를 인식할 때 그 차이를 줄이기 위한 수단에 대한 욕구가 환기된다. 소비자 행동은 욕구충족 지향적이기 때문에 욕구의 환기가 소비자 의사결정의 출발점이 된다. 욕구를 충족시킬 수 있는 잠재적 수단 중 가장 적합한 수단을 찾는 것이 의사결정이며, 이러한 측면에서 욕구의 환기는 문제의 인식(problem recognition)이라고 하며, 의사결정은 문제해결(problem solving)이라고 한다. 문제의 인식이 의사결정과정을 거쳐 구매로 이어지기 위해서는 충분한 동기 부여가 필요하다. 동기 부여의 크기는 실제 상태와 바람직한 상태 간의 차이의 크기와 그 문제의 중요성에 따라 결정된다. 예를 들어, 소비자가 오디오를 갖고 싶은 욕구가 있더라도, 그 욕구가 크지 않거나 식료품, 의류 등에 대한 욕구보다 작다면 구매를 위한 의사결정과정으로 이어지지 않는다. 구매행위를 위한 비용은 금전적인 비용이 따르며, 사회적 규범이 제약요인으로 작용할 수도 있다. 따라서 환기된 욕구의 크기와 중요성이 금전적 및 비금전적인 비용, 사회적 규범 등의 제약요인을 극복할 만큼 충분히 클 때 소비자는 비로소 욕구를 충족시키려는 동기가 부여된다. 장초 사례에 나왔던 스마트폰 관련 사례를 본다면 고교생 민지가 가지고 있는 스마트폰은 용량도 작고 별다른 기능이 없는데 최신 Flexible Smart Phone을 가진 민정이는 음악도 듣고, 카카오톡을 친구와 주고받고, 다양한 멀티미디어 환경을 사용하는 것을 본 민지는 자신의 스마트폰에 대해서 많은 실망을 하게 될 것이고 이 실망은 결국 불만족으로 이루어져서 문제를 인식하게 되는 절차를 거치게 될 것이다. 소비자가 문제의 인식에 이르는 과정과 마음 상태는 여러 가지 제품범주에 관련된 욕구기준과 내의 다양한 상표에 대한 태도들로 구성되어 있는데 이 내용은 아래의 [그림 3-7]을 보면 잘 알 수 있겠다.

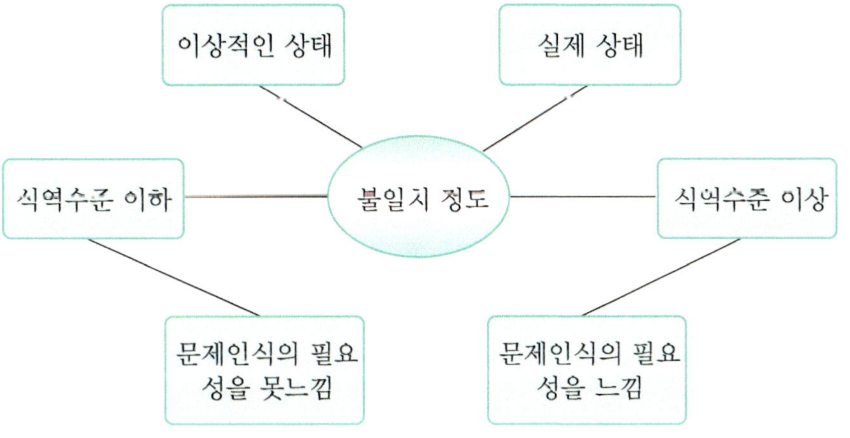

[그림 3-7] **문제 인식과정**

단, 문제인식이나 욕구의 환기가 발생한다고 해서 반드시 문제해결을 위한 행동을 활성화시키는 것은 아니다. 이는 세 가지 요인이 갖추어질 때 활성화될 수 있는데 이 요인들은 ;

첫째, 인식된 욕구는 소비자가 행동을 활성화시킬 정도로 중요해야 한다. 예를 들어, 회사원이 출근을 급하게 하느라고 아침을 못 먹었을 때 직장에서 가까운 분식집에 가서 라면이라도 하나 먹어야겠다고 생각할 수 있지만 모든 사람들이 배고프다고 식사를 하러 가는 것이 아니고 배고픈 욕구에 대한 중요성이 타 욕구보다도 적다면 구매를 위한 의사결정으로 바로 이어지는 것이 아니다. 다시 말하면 아침에 중요하게 기안서류를 제출해야 한다든지, 아니면 근무 시간 중에 나가서 식사를 함으로써 발생할 수 있는 문제점을 극복할 만큼의 정도의 욕구가 있어야 된다.

둘째, 구매행위로 이어지려면 소비자가 처분할 수 있는 가처분소득이 있어야 하고 즉 분식집에서 필요한 음식을 사먹을 수 있는 경제적 능력이 있어야 가능하다는 얘기이고,

셋째, 그 구매행위로 인해서 사회 규범적으로 문제가 없어야 하는데 위와 같은 경우는 배가 고파도 식사를 할 돈이 있어야 하고 근무시간에 식사를 하고 돌아오다가 부서장에게 적발되어 인사고과에 나쁜 영향을 미치거나 또는 일어날 수 있는 문제들을 다 극복할 수 있을 정도로 중요한 욕구가 있어야 가능하단 얘기이다.

문제인식의 유형

소비자 문제는 발생 가능성과 문제 해결의 긴급성에 따라 다음과 같이 네 가지 유형으로 나눌 수 있다.

- 일상의 문제(routine problem) : 실제 상태와 원하는 상태 사이의 차이가 예상되는 문제로, 문제가 발생하면 즉시 해결해야 한다. 일반적으로 가정에서 흔히 구매하는 편의품에 대한 욕구가 이에 해당한다.
- 계획적 문제(planning problem) : 문제 발생이 예상되지만 즉각적인 해결이 필요하지 않은 문제이다. 예를 들어, 승용차 소유자가 차를 몇 년간 사용한 후 1~2년 동안만 사용할 수 있을 것으로 생각하며, 기회가 있을 때마다 차에 관심을 가지고 정보를 수집한다.
- 긴급적 문제(emergency problem) : 예측할 수 없는 문제가 갑자기 발생하고 즉각적으로 해결이 필요한 문제이다. 예를 들어, 승용차를 운전하던 사람이 갑자기 타이어가 터져서 타이어에 대한 다양한 정보를 수집해야 하는 경우이다. 이 경우에는 브랜드를 비교하고 평가할 여유가 없이 가까운 타이어 점포에서 적당한 품질과 가격의 타이어를 구매하는 것이다. 이러한 긴급한 욕구를 충족시키기 위해 편의점(convenience store)이 존재한다.
- 점증적 문제(evolving problem) : 소비자가 예상치 못하고 즉각적인 해결이 필요하지 않은 문제이다. 패션품목의 경우, 처음에는 매우 소수의 소비자에게 받아들

여지고 오랜 기간에 걸쳐 점차 많은 소비자에게 확산되는 것이다. 예를 들어, 어떤 소비자가 새로운 패션 의류가 점차 유행이 되는 것을 보면서 자신도 그 옷을 갖고 싶은 욕구가 점차 생기게 되는 경우이다.

문제인식을 유발하는 요인들

실제로 소비자들이 문제를 인식하는 요인들과 상황은 기술할 수 없을 정도로 많을 수 있지만 대표적인 것들만을 고려해 본다면 다음과 같다.

1. 사용하던 제품의 고갈

가장 일반적인 경우로서 그동안 사용하던 제품이 고갈되게 되면 욕구를 충족시키기 위해서 재구매의 필요성을 인식하게 된다. 예를 들어, 비듬이 많은 사람이 비듬방지 샴푸를 쓰다가 다 소모되게 되면, 일반 샴푸를 쓰지 않는 소비자는 다른 비누나 샴푸가 집에 있어도 비듬 관련한 샴푸제품의 관여도가 높기 때문에 새로 구매해야 하는 문제 인식이 생기게 된다.

2. 사용하는 제품에 대한 불만족

제품을 소지하고 있으나 가지고 있는 품목에 불만족함으로써 문제인식을 가지게 되는 경우인데 뒷주머니에 스마트폰을 넣었다가 액정이 파손된 소비자(태우)는 기본적인 기능인 통화 품질에는 아무런 문제가 없음에도 불구하고 굴절 가능한 스마트폰(Flexible Smart Phone)의 제품 구매를 고려하게 되는 문제 인식이 좋은 사례가 되겠다. 유행에 민감한 청소년들이 스마트폰을 교체하는 주기가 경제적으로 여유가 있는 성인들보다 많은 것이 이러한 추세이다. 같은 학교 친구들이 새로운 기종을 구입하게 되면 자신이 가지고 있는 제품이 유행에 뒤떨어져 있다고 느끼게 되고 기존 품목에 대한 소비자의 불만은 다른 제품을 고려하게 되는 결과로 나타나게 될 것이다. 최근에는 의류제품, 전자 제품 등이 닳고 낡아서 버려지는 것이 아니고 소비자의 욕구와 기호가 다양해져 단순한 변화의 추구가 그 동기였음이 밝혀졌는데 신제품을 수용하는 가장 큰 이유라고 한다는 것을 마케터나 기업은 눈여겨볼 필요가 있다.

3. 환경적 상황 변화

소비자들은 때때로 환경 적인 변화에 직면하게 되며 이때에는 그 동안 문제의식을 가지고 있지 않았던 것들에 대해 문제의식을 가지게 된다. 예를 들면 이사를 가게 된 경우 기존에 아무 문제없이 사용했던 제품을 운송비를 더 많이 들게 한다는 이유로 폐기하고 새로 이사 간 집에서 그 제품이 필요하여 구매하게 되는 경우나 독신으로 살던 남녀가 결혼이라는 상황적인 변화를 통해서 제품들에 대한 욕구나 문제가 발생하는 경우를 말한다. 또한 다른 환경은 준거집단의 영향인데 본 책의 후반부에 소비자에게 영향을 미치는 요인들 부분에서 자세히 다루겠지만 소비자들은 그들이 속해 있는 준거집단의 가치와 행동기준에 동화되고 순응하려는 의지가 있기에 이러한 집단에서 사용하는 제품을 구입하고자 한다.

4. 경제력 또는 재정적인 상황의 변화

소비자들의 소득수준이나 경제적 지위의 향상은 문제인식을 일으키는데 현재 혹은 장래의 재정적 상황은 소비자들의 구매능력을 결정해 주기 때문에 이에 따라서 문제인식이 야기된다. 경제적인 성공을 하게 되면 그에 걸맞은 주택을 구입하게 되고, 좋은 집을 구입하게 된다면 다시 그 집에 어울리는 가구들과 소품들이 필요하게 되고, 또 그 신분에 어울리는 좋은 승용차를 구매하고자 하는 욕구와 문제의식이 생길 수 있다는 것이다.

5. 마케팅 활동에 의한 자극

마케터들은 촉진활동을 통해서 소비자들의 문제의식을 야기시키려고 한다. 마케터는 여러 촉진노력을 통해 소비자들이 그 동안 결핍되게 살아온 것들을 인식시키고자 노력을 하게 되는데 이렇게 함으로써 소비자들이 깨닫지 못하고 있던 제품들에 대한 수요를 유발시켜서 제품이나 서비스의 판매로 이어지게 하려는 것이다. 우리나라는 교육열이 높기로 유명한데 미국의 Obama 대통령이 얘기했을 정도이다. 그 중에서도 가장 치열한 부분은 영어교육 일 것인데 강남 일대에는 영어를 가르치는 유치원들이 문전성시를 이루고 있고 그 교사들도 외국인(Native english speaker)인 경우가 많다고 하는데 한 달 수강료가 200만 원에 가깝다고 한다.

학부형들이 이렇게 영어를 가르치는데 치중하고 반면에 한글은 초등학교에 가서 배워도 된다고 생각하고 있는 점을 간파한 한 회사는 집중적인 TV광고를 통해서 세 살짜리 아이들이 벌써 한글을 자유롭게 읽고 쓰고 한다는 것을 강조한 내용인데, 학부형들이 영어에만 편중하고 있는 욕구 및 관심사를 한글을 가르치는 방향으로 전환을 시킨 회사가 '신기한 한글나라' 회사이다. 미처 깨닫지 못하거나 중요하게 생각하지 않았던 한글에 대한 소비자 욕구를 자극을 통해서 일깨운 경우라고 할 수 있겠다. 하지만 두 가지 방향으로 마케팅 자극을 볼 수 있는데 그 하나는 마케팅촉진이나 자극으로 인해 소비자들이 실제로는 필요 없는 제품을 구입하게 만든다는 사회적 측면에 문제이고 또 하나는 소비자들이 중요하게 생각하지 않은 제품을 구매할 수 있도록 유발시키는 일은 쉽지 않다는 것이다.

문제인식과

문제인식을 갖게 되면 소비자는 문제를 해결하기 위한 계획을 세우게 된다. 그러나 원하는 상태가 추상적이거나 일반적인 경우, 최종목표인 원하는 상태에 도달하기 위해 달성해야 할 하위 목표들(subgoals)을 설정하게 되는데 최종목표(end goal)와 부차적인 목표를 합하여 목표 하이어라키(goal hierarchy)라고 부른다.

예를 들어, 이상적인 세탁기를 구매하기 위해서는 시장에서 구매 가능한 대안에 대한 정보를 탐색하거나 각 대안의 특성에 대해 알아야 한다. 또한, 정보탐색을 위해서는 인터넷 쇼핑몰을 방문하는 등의 구체적인 하위 목표를 달성해야 한다. 이와 같이 점점 구체적인 목표가 순차적으로 설정되고 목표달성의 순서가 결정되면 의사결정 계획(decision plan)이 수립되었다고 볼 수 있다.

목표 하이어라키는 하위 목표가 많을수록 더 복잡해진다. 예를 들어, PC나 승용차를 처음으로 구입하는 소비자는 많은 행동이 필요한 복잡한 하이어라키를 가지고 있다. 반면 치약 같은 간단한 비내구재를 구입하는 경우, "수퍼마켓에 가기 → 치약이 있는 곳에 가기 → 치약 구매"와 같이 단순한 목표 하이어라키가 필요하다.

정보의 탐색과정(2단계)

정보의 탐색과정은 소비자가 어떤 문제를 인식하고 욕구가 환기되면 구매를 목적으로 정보를 탐색하게 된다. 소비자가 정보의 탐색을 통해서 정보를 획득하는 방법은 적극적 탐색(active search)과 소극적인 탐색(passive search)으로 구분할 수 있는데 수동적 탐색이 정보획득의 구체적인 목표를 갖지 않는데 반하여 능동적 탐색은 명확하게 정의된 문제와 정보획득의 목표를 갖고 수행한다. 능동적 정보탐색은 다시 내부적 탐색과 외부적 탐색으로 구분된다.

소비자가 문제를 인식하면, 해당 문제의 크기와 중요성이 금전적 및 비금전적 비용과 사회적 규범 등의 제약을 극복하기에 충분하다면 구매를 목적으로 정보를 탐색하게 된다. 그러나 소비자는 문제의 인식에 따라 문제를 해결할 수 있는 수단(즉 제품 또는 서비스)에 대한 정보를 기억으로부터 회상한다. 이를 내적 탐색(internal search)이라 하며, 내적 탐색에 의하여 의사결정을 할 수 있으면 곧바로 구매로 이어진다.

과거의 많은 경험이 있다면 소비자의 기억으로부터 정보를 인출하게 되는데 결정과 관련된 불확실성을 감소시키고 올바른 결정을 내리고자 한다. 하지만 과거에 사용해 보지 않은 제품이나 짧은 시간에 금방 허기를 채울 수 있는 식당을 모르는 소비자의 경우는 인터넷을 통해 식당을 찾아야 할 것이다.

내적 탐색의 경우 먼저 장기기억장치에 보관되어 있는 과거 경험과 지식을 통해서 회사원은 회사 식당을 떠올리지만 회사 식당에서 식사를 할 경우 많은 직원들이 매점을 이용함으로 상급자가 볼 수도 있어 불편하고 주변에서는 식사를 해본 적이 없으므로 내적 탐색을 통해 획득된 정보가 충분하지 못한 경우 추가적인 정보수집을 위하여 외적 탐색을 수행하게 된다. 다시 요약해서 정의를 해본다면 내적 탐색이란 소비자가 새로운 의사결정 문제를 인식한 후 처음으로 실시하는 정보탐색 활동으로서 의사결정 문제와 관련하여 기억 속에 저장되어 있는 정보를 회상하고 검토하는 일을 말한다.

외적 탐색(external search)이란 기억으로부터 회상할 수 있는 정보가 불충분하여 외부적 원천으로부터 의사결정에 필요한 새로운 정보를 획득하는 탐색활동을 말한다. 내적 탐색에 의하여 의사결정을 할 만큼 충분한 정보를 기억 속에 보유하고 있지 않거나 보유하고 있더라도 이를 회상할 수 없으면 보다 많은 정보를 찾기 위하여 외적 탐색을 하게 된다. 외적 탐색은 수동적인 탐색이라고 할 수 있는 강화된 주의(heightened attention)와 능동적 정보탐색(active information search)으로 구분될 수 있는데 전자는 소비자가 자신의 문제와 관련된 정보에 노출될 때마다 상당한 주의를 기울이는 것이고 후자는 보다 적극적으로 나서서 정보를 탐색하는 것이다. 다음의 표는 어떤 경우에는 내적 탐색과 외적 탐색을 하는 가를 결정하는 것은 의사결정 유형별로 차이가 있다는 것을 보여준다. 습관적 문제해결에 경우는 내적 탐색이 주가 될 것이고 광범위한 문제해결의 경우는 내적 탐색 외에 외적 탐색은 추가로 하게 될 것이다.

[표 3-1] **의사결정유형별 정보탐색 정도**

탐색의 성격	의사결정유형		
	광범위한 문제해결	한정적 문제해결	습관적 문제해결
1. 상표수	많 다	적 다	하 나
2. 상점수	많 다	적 다	모 름
3. 제품의 속성	많 다	적 다	하 나
4. 외적 정보원수	많 다	적 다	없 다
5. 소요시간	많 다	적 다	극 소

구매 전 탐색과 상시적인 탐색

정보탐색에는 구매를 위한 탐색과 구매와는 상관없이 단지 제품에 대한 관심이나 정보탐색 그 자체의 즐거움 때문에 수행하는 경우도 있다. 탐색활동을 한다는 점에서는 큰 차이가 없다고도 볼 수 있으나 탐색을 하게 되는 동기 면에서는 큰 차이가 있다. 구매 전 탐색은 제품을 구매하겠다는 의지가 생기면 나타남으로써 구매 관여도라고 설명될 수 있고 반면, 상시적 탐색은 구매의사와 구매능력과는 상관없이 평소에 꾸준한 관심을 가지고 있는 재화나 서비스에 대한 정보탐색임으로 제품관여도를 가지게 되며 지속적으로 수행되는 특징이 있다. 여성에게는 보석과 화장품 그리고 남성에게는 자동차, 컴퓨터 등의 제품들이 상시적인 탐색 대상 제품이라고 볼 수 있는데 그 이유는 차를 구매한 후에도 계속해서 신제품 광고나 신차 설명회 같은 이벤트에 꾸준한 관심을 보여주고 있기 때문이다. 소비자마다 차이가 있겠지만 이렇게 꾸준히 제품에 관심을 갖는 것이 전형적인 상시적 탐색(on going search)의 예라고 할 수 있겠다(Bloch, Sherrell, and Ridgway).

소비자 정보원천의 종류

소비자가 정보를 획득하는 방법은 능동적 탐색과 수동적 수용으로 구분할 수 있는데, 수동적 수용이 정보획득의 구체적인 목표를 갖지 않는데 반하여 능동적 탐색은 명확하게 정의된 문제와 정보획득의 목표를 갖고 수행한다. 능동적 정보탐색은 내적 탐색과 외적 탐색으로 구분된다.

- 내적 탐색이란 소비자가 새로운 의사결정 문제를 인식한 후 처음으로 실시하는 정보탐색 활동으로 의사결정 문제와 관련하여 기억 속에 저장되어 있는 정보를 회상하고 검토하는 일을 말한다.
- 외적 탐색이란 기억으로부터 회상될 수 있는 정보가 불충분하여 외부적 원천으로부터 의사결정에 필요한 새로운 정보를 획득하는 탐색활동을 말한다(Parkinson). 이러한 탐색활동에는 마케터 주도형, 소비자 주도형, 중립형이 있다.

1) 마케터 주도형

마케터 주도형은 가장 직접적으로 기업이나 마케터의 영향 하에 있으며 제품 자체, 포장, 가격, 광고, 판매촉진, 인적판매, 진열 유통경로와 같은 커뮤니케이션 수단을 포함한다. 소비자들은 이런 정보가 손쉽게 접할 수 있으므로 선호하고 기술적으로는 신뢰할 수 있다고 믿는다. 하지만 심적으로는 절대적인 신뢰를 하지는 않는다.

① 광고 : 소비자가 문제를 인식하면, 문제와 관련된 제품에 대한 광고에 더 관심을 기울인다. 소비재의 경우, 광고는 일반적으로 가장 중요한 정보의 원천으로 인식되지만, 대부분의 소비자는 광고와 같이 기업이 제공하는 정보 원천에 의해 제공되는 정보를 완전히 신뢰하지는 않는다. 그럼에도 불구하고 다양한 형태의 광고는 소비자의 의사결정에 강력한 영향력을 미치는 정보 원천이라고 할 수 있다. 지속적 관여도(enduring involvement)가 높은 소비자는 물론 낮은 소비자에게 있어서도 제품 이름 및 기타 제품정보가 반복적인 광고를 통해 소비자의 기억에 저장되며, 이는 소비자가 향후 문제를 인식할 때 내적 탐색에 의하여 쉽게 회상될 수 있다. 따라서 마케터는 충분한 제품 광고를 통해 소비자의 정보탐색 욕구를 충족시켜야 한다.

② 판매원 : 소비자가 편의품을 선택할 때 판매원의 역할은 덜 중요하다. 그러나 자동차, 가전제품, 가구, 의류, 산업재 등의 경우 정보 원천으로서 판매원의 영향력은 매우 크다. 제품 지식에 대한 판매원 교육이 시간적 및 금전적 비용 낭비라고 생각하여 소홀히 하는 경우가 많지만, 제품에 따라서는 판매원 교육이 매우 중요다는 사실을 인식해야 한다.

③ 포장지 및 설명서 : 제품 포장지 또는 설명서가 때때로 매우 중요한 정보 원천으로 활용될 수 있다. 그러나 설명서의 내용이 너무 상세하면 소비자는 정보 과부하(information overload)로 혼동을 겪거나 소비자의 관심을 잃을 수 있음을 유의해야 한다.

④ 무료 샘플 : 소비자에게 무료 샘플을 제공함으로써 제품의 특성을 알릴 수 있다. 화장품 및 치약과 같은 비내구재는 소량 샘플을 제공할 수 있고, 개인용 컴퓨터, 승용차 등 내구재는 시험사용함으로써 제품의 우수성을 인식할 수 있다. 개인용 컴퓨터를 무료로 대여하거나 자동차 회사가 자동차 렌트를 통해 상대적으로 저렴한 가격으로 고급 승용차를 렌트해 주는 것이 좋은 예가 된다.

2) 소비자 주도형

소비자 주도형은 마케터의 직접적인 통제 하에 있지 않은 모든 개인 간 정보교류를 포함한다. 제품 사용 후기에 있는 댓글이나 사용 후기 등의 내용들을 포함하는데 폭넓게 보면 소비자 주변의 모든 정보원(친구, 가족, 이웃 등)이 이에 속하며 다른 사람으로부터 정보를 얻는 것이 해당된다고 볼 수 있다. 소비자의 욕구에 맞춰 정보가 제공된다는 융통성과 신뢰성, 가용한 정보의 대량성이라는 특성을 가진다(구전 커뮤니케이션). 오히려 소비자들에게는 신뢰를 주는 정보의 원천이라고 할 수 있다. 하지만 이 원천의 정보가 항상 정확한 것은 아니며 간헐적이어서 때때로 중단되기도 한다.

예 Power Blogger, Market Maven

3) 중립형

중립형은 신문이나 잡지기사, 정부보고서, 조사기관이나 공인 검사기관 또는 소비자단체와 같은 제품을 테스트하는 기관의 보고서 등을 포함하는데 이 원천은 소비자나 마케터의 직접적인 영향을 받지 않기 때문에 공정하고 사실적인 특성이 있어 소비자들은 이 원천이 신뢰 가능하다고 지각한다.

그러나 정보가 불완전하고 정보가 오래되었거나 적합한 기준 아닌 상태에서 만들어졌을 가능성도 크다는 단점이 있다.

의사결정 문제를 해결하기 위한 정보항목은

① 대안의 존재,

② 욕구기준에 관련되는 구체적인 속성들을 선정하기 위한 정보,

③ 이러한 속성들을 가중하기 위한 정보,

④ 각 대안이 차지하는 속성점수(속성의 크기)에 관한 정보,

⑤ 각 대안의 가용성에 관한 정보를 검토해야 한다.

일반적으로 소비자들은 기업이 제공하는 정보적 원천보다는 좀 더 소비자적 또는 중립적인 정보의 원천을 신뢰하는 경향이 있다. 그 이유는 여러 가지가 있겠지만, 사업을 위해서 물건을 판매한다고 하는 기업이 제공하는 정보가 사실이 아닐 수 있다고 믿는 경향이 있을 수 있고 기업이 직접 주는 정보가 아닌 중립적인 원천은 사실을 얘기하고 있을 거라고 믿는 심리 때문이다. 이러한 심리를 이용한 기업들의 광고를 살펴보면 우리 주변에서 흔히 볼 수 있는데, 신문 내 전면광고를 기사화해서 상단을 보지 않으면 기사인줄 착각하게 하는 광고들이 이러한 소비자들의 심리를 이용하는 광고가 되겠고 최근에 전자상거래 사이트에서 제품 사용 후기를 올린다거나 호의적인 제품 사용 후기를 올리는 소비자들에게 포인트나 사은품을 제공하는 것이 그러한 예들이 될 수 있다.

또한 구매의사결정과 관련하여 잘못된 선택을 할 위험성이 있다고 판단 될 때에는 소비자들이 기존의 한 원천만을 사용하는 게 아니라 다양한 복수 원천을 활용한다는

것이고 이러한 경향들이 한 가지 매체를 통해서 광고를 하는 것이 아니고 통합적 마케팅 커뮤니케이션(integrated marketing communication)을 통해서 다양한 매체들이 시너지 효과를 낼 수 있도록 시행하고 있다는 것이다.

또한 소비자들은 소비자가 내적 탐색을 할 때 기존에 이미 알고 있는 상표들에 대해 고려상표군(consideration sets)을 구성하고 있는데 이것은 '환기상표군' + '비회상상표군' + '외부탐색상표군'라고 하는 셋(sub set)이 존재한다.

소비자들은 많은 경쟁 속에서 자신들이 알고 있는 또 인지하고 있는 상표가 긍정적인 평가를 내리고 있을 때에만 구매로 이어질 것임으로 마케터는 우선 소비자들의 머릿속 고려상표군 안에 들어갈 수 있도록 노력을 해야 하며 만일 환기 상표군 안에 포함되지 못한다면 선택되지 않을 가능성이 매우 큰 것이다. 이는 소비자들의 구매행동에 대한 연구들을 보면 극명히 알 수 있는데 소비자들이 할인점이나 대형마트의 복도(aisle)을 지나가면서 물건을 선택하는데 소요되는 시간은 평균 9~12초 밖에 걸리지 않는다는 것이다. 바꾸어 말하면, 모르는 상표를 선택하고 지나가기에는 시간이 매우 부족하다는 것이다.

다음의 참고 표는 간략하게 고려상표군이 어떻게 구성되는가를 보여 준다.

◈ 고려상표군
=환기상표군+외부탐색
=상기상표군+비상기상표군+구매시발견된 상표군+(미발견된 상표군)

참고문헌

이학식 · 안광호 · 하영원 · 석관호, 소비자행동, 2020.

A. H. Maslow, "Motivation and Personality, 2nd ed. (New York; Harper & Row, 1970 and H. A. Murray," Exploration in Personality(New York: Oxford, 1938).

David C. McCelland, Human Motivation(New York: Cambridge University Press, 1987).

Del I. Hawkins, Kenneth A. Coney, and Roger J. Best, "Consumer behavior: implications for marketing strategy," Dallas: Business Publications, Inc., 1980, p.390.

Ernest Hilgard, Richard Atkinson, and Rita Atkinson, Introduction to Psychology, 6th ed. New York.

Gordon C. Bruner and Richard J. Pomazal, "Problem recognition: The Crucial First Stage of the Consumer Decision Process," Journal of Consumer Marketing 5(Winter 988); pp.53~63.

Herbert Krugman, "The Impact of Television in Advertising; Learning without Involvement," Public Opinion Quarterly 30(fall. 1965): 349-356.

J. Betteman, An Information Processing Theory of Consumer choice, Addison-Wesley, p.57.

J. Mowen and M. Minor, "Consumer Behavior", A Framcwork, Prentice-Hall, NJ.

James R. Bettman, "An information processing theory of consumer choice," Addison-Wesley, 1979, pp.18-24.

Kathleen Brewer Doran, "Exploring Cultural Differences in Consumer Decision Making", Advances in Consumer Research, 1994.

Lynn Kahle, David Bousch, and Pamela Homer, "Broken Rungs in Abraham's Ladder: Is Maslow's Hierarchy Hierarchical?" Proceedings of the Society for Consumer Psychology (1988).

Morris Holbrook and Elizabeth Hirschman, "The Experiential Aspects of Consumption; Consumer Fantasies, Feelings, and Fun," Journal of consumer Research. 9(Sep. 1982), pp.132~140.

Peter Bloch, Daniel Sherrell, and Nancy Ridgway, "Consumer Search: An Extended Framework," Journal of Consumer Research 13.

Roger D. Blackwell, Paul W. Miniard, and James F. Engel, "Consumer behavior," 10th ed., Thomson: South-Western, 2006.

Terence A. Shimp, "The Role of Subject Awareness in Classical Conditioning: A Case of Opposing Ontologies and Conflicting Evidence," in Advances in Consumer Research, ed(Provo, UT: Association for Consumer Research, 1991), 18: pp.158~163.

Thomas L. Parkinson, "The Influence of Perceived Risk and Self-Confidence on the Use of Neutral Sources of Information in Consumer Decision-Making," in Barnett A. Greenberg(ed.,) Proceeding; Southern Marketing Association 1974 Conference, pp.298~301.

Chapter

4

구매전 대안평가와 구매 (Alternative Selection and Purchase)

Case study

수많은 종류의 제품을 선택하는 방법은

문제인식(Problem / Need recognition) 장의 사례에 나왔던 고교생 민지는 학교에서 다른 친구들이 사용하고 있는 Foldable Smart Phone을 보고 새로운 제품을 구입하기로 결정했다. 마음이 다급해진 민지는 용돈도 거의 쓰지 않고 모자라는 돈은 집안일과 아르바이트를 해서 마련했다. 그런데 막상 이동통신 대리점에 가보니 너무나 많은 제품들이 있어서 오히려 어떤 제품을 선택해야 좋을지 고민되었다. 매장에는 제품의 특징을 내세우는 많은 제품들이 있었다. 너무 다양한 종류의 스마트폰을 접한 민지는 선택을 하는데 어려움을 느끼게 되었다.

민지의 경우를 보면 알 수 있듯이 제품 등의 대안을 선택하기 전에 여러 가지 대안을 평가하는 절차를 거치게 되는데 전장에서는 문제를 인식하고 정보를 탐색하는 과정을 자세히 살펴보았고 본장에서는 선택대안들을 평가하고 구매하게 되는 과정을 살펴보기로 하겠다.」

선택대안들의 평가(3단계)

위의 예와 같이 소비자들은 어떤 상표의 제품을 구입하는가 또 구체적으로 어떤 모델을 선택하는가에 대한 결정을 내리고 나서도 계속해서 선택대안을 고려하게 된다. 소비자들이 인지하는 상표만이 구매 행동 시에 구매될 가능성이 크다고 했듯이 소비자의 장기기억 속에 저장된 정보나 외적탐색을 통해서 발견된 상표들 등이 고려 상표군(consideration sets)을 형성하게 되는데 선택대안들의 평가란 최종적으로 선택된 상표군들의 특정 속성을 비교하고 소비자의 욕구를 가장 잘 충족시켜 줄 수 있는 대안을 선택하게 된다는 것이다.

대안 평가단계에서 소비자는 정보탐색을 통하여 획득된 정보로부터 대안들을 평가하기 위한 속성을 선정하고 가중치를 결정한 다음 각 대안의 속성점수들을 종합하여 태도를 형성하는데, 이러한 활동을 소비자의 의사결정 과정상 대안평가라고 한다.

한편 소비자가 평가활동에 참여하는 정도는 대체로 정보탐색의 양에 영향을 미치는 유사한 요인에 의해 결정된다. 대안을 평가하기 위하여 소비자가 실제로 사용하는 속성은 대안들이 갖고 있는 다양한 속성 중에서 일부에 불과한데, 그러한 속성들만이 소비자에게 매우 중요하고 대안들 사이에서 큰 차이를 보이기 때문에 평가에 이용되며 이들을 특히 결정적 속성(determinant attributes) 또는 현저한 속성(Salient attributes)이라고 부른다. 그 외 일반적인 속성들은 평가기준(Evaluative Criteria) 또는 선택기준(Choice Criteria)이라고 부른다(Fishbein & Ajzen).

스마트폰을 선택할 때에 가장 중요한 결정적 속성은 무엇일까? 평가기준이나 선택기준은 모든 사람에게 동일한 것은 아니고 가격, 유지비, 효율성, 내구성 등과 같은 여러 가지 기준이 될 수가 있는데 실용적인 가치와 관련이 있을 수 있고 상징적인 가치와 관련이 클 수도 있는데 실제로 이 많은 평가 기준 중에 소비자가 제품을 구매하고자 할 때 사용하는 평가기준은 1~2개에 불과하며 이들이 결정적 속성 또는 현저한 속성이라고 한다. 예를 들어서 스마트폰을 구매하고자 할 때 요즘은 기능은 대동소이하고 차이가 별로 없어서 소비자들의 선택을 돕기 위해서 소비자층에 적합한 다양한 모델들을 기용해서 광고 하고 있는 것이고 이렇게 광고 하는 주력모델의 스마트폰은 좀 더 비싼 특징이 있다. 최근 여고생들을 대상으로 실시했던 조사를 보면 제품을 누가 선전하는가가 구매의도에 중요한 결정 요인이었다고 하니 고액의 모델을 사용해서 스마트폰을 선전하고 있는 기업들의 의도를 이해할 수 있는 것이다. 물론 일 년 계약에 수억씩 하는 모델료가 제조원가에 포함된 것 또한 사실임을 소비자들은 알아야 할 것이다. 이러한 현상은 브랜드파워를 가지고 있는 삼성의 경우 훨씬 타사에 비해서 두드러진데, 이 부분이 바로 쎄스 고딘(Seth Godin)의 '보랏빛 소가 온다'에서 얘기한 '제품은 일반적인데 광고비와 홍보비를 많이 투자해서 수명을 연장하는 것은 한계가 있다'라고 하는 부분일 것이다. 그래서 최근 국내시장점유율 1위인 삼성일지라도 거센 시장에서 생존하기 위해 계속해서 디자인과 창조경영에 박차를 가하고 있는 것이다. 다만 브랜드 파워를 가진 제품은 기능이 간단해도 소비자들이 선호도를 보이기에 타 회사의 고기능 제품보다 시장에서 높은 가격을 형성하고 있는 것이 현실이다. 이와 같이 마케터와 기업은 소비자들의 인식 세계를 살펴보면 일상적으로 소비자들은 실용적인 구매를 하기도 하지만 많은 경우 제품이 보유하고 있는 상징적인 가치들을 높게 평가하기도 한다는 것이다.

원론적으로 생각해보면 스마트폰의 경우 통화품질이 가장 중요하다고 해서 모든 소비자들이 통화품질에 따른 선택을 할 것이라고 보면 안 되는데 이것은 모든 스마트폰을 제조하는 회사가 거의 유사한 통화품질을 가지고 있다면 더 이상 중요한 속성의 역할을 할 수 없다는 것이다. 그래서 모든 소비자들이 중요하게 생각하는 속성보다는 오히려 사용하기에 재미있다든지 아니면 특수한 기능을 첨부해서 차별화를 하고자 하는 것이다. 예를 들어, 스마트폰 액정의 진화나 구현방법의 혁신을 통해서 시장을 넓히고 있다.

대안을 평가하는 과정에서 소비자가 사용하는 결정적 선택기준의 수는 제품에 따라 다르지만 일반적으로 9개 이하이며, 관여도가 높은 경우에는 그 수가 증가한다(Rothschild & Houston).

또한 평가속성과 가중치는 소비자가 새로운 경험과 정보를 얻음에 따라 변할 수 있다. 또한 소비자들이 다양한 속성을 탐색하고 연구하는데 시간과 기회비용 등이 소요되기 때문에 대체적으로 선택기준을 단순화시키려는 노력을 한다는 것이 연구 결과 밝혀졌다.

페인(Payne)의 연구에 따르면 소비자는 한 가지 방법으로 선택을 하는 것이 아니고 혼합된 방식으로 선택대안들을 평가하며 또한 다음 순서에 다루게 되겠지만 주로 비보완적 방식이 특정 속성들이나 상표를 평가할 때 손쉽게 제거할 수 있기 때문에 먼저 일정 수의 대안을 제거하는데 먼저 사용하고 그 후 2~3가지의 대안이 남아 있을 때 보완적 방식을 통해서 대안을 좀 더 심도 있게 다루게 된다고 한다. 즉 스마트폰의 예를 들면 여러 제조 회사들을 살펴보고 그중에서 브랜드 파워와 시장 점유율이 높은 삼성의 제품을 선택하고 그 제품들 중 소비자 특성에 가장 부합하는 제품들 몇 가지를 선택하고는 좀 더 신중하게 의사결정을 한다는 것이다.

평가기준의 유형(Types of Choice Criteria)

소비자들은 여러 가지 평가기준에 따라 대안을 평가하게 되는데 역시 소비자에 따라서 매우 다른 평가기준을 가지게 되고 일반적으로는 가격, 유지비용과 같이 직접적으로 제품비용에 관련된 것과 품질, 내구성 등과 같이 제품의 성과와 관련되기도 하며 소비자행동 서론에서 다루어진 바와 같이 사회적 상징, 자아이미지와 관련 등과 같은 요인들이 있다.

1. 품질

품질은 제품을 구입하게 되면 제품이 만들어진 본래의 기능에 부합되게 수행을 할 수 있는가를 의미하는 것이다. 자동차의 예를 든다면 소비자에게 소비자가 원하는 장소로 이동할 때 고장 없이 잘 이동할 수 있게 움직여 주는 것이 되겠다. 카메라의 경우 원하는 때에 사진을 찍으면 선명하게 잘 나오는 것이 될 수 있겠다. 스마트폰의 경우는 그리 간단하지 않은데 통화품질은 물론이고 여러 가지 부가적인 기능을 하는가가 종합적으로 품질을 구성하는 요인들이 되겠다.

2. 내구성

내구성이라고 하는 것은 제품을 선택하고 나서 유행이 변하는 것 외에는 일정 시간이 지나도 처음 구입한 때와 마찬가지로 그 기능을 수행하는 것을 말한다. 과거에는 차에 밟혀도 부서지지 않는 제품들에 대한 선전이 있었으나 최근에는 내구성 때문에 제품을 교체하는 것이 아니고 유행이나 스타일 때문에 교체되기 때문에 내구성은 과거에 비해서 그 중요성이 퇴색되었다고 볼 수 있다. 전자제품 업체 중 Motorola나 과거 대우전자의 Tank 캠페인은 잘못된 전략의 대표적 사례라고 볼 수 있다.

3. 유지비 및 관리비용

자동차의 경우 제조상의 결함이 없어도 사용하면서 제 기능을 발휘할 수 있도록 하려면 유지하고 관리하는 비용이 들기 마련인데, 자동차이 경우는 기름을 주유해 주어야 하고 엔진오일을 주기적으로 갈아주어야 하고 타이어의 적정 공기압을 유지해 주어야 하며, 이에 따른 보험과 제비용을 고려해야 하는데 이러한 비용들도 의사결정에 중요한 요인들이 된다. 구체적으로 예를 든다면 차를 선택하고자 고려할 때 대형차의 경우와 소형차의 유지비용을 따져 본다면 기름 소모량도 보험료도 기타 관리비용도 대형차의 경우가 소형차보다 높을 것이다. 그러나 최근 소비자들의 욕구는 매우 복잡한데 Mercedez Benz 중에서도 고가모델에 속하는 S시리즈의 S500이 33.3Km/liter를 갈 수 있는 연료비의 절감까지 달성했고 럭셔리카 시장에서도 연비가 중요한 역할을 한다.

4. A/S(Warranty)

위에 열거된 대로 제품상의 문제로 인해 고장이 발생되었을 경우 애프터서비스나 품질을 보증해서 만일 취급 부주의가 아닌 경우 교환 여부나 환불 여부 같은 고객 서비스도 구매결정을 할 때 중요한 속성이 될 수 있다. 현대자동차의 경우 소비자들의 불만이 야기될 때 불평행동이 회사의 이미지에 타격을 줄 수 있으므로 자발적으로 부품리콜이나 교체를 해 주는 것이 그러한 예가 될 것이다. 삼성의 경우 소비자 만족도에서 높은 평가를 받는 것이 제품의 가격에도 영향을 미치고 있다는 것은 본장에서 이미 다룬 바 있다.

선택기준의 특성

① 선택기준은 그 유형에 있어 매우 다양하다. 왜냐하면 제품의 사용으로 인해 기능적으로 편리해지는 선택기준이 있을 수 있고 그 외 그 제품을 사용함으로써 자부심이나 타인에게 보이는 상징적인 속성에 대한 선택 기준이 있을 수 있다.

② 또한 상황에 따라서도 기준이 계속 변화하게 된다.
서론에서 얘기한 대로 자신이 쓰는 제품일 경우에는 약간 선택 기준이 약화될 수 있으나 상사의 부탁으로 물건을 구입해야 할 경우 매우 선택 기준이 까다로울 수 있다. 예를 들면 일반적인 경우에는 제품이 기능적으로도 우수해야 하는 경우도 있지만 선물인 경우에는 가격이 높아 보여야 하는 것이 중요한 기능이 될 수 있다.

③ 소비자 기억 속에 포함되어 있는 고려상표군에 어떤 상표들이 포함되어 있는가도 역시 중요한 기준들이 된다. 만일 소비자들이 가지고 있는 제품들간의 속성이 동일하다면 선택기준이 될 수는 없을 것이나 만일 제품들간의 중요한 속성의 차이가 있다면 그러한 선택기준들이 현저한 기준으로 작용할 것이다. 이러한 기준들이 결정적 속성(determinant attributes)이라고 부른다.

④ 선택기준은 각 속성별로 같지 않고 가중치가 다르다. 자동차에 경우 가장 중요한 속성이 안전도라고 볼 수 있으나 구입을 하려고 하는 자동차들이 모두 다 에어백이 장착이 되어 있고 안전도가 더 이상 자동차 구매에 중요한 속성이 되지 않는

다고 가정하면 그 외에 스타일이나 엔진 성능 등의 다른 속성에 의거해서 구매행동을 할 수도 있다.

선택대안의 통합과정

소비자들이 재화나 서비스를 구입하고자 할 때 상표를 선택하기 위해 소비자들은 여러 가지 의사결정 규칙을 거치게 되는데 이 의사결정 규칙들을 크게 나누면 보완적 방식하고 비보완적인 방식으로 나눌 수 있다. 간략히 말하면 보완적 방식은 여러 가지 제품 속성 중에 일부의 속성이 기준의 못 미쳐도 나머지 속성들로 인해 보완이 되어 채택이 될 수 있는 방식이고 비 보완적인 방식은 한 속성이 나쁘게 평가되면 나머지 속성들이 우수해도 채택이 되지 않는 방식이다. 일반적으로는 (Mowen) 고관여 상품의 구입의 경우에는 보완적 방식이 채택되고 저관여 상품의 구입에는 비보완적인 방식이 사용된다고 한다(Wright).

1. 보완적 방식(Compensatory Rule)

같은 상표대안들을 볼 때도 소비자마다 중요시하는 평가기준(선택기준)이 있기 때문에 각각 다른 선택기준을 가지고 평가를 하게 되면 한 상표가 여러 가지 속성 측면에서 모두 다 만족시키기는 어려울 것이다. 제품의 기능적인 측면과 상징적 또는 쾌락적 측면을 모두 만족시킨다 해도 그에 합당한 가격측면까지 고려한다면 높은 가격으로 판매됨으로 인해서 선택이 되지 않을 수 있다는 것이다. 다시 말하면 소비자가 자동차를 구입하는 것을 고려할 때 일반적으로 소비자들이 선호하는 차에 경우 기계적인 측면(효용적 가치)과 상징적 측면을(쾌락적 가치) 모두 만족시킬 수 있는 제품이 있다. 예를 들면 고가의 유럽차량의 경우 사이드 에어백, VSC, TRC, EBD/BAS, HAC/TPWS 장치 등 모두 안전을 고려한 첨단기능을 개발해낸 회사들이 주류를 이루고 있다. 게다가 디자인이나 스타일이 세련되고 무엇보다 상징적으로 다른 사람들에게 보이는 모든 점이 만족스럽지만 가격측면과 경제적 연비 등 다른 부가적인 속성을 고려한다면 모든 사람이 선호는 하겠지만 구입을 결정할 수 있는 차는 아닌 것이다. 물론 FTA 체결과 국내 중대형차의 고가격 전략으로 차이가 많이 줄어들어 수입차의 약진이 있지만 유지비 및 수리비 등에서 큰 차이를 보이고 있다.

보통 국내의 중(대)형차 시장을 고려해 보면 장·단점이 생기기 마련인데 이런 경우 각 자동차별 승차감, 경제성, 가격, 스타일, 안전도 등을 고려할 수가 있는데 전체 속성을 고려해보면 일정 점수 이하를 받은 속성들이 있지만 전체적인 점수를 따져보면 일부 속성이 낮은 점수를 받아도 선택될 수가 있는 것이다.

[표 4-1] **제품별 승용차 속성에 대한 소비자 평가표**

평가 기준	중요도	승용차에 대한 평가		
		GV90	K9	ES 300h
연비/가격	40	6	6	7
성능	30	7	5	5
스타일	20	6	6	6
승차감	10	6	6	5
전체 평가 점수		630	570	600

GV90의 경우를 보면 성능은 연비가 고성능 하이브리드 위주의 Lexus Es 300h보다 떨어지지만 주행성능 등 다른 속성들이 고연비라는 속성을 보완하고 선택될 수도 있는 것이 보완적 방식의 예가 될 것이다. 위와 같은 결과를 바탕으로 중(대)형자동차 시장의 위치를 보면 안전도는 자동차의 경우 필수적인 현저한 속성이며 아래의 3개사의 자동차가 에어백과 여러 편의장치를 갖춘 자동차를 통해 비교됨으로서 주요 요인이 아니고 그 다음 중요한 속성이 연비와 가격이라고 보면 ES 300h가 가장 우수하고 큰 차이는 없지만 K9의 경우 신출시 차량임에도 불구하고 특색이 없는 스타일로 큰 반향을 일으키지 못하는 점 등이 역시 다른 차종을 크게 앞서지 못하는 이유였는데 전면 교체되는 GV90 출시 후에는 더 큰 어려움을 겪을 수 있다는 점이다. 결국 K9은 스타일의 개선을 통해 노력을 해야 평가가 좋아질 것이다. 이러한 점들을 평가해보면 중고차 판매할 때 높은 가격을 받는 GV90이 가장 높은 점수를 받게 되어 선택될 가능성이 큰 것이다. 물론 위의 사례는 편의상 예를 든 것이고 또한, 소비자들이 실용적인 이유에서 제품을 구매하는 것이 아니고, 많이 보이지 않는 차별화된 차량을 선택하는 고객층도 있으므로 꼭 위와 같은 방식으로 선택되지는 않을 수도 있으나 평균적으로 보면 [표 4-1]

에 나온 점수대로 선택될 가능성이 큰 것이다.

2. 비보완적 방식(Non-compensatory rule)

보완적 방식과는 달리 어느 결정적인 속성이 낮은 점수를 받게 되면 타 속성이 높은 점수를 받아도 선택되지 못하고 버려지는 방식인데 각 상표별로 원하는 속성에 대한 최소한의 기준을 설정하고 각 속성별 기준이 미달되면 탈락하는 방식으로서 흔히 최소한의 기준을 만족시키는 여러 속성들을 가진 상표 대안들이 남게 되는데 여러 대안이 남아 있는 경우 가장 중요하게 생각되는 속성을 기준으로 선택하게 되고 하나도 선택된 것이 없는 경우에는 주로 선택 기준을 조금 낮추는 방식으로 다시 선택 절차를 거치게 된다.

이러한 비보완적 방식에는 기준에 따라 여러 가지 방식이 있는데 그 설명은 다음과 같다(Wright).

[표 4-2] **비보완적 모델의 예**
(Henry Assael, Consumer Behavior and Marketing action 참조)

고려속성	죽염	2080	닥터세닥	페리오 White
치주 질환	4	3	4	2
구취 제거	3	3	3	4
맛	1	3	2	4

※ 주 : 네 가지 상표의 치약에 대한 평가
4: 상표를 구입함으로써 속성에 대한 기대된 만족의 높은 수준
1: 상표를 구입함으로써 속성에 대한 기대된 만족의 낮은 수준

1) 결합적 모델

전체속성 고려 후 낮은 속성을 가진 상표는 제외되는 데 그 최소 기준을 3으로 본다면 다음과 같은 결과가 나올 것이다.

먼저, 최소 기준을 굉장히 낮게 잡아 주로 한 가지 상표가 남게 되는 경우가 많은 모델로서 많은 상표가 있을 때 처음에 많이 사용해서 상표들을 많이 줄이고 그 후에 보완적인 방식을 채택해서 다시 시작하는 경우가 많은 방식이다.

① 치주 질환 예방의 낮은 속성 때문에 페리오 White는 고려대상에서 제외.
② 사용 시 맛의 낮은 속성 때문에 죽염과 닥터 세닥은 제외된다.
③ 2080이 선택된다.

여러 속성들을 비교하지만 순차적 제거 방식과 달리 상표처리 방식으로서 각 상표별로 모든 속성에 대해 평가한 다음 두 번째 상표 대안을 살펴보는 평가로 넘어간다.

2) 비 결합적 모델

중요하게 생각하는 전체 속성 중 한두 가지를 가지고 고려하는 방식으로
① 치주질환의 예방 및 치료가 가장 중요한 속성이라고 가정하면
② 페리오 White와 상대적으로 낮은 2080은 제외된다.
③ 최종적으로 닥터 세닥이 선택될 것이다 왜냐하면 닥터 세닥이 다른 속성에서 죽염(맛)보다 높게 평가를 받기 때문이다.

3) 사전편찬식 모델

속성을 가장 중요한 것으로부터 중요하지 않은 순서대로 고려하는데 높은 것이 하나이면 그것을 선택하고 동점이면 두 번째로 중요한 속성을 가지고 다시 비교하는 방식이다. 만일 중요한 순서가 치주 질환과 구취 제거 다음의 맛의 순서라고 가정한다면 선택은 다음과 같을 것이다.

치주질환 예방이 가장 중요한 속성이라고 가정하면 최고점수인 4점을 받은 죽염치약과 닥터 세닥이 우선적으로 뽑히게 되고, 이 속성에 대한 두 상표의 평가치가 같으므로 그 다음으로 중요한 속성인 구취 제거 측면을 고려하게 되면 역시 두 상표의 점수가 같다. 그러므로 최종적으로는 마지막 남은 중요한 속성인 맛을 비교하면 죽염치약보다는 닥터 세닥이 선택되는 것이다.

위의 [표 4-2]에는 비보완적 방식에 대한 예를 들고 설명을 해 보았는데 다음은 그 구체적인 설명과 정리를 해 보겠다.

비보완적 모델은 한 속성상의 부정적인 평가를 다른 속성상의 긍정적인 평가로 보상할 수 없다고 가정하는 다속성 태도모델이다. 비보완적 모델을 사용하는 소비자는 두세 개의 결정적 속성들에 걸쳐 상표들을 평가하며 일부 상표가 어떤 속성상에서 충분

치 않다면 그러한 상표를 거부한다.

결합식 모델(conjunctive model)에서 소비자는 우선 고려 중인 제품의 결정적 속성들에 대하여 수용 가능한 최소 수준을 결정한다. 그 다음 각 속성의 신념점수들이 이러한 최소 수준을 넘어서는 대안만을 고려하는데, 한 속성에서라도 최소 수준에 미달된다면 그 대안은 고려 대상에서 제외된다. 전술된 대로 결합식 모델은 상표별 처리방식의 일종으로서 상표별로 속성을 고려하는 방식의 예가 될 것이다.

비결합식 모델(disjunctive model)에서 소비자는 고려 중인 모든 결정적 속성 가운데 하나나 두 개의 속성을 중심으로 살펴보아서 그 속성들이 수용 가능한 최소 수준을 넘어선다면, 다른 속성에 대한 평가에 관계없이 그 대안을 고려대상으로 삼는다.

결합식과 비결합식의 주요 차이점

두 가지 방식이 어떤 제품을 선정할 때에 각 속성별로 낮은 점수의 통과점수(Cut off Point)를 설정해 두고 결합식의 경우에는 상표별로 보다가 낮은 속성이 있는 경우에는 탈락시켜버리는 방식이고, 비결합식의 경우에는 소비자가 중요하게 생각하는 속성에서 높은 점수를 받는 경우 다른 낮은 속성이 있어도 고려 대상으로 포함하는 것이 주요 차이점이다. 그리고 통과점수도 비결합식에 경우가 더 높은 것이 일반적인 예이다.

사전편찬식 모델(lexicographic model)에서 소비자는 속성들을 가장 중요한 것으로부터 덜 중요한 순으로 우선순위를 매기고 대안들을 우선 가장 중요한 속성상에서 비교하는데, 만일 가장 우월한 대안이 하나라면 그것을 선택하고, 두 개 이상의 대안이 동점이라면 그들만을 대상으로 하여 두 번째로 중요한 속성에 관하여 다시 비교한다.

속성제거 모델(elimination-by-aspects model)에서 소비자는 마치 백과사전식 모델에서와 같이 속성들을 가장 중요한 것으로부터 덜 중요한 순으로 우선순위를 매기면서 동시에 각 속성에 대하여 수용 가능한 최소 수준을 설정한다.

소비자는 우선 가장 중요한 속성상에서 수용 가능한 최소 수준에 미치지 못하는 대안을 제거한 후, 다시 그 다음으로 중요한 속성상에서 수용 가능한 최소 수준에 미치지 못하는 대안을 제거하는 과정을 반복한다.

상표대안 평가방법이 사용되는 빈도

라일리와 홀만(Reilly & Holman)의 연구를 통해서 소비자들이 위에 보완적 방식과 비보완적 방식 또 그 안에 속해있는 여러 가지 결합식, 비결합식, 백과사전식 등의 선택대안을 통합하는 방식을 사용하는 빈도 수를 조사한 결과로 가장 많이 쓰이는 방식은 백과사전식 모델로서 조사 대상 소비자들이 가장 많이 사용하고(61%), 다음은 보완적 방식(32.1%)이었고, 그 다음은 결합식과 보완적 방식의 혼용으로서(5.4%) 이 세 가지 방식으로만 98.2%로가 넘는 방식이라는 것을 밝혀냈다. 자세한 내용은 아래의 분류기준을 통해서 보면 이해가 쉬울 것이다.

• 분류기준

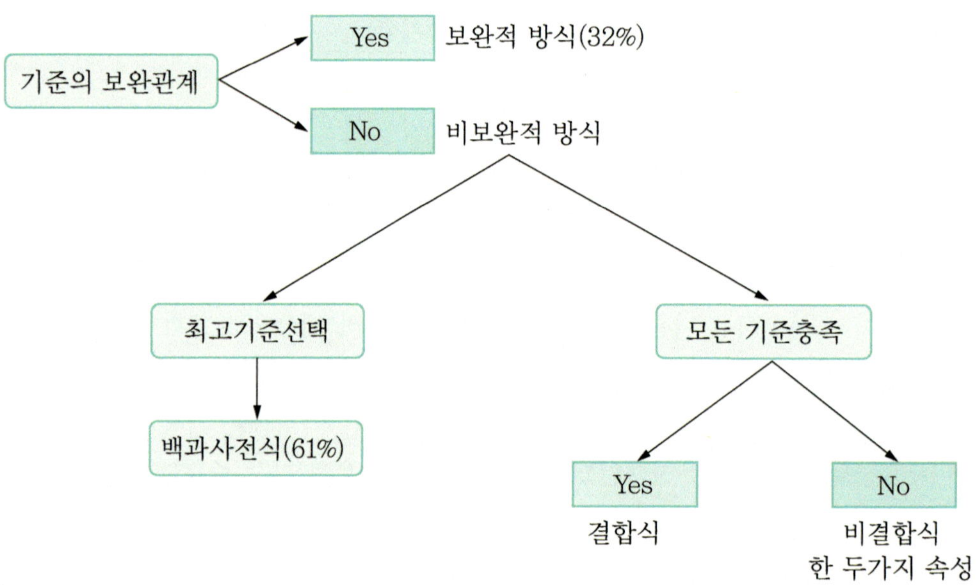

[그림 4-1] 상표대안 평가 방법 도해

기타 대안평가 과정과 의사결정에 영향을 미치는 변수

위의 예들을 살펴보면 소비자들은 여러 가지 평가 기준을 가지고 있고 각 기준에 따라서 대안을 평가하는 것으로 가정되어 왔는데 실제 구매상황에서는 선택의 여지가 제한되어 있거나 아니면 습관적으로 관성(inertia)에 의거해서 구매하는 상황이 존재할 수도 있다는 것이다. 실제로는 굉장히 까다롭게 제품을 비교하고 난 후 제품을 구입하는 소비자들도 어느 상황에서는 어쩔 수 없이 한 가지 기준만을 고려하게 되는 경우도 있을 수 있다. 예를 들면 코카콜라 Zero (Coke Zero)만을 마시는 소비자들은 흔히 칼로리를 신경을 쓰는 소비자들인데 식당에 가서 Coke Zero를 찾아도 없다면 다른 음료들을 비교 평가할 수가 없어서 그냥 코카콜라 클래식을 선택하게 되는 상황을 말힌다. 또 다른 관성(습관적 구매)에 의한 결정과정의 예를 본다면 많은 소비자들이 일상적으로 자신이 익숙한 습관적인 구매를 한다는 것이다. 새로 나온 차량을 구입할 때 여러 가지 속성을 고려한 뒤 구입하지 않고 단지 가족이나 주변의 의견만을 맹신(개인적 원천의 중요성에 대해서는 소비자들이 비전문가들의 의견임에도 존중을 하는 경향을 보임)하고 구매를 하는 상황이 발생하기도 하는데 그 이유는 객관적인 제품에 대한 평가를 하지 못하거나 하지 않은 경우인데 이는 전문적인 지식을 가진 또는 가지지 못한 소수 사람들의 의견이 객관적인 제품속성이나 제품의 구매가 필연적으로 발생하게 되는 제품의 지각적 위험을 충분히 검토하지 못하는 상황이 많이 발생하기 때문이다 (Wish, Steely & Tritten).

휴리스틱 정보처리

MODE 모델(Motivation, Opportunity, DEterminants)은 이중 처리 모델의 한 예시이다. 이 모델에 따르면, 소비자는 신중하게 의사결정을 할 때도 있지만 그렇지 않을 때도 있다. 동기와 기회는 소비자가 제품을 선택할 때 얼마나 심사숙고할 것인지를 결정하는 주요한 요인이다. 또한, 관여도, 역량, 상황적인 요인과 관련된 정보처리 요인들도 중요하다. 일반적으로 소비자가 관련 정보를 사용하고 모든 영향 요소를 고려하면서 심사숙고할 때, 체계적 정보처리(systemic processing)를 하게 된다. 반면 MODE 모델에 따라 동기나 기화가 낮을 경우, 사람들은 신중하고 노력이 필요한 의사결정 전략을 사용하지 못하거나 사용하지 않으려고 한다. 대신에, 소비자는 의사결정을 빠르고 쉽게 할 수 있는 간단한 휴리스틱(heuristics)을 사용한다. 이를 휴리스틱 정보처리(heuristic processing)라고 일컫는다. 휴리스틱은 소비자의 의사결정 과업을 간소화하는 심적 지름길(mental shortcuts)이다. 모든 휴리스틱은 인지적 과업을 간소화하는 역할을 하지만, 소비자가 사용하는 휴리스틱의 유형은 당면한 과제에 따라 달라진다.

보통 소비자들은 그들에게 주어진 모든 정보에 주의를 기울이거나 처리하지 않으며, 그중 일부만을 고려한다. 물론 제품에 대한 정보들이 모두 제시되는 경우도 드물지만 중요한 것은 실제로 소비자들이 처리할 수 있는 양보다 더 많은 정보가 제시된다는 것이다. 게다가 소비자들은 제시된 정보 중 일부를 처리하는 것조차 시간에 쫓길 때가 많으며, 따라서 특정 제품 정보들이 다른 정보보다 더 많이 고려되는 경우가 생긴다. 이러한 과정은 주로 휴리스틱을 통해 이루어진다.

휴리스틱은 간단히 '경험에 의거한 주먹구구식 법칙'이라 할 수 있으며, 개인이 의사결정에 들이는 노력을 감소하기 위해 무의식적으로 적용된다(Shah & Oppenheimer, 2008). 이렇게 휴리스틱을 사용함으로써 정신적인 소모를 줄일 수 있다. 인간의 인지적 용량은 제한되어 있기 때문에 휴리스틱, 즉 간결한 추론 방식을 사용함으로써 복잡한 문제를 쉽게 해결할 수 있게 된다. 이러한 휴리스틱은 보통 소비자들이 제품이나 서비스에 대해 관심이 부족하거나 많은 노력을 필요로 하는 복잡한 의사결정 전략이 불가능할 때 사용된다.

휴리스틱 사용의 문제점은 소비자들에게 옳은 결정을 하도록 이끌지 못하고 종종 오류나 편향을 낳는다는 것이다. 예컨대 우연히 친구가 사용하는 제품에 문제가 있는 것을 보고 그 제품은 신뢰할 수 없다고 결론지어버리는 경우이다. 이러한 결정은 해당 제품이 전반적으로 우수함에도 불구하고 올바른 평가를 내리지 못하게 되며, 결과적으로 자신의 욕구를 충족시킬 수 있는 훌륭한 제품의 선택 기회를 잃게 만든다(Solomon, Drenan & Insko, 1981). 이처럼 휴리스틱을 적용하여 의사결정을 하는 것은 소비자들이 특정한 정보만을 사용한다는 것을 의미하기 때문에 의사결정 과정을 단순화시킨다.

예측, 설득, 동조, 선택 휴리스틱 이 네 가지 종류의 휴리스틱은 소비자 의사결정을 이해하는데 유용하다. 따라서 소비자 의사결정 과정에 있어서 이 네 가지 휴리스틱이 어떻게 적용되는지를 이해하는 것이 중요하다. 휴리스틱을 이해함으로써 소비자에게 특정 제품이나 서비스에 대한 호감적 의사결정을 유도하기 위한 마케팅 메시지의 제시 방법을 찾을 수 있다.

브랜드를 평가할 때, 소비자가 휴리스틱을 사용하는 방법은 매우 다양하다. 소비자는 특정 제품 또는 브랜드를 구매하거나 구매하지 않을 때 결과가 어떻게 될 것인지 예측하기 위해 휴리스틱을 사용한다. 예를 들어, 소비자는 '가장 비싼 세탁용 세제를 산다면 옷이 더욱 깨끗해질 것'이라는 생각을 할 수 있다. 휴리스틱은 또한 소비자가 의사결정을 하기 위해 선택과 관련된 어떤 정보를 얼마나 많이 사용할 것인지, 그리고 이러한 정보를 어떻게 사용할 것인지에 영향을 미친다. 예를 들어, 대다수의 소비자들은 가격과 품질은 강하게 관련되어 있다고 가정한다. 이것은 '대가를 지불한 만큼 얻을 수 있다'라는 관념에 근거한다. 이를 통해 소비자는 고가의 제품은 품질이 우수한 반면 저가의 제품은 품질이 그렇게 좋지 않다고 예측한다. 만일 소비자가 품질을 예측함에 있어서 휴리스틱 단서로 가격을 사용할 경우, 단지 가격에만 근거하여 품질을 판단하게 된다. 하지만 제품의 신뢰성, 내구성, 외형, 사용의 용이성, 사용료, 사용 용도의 다양성 등과 같은 다양한 변수들 또한 품질에 영향을 미칠 수 있다. 가격은 단지 한 가지 변수일 뿐이다. 휴리스틱 정보처리의 사용에는 잠재적인 위험성이 따른다. 의사결정을 간소화하고, 소비자로 하여금 빠르고 쉽게 선택할 수 있게 하지만, 경우에 따라 선택을 지나치게 단순화하거나 소비자가 중요한 정보를 간과하게 하기도 한다. 결과적으로 소비자가 오직 가격에만 중점을 둘 때, 예측은 지나치게 간소화되고 잘못된 의사결정을 하게 될 것이다. 예를 들어, 많은 제품의 경우 가격과 품질의 상관관계는 비교적 약하다. 즉, 일부 브랜드는 높은 가격에 비해 품질이 낮을 수 있고, 또 다른 브랜드의 경우 낮은 가격에도 불구하고 높은 품질을 보유할 수 있다. 지나치게 가격 품질 휴리스틱에 의존하는 경우 소비자는 높은 가격이지만 품질이 낮은 브랜드를 구매하게 될 수도 있다. 물론, 가격만이 제품의 품질을 예측하는 데 사용되는 유일한 단서는 아니다. 사람들은 브랜드 이름, 매장의 평판, 보증 기간, 우수 제품 인증 마크 등의 다양한 휴리스틱 단서를 활용할 수 있다.

1. 예측 휴리스틱(prediction heauristic)

사람들은 보편적인 휴리스틱 단서를 사용하기도 한다. 보편적 휴리스틱에 대한 연구에서, 티버스키와 카너먼(Tversky & Kahneman, 1974, 1983)은 의사결정에 있어서 중요한 것으로 밝혀진 예측 휴리스틱(prediction heauristic)을 네 가지 유형(대표성, 가용성, 시뮬레이션, 기준점-조정 휴리스틱)으로 구분하였다([표 4-3]). 이 네 가지 휴리스틱은 대부분 소비자들이 결과를 예측하려고 할 때 보편적으로 활용하는 것들이다. 이러한 휴리스틱은 소비자나 관리자 등 모든 사람들로 하여금 잘못된 예측 및 의사결정을 내리도록 유도할 수도 있다. 결과를 예측하는 능력은 제품과 서비스에 대한 판단이나 결정을 내릴 때 중요하다. 따라서 예측 휴리스틱은 '지금으로부터 5년 후 내가 여전히 여기에 투자하고 싶을까?' 또는 '이 소파를 얼마나 오래 쓸 수 있을까?'와 같은 질문에 대한 답을 구하고자 하는 상황에서 사용될 수 있다.

대표성 휴리스틱(representativeness heuristic)은 특정 사건이 일어날 확률에 대해서 판단하는 것인데, 해당 사건이 전형적인 사건과 얼마나 유사한 것인지에 따라 판단을 달리하며 확률의 기초 원리는 무시되는 것이 특징이다(Tversky & Kahneman, 1983). 티버스키와 카너먼은 이와 같은 특징을 실증적으로 밝혔는데, 참여자들에게 린다라고 불리는 여성에 대해서 '사회 정의에 깊은 관심을 지닌 철학 전공자'라고 기술된 설명문을 보여주었다. 그리고 8개의 진술문을 제시하고 린다가 어떤 사람인지를 평가하여 진술문에 순위를 부여하도록 했다. 연구 결과, 참여자들은 린다가 그냥 은행직원이 아니라 은행직원이면서 페미니스트일 가능성을 더 높다고 생각하였다. 즉 은행직원이라는 범주가 페미니스트인 은행직원보다 더 큰 범주임에도 불구하고 사람들은 이와 같은 오류를 범하곤 했다. 이는 참여자들이 확률의 기초 원리(은행직원이 더 큰 범주이므로 확률적 진술로서 보편적임)를 무시하고 해당 진술문이 린다에 대한 설명문과 얼마나 유사한지에 따라 평가했다는 것을 증명한다. 또한, PB 제품과 Nationwide 제품을 같이 진열하면 위치 때문에 PB 제품을 오인해서 구매하게 되는 경우도 이에 해당한다.

이러한 의사결정 방식은 소비자들이 제품을 평가할 때도 적용된다. 예컨대 소비자들이 기존의 CD 플레이어가 제공하지 못한 다양한 기능을 실행할 수 있는 새로운 종류의 CD 플레이어에 대한 정보를 제공받았다고 하자. 이러한 상황에서 소비자들은 새로운 플레이어의 외형이 기존의 것과 유사한지를 판단하여, 외형이 유사한 경우에는 새로운 플레이어를 기존의 제품에서 단순히 업그레이드된 것으로 분류하기 쉽다. 따라서 이러한 소비자의 판단 방식은 새로운 제품이 출시될 때 분명히 영향을 줄 수 있다.

가용성 휴리스틱(availability heuristic)은 확률이나 빈도를 판단하는 의사결정에 있어서 관련 정보가 얼마나 쉽게 떠오르는지가 판단의 근거로 작용하는 휴리스틱이다(e.g. Kahneman, Slovic & Tversky, 1892; Schwarz & Vaughn, 2002; Tversky & Kahneman, 1973). 가용성 휴리스틱은 소비자들에게 있어서 매우 유용하며 때로 잘못된 결정을 내릴 수도 있는 위험으로부터 소비자들을 보호해준다. 만일 한 소비자가 '블리오스(Blios)'

라 불리는 가게에서 아이스크림과 잼을 다른 가게보다 더 비싼 가격에 샀던 경험을 여러 번 떠올리게 되면, 블리오스에서 판매하는 모든 제품이 다른 가게보다 더 비쌀 것이라고 생각하게 될 것이고 추후에 블리오스가 아닌 다른 가게에서 물건을 구매할 가능성이 높아진다.

하지만 가용성 휴리스틱이 소비자의 의사결정에 있어서 항상 도움이 되는 것만은 아니다. 왜냐하면 소비자들은 주어진 정보가 선택과 얼마나 관련이 있는 것인지를 고려하기 보다는 스스로 가장 쉽게 가용한 정보를 이용하려고 하기 때문이다(Wyer, 2004). 예컨대 미디어는 선정적이거나 세상을 깜짝 놀라게 하는 이야기 혹은 시청자들의 관심을 사로잡을 수 있는 이야기에만 초점을 맞추고 있다. 그러다보니 미디어에서 자동차 사고는 잘 언급되지 않지만 비행기 사고는 자주 다뤄진다. 따라서 대부분의 사람들은 비행기 사고를 더 쉽게 기억하며, 이로 인해 자동차 사고의 확률이 실제 훨씬 더 높음에도 불구하고 비행기 타는 것을 더 두려워한다.

방금 머릿속에 떠오른 것에 쉽게 영향을 받는다는 사실은 실험 연구에서도 증명되었다. 티버스키와 카너먼(Tversky & Kahneman, 1973)은 참여자에게 R로 시작하는 단어를 생각하라고 하고, 이어서 R이 세 번째에 들어가는 단어를 생각해보라고 하였다. 그 결과 R이 세 번째에 들어간 단어가 더 많음에도 불구하고 참여자들은 R로 시작하는 단어를 더 쉽게 떠올렸다.

이는 어떤 것이 더 쉽고 바르게 떠오르는지에 따라서 개인의 의사결정이 잘못된 방향으로 갈 수 있으며, 결과적으로 그들은 최적의 결정을 내리지 못할 수 있음을 의미한다. 같은 맥락에서 사람들은 비행기 타는 것은 피하면서 자동차는 안심하고 타는 경향이 있다.

어떤 정보가 소비자의 마음속에 존재하고 이용 가능한지, 그리고 그 정보가 소비자의 의사결정에 어떻게 영향을 미치는지는 정확하지 않다. 특히 개인적인 경험에 의한 정보일수록 마케팅 담당자나 기업이 그 정보를 이용해서 할 수 있는 일은 없을 지도 모른다. 반대로 일반적인 견해나 미디어에서 나오는 이야기와 관련된 정보일 경우에는 추가적인 정보를 제공하여 소비자의 결정에 영향을 미칠 수 있을 것이다.

비록 휴리스틱 연구에서는 접근성이 높은 정보일수록 의사결정 과정을 쉽게 이끌 수 있음을 밝혔지만, 단순히 어떤 정보가 떠올랐는지가 직접적으로 소비자행동에 항상 영향을 미치는 것은 아니다(Schwarz, 2004). 연구자들은 제품에 대한 긍정적 속성이 떠오를수록 제품을 더 호의적으로 평가한다는 것을 밝혔다(Menon & Raghubir, 2003; Bohner & Jurkowitsch, 1997).

시뮬레이션 휴리스틱(simulation heuristic)은 기억 속에서 쉽게 인출되는 정도 혹은 발생 가능성을 쉽게 상상(시뮬레이션)할 수 있는 정도에 의존한다는 점에서 가용성 휴리스틱과 유사하다(Kahneman & Tversky, 1982). 따라서 소비자가 어떤 일을 상상했다면 그 일이 일어날 가능성이 높다고 믿는데, 이는 그레고리, 치알디니 및 카펜터(Gregory, Cialdini & Carpenter, 1982)가 진행한 몇 차례의 실험에서 확인되었다. 연구자들은 참여자들에게 케이블 TV 서비스를 구매하는 상황이나 콘테스트에 우승하는 것과 같은 특정 상황에 대해 상상하게 하였다. 그리고 나서 해당 상황이 실제로 참여자들에게 발생할지 여부를 판단하게 하였다. 그 결과 해당 상황이 일어날 것이란 신념이 증가하는 것을 볼 수 있었다. 추후 조사에서는 케이블 TV 서비스를 구매하는 것을 상상시킨 참여자들이 실험 이후에 실제로 서비스를 구매하는 것으로 나타났다. 상상한 것이 실제로 일어날 것이라는 생각은 스포츠 경기에서 자신의 팀이 우승할 것이라고 상상하는 상황에도 적용되었다(Hirt & Sherman, 1985; Sherman, Zehner, Johnson & Hirt, 1983). 하지만 이는 상황이 상대적으로 상상하기 쉬울 경우에 효과를 발휘한다. 즉 그 상황을 상상하지 못한다면, 실제로 그 일이 일어날 것이라는 생각은 감소한다(e.g. Anderson & Godfrey, 1987).

기준점-조정 휴리스틱(anchoring-adjustment heuristic)은 의사결정에 영향력 있는 또 하나의 휴리스틱으로서 의사결정자가 첫 판단(기준점)을 내린 후 그 판단을 위로 또는 아래로 조정하는 것을 의미한다. 소비자의 최종 판단은 대부분 처음 기준점과 가까우며, 이는 제품이나 서비스에 대한 첫 인상이 쉽게 바뀌지 않는다는 것을 의미한다. 한 연구에서는 집을 실제로 보기 이전에 부동산 중개인에게 집값을 최저, 중간, 최고 가격으로 각각 다르게 제시했다. 그리고 집을 보고 난 이후 집에 대한 평가를 하게 했는데, 중개인들은 연구자들이 처음에 제시했던 가격표에 가깝게 그 가치를 평가하는 것으로 나타났다(Northcraft & Neale, 1987).

[표 4-3] **예측 휴리스틱의 종류**

구 분	내 용
대표성 휴리스틱	다른 것과 얼마나 유사한지를 기준으로 대상을 판단함
가용성 휴리스틱	기억에서 쉽게 인출되는 사건일수록 더 빈번히 일어날 것이라고 가정함
시뮬레이션 휴리스틱	사건들의 발생 가능성이 쉽게 상상되는 정도에 의존함
기준점-조정 휴리스틱	대상에 대한 최초의 판단을 기준으로 하여, 이후 제시되는 증거에 따라 긍정적 또는 부정적 방향으로 판단을 조정함

이 연구의 결과는 '보통' 사람들과 달리 부동산에 대해서 정확하게 평가할 것으로 예상되는 부동산 전문가들조차 기준점-조정 휴리스틱에 영향을 받는다는 사실을 보여 준다.

2. 설득 휴리스틱(persuasion heuristic)

태도 변화와 설득에 관한 연구에서는 정보를 빠르게 처리하기 위해서 혹은 처리할 정보에 관한 사고를 넓히기 위해서 인지적 지름길을 택한다고 말한다(e.g. Petty & Cacioppo, 1986). 이러한 주장은 설득 휴리스틱(persuasion heuristic)에 관한 연구에서 찾아볼 수 있다([표 4-4]).

설득적 메시지를 처리할 때 쓰이는 휴리스틱은 경험이나 관찰에 더 의존적이다(Chaiken, 1980). 즉 소비자가 제시된 정보를 처리하고자 하는 동기 수준이 낮으면 낮을수록 인지적인 피로감을 덜 느끼기 위해 이전 경험으로부터 정보를 꺼내온다는 것을 의미한다(Giner-Sorolla & Chaiken, 1997). 소비자들은 제품 설명이나 그림이 많은 광고를 보고 제품이 좋을 것이라고 결론내리는 것은 바로 이러한 이유 때문이다. 이 같은 휴리스틱을 길이-강도(length-implies-strength, 설명의 길이가 설득력에 힘을 실어준다는 의미) 휴리스틱이라 부른다. 누군가를 설득하려 할 때 말이 장황해지고 빨라지는 것 역시 비슷한 이유이다. 빠른 속도로 말하는 것은 청자에게 신뢰할 수 있는 메시지라는 신호로서 작용할 뿐만 아니라 주어진 메시지를 정교하게 처리하려는 것을 막기도 한다(Smith & Shaffer, 1995).

호감-동의(liking-agreement) 휴리스틱과 합의-정확성(consensus-implies-correctness, 다수가 합의한 것이 곧 옳다는 의미) 휴리스틱에서도 표면적인 단서가 사용된다(Chaiken et al., 1989).

[표 4-4] **설득 휴리스틱의 종류**

구　분	내　용
길이-강도 휴리스틱	제품에 관하여 사실과 묘사로 채워진 긴 메시지는 해당 제품이 높은 품질일 것이라 생각을 촉진함
호감-동의 휴리스틱	대체로 사람들은 자신이 좋아하는 사람들의 의견에 동의하기 쉬움
합의-정확성 휴리스틱	보통 다수의 의견이 옳다고 여기고 따름

호감-동의 휴리스틱은 그들이 좋아하는 사람들에게 동의할 가능성이 높은 것을 의미한다. 합의-정확성 휴리스틱은 많은 사람들이 지지하는 의견은 옳은 의견일 것이라는 신념이다. 예컨대 어떤 잡지의 투표 결과에서 특정 브랜드가 대다수의 구독자들에 의해 신뢰할 만한 브랜드로 뽑혔다는 것을 보거나 듣게 된다면, 사람들은 그 말에 설득될 가능성이 높다.

3. 동조 휴리스틱(compliance heuristic)

사람들이 요청에 순응할 가능성(compliance heuristic)을 더 높게 만들어주는 여섯 가지 휴리스틱이 있다(Cialdini, 1993)([표 4-5]). 이 여섯 가지 휴리스틱은 모두 근본적으로 상이하며 소비 상황에 따라 다르게 쓰일 수 있다. 개입-일관성(commitment and consistency) 휴리스틱은 한 번 요청에 응하게 되면 그 요청의 성질이 바뀐다 할지라도 계속해서 요청에 응하게 되는 상황을 말한다(Cialdini, Cacioppo, Bassett & Miller, 1978).

상호성(reciprocity) 휴리스틱은 굳이 부탁을 하지 않더라도 받은 호의에 보답하도록 만드는 방법이다(Langer, 1989). 예컨대 판매원이 소비자에게 무료 샘플을 주면, 샘플을 받은 소비자는 호의에 답하기 위해서 무언가를 구매할 가능성이 높아진다.

희소성(scarcity) 휴리스틱은 특히 광고 캠페인에 유용하다. 대부분의 사람들이 가지지 못한 것을 소비자들은 더 가치 있게 생각하고 갖기를 원한다. 그에 따라 '한정기간에만 판매합니다'라는 문구에 쉽게 넘어갈 수 있다.

사람들은 사회적 유효성(social validation) 휴리스틱이 사용될 때에도 순응하려는 경향이 있다. 이 휴리스틱은 '수량적 증거 원리(proof in numbers principle)'라고도 알려져 있다. 즉 소비자들이 어떤 행동을 생각할 때 그 행동을 많은 사람들이 하고 있다고 생각한다면 그에 순응해야 할 것 같은 심리적 압력을 느낀다. 예컨대 특정 제품에 대해 수많은 사람들이 구매하고 있다는 광고를 보여주는 것은 다른 소비자들에게도 구매에 대한 압력으로 작용할 수 있다. 이는 기금모금자가 주로 쓰는 방법으로 이미 많은 사람들이 기부했다는 것을 알게 되면 다른 사람들도 그에 동참할 가능성이 더 높아진다(Reingen, 1982).

호감 휴리스틱은 사람들은 단순히 자신이 좋아하는 사람들의 요청에 순응할 가능성이 높다는 것이다. 더욱이 사람들은 '권위적인 인물'의 부탁에도 응해줄 가능성이 높으며, 이를 권위(authority) 휴리스틱이라고도 부른다. 따라서 광고에서는 '과학자'라는 이미지를 심어주어 소비자들이 순응할 수 있도록 하얀 가운을 입힌 모델을 단서로 이용하기도 한다.

[표 4-5] 동조 휴리스틱의 종류

구　분	내　용
개입-일관성 휴리스틱	요청에 한 번 응하게 되면 다른 부탁에도 계속해서 응해줄 가능성이 높음
상호성 휴리스틱	요청하지 않아도 사람들은 응당 호의에 보답하려는 신념을 가짐
희소성 휴리스틱	소비자들은 다른 사람이 가질 수 없는 것을 추구함
사회적 유효성 휴리스틱	많은 사람들이 어떤 제품/서비스를 이용한다고 생각하면 그에 따라야 할 것 같은 심리적 압력을 받음
호감 휴리스틱	좋아하는 사람의 요청일수록 응하기가 더 쉬움
권위 휴리스틱	어려움 요청일지라도 권위 있는 인물이 요구하면 응할 가능성이 높음

4. 선택 휴리스틱(choice heuristic)

소비자가 정보를 처리하려는 동기가 낮을 때(이것이 동기의 문제든 능력의 문제든 상관없이)에 선택 휴리스틱(choice heuristic)을 이용하려는 경향성이 있다(표 4-6). 이것은 치약이나 휴지와 같은 일용재나 습관적 구매 제품을 구매할 때 주로 나타난다.

사전편찬식(lexicographic) 휴리스틱은 소비자들이 가장 중요하다고 생각하는 하나의 속성을 근거로 제품을 선택하는 방법이다(Fishurn, 1974; Payne, Bettman & Johnson, 1993). 어떤 소비자에게는 중요한 속성이 가격이나 색상 또는 안전성이 될 수도 있으며, 또 다른 소비자에게는 최저가의 브랜드인지 아닌지가 가장 중요한 속성일 수 있다.

하지만 때로 소비자가 가장 중요하다고 생각하는 속성을 여러 제품이 동시에 갖고 있을 수 있다. 이 경우에는 속성 제거(elimination by aspects) 휴리스틱을 이용하여 제품 선택이 이루어진다(Tversky, 1972). 소비자들은 그들이 가장 선호하는 속성이 없는 제품(브랜드)을 제거하고, 그 다음으로 선호하는 속성을 가진 브랜드를 탐색하는 순환적인 과정을 거친다. 만약 두 번째로 선호하는 속성 역시 다른 브랜드에도 있을 경우, 타 브랜드에 없는 속성을 가진 단 하나의 브랜드가 남을 때까지 계속해서 속성을 비교하여 제거해간다.

만일 소비자들이 두 가지의 브랜드에 직면하게 되면, 두 브랜드 사이에서 차이점을 대조한다. 이 경우 소비자들은 속성의 중요성에 따라 가중치를 부여하며, 가중치가 부여된 속성의 합을 구하여 최댓값을 선택하는 가산 차이(additive difference) 휴리스틱을 사용하게 된다(Payne et al., 1993). 만일 특정 브랜드의 세제가 비싸긴 하지만 매우 효과적이라면 가격은 제품의 효과에 비해 덜 중요하다고 생각한다. 이때 가격은 낮은 가중치를 부여받게 된다.

소비자가 급하게 결정을 내려야 할 때에는 결합과 분리(conjunctive and disjunctive) 휴리스틱을 종종 사용한다(Payne et al., 1993). 시간 압박이 있는 상황에서 소비자는 맨 처음 본 브랜드가 수용 가능하다면, 이를 구매하기에 적당한 것으로 생각할 수 있다. 결합 휴리스틱은 브랜드에서 탐색되는 속성이 수용 가능한 기준점을 초과하는지에 따라 선택을 하는 방법인 반면, 분리 휴리스틱은 소비자가 만족하리라 생각되는 바람직한 브랜드의 속성보다 약간 더 높은 최소 기준점에서 선택이 이루어진다.

호불호 기능의 빈도(frequency of good and bad features) 휴리스틱을 사용할 때, 소비자는 우수한 속성의 개수와 열등한 속성의 개수를 계산한 후 개수의 차이가 가장 큰 브랜드를 선택하게 된다. 예를 들어, A 제품이 6개의 우수한 속성과 3개의 열등한 속성을 보유하고 있고(6−3=3), B 제품은 9개의 우수한 속성과 7개의 열등한 속성을 보유하고 있다면(9−7=2), A 제품이 선택된다. 이러한 개수를 세는 것은 어렵지 않으며, 상대적으로 적은 양의 정보를 필요로 하기 때문에 쉽게 이 휴리스틱을 적용할 수 있다. 여기서 소비자는 개별 속성의 중요도는 고려하지 않으며, 오직 속성의 개수만을 고려한다. 즉, 모든 속성은 동일한 중요도를 가지고 있다고 가정한다.

[표 4-6] **선택 휴리스틱의 종류**

구분	내용
사전편찬식 휴리스틱	가장 중요한 속성을 바탕으로 브랜드를 선택함
속성 제거 휴리스틱	중요하다고 생각하는 속성이 다른 대안들에도 있을 경우, 원하는 기능이 없는 브랜드를 제거해가며 하나가 남을 때까지 같은 과정을 반복함
가산 차이 휴리스틱	두 브랜드 간의 차이점을 대조할 때 쓰이며, 속성의 중요성에 따라 가중치를 부여하고 가중치 합이 가장 큰 것을 선택함
결합과 분리 휴리스틱	• 결합 : 소비자가 찾고 있는 제품의 각 속성에 수용 가능한 최소한의 기준점을 설정 • 분리 : 수용 가능하지만 최소한의 기준보다는 다소 높은 기준점을 설정
호불호 기능의 빈도 휴리스틱	각 브랜드의 우수한 속성 개수와 열등한 속성 개수를 계산해 우수한 속성 개수와 열등한 속성 개수의 차이가 가장 큰 브랜드를 선택

영향을 미치는 변수들

1. 소비자의 지식보유 정도

[그림 3-5]에서 전술되었듯이, 소비자의 학력이 높으면 높을수록 정보처리 능력에 대한 자신감과 효율성으로 인해서 더 많은 정보를 탐색하고 자신의 판단을 더욱 더 신뢰한다는 것이 연구 결과 도출되었다. 제품에 대하여 전문적인 지식을 보유하고 있는 사람은 구체적으로 제품의 정보를 활용하여 의사결정을 하는 반면 구매하고자 하는 제품에 대해서 전문적인 지식이 없는 사람은 제품에 대한 속성의 구체적인 평가보다는 중립적인 원천이나 광고에 의해 영향을 많이 받는 것으로 알려졌다. 이와 관련된 좋은 사례를 보면, 미국에서 조사된 자동차를 구매하는 이유를 살펴보면 놀라운 결과가 도출되었는데 자동차의 주요 선택기준이라고 보이는 요인은 당연히 엔진성능, 안전성, 경제성 등이 있겠고, 부가적으로 보면 스타일 그 외 차량 색상, 내장재 등이라고 볼 수 있는데, 결과는 아이러니하게도 쇼룸에서 자동차 문을 열었다 닫았는데 경쾌한 소리를 내면서 닫히는 경우 가장 높은 선택을 보였다는 점이고 나아가 내장재가 깔끔한 마감(finishing)을 보였을 경우도 중요한 선택 요인이었다는 것이다. 물론 미국의 경우 소비자 리포트(consumer report)에 자세한 자동차 비교가 있어서 어느 정도 심증을 굳힌 후에 쇼룸에 가서 자동차들을 선택하는 면이 있다는 점을 고려해도, 소비자가 엔진을 들여다보면서 그 성능을 알 수가 없고 쉽게 접근 할 수 있는 항목들을 통해서 전체를 평가하기도 한다는 것이다. 이 점에 착안해서 많은 카메이커들은 자동차 개발 시 음향기술자들도 차량개발에 참여하는 것이 일반적인 현상이다. 이러한 점을 보면 고관여 상품인 자동차에서도 이러한 노출 빈도와 소비자가 인지할 수 있는 지각적 측면을 고려해야 한다는 것이다.

결론적으로 보면 저관여의 상품들은 반복된 광고의 빈도수가 높으면 높을수록 소비자들의 제품에 대한 인식이 높아지고 메시지를 진실하다고 느낀다고 한다.

2. 소비자와의 관련성(framing) 정도

프로스펙트(prospect)이론과 프레이밍(framing)이론에 따르면 어떤 관점에서 소비자들이 준거기준을 삼는가에 따라서도 많은 선택에 영향을 주는 것으로 연구되었는데 이들 이론의 기준은 회사에서 실시하고 있는 판매 정책을 예로 볼 때 같은 조건이지만 어떤 방식으로 제시되는가에 따라 소비자들이 자기들에게 이익이 되는 상황과 손해가 되는 상황으로 나누어서 민감하게 반응을 하게 되는데 일반적으로 소비자들은 자신에게 이익이 되는 상황보다는 손해가 되는 상황에 더욱 더 민감하게 반응을 한다는 이론이 손실회피성향(Loss Aversion)이다.

다시 말하면 판매정책에서 소비자들이 자신에게 손실이나 이익으로 주어지는 정책에 대해서 각각 다른 반응을 보인다고 하는 것이다.

소비자의 지각과 선택요인 그리고 구매 후 만족이 달라진다고 보는 것인데 구체적인 예를 들어 보면 현재 상법에서 소비자가 신용카드를 사용한다고 해서 해당 대리점에서 수수료를 소비자에게 전가하는 것은 명백한 불법이지만, 실제의 경우 작은 군소 업체에서는 수수료 부담을 소비자에게 전가하는 경우가 있는데 이런 경우가 합법적이라고 가정해 보자. 실제 소비자가 신용카드를 사용하고자 할 때 대금지급을 현금으로 하면 할인이 된다고 제시하는 경우와 소비자들에게 신용카드를 사용하면 할증이 된다고 하는 경우를 비교해 보면 소비자들은 자신이 이익이 되는 점보다는 손해되는 면에 더욱 더 민감한 반응을 보인다는 것이다. 이 경우 현금을 사용하면 조금 할인해 준다고 하는 부분 보다는 카드를 사용하면 제품 가격 외에 할증료를 더 내야 한다는 것에 더 민감하게 반응한다는 것이다. 따라서 소비자들은 이 경우 신용카드를 제시하는 율보다 현금을 사용하여 할인을 받으려고 하는 비율이 더 많이 증가되는 것이 그 사례가 되겠다. 이는 소비자들이 현금을 사용하면 할인되는 이익도 있고 카드를 사용하면 할증이라는 불이익이 있다고 느끼는 준거점 때문인 것이다.

프로스펙트 이론(Prospect Theory)

현대의 기대효용 이론 체계는 Von Neumann and Morgenstern에 의해 정립되었으며, 기술적 모형(descriptive model)으로서의 가치는 계속해서 위협받고 있다. 기대효용 이론은 사람들의 효용을 각 개인마다 고유한 효용함수로 표현할 수 있으며, 사람들은 자신의 기대효용을 극대화하기 위해 일관된 의사결정을 내릴 것이라고 가정한다. 그러나 사람들의 의사결정에 대한 경험적 연구들은 이러한 가정을 일관적으로 위반하는 많은 의사결정 행동들을 관찰하였다. 이에 Kahneman and Tversky는 불확실성 상황에서의 의사결정에 대한 기술적 모형으로 프로스펙트 이론을 제시하였다. 이론의 핵심은 사람들이 확률 또는 효용의 인식이 전통적인 의사결정 이론에서 생각되는 베이지안(Bayesian) 확률 수정법칙이나 부(富)의 모든 영역에서 위험에 대한 태도 면에서 일관된 효용함수를 따르지 않는다는 점이다. 따라서 Kahneman and Tversky는 주관적 확률 대신 의사결정 가중치(decision weight)를 제안하고, 효용함수 대신 가치함수(value funcion)를 제안하였다. 이중 마케팅 시사점을 많이 내포하고 있는 개념은 가치함수이므로 이에 대해서만 서술하기로 한다.

전통적인 효용이론에서는 개인의 효용이 절대적 부의 수준(final wealth position)에 의해 결정된다고 보는 데 반해 프로스펙트 이론에서는 평가 대상의 가치가 개인이 준거점(reference point)을 놓는 곳에 따라 결정된다. 예를 들어, 1,000만 원을 가진 사람이 내기를 해서 10만 원을 잃었다면 990만 원에 대한 효용을 느끼는 것이 아니라 잃어버린 10만 원에 대한 비효용을 경험한다. 또한, 프로스펙트 이론에서는 부의 모든 영역에서 일관성 있는 위험에 대한 태도(일반적으로는 위험 회피적인 태도를 가정하기 때문에 전 영역에서 오목함수임)를 가정하는 효용함수와는 달리 준거점을 중심으로 이득(gain) 영역에서는 오목(concave) 함수를, 손실(loss) 영역에서는 볼록(convex) 함수를 가정한다. 또한, 사람들은 동일한 액수의 이득보다는 손실을 더 크게 느끼므로 가치함수는 이득보다는 손실 영역에서 더 가파른 모양을 띄게 된다. 이 같은 현상을 손실 회피(loss aversion)라고 한다.

프레이밍 효과(Framing Effect)

동일한 정보가 다른 방식으로 제시될 때 정보 제시방법이 지각이나 의사결정에 영향을 미칠 수 있는 현상을 프레이밍 효과(framing effect)라고 한다. 예를 들어, 식품의 지방 함량에 대한 정보를 '10% 지방(10% fat)' 또는 '90% 무지방(90% fat-free)'으로 표현할 수 있다. 또한, 동일한 성공확률을 '95% 성공확률' 또는 '5% 실패확률'로 제시할 수 있다. 동일한 제품정보가 부정적인 측면보다 긍정적인 측면으로 표현될 때 대상에 대해 더 긍정적인 평가를 하는 경향이 있고, 반대로 긍정적인 측면보다 부정적인 측면으로 표현될 때 대상에 대해 더 부정적인 평가를 하는 경향이 있으며, 이를 속성 프레이밍 효과(attribute framing effect)라고 한다. 예를 들어, Levin and Gaeth의 연구에 따르면 동일한 소고기를 '살코기 75%' 또는 '지방 25%'로 표현한 경우, 동일 속성을 '살코기 75%'로 긍정적으로 제시한 경우에 품질이나 맛에 대한 지각이 더 긍정적으로 나타났다.

프레이밍 효과는 동일한 가격이나 판매촉진에 대한 정보가 다른 방식으로 제시될 때에도 나타날 수 있다. 예를 들어, 동일한 비용에 대한 소비자의 선호는 시간에 따른 프레이밍에 따라 달라질 수 있다. 기부참여를 홍보할 때 '하루에 850원'이라는 일(day) 단위로 제시할 수도 있고, '1년에 30만 원'이라는 연(year) 단위로 제시할 수도 있다. '하루에 850원'의 실제 비용은 더 높음에도 불구하고 사람들이 기부에 참여하려는 의도는 더 높았다. 이는 제시되는 금액이 손실이 아닌 일상적인 지출로 인식되는 경우 짧은 시간 단위로 제시된 가격을 선호하는 효과로 PAD(pennies-a-day; 하루 1센트) 효과라고도 한다.

3. 속성이 다른 비교하기 힘든 대안들의 평가 (Choices among Non-comparable Alternatives)

일반적으로 소비자들이 처하는 상황은 같은 제품 또는 상표별 차이를 가지고 속성을 비교하는 대안평가를 하기 마련이지만 요즘처럼 새로운 제품이 많이 출시되고 구매를 자극하는 시대에는 많은 경우에 있어서 한 제품이 아닌 다른 제품이라 한 기준을 가지고서 비교하기 힘든 제품 간의 비교가 점점 더 실제 상황에 많아지고 있는 상황이다.

예를 들면 소비자가 일정 금액 50~60만 원을 가지고 제품을 구입하고자 할 때 평소에 구매하고 싶었던 스마트폰을 구입해야 할지 양복을 구입해야 할지를 고민하고 있다고 본다면 두 가지 제품에 속성이 너무 차이가 나고 효용적 가치를 따져서 비교한다는 것도 역시 불가능한데 이럴 때에는 소비자들은 추상적이긴 하지만 두 가지를 합쳐서 비교할 수 있는 추상적인 속성을 가지고 비교해보는 경향이 있는데 이 같은 경향의 예는 어느 것이 더 필수 불가결(Necessity)한 제품인가?, 나의 스타일(Stylishness)에 더 어울리는가?, 가격(Cost)은 어떤가?, 제품의 혁신성(Innovativeness), 좀 더 멋있는 제품의 외관(Appearances) 등의 기준을 가지고 제품을 비교해보고 난 후에 제품각각을 비교한 후에 결정을 내리게 된다는 것이다(Coupey & Demoranville).

4. 정보의 탐색과 대안의 평가 간의 관계

각 대안별 정보탐색의 양이 일정하며, 정보처리가 브랜드 대안별 또는 속성 간(inter-dimensional)으로 수행된다면, Fishbein 모형과 같은 선형보완전략(linear compensatory strategy)이 사용된다고 추론할 수 있다. 또한, 정보탐색의 양은 일정하지만, 정보처리가 속성별(intra-dimensional)로 이루어질 경우, 두 대안을 짝지을 때 두 대안(A와 B) 간의 속성별 차이들(예컨대 승용차 A의 승차감이 5, B의 승차감이 3인 경우 A-B=2가 됨)을 속성별 중요도에 따라 가중 평균한 값이 음인가 양인가를 보아 두 대안(A와 B)의 우열을 판단하는 차이가산식 전략(additive-difference strategy)이 사용되고 있다고 추론할 수 있다. 마찬가지로, 각 대안별로 정보처리가 수행되는 경우 정보탐색의 양이 일정치 않은 경우에도 정보처리가 대안별로(또는 속성 간에) 이루어진다면 속성별 최저수준(mininum cutoff level)을 모두 뛰어넘는 대안을 골라내는 방식인 결합식(conjunctive) 전략이 사용되고 있다고 추론할 수 있으며, 정보처리가 속성별로 수행될 때 속성별 제거식(elimination by aspects) 전략이 사용되고 있다고 추론할 수 있다.

5. 감정의존식 대안평가

소비사가 대안을 평가할 때, 대안의 속성에 의존하는 평가 방법으로 보완적 방식과 비보완적 방식이 있다. 그러나 소비자는 친숙한 제품일수록 제품의 속성에 의존하는 것이 아닌 이미 형성되어 있는 전반적인 평가(overall evaluations)를 기억에서 회상함으로써 대안을 평가하며, 이를 감정의존식(affect referral) 평가방식이라고 한다. 여기서 감정은 특정 대상에 대한 좋은 또는 나쁜 감정을 의미한다. 예를 들어, 소비자가 음료수를 선택할 때, 코카콜라 대안을 평가한다면 코카콜라와 관련된 경험들에 의해 형성된 평가를 단순히 기억에서 회상하는 경향이 있으며, 코카콜라의 속성에 의존하는 것보다 많다.

소비자는 다양한 제품 경험을 가지고 있으며, 각 제품에 대한 감정을 장기기억에 유지한다. 의사결정 상황에서 감정이 인출됨으로써 매우 효율적인 의사결정을 가능하게 한다. 일상적인 문제해결은 감정의존식 대안평가의 결과로 볼 수 있다.

6. 대안의 평가와 후광효과

후광효과(halo effect)란 소비자가 제품을 평가할 때, 브랜드와 같은 일부 속성에 의해 형성된 전반적인 인상이 직접적으로 관련되지 않은 다른 속성의 해석에 영향을 미치는 것을 의미한다. 예를 들어, BMW가 제네시스보다 동력이 더 좋지만 승차감은 떨어지는 경우에도 BMW라는 브랜드에 의해 형성된 후광 때문에 승차감이나 다른 속성에서도 제네시스보다 뛰어나다고 여겨질 수 있다. 후광효과는 긍정적인 후광효과뿐만 아니라 부정적인 후광효과도 발생할 수 있다. 예를 들어, 인도네시아에서 생산된 자동차의 경우, 인도네시아에서 생산되었다는 이유로 소비자들은 자동차의 다양한 속성을 과소평가할 가능성이 있다.

후광효과의 개념은 1920년에 미국 심리학자 Edward L. Thorndike가 병사들에 대한 하급자 순위를 매기는 과정에서 관찰한 현상을 설명하는 논문에서 처음 사용되었다. 상급자들은 하급 병사들과 직접 소통하지 않고도 외모가 매력적인 사람이 다른 사람들보다 더 똑똑하고 더 능력이 있으며 더 많은 리더십 특성을 가지고 있다고 자동으로 가정했다. Thorndike는 한 인상이 다른 특성들에도 후광효과를 만들어내며, 그 사람의 다른 특성에도 적용될 가능성이 높다고 언급했다.

7. 대안의 평가와 맥락효과

소비자들이 대안을 평가할 때, 대안에 대한 선호도뿐만 아니라 대안이 제시되는 맥락에도 영향을 받는다. 소비자들의 대안평가에 있어 가장 대표적인 맥락효과(context effects)인 유인효과(attraction effect), 타협효과(compromise effect) 및 유사성효과(similarity effect)에 대해 설명하면 다음과 같다.

1) 유인효과

대안 A는 품질은 좋지만 가격이 비싼 대안이며, 대안 B는 품질이 나쁘지만 가격이 저렴한 대안이다. 새로운 대안 C가 시장에 진입할 때, 대안 C는 기존 대안 B보다 열등한 대안이므로 소비자들의 대안 평가에 영향을 미칠 이유가 없음에도 불구하고 일반적으로 대안 C의 진입으로 인해 소비자들이 대안 B를 선택하는 확률이 증가하게 된다. 새로운 열등한 대안이 도입됨에 따라 기존 대안을 선택할 확률이 증가하는 현상을 유인효과라고 한다. 이는 품질 면에서 열등한 대안이라고 생각되던 대안 B보다 더 열등한 대안 C가 대안 B와 같은 가격에 출시되면 소비자들은 대안 B의 품질에 대해 과거보다 덜 극단적으로 평가하기 때문에 발생하는 지각적 입장(perceptual view)과 대안끼리의 비교가 지배-피지배의 관계에 있을 때 훨씬 쉬워지게 되므로 대안 B를 선택할 가능성이 더욱 커진다는 비용/편익적 견해(cost/benefit view)로 나뉜다.

유인효과의 마케팅 시사점을 생각해보면 대안 B가 대안 A와 비교하여 소비자들에게 품질 면에서 과소평가되고 있다면, 대안 B의 제조업체는 시장점유율을 높이기 위해 미끼 대안 C를 출시할 수 있다. 그러나 대안 자체의 수익성을 고려하지 않은 미끼 대안을 출시하는 것은 대부분의 경우에는 현실적인 방법이 아니다. 대신, 대안 C의 위치에 기존 상표가 있는 경우, 대안 B의 위치에 새로운 상표를 출시하여 대안 C를 미끼 대안의 역할을 할 수 있도록 하는 것이 현실적으로 더 적절할 것으로 보인다.

유인효과는 매우 강력한(robust) 선택맥락효과 중 하나이지만, 최근에는 유인효과가 발생하는 조건과 그렇지 않은 조건을 구분하기 위한 활발한 연구가 진행되고 있다. 예를 들어, Ha, Park & Ahn의 연구에 따르면, 여행상품을 선택할 때 소비자들에게 선택대안과 관련하여 투숙호텔의 입지나 서비스 등급과 같이 수량적으로 나타낼 수 있는 속성만 제시되었을 때는 유인효과가 나타났지만, 이러한 속성들을 설명하기 위해 선택대안들을 묘사하기 위한 범주적 속성(categorical attributes)이 추가되었을 때는(예를 들어, 이탈리아와 프랑스를 여행지로 설명하는 경우) 유인효과가 감소하는 것으로 나타났다.

2) 타협효과

타협효과는 대안 C처럼 다른 대안(대안 B)에 의해 지배되는 대안이 아니라 어느 한 가지 속성에 있어 극단적인 값을 갖는 극단 대안(예컨대 대안 C')이 선택 집합에 추가된 경우 대안 B의(대안 A에 대한) 상대적인 점유율이 증가하는 현상을 말한다. 이 현상은 소비자들이 두 속성에 대해 유사한 가중치를 가진다면 세 가지 대안 A, B, C' 중에서 '중간'에 해당하는 무난한 대안이라고 생각하여 선택이 더욱 정당화될 수 있다고 생각하기 때문에 발생하는 것으로 여겨진다.

타협효과의 마케팅 시사점은 포지셔닝에 있어 극단을 피하고 경쟁업체들 사이에서 중간 위치에 자리잡으면 상대적인 이점을 얻을 수 있다는 것이다. 또한, 회사의 제품이 현재 고가/고품질로 인식되고 있고, 경쟁업체의 제품이 저가/저품질로 인식되어 있으며, 회사의 제품 가격이 시장점유율 증가의 장애물이 된다면, 이를 극복하기 위한 한 가지 방법은 예를 들어, 새로운 초고가/초고품질의 제품을 출시하는 것이다. 이렇게 하면 새로운 초고가/초고품질의 제품이 성공하지는 않을 수도 있지만, 적어도 자사의 고가/고품질 제품의 상대적인 시장점유율을 증가시킬 수 있을 것이다.

3) 유사성효과

유사성효과는 선택 집합(choice set)에 새로운 대안이 나타날 때, 기존 브랜드가 새로운 브랜드와 유사할수록 기존 브랜드의 선택확률이 상대적으로 감소하는 현상을 말한다. 예를 들어, 청량음료 시장에서 사이다와 콜라가 있을 때 새로운 상표의 콜라가 나타나면 기존 콜라의 시장점유율이 사이다보다 상대적으로 더 감소하는 것을 유사성 효과라고 할 수 있다.

8. 대안의 평가와 사고비용

Simon은 정보처리 능력의 한계로 인해 매우 단순한 의사결정을 제외하고는 사람들이 의사결정을 할 때 완전한 합리성에 기반한 판단이나 선택(optimizing)을 하는 것은 드물다고 주장한다. 의사결정 과정이 더 복잡해질수록 사람들은 자신의 정보처리 능력의 한계 내에서 제한된 합리성(bounded rationality)을 기반으로 수용 가능한 대안을 선택하는 것으로 만족한다(satisficing)는 것이다.

소비자의 경우에도 대안을 평가할 때, 보완적 모형과 같이 사고비용(cost of thinking)이 많은 방식과 비보완적 모형과 같이 사고비용이 적은 방식 사이에서 오류가능성을 고려할 때, 가능하면 사고비용이 더 적은 방식을 채택하고자 할 것이다. Shugan은 이 대안평가 방식에 따른 사고비용을 모형화하였는데 그의 모형에 따르면, 일반적으로 속성 간의 상관관계가 낮을수록 사고비용이 더 많아진다. 소비자들이 대안을 평가할 때, 속성 간의 상관관계가 낮고 사고비용이 더 높다고 판단할수록, 광고 등의 촉진 활동에 더욱 의존하여 사고비용을 줄이려는 경향이 커진다고 한다.

9. 비교하기 어려운 대안들의 평가

소비자가 대안을 평가하는 상황에서는 동일한 제품 범주에 속하는 여러 개 브랜드를 비교하고 평가하는 경우가 많이 있다. 경우에 따라서는 다른 제품군 내에 속하는 대안끼리 비교하고 평가하지 않으면 안 되는 상황에 처하는 경우도 있다. 가령, 어떤 소비자가 150만 원의 보너스를 받았을 때, 평소에 사고 싶었던 삼성전자의 55인치 UHD LED TV와 Marantz 오디오 세트 중 어느 것을 사야 할지 고민하며, 두 가지 대안을 비교하고 평가하는 경우이다. 이 경우 소비자는 속성 내에서 비교하기가 어려워 두 대안의 전반적인 효용을 직접 비교하는 방법을 사용할 수 있다. 그러나 비교하기 어려운 대안을 비교하고 평가할 때에도 소비자는 속성을 추상적이고 종합적인 속성으로 결합하여 두 대안을 비교할 수 있도록 한다.

즉, 특정 브랜드의 TV와 오디오 세트를 비교할 때, 가격을 제외한 다른 속성은 직접적으로 비교하기 어려우므로 비교 가능한 상태로 만들기 위해 추상화 과정(abstraction process)을 수행한다. 따라서 소비자들은 '즐거운 시간을 얼마나 가질 수 있는지' 또는 '다른 사람에게 사회적 지위를 얼마나 과시할 수 있는지'와 같은 추상적인 속성으로 두 대안을 비교한다. 만일 냉장고와 오디오 세트와 같이 비교하기가 극도로 어려운 두 대안을 비교할 때에는 '실용성', '필요성'과 같은 더 추상적인 속성 내에서 비교하려고 더 깊이 추상화 과정을 진행한다.

10. 구성적 의사결정

소비자들의 의사결정 과정 중에는 '목마를 때 칠성사이다를 사서 마신다'와 같이 필요할 때 사전에 형성된 대안에 대한 선호도를 기억에서 회상하는 경우도 있지만, 아파트를 매입하는 경우와 같이 대안에 대한 선호도가 확실히 형성되지 않은 상태에서 다양한 대안을 비교해보는 등의 의사결정 과정을 거치면서 선호와 선택을 확실하게 형성하는 구성적 의사결정(constructive decision making)도 많이 찾아볼 수 있다.

구성적 의사결정에서 소비자는 의사결정의 정확성을 극대화하려는 목표와 인지적 노력을 극소화하려는 목표를 동시에 갖고 있다. 즉, 소비자는 자신의 의사결정을 통해 특정 대안을 선택함으로써 얻는 순효용(즉, 총효용-총비용)을 극대화하는 목표뿐만 아니라 생각하기 귀찮은 것들을 회피하려고 하는 등 의사결정에 따른 사고비용(cost of thinking) 또는 인지적 비용(cognitive costs)을 최소화하려는 목표를 동시에 갖고 있다.

그러나 최근에는 의사결정 과정에서 발생하는 부정적인 감정을 최소화하고 의사결정의 정당화 용이성을 극대화하기 위한 목표를 추가하여 소비자 의사결정을 설명하려는 소비자 연구자들의 움직임이 있다. 예를 들어, 자동차를 선택할 때 상대적으로 안전성이 높은 자동차와 상대적으로 높은 승차감이 상대적으로 좋은 자동차 사이에서 선택해야 할 때, 안정성이라는 속성은 인간의 생명과 직접적으로 관련되므로 승차감과의 상쇄(trade-off)를 진행하는 과정에서 부정적 감정이 일어날 가능성이 높으며, 이러한 부정적인 감정이 일어날 때는 의사결정을 지연시키거나 상쇄를 피할 수 있는 간단한 휴리스틱(예를 들어, '무조건 안전한 자동차를 구입한다')을 사용하는 경향이 있다. 또한, 소비자들은 의사결정의 정확성을 극대화하고, 사고비용을 최소화하며, 부정적 감정을 회피하는 것 이외에도 자신의 의사결정을 스스로와 타인에게 얼마나 정당화(justify)할 수 있는지도 고려한다.

구매(Purchasing Behavior)(4단계)

1. 구매행동의 유형

소비자의 구매행동은 관여수준과 과거경험 정도에 따라 다양한 유형을 나타낸다. 구매행동은 크게 복잡한 의사결정, 브랜드 충성도, 관성적 구매, 다양성 추구로 구분된다.

고관여 소비자의 구매행동은 최초구매인지 반복구매인지에 따라 복잡한 의사결정과 브랜드 충성도로 구분된다. 복잡한 의사결정(complex decision making)은 관여수준이 높고 새로운 제품을 구매하는 소비자의 구매행동으로 포괄적 문제해결(extended problem solving)을 말한다. 소비자는 브랜드 대안을 자세히 비교하고 평가한 후 가장 선호하는 브랜드를 선택한다. 고관여 소비자가 구매한 브랜드에 만족하면 그 브랜드에 대한 호의적 태도를 형성하여 동일한 브랜드를 반복구매하는 브랜드 충성도(brand loyalty)가 형성된다. 브랜드 충성도에 의한 구매는 대안평가와 신념 형성이라는 인지적 과정을 생략하고 구매욕구가 발생하면 바로 자신이 선호하는 특정 브랜드를 구매하는 것을 말한다.

한편 저관여 소비자의 구매행동은 구매경험 유무에 따라 다양성 추구와 관성적 구매로 분류된다. 처음으로 제품을 구매하는 저관여 소비자들은 약간의 정보탐색으로 제한적 문제해결(limited problem solving)을 하거나 이전 정보에 의해 브랜드 대안들에 대한 어느 정도의 신념 또는 태도가 형성되어 있으면 자세한 평가 없이 생각나는 익숙한 대안에 대한 소수의 대안 중 하나를 선택하여 구매하는 회상적 문제해결(recall problem solving)을 한다.

제한적 의사결정에 따른 구매행동 중 한 가지는 다양성 추구이다. 다양성 추구(variety seeking)는 소비자가 이전에 구매한 브랜드에 싫증을 느끼거나 단순히 새로운 것을 찾고자 다른 브랜드로 전환하는 것을 의미한다. 다양성 추구 행동은 최적 자극화 이론(optimum stimulation theory)에 기반하여 설명될 수 있으며, 사람들은 적정 수준의 활성화를 유지하기 때문에 활성화 수준이 너무 낮거나 너무 높으면 이를 변화시키려고 한다. 결과적으로 소비자는 신체적 또는 정신적 활성화를 위해 다른 브랜드로 전환할 수 있다. 이러한 행동에 대응하여 기업은 다양성 추구성향을 보이는 고객을 대상으로 프로모션을 진행해 제품을 사용해 보도록 장려할 수 있다. 그러나 다양성 추구는 새로운 제품을 경험해 보려는 사람들의 습성이기 때문에 이러한 프로모션 전략이 단기적으로는 매출이 증가할 수 있지만 장기적으로는 매출에 미치는 영향이 제한적이라는 점에 유의해야 한다. Coors 맥주사의 맥아 기반 와인쿨러 대체품인 Zima의 출시가 그 예이다. Coors는 광고 캠페인에 5천만 달러를 투자했으며, 술을 마시는 미국인의 약 절반이 Zima를 한 번씩 마셔보면서 큰 성공을 거두었다. 그러나 그 이후 브랜드 충성도가 형성되지 않아 실패하고 말았다.

관성적 구매(inertia buying)는 제품 사용 경험이 있는 저관여 소비자가 복잡한 의사결정을 피하기 위해 동일한 브랜드를 반복구매하는 것을 의미한다. 이는 브랜드 충성도와 외형상 유사한 구매행동을 보이지만 서로 다른 구매행동 유형이다. 브랜드 충성도는 소비자가 호의적인 태도를 가진 특정 브랜드를 반복구매하는 행동이지만 관성적 구매는 구매 노력을 줄이기 위해 이전에 구매한 브랜드를 반복구매하는 것으로 주로 저관여 구매상황에서 일어난다. 따라서 관성적 구매는 가식적 충성도(spurious loyalty)에 의한 것이다. 저관여 제품을 판매하는 기업은 반복광고를 통해 브랜드 친숙성을 높여 관성적 구매를 유도하려고 한다. 관성적 구매와 브랜드 충성도에 의한 구매는 성격이 다르지만 일상적 반응행동(routinized response behavior)이라는 점에서는 같다(Hawkins and Hoch).

Hoyer and Brown은 저관여 제품인 땅콩버터에 대한 구매행동을 연구한 결과, 소비자들이 특정 브랜드를 인지하면 인지만으로도 해당 브랜드를 즉시 구매하는 것을 발견했다. 소비자는 다른 땅콩버터 브랜드에 대한 정보를 처리할 의사가 별로 없으며, 자신이 가장 잘 알고 있는 브랜드를 선택하였다. 이러한 연구결과는 관여도가 낮은 소비자들의 관성적 구매를 유도하기 위해 마케터가 반복광고를 통해 자사제품에 대한 소비자들의 친숙도를 높여야 한다는 것을 시사한다. Hawkins and Hoch의 이와 유사한 연구에서도 저관여 구매상황의 소비자는 반복광고의 빈도가 높은 브랜드의 광고 메시지를 더욱 신실된 것으로 받아들이는 경향이 있다는 것을 발견하였다. 이러한 연구결과는 광고 메시지의 반복이 브랜드 친숙도를 높이고, 이는 소비자가 특정 브랜드와 광고 메시지에 담긴 주장(advertising claims)을 보다 쉽게 연상할 수 있도록 돕는다는 것을 보여준다.

한편 충동구매는 비계획구매(unplanned purchase)의 유형으로서 소비자 구매의 또 다른 유형이다. 충동구매(impulse purchase)는 점포 방문 전에 문제인식이 없거나 구매의도가 없는 상황에서 발생하는 구매행동으로 즉시 제품을 구매하고자 하는 강력하고 지속적인 충동(powerful and persistent urge to buy)을 동반한다. 따라서 충동구매는 제품에 대한 강한 호의적인 감정이 발생하는 순간에 즉시 구매가 이루어지며, 이는 우리의 일상생활에서 자주 발생한다. 충동구매는 강박적 구매(compulsive buying)와는 구분되는 개념이라고 할 수 있는데 강박적 구매는 소비자의 필요나 구매력을 크게 초과하는 제품을 계속해서 구매하는 만성적 경향(chronic tendency)을 가리키는 것으로, 특히 강박적 구매는 손상된 자아존중감(self-esteem)을 회복하려는 도구로 자주 사용되기 때문에 일종의 병리적 현상으로 볼 수 있다.

충동구매를 하는 소비자는 자신의 구매행동의 결과에 대해 완전히 의식하지 못하며 제품을 구매해야만 한다는 강한 욕구를 가지고 있다. 그들은 충동구매를 통해 불쾌한 기분(우울함, 좌절, 무료함 등과 같은)에서 벗어나기 위한 수단으로 활용하고, 즉각적 욕구 충족(gratification)을 통해 행복감을 느낀다. 많은 구매 의사결정이 구매 시점에 이루어지므로, 효과적인 점포 내 머천다이징, 디스플레이, 인적 판매 노력은 충동구매의 가능성을 높일 수 있다. 가령 많은 수퍼마켓은 사탕이나 껌과 같은 충동구매 품목을 계산대 근처에 배치한다.

2. 상황적 요인과 소비자 구매행동

소비자 구매에 영향을 주는 또 다른 요인은 상황적인 요인이다. 소비자에게 어떤 종류의 커피 브랜드를 구매하는지 물어보면, 그들은 종종 자신이 언제 어디서 마시느냐에 따라 구매하는 브랜드가 달라진다고 답한다. 이처럼 사용상황은 소비자의 브랜드 선호도와 구매행동에 직접적인 영향을 미친다. 이어서 우리는 상황의 유형들을 살펴보고 중요한 상황 변수의 영향(situational influences)과 전략적 시사점을 설명한다.

1) 상황의 정의 및 유형

소비자 행동이 발생하는 상황은 소비자의 특성이나 제품과는 관계없이 특정 장소와 시간에서 구매 및 사용 행동에 영향을 미치는 요인들로 구성된다. 소비자 행동에 영향을 미치는 상황은 물리적 환경, 사회적 환경, 시간, 과업 정의, 선행상태의 다섯 가지 요인들로 구성된다.

- 물리적 환경(physical surroundings) : 소비자 행동에 영향을 미치는 모든 형태의 비인적 요소를 말하는데 점포의 지리적 위치, 실내장식, 음향, 조명, 날씨, 냄새, 상품진열 등이 포함된다.
- 사회적 환경(social surroundings) : 소비자행동에 영향을 미치는 인적 요소를 의미하는데 타인의 존재 여부, 그들의 특성이나 역할, 상호작용 등이 이에 해당된다.

사회적 환경은 사람들 간의 직접적인 상호작용(친구와 의류에 대해 이야기를 나누거나 판매원에게 질문을 하는 행위)과 간접적인 상호작용(친구가 자동차 가격을 흥정하는 것을 지켜보거나 다른 사람들이 무엇을 입고 있는지 관찰하는 행위)을 모두 포함한다. 예를 들어, 다른 사람들과 함께 쇼핑하는 소비자는 일반적으로 계획한 것보다 많은 점포를 둘러보고 더 많은 돈을 소비한다.

- 시간(time) : 소비자 행동은 시간과 관련된 요소에 의해서도 영향을 받는다. 하루 중의 어느 때인가, 1년 중 어느 계절인가, 혹은 시간 제약과 소요시간과 같은 요소 등이 이에 해당한다. 예를 들어, 소비자가 시간에 쫓겨있을 때는 외적 정보탐색 과정을 건너뛰고 기억에 의존하며, 평가 대안의 수를 줄이는 경향이 있다.
- 과업 정의(task definition) : 이는 소비자가 특정 제품을 구매하고 소비하려는 욕구를의미한다. 소비자가 특정 제품이나 브랜드를 구매하는 것은 소비자가 결정하는 과업의 특성에 따라 다를 수 있다. 예를 들어, 자신의 사용을 위해 구매하는 것과 선물로 구매하는 것은 다르다.
- 선행상태(antecedent states) : 이는 소비자 행동이 일어나는 동안 소비자가 경험하는 육체적, 인지적 또는 감정적 상태이다. 예를 들어, 소비자의 일시적인 기분은 구매행동에 영향을 미칠 수 있다.

그러나 다양한 환경요인 중에서도 인지적·감정적 반응과 행동에 영향을 미치는 중요한 환경요인은 상황에 따라 다양하므로 특정 상황에서 이들의 영향을 이해하는 것이 필요하다. 상황은 소비상황, 구매상황, 커뮤니케이션 상황으로 분류된다.

① 소비상황

소비상황(consumption situation)은 소비자가 제품을 사용하는 과정에 영향을 미치는 환경 내의 사회적 및 물리적 요인을 의미한다. 예를 들어, 소비자는 손님을 접대할 때는 원두커피를 구매하고, 혼자 마실 때는 인스턴트 커피를 구매할 수 있다. 따라서 마케터는 표적소비자들이 어떤 제품을 어떤 상황에서 주로 소비하고 사용하는지를 파악할 수 있다면 해당 상황에서 자사 브랜드를 소비하고 사용하는 것으로 포지셔닝할 수 있다.

그러나 일부 경우에는 예기치 않은 소비상황(unanticipated situation)이 발생할 수 있다. 예를 들어, 즉흥적으로 주말여행을 떠나거나 폭설이 오는 경우 등이다. 이러한 소비상황이 발생할 때는 소비자가 쇼핑할 시간이 없으므로 일반적인 가격보다 높은 가격으로 즉시 특정 품목을 구매할 가능성이 높다. 또한, 소비가 일어나는 시간도 소비자행동에 영향을 미친다. 예를 들어, 아침 식사로는 빵을 많이 먹지만 저녁 식사로는 먹지 않을 수 있으며, 과일에 대한 선호도도 시간에 따라 변할 수 있다.

② 구매상황

구매상황(purchase situation)은 소비자가 제품을 구매하는 과정에서 영향을 미치는 환경 요인을 의미한다. 구매와 관련된 중요한 상황 요인으로는 점포 내 환경, 구매목적, 소비자의 구매 시점에서의 기분 상태(mood state) 및 예기치 않은 사건의 발생(재고 소진, 불량제품) 등이 있다.

구매상황 요인 중 점포 내 환경은 구매결정에 큰 영향을 미친다. 충동구매 제품이나 빈번한 프로모션 활동이 있는 제품의 경우 구매 시점의 상황 요인이 구매 의사결정에 큰 영향을 미친다. 소비자의 구매행동에 영향을 미치는 점포 내 환경 요인으로는 음악, 제품의 위치, 점포 레이아웃, 점포 혼잡성, 색상, 냄새 등이 있다. 예를 들어, 백화점은 고객 통행이 많은 에스컬레이터 근처에 행사상품을 진열하고, 편의점은 사탕이나 껌과 같은 충동구매 제품을 계산대 근처에 배치하여 소비자가 구매하도록 유도한다.

구매목적은 또 다른 구매상황 요인으로, 소비자는 자신의 소비를 위해 구매할 때와 다른 사람에게 선물용으로 구매할 때 서로 다른 평가 기준을 사용한다. 예를 들어, 다른 사람에게 선물을 주는 경우 제품의 유형뿐 아니라 그 제품이 주는 상징적 의미를 함께 제공하는 것이기 때문에 적합한 선물의 종류, 가격대, 브랜드 이름 등이 신중히 고려된다. 그 결과, 선물용으로 제품을 구매할 때 자신의 사용을 위해 제품을 구매할 때보다 더 많은 시간을 소비한다.

구매행동에 영향을 미치는 또 다른 상황 변수는 구매 시점의 소비자 기분 상태인데 소비자가 기분이 좋은지 나쁜지는 브랜드 정보를 처리하거나 회상하고 브랜드를 선택하는 데 영향을 미친다.

③ 커뮤니케이션 상황

커뮤니케이션 상황(communication situation)은 소비자가 인적 및 비인적 매체를 통해 제품정보에 노출되는 상황을 의미한다. 이는 대인 간 접촉(예를 들어, 판매원의 제품설명, 친구 간의 구전 커뮤니케이션) 또는 비인적 접촉(예를 들어, 광고, 점포 내 디스플레이) 상황으로 분류할 수 있다. 커뮤니케이션 상황은 제품정보의 주의, 이해, 저장 등에 영향을 미친다. 다음에서는 소비자 반응에 영향을 미치는 세 가지 유형의 커뮤니케이션 상황을 서술한다.

첫째, 커뮤니케이션(광고) 메시지와 관련된 요인 중 광고메시지의 모호성은 소비자의 인지적 반응(cognitive responses)에 영향을 미친다. 예를 들어, 차체가 크다는 정보를 접했을 때 소비자는 그 차가 안락할 것이라고 가정하거나 많은 연료를 소비한다고 추론할 수 있다. 만약 차체의 크기를 안락성과 연계하여 지각하면 승용차는 긍정적으로 평가될 수 있지만 연료 소비량과 연계하여 지각하면 부정적으로 평가될 수 있다. 모호한 제품정보의 해석 방향은 정보를 접한 소비자의 기억 속에서 어떤 제품 속성 지식이 활성화되는지에 따라 달라진다.

둘째, 커뮤니케이션 제공의 맥락은 소비자의 인지적 및 감정적 반응에도 영향을 미칠 수 있으며, TV 광고가 진행되는 프로그램 유형을 대표적인 예로 들 수 있다. TV 프로그램의 유형이 광고에 대한 소비자의 반응에 미치는 효과에 대한 연구에서, 슬픈 프로그램보다는 즐거운 프로그램에 삽입된 광고가 더 많은 좋은 생각을 유발하며, 회상력이 더 높은 것으로 나타났다.

셋째, 커뮤니케이션 노출 시 소비자의 기분도 소비자 반응에 영향을 미친다. 소비자의 기분이 좋은지 또는 나쁜지는 광고에서 제공되는 브랜드 정보의 처리와 회상에 영향을 미치는 것으로 나타났다. 즉, 기분이 좋은 상태에서 광고에 노출되면 기분이 나쁜 상태에 비해 긍정적인 제품정보에 더 관심을 기울이거나 더 많이 회상한다.

2) 상황변수와 소비자행동

소비자 구매행동은 구매 시 상황과 제품 속성 및 개인 소비자들 간의 상호작용에 의해 형성된다. 상황 모형에서는 상황 변수와 제품 중 어떤 것이 소비자의 구매행동에 더 중요한 영향을 미치는지를 살펴봐야 한다. 이는 특정 브랜드의 반복구매가 제품특성 때문인지, 상황에 따른 것인지에 따라 결정되기 때문이다. 소비자가 특정 브랜드의 구매가 제품특성에 따른 것이라고 판단한다면 해당 브랜드에 대한 태도는 더 긍정적일 것이며, 반복구매할 가능성도 높아진다. 상황 변수의 상대적 중요성에 영향을 주는 요인은 다음과 같다.

첫째, 브랜드 충성도가 높을수록 상황 변수가 구매행동에 미치는 영향이 낮아진다. 예를 들어, 청정맥주 Terra에 대한 충성도가 높은 소비자는 혼자서 마셔도, 손님과 함께 있을 때도, 식사할 때도 상관없이 Terra 맥주를 구매하고 마실 것이다.

둘째, 소비자의 지속적 관여도가 높을수록 상황 변수가 구매행동에 미치는 상대적 영향력이 낮아진다. 높은 지속적 관여도를 가진 소비자는 상황 변수의 영향과는 관계없이 일상적으로 제품에 높은 관심을 갖게 된다.

3) 상황변수의 전략적 시사점

첫째, 마케팅관리자는 상황에 따라 각 속성의 중요도가 다른지 조사하며, 상황에 따라 다른 제품 속성을 강조하는 마케팅 전략을 도입한다. 예를 들어, 즉석식품에 대한 태도 형성에서 '편의성'은 저녁 식사보다는 점심이나 스낵용으로 구매되는 상황에서 더 중요한 속성으로 간주되며, '가족 건강에 유익함'이라는 속성은 점심인 스낵용보다는 저녁 식사용으로 구매하는 상황에서 더 중요해진다.

둘째, 소비자의 소비상황에 대한 이해는 시장세분화에 매우 유용하다. 예를 들어, 의류회사는 옷을 입는 상황에 따라 파티복, 작업복, 스포츠복, 캐주얼복으로 시장을 세분화할 수 있다.

셋째, 소비자의 생활양식 변화가 제품 소비에 어떤 영향을 미치는지 추적함으로써 신제품 개발에 활용할 수 있다. 예를 들어, 건강에 대한 관심이 증가함에 따라 운동화가 경기에서만 사용되던 것에서 일상적으로 사용되고 지위의 상징으로 인식되었다. 나이키나 리복은 소비 상황의 변화 추세를 파악하여 스타일과 멋을 강조한 운동화를 개발함으로써 빠르게 성장할 수 있었다.

넷째, 제품 소비상황을 이해하면 촉진전략을 수립하는 데 도움이 된다. 스낵제품이 간식용으로 구매되는 경우 해당 상황을 광고에서 제시해야 한다. 특정 소비자 상황과 관련된 제품광고를 하는 것은 프레이밍(framing)의 예이다.

3. 구매 행동 및 관련 사항들

소비자의 구매 의사결정의 시작 단계라고 할 수 있는 문제인식을 한 뒤 관련 내적, 외적정보를 탐색하고 도출된 정보 대안들을 평가하고 난 후에는 실제적으로 구매행동이 일어나게 되는데 구매를 하기 위해서는 전장에 다룬 대로 몇 가지 선행 조건이 필요하다.

그것은 소비자가 충분히 고려를 해야 정보탐색과 대안을 평가하게 됨으로 충분한 구매 욕구와 사회적 제약이나 규범에 위배가 되지 않는 제품이고 또한 소비자가 경제적으로 가처분 할 수 있는 소득이 있어야만 구매로 이어진다.

구매는 몇 가지 관련된 세부적인 행동으로 구분되는데 이 구매행동에는 단순한 한 상표대안 선택 시 발견된 대안상표 구매뿐이 아니고 이 상표를 취급하는 여러 가지 점포들의 선택과 이 상점에서의 상표선택이라는 추가적인 절차를 포함하게 되는 과정 등이 포함된다. 앞에서 다루어진 바와 같이 관여수준의 상황과 소비자개인의 구매경험에 따라서도 많은 요인들이 좌우되는데 이에 따라서 계속 구매해온 상표를 구매한다든지 아니면 매번 새로운 상표를 구매하는 것 등이 포함되어 있다. 제2, 3장에서 다루어진 관여도의 고저와 소비자들의 의사결정 과정의 세 가지 유형 중 하나인 광범위한 의사결정과정이 본 서책에서 말하는 의사결정과정을 일컫는 용어이다.

실제로 기업들이 가장 중시하고 민감하게 보는 과정인데 그 이유는 소비자들이 어떻게 최종적으로 상표와 점포를 직접 선택하는가 하는 행동이 일어나는 과정이기 때문일 것이다(Bruner & Mason). 종종 혁신적이고 기능적으로 뛰어난 제품을 고객들의 특성을 고려해서 출시해도 단기간에 소비자들이 제품을 인지하지 못하거나 잘 찾을 수 있도록 유통이 되지 않는다면 구매과정에서 소비자들이 제품을 찾기 힘들어서 또는 제품을 구입 조건이 까다롭다면 소비자들은 그 기업의 제품을 구매할 때 어려움을 겪게 되고 누락될 가능성이 큰 것이다. 예를 들어, 소비자가 제품의 현저한 속성을 좋아해서 구매하려고 하는데 점포의 수가 많지 않고 힘들게 찾아간 점포에서 판매원의 불친절을 경험한 경우, 또 점포의 이미지와 분위기가 나빠서 다른 제품을 파는 매장으로 옮겨갔을 경우 그 기업은 아무리 좋은 제품을 만든다고 해도 또 고객의 인지를 높이고 주의를 많이 끄는 광고를 한다고 해도 매출의 향상에는 아무 도움이 되지 않을 것이다. 그래서 삼성전자의 경우 제품도 혁신적으로 만들지만 매장교육이나 A/S센터에서 대고객관련 서비스 매뉴얼(service manual)을 가지고 소비자 서비스를 강화하고 있어서 제품의 혁신 외에도 소비자 만족(NCSI)지수가 높은 회사이다.

특히 요즘에는 소매점들이 대형화가 되고 종류도 다양해짐에 따라서 소비자들이 점포를 선택하는 행동이 다양해지고 있다.

4. 구매 과정(Purchasing Process)

구매 과정에서는 대안선택에 평가에 의한 결과로써 구매의도를 형성하였다면 소비자는 다른 외부적 제약이 없는 한 실제로 가장 호의적으로 평가된 대안을 선택하여 구매한다. 그러나 복잡한 의사결정에서는 여러 가지의 부수적인 의사결정이 추가적으로 수행되어야 한다.

소비자가 구매결정을 내린 후 바로 구매행동이 일어나지 않는다면 새로운 경쟁제품의 등장 등에 많은 변수가 작용할 수 있기 때문에 기업이나 마케터는 이 단계에서도 광고를 강화하는 많은 노력을 기울여야 하는 단계이다.

크게 본다면 고관여 상태와 저관여 상태의 제품으로 나눌 수가 있는데 소비자가 느끼는 중요성 정도나 관련성정도가 큰 제품이 일반적으로 고관여 상품으로 분류되며, 고관여 상표의 경우에는 광범위한 의사결정을 하게 되거나 과거의 경험이나 과거의 상표대안들을 충분히 검토한 후 상표충성도(brand loyalty)를 가지고 있는 상품을 구매할 것이다. 여기서 고관여 제품들은 광범위한 의사결정을 한다는 것은 우리가 논하고 있는 소비자의사결정의 5단계를 거치는 것을 말하고 상표충성도란 특정 선호하는 제품을 반복해서 구매하는 것을 말하는 것이다. 이에 대한 예를 보면 다음과 같을 수 있다. (A 상표를 기준으로 해서 본 경우)

① 완벽한 충성도 (Undivided loyalty)	: A A A A A A A A
② 주기적 충성도 (Occasional loyalty)	: A A B A A A C A A
③ 상표교환 충성도 (Switch loyalty)	: A A A A A B B B B
④ 타상표 충성도 (Divided loyalty)	: B B B B B B B B B
⑤ 상표에 무관심 (Brand Indifference)	: A B C D A B C D A

일반적으로 저관여 상품의 경우에는 제한적인 의사결정(다양화 추구 및 최적화 추구)을 하게 되거나 관성(inertia)에 의한 구매를 하게 되거나 연구결과에 따르면 대부분의 소비자들이 제품을 바꾸는 이유는 새로운 것을 추구하기 때문이라고 한다. 다양성 추구에 대해서는 마케터들이 생각을 많이 해보아야 할 것이다. 왜냐하면 다양성을 추구하는 구매자들이 자신들이 현재 사용하고 있는 제품에 대해 불만족하거나 싫어서가 아니라 좀 더 새로운 다양한 제품을 사용하고자 하는 욕구에서 시작된다는 것이다. 이에 대한 예를 살펴보면 흔히 아이들이나 여성들이 선호하는 빙과류, 과자류나 음료수에 대해 이런 현상이 두드러지게 나타나게 되는데 제과회사들은 과자를 한두 가지만 만들어 내는 것이 아니라 상당히 많은 수 10가지 이상 정도의 제품을 만들어서 소비자가 다양한 제품을 찾는 소비행위를 하더라도 자사의 제품이 선택될 수 있도록 하는 노력을 하는 것이다.

	고 관 여	저 관 여
상표간 큰차이	광범위의사결정	다양성 추구
상표간 작은차	상표애호도	관성

자료 : Henry Assael, Consumer behavior and marketing action 4th edition Pws-kent p.100.

[그림 4-2] **소비자행동 유형의 네 가지 구분**

마케팅에서는 가장 좋은 예로 한 회사를 본다면, 같은 종류의 상품들을 다양하게 만드는 회사가 있는데 그 회사는 P&G(Proctor and Gamble)라고 볼 수 있다. 텔레비전에서 흔히 보는 많은 샴푸의 광고를 보고 그 제품들 중 다수가 P&G사의 제품인줄을 모르는 경우가 많은데 이 또한 샴푸가 화학제품이라 장시간 사용할 경우에는 피부에 좋지 않고 또 장기간 사용하는 상표충성도가 10%에도 미치지 못하기 때문에 많은 종류의 샴푸를 제조하고 판매하여 소비자들이 다양성 추구를 위해서 스위치(Switch)하더라도 역시 자사의 제품을 선택할 수 있도록 11가지 이상의 샴푸를 판매하고 있기로도 유명하다. P&G에서 판매하고 있는 국내에서 시판되고 있는 샴푸를 보면 펜틴, 웰라, 비달 사순, 헤드 & 숄더 등이 있는데 TV 광고를 보면 펜틴 Pro V 선전 뒤 바로 비달사순 광고가 이어서 광고되는데 만일 한 제품이 싫증이 나도 곧 다른 상표(P&G제품 중 하나)를 사용할 수 있도록 유도하고 있는 다양한 제품을 출시하고 마케팅하고 있는 것이다. 물론 소비자들이 짧은 시간에 제품을 선택한다는 것은 전술된바 있다. 따라서 기업들은 구매시점에 익숙한 제품을 구매하게 될 확률이 높으므로 지속적인 광고로 소비자들의 기억 속에 자신의 제품들을 호의적으로 포지셔닝시키는 것도 중요한 역할을 하게 된다.

참고문헌

이학식 · 안광호 · 하영원 · 석관호, 소비자행동, 2020.

Allais, Maurice, "Le comportement de l'homme rationnel devant le risque: critique des postulats et axiomes de l'école américaine," Econometrica: journal of the Econometric Society(1953), pp.503-546.

Anderson, Craig A., and Sandra S. Godfrey, "Thoughts about actions: The effects of specificity and availability of imagined behavioral scripts on expectations about oneself and others," Social cognition 5, no.3(1987), pp.238-258.

Bettman, James R., Eric J. Johnson, and John W. Payne, "A componential analysis of cognitive effort in choice," Organizational behavior and human decision processes 45, no.1(1990), pp.111-139.

Bettman, James R., Mary Frances Luce, and John W. Payne, "Constructive consumer choice processes," Journal of consumer research 25, no.3(1998), pp.187-217.

Chaiken, Shelly, "Heuristic versus systematic information processing and the use of source versus message cues in persuasion," Journal of personality and social psychology 39, no.5(1980), p.752.

Cialdini, R. B., Cacioppo, J. T., Bassett, R., & Miller, J. A. "Low-ball procedure for producing compliance: commitment then cost," Journal of personality and Social Psychology 36, no.5(1978), p.463.

Clark, Margaret S., Sandra Milberg, and John Ross, "Arousal cues arousal-related material in memory: Implications for understanding effects of mood on memory," Journal of Verbal Learning and Verbal Behavior 22, no.6(1983), pp.633-649.

Einhorn, Hillel J., and Robin M. Hogarth, "Behavioral decision theory: Processes of judgement and choice," Annual review of psychology 32, no.1(1981), pp.53-88.

Eloise Coupey and Carol W. Demoranville, "Information Processability and Restructuring: Consumer Strategies for Managing Difficult Decisions," in Advances in Consumer Research, ed. Kimberly Corfman and John Lynch Jr.(Provo, UT: Association for Consumer Research, 1996), 23: 225-230.

Fishburn, Peter C. "Exceptional paper—Lexicographic orders, utilities and decision rules: A survey," Management science 20, no.11(1974), pp.1442-1471.

George P. Moschis, "Shopping Orientations and Consumer Uses of Information," Journal of Retailing 52(Summer 1976), pp.61~70.

Giner-Sorolila, Roger, and Sheily Chaiken, "Selective use of heunrstic and systematic processing under defense motivation," Personality and Social Psychology Bulletin 23, no.1(1997), pp.84-97.

Goldberg, Marvin E., and Gerald J. Gorn, "Happy and sad TV programs: How they affect reactions to commercials," Journal of consumer research 14, no.3(1987), pp.387-403.

Gourville, John T. "Pennies-a-day: The effect of temporal reframing on transaction evaluation," Journal of Consumer Research 24, no.4(1998), pp.395-408.

Gregory P. Stone, "City shoppers and Urban Identification; Observation on the Social Psychology of City Life," American Journal of Socialogy 60, 1954, pp.36~45.

Gregory, W. Larry, Robert B. Cialdini, and Kathleen M. Carpenter, "Self-relevant scenarios as mediators of likelihood estimates and compliance: Does imagining make it so?," Journal of personality and social psychology 43, no.1(1982), p.89.

Hansen, Flemming, "Consumer choice behavior: An experimental approach," Journal of Marketing Research 6, no.4(1969), pp.436-443.

Hawkins, Scott A., and Stephen J. Hoch, "Low-involvement learning: Memory without evaluation," Journal of consumer research 19, no.2(1992), pp.212-225.

Hirt, Edward R., and Steven J. Sherman, "The role of prior knowledge in explaining hypothetical events," Journal of experimental social psychology 21, no.6(1985), pp.519-543.

Hoyer, Wayne D., and Steven P. Brown, "Effects of brand awareness on choice for a common, repeat-purchase product," Journal of consumer research 17, no.2(1990), pp.141-148.

Huber, Joel, John W. Payne, and Christopher Puto, "Adding asymmetrically dominated alternatives: Violations of regularity and the similarity hypothesis," Journal of consumer research 9, no.1(1982), pp.90-98.

Icek Ajzen and Martin Fishbein, "Belief, Intention, and Behavior,": An Introduction to Theory and Research(Reading, MA: Addison-Wesley, 1975).

James Bruner and John Mason, "The Influence of Driving Time Upon Shopping Center Preference," Journal of Marketing 32(April 1968) pp.57~61.

Jeffrey, Scott A., and Rebecca Hodge, "Factors influencing impulse buying during an online purchase," Electronic Commerce Research 7(2007), pp.367-379.

John C. Mowen, Consumer Behavior, Framework.

Johnson, Michael D. "Consumer choice strategies for comparing noncomparable alternatives," Journal of consumer research 11, no.3(1984), pp.741-753.

Kahneman, Daniel, and Amos Tversky, "Prospect theory: An analysis of decision under risk," Handbook of the fundamentals of financial decision making: Part I. 2013, pp.99-127.

Kahneman, Daniel, and Amos Tversky, "The psychology of preferences," Scientific American 246, no.1(1982), pp.160-173.

Kahneman, Daniel, Paul Slovic, and Amos Tversky, eds. "Judgment under uncertainty: Heuristics and biases," Cambridge university press, 1982.

Langer, Ellen J. "Minding matters: The consequences of mindlessness–mindfulness," Advances in experimental social psychology. Vol. 22. Academic Press, 1989. pp.137-173.

Levin, Irwin P., and Gary J. Gaeth, "How consumers are affected by the framing of attribute information before and after consuming the product," Journal of consumer research 15, no.3(1988), pp.374-378.

M. Reilly and R. Holman, "Does Task Complexity or Cue Intercorrelation Affect Choice of an Information-processing Strategy? An Empirical Investigation," in Advances in Consumer Research, ed. W. D. Perrault Jr. (Atlanta, GA: Association for Consumer Research, 1977) 185-190.

Menon, Geeta, and Priya Raghubir, "Ease-of-retrieval as an automatic input in judgments: a mere-accessibility framework?," Journal of Consumer Research 30, no.2(2003), pp.230-243.

Michael D. Johnson "Consumer Choice Strategies for Comparing Noncomparable Alternatives." Journal of Consumer Research 11. Dec 1984, pp.741~753.

Northcraft, Gregory B., and Margaret A. Neale, "Experts, amateurs, and real estate: An anchoring-and-adjustment perspective on property pricing decisions," Organizational behavior and human decision processes 39, no.1(1987), pp.84-97.

Payne, John W. "Contingent decision behavior," Psychological bulletin 92, no.2(1982), pp.382-402.

Payne, John W., James R. Bettman, and Eric J. Johnson, "The adaptive decision maker," Cambridge university press, 1993.

Peter Wright, "Consumer Choice Strategies, Simplifying versus Optimizing," Journal of Marketing Research 11(Feb. 1976): pp.60~67.

Petty, R. E., Cacioppo, J. T., Petty, R. E., & Cacioppo, J. T. "The elaboration likelihood model of persuasion," Springer New York, 1986.

Raju, Puthankurissi S. "Optimum stimulation level: Its relationship to personality, demographics, and exploratory behavior," Journal of consumer research 7, no.3(1980), pp.272-282.

Reingen, Peter H. "Test of a list procedure for inducing compliance with a request to donate money," Journal of Applied Psychology 67, no.1(1982), p.110.

Reno, Raymond R., Robert B. Cialdini, and Carl A. Kallgren, "The transsituational influence of social norms," Journal of personality and social psychology 64, no.1(1993), p.104.

Robert F. Kelly and Ronald Stephenson, "The Semantic Differential; An Information Source for Designing Retail Patronage Appeals," Journal of Marketing 31 Oct. 1967, pp.43~47.

Schwarz, Norbert, "Metacognitive experiences in consumer judgment and decision making," Journal of Consumer Psychology 14, no.4(2004), pp.332-348.

Schwarz, Norbert, and Leigh Ann Vaughn, "The availability heuristic revisited: Ease of recall and content of recall as distinct sources of information," (2002).

Shah, Anuj K., and Daniel M. Oppenheimer, "Heuristics made easy: an effort-reduction framework," Psychological bulletin 134, no.2(2008) p.207.

Sherman, S. J., Zehner, K. S., Johnson, J., and Hirt, E. R. "Social explanation: The role of timing, set, and recall on subjective likelihood estimates," Journal of Personality and Social Psychology 44, no.6(1983), p.1127.

Shugan, Steven M. "The cost of thinking," Journal of consumer Research 7, no.2(1980), pp.99-111.

Simon, Herbert A. "A behavioral model of rational choice," The quarterly journal of economics(1955), pp.99-118.

Simonson, Itamar, "Choice based on reasons: The case of attraction and compromise effects," Journal of consumer research 16, no.2(1989), pp.158-174.

Smith, Stephen M., and David R. Shaffer, "Speed of speech and persuasion: Evidence for multiple effects," Personality and Social Psychology Bulletin 21, no.10(1995), pp.1051-1060.

Solomon, Michael R., Sarah Drenan, and Chester A. Insko, "Popular induction: When is consensus information informative? 1," Journal of Personality 49, no.2(1981), pp.212-224.

Thaler, Richard H. "Mental accounting matters," Journal of Behavioral decision making 12, no.3(1999), pp.183-206.

Tversky, Amos, and Daniel Kahneman, "Judgment under Uncertainty: Heuristics and Biases: Biases in judgments reveal some heuristics of thinking under uncertainty," science 185.4157(1974), pp.1124-1131.

Tversky, Amos, and Daniel Kahneman, "Availability: A heuristic for judging frequency and probability," Cognitive psychology 5, no.2(1973), pp.207-232.

Tversky, Amos, and Daniel Kahneman, "Extensional versus intuitive reasoning: The conjunction fallacy in probability judgment," Psychological review 90, no.4(1983), p.293.

Wänke, Michaela, Gerd Bohner, and Andreas Jurkowitsch, "There are many reasons to drive a BMW: Does imagined ease of argument generation influence attitudes?," Journal of Consumer Research 24, no.2(1997), pp.170-177.

Wyer Jr, Robert S. "The cognitive organization and use of general knowledge." (2004).

Yi, Youjae, "The effects of contextual priming in print advertisements," Journal of Consumer Research 17, no.2(1990), pp.215-222.

Chapter

5

구매 후 평가

(Post-purchase Evaluation)

Case study

제품을 구매한 후 소비자의 반응

다양한 스마트폰 제품의 홍수 속에서 여러 가지 선택 대안들을 검토한 뒤 민지는 삼성 갤럭시 노트 23 제품을 구매했다. 보통 구매 후에는 의사결정이 종료되는 것으로 알고 있지만, 소비자들은 구매 후에도 자신이 구매한 제품이 바른 선택이었는지 또 선택하지 않은 상품에 대해서 평가절하한 점은 없는지 등등 일련의 과정을 거치게 되고 있는 향후 미래의 또 다른 구매에도 영향을 미치는 중요한 단계이다.

다시 말하면, 민지가 시장에 유통되고 있는 여러 제조회사의 여러 제품들과 삼성전자의 여러 모델들을 비교하고 선택한 제품은 분명 장점이 있었고 이점을 높게 평가해서 갤럭시 노트 23을 구매했지만, 사용 전과 사용 후에는 느낌이 다른 경우가 종종 발생한다. 실제 사용해보면 구매 전 느꼈던 장. 단점이 구매 후에는 달라질 수도 있다는 것이다. 즉 삼성 제품이 기대한 만큼의 성능을 발휘는 하는지 아니면 광고에서 제시된 기능들이 과장된 것이어서 실제보다 부족하게 느껴지는가에 따라서 구매 후 평가 과정은 달라지게 되는 것이다. 결론적으로 보면 만족스러운 경우와 불만족스러운 경우로 나뉘겠지만, 불만족스러운 부분에 대하여는 불평행동을 촉발시킬 수 있고 만약 만족스럽다면 제품이 수명을 다한 후 폐기한 후에도 다시 재구매를 고려할 때 만족스러움을 바탕으로 한 상표 충성도를 가지고 같은 회사의 제품에 애호도를 가지게 되고 계속적인 구매를 할 것이다.

구입된 갤럭시 노트 23은 최신 제품이라 트렌디하고 다 좋지만, 가격이 비싼 요금제를 써야 한다는 점과 제품이 텔레비전 광고의 시연보다는 못한 결과를 보면 갤럭시 노트 23은 구매 전에 기대한 것만큼의 제품가치는 없다는 것을 깨달았다. 이런 경우 민지는 스마트폰에 대해 만족/불만족하는 것 외에도 인지적 부조화를 경험하게 되는데 이것은 많은 선택 대안 중에서 한 제품을 선택하는 행동을 하였기 때문에 소비자 자신이 선택하지 않은 대안들이 더 매력적으로 보이거나 구입한 제품이 기대수준에 어딘가 부족하다고 느끼면 생기는 긴장현상을 말하는 것이고 소비자 행동에서 매우 중요한 역할을 하는 것이다.

특히 많은 경쟁제품 중 선택되었고 업그레이드된 제품이 바로 출시되는 상황이라 소비자를 심리적으로 불안정하게 하는 것이다. 이 절차를 거치게 되면 소비자는 어느 정도 수준 이내에서는 자신의 기준을 바꾸어 동화를 하려고 노력한다(Assimilation Effect). 그러나 그 수준이 일정수준을 넘어서게 되면 좀 더 과장되게 불만족을 느끼게 되는데 이것은 대조현상(Contrast Effect)이라고 한다. 또한 미래 재구매에 영향을 끼치게 되는 소비자 만족/불만족 절차는 구입시점에서만 이루어지는 것이 아니고 구입 후에도 이렇듯이 오랜 기간 동안 걸쳐서 소비자에 행동에 영향을 주게 되는 것이다(Helm).

예를 들어, 스마트폰을 구입함으로써 얻는 이익이나 가치는 구입한 시점에서만 영향이 있는 것이 아니고 후일 제품의 수명이 다하거나 유행에 뒤떨어진다고 생각해서 폐기처리를 할 때까지의 모든 과정동안 발생하며 이 과정에서 만족스러운 결과가 있을 때에는 상표 애호도가 발생하고 불만족요인이 많다면 상표나 회사에 대한 불만행동을 유발할 수도 있는 것이다.

기업의 입장에서 본다면 구매자가 많아서 일반적으로 판매가 되고 나면 소비자에게 무관심해도 되는 수요가 공급보다 많았던 시절과는 달리 요즘은 다양한 소비자의 욕구에 맞춘 제품들이 더 많은 시대임으로 소비자들이 구매 후에 자사제품에 대한 긍정적인 평가를 하도록 해야 제품을 대체하고자 할 때 다시 구매를 하게 되고 소비자가 보유한 제품에 대한 좋은 이미지에 대해 주변에 알리는 긍정적 구전효과를 기져올 수 있으므로 구매에서 의사결정이 끝나는 것이 아니고 구매 후 까지도 소비자들의 행동이나 평가에 신경을 많이 써야 하는 시대인 것이다. 그래서 최근 사례들을 살펴보면 연말이나 연초에는 재고로 있던 자동차를 저가에 할인해서 판매하는 경우가 있는데, 이런 단계는 재고를 소진하고 새로운 제품을 출시하는 시기와 겹쳐지는 경우도 많다. 이런 경우 소비자는 약간의 할인으로 인해서 경제적인 이득을 보았다고 생각하다가 만일 차량 구매 후 한 달 정도 되자 페이스리프트(face lift)된 새 차량이 출시된다면 그 불만족도는 매우 높을 것이다. 특히 제품 관련 요인 외에도 곧 단종 또는 업그레이드된 차량이 나올 줄 알면서도 나에게 판매한 판매직원과 그 회사에 실망과 분노를 느끼게 될 것이다. 따라서 단종 즈음에도 불구 소비자들이 구매한 뒤 가장 민감하게 생각하는 일정 기간 동안 광고를 내보내는 이유도 바로 소비자들의 심리를 알고 단종되더라도 관심이 덜해질 때까지 광고를 하는 이유이다.

물론 이러한 만족과 불만족은 모든 사람에게 똑같이 일어나는 것은 아니지만 평균적으로 클레임율(claim rate)을 따져 보면 출시한 제품에 대한 평가가 나올 것이고 또한 소비자들이 불만족을 느끼는 경우에도 모든 사람들이 환불이나 교환을 요구하는 것은 아니고 오히려 침묵으로 일관하되 다시는 동일 상표에 제품을 구매하지 않은 보이지 않는 행동으로도 나타날 수 있다는 점에서 기업들 입장에서는 더욱 더 관심을 갖게 되고 관심을 가져야 하는 부분으로 부각되고 있다.

이러한 부분은 귀인과정(Attribution Theory)이라는 독특한 절차를 통해서 알아보게 되는데 먼저 소비자가 제품을 사용한 후의 제품성과가 기대한 수준 미만일 경우 그 책임소재를 어디다 두느냐에 따라 불만족이 가중될 수도 불만족이 감소될 수도 있는데 기대이론을 설명한 후에 다루도록 하겠다.」

구매 후 행동과정

일반적으로 구매 후 행동과정은 여러 단계가 있을 수 있으나 크게 나누면 제품의 구매(Acquisition), 소비(Consumption), 그리고 폐기(Disposal)로 나누어진다.

구매 후 시간이라는 것은 음료수처럼 한 번 마시면 몇 분 내에 소멸되어 버리는 제품에서부터 자동차와 같이 몇 년간 사용하는 것 등과 집처럼 장기간을 사용할 수 있는 내용연한이 있는 제품들로 매우 다양하다고 볼 수 있다.

소비자의사결정과정 중에서 선택 대안을 평가할 때 고려되는 특성 중 제품의 유지/관리비용이 있었는데 이와 같이 제품을 사용하는 연한이 긴 제품들 중에는 한번 구입하면 끝나는 것이 아니라 최초 구입시점과 같은 성능을 유지하기 위해서는 유지와 보수를 위한 서비스 등이 포함되는 것이고 만일 잘못된 선택을 한 경우에는 구매시점 즈음에서만 문제가 되는 것이 아니고 제품의 수명이 남아 있는 동안에 걸쳐서 불만족이 지속될 수 있기 때문에 소비기간동안 그리고 제품의 수명 주기 상 교체할 시기가 된 후 폐기하게 되는 그 모든 과정을 포함하는 것이다. 즉 자동차를 구입한 후에 차가 잦은 고장이 나거나 잦은 수리를 요하게 된다면 지속적인 수리비용, 부품교체비용 등이 계속하여 발생하기 때문에 소비 및 구매시점을 훨씬 초월해서 폐기하는 시점까지를 말하는 것이고 그 불만 요인은 더욱 더 증폭될 것이다.

구매 후 평가(Post Purchase Evaluation)

구매 후 평가는 소비자 의사결정모델의 마지막 단계로서 소비자의 전체 의사결정 과정은 대안의 선택인 구매행위로서 종결되는 것이 아니라 구매 후 평가 및 평가에 대한 만족/불만족에 따른 행동까지를 포함한다. 이러한 구매 후 평가 및 행동은 소비자 심리 상태로 피드백 되어 다음 번 의사결정에 영향을 미친다(Hendrix).

구매 후 소비자는 구매결과에 관한 평가활동에 참여하는데, 이러한 평가는 다음과 같은 세 가지 기능을 수행한다.

첫째, 소비자의 기억 속에 저장된 경험과 지식을 증대시키고,

둘째, 제품이나 점포를 선정함에 있어서 그가 소비자로서 기능을 얼마나 훌륭히 수행했는지를 보여주며,

셋째, 구매 후 평가로부터 소비자가 받는 피드백은 미래 시점의 구매전략을 조정하도록 도와준다.

다시 말하면, 구매 후 행동은 크게 구매 후 인지적 부조화(Cognitive Dissonance)에 대한 대응 행동(제품 사용에 대한 만족/불만족 요인과 관련 없음), 구입 후 만족과 불만족이 차후 행동에 미치는 영향과 제품의 처리(Disposition)로 대별할 수 있다.

소비자만족 / 불만족에 관한 영향

만족이란 '하나의 구매에 있어서 희생(제품을 획득하기 위해 지출된 비용과 시간을 포함하는 개념)이 충분히 보상되고 있는 상태'를 말하는데 여기서 충분한 보상이란 실제의 구매와 소비경험에서 지각된 대안의 성과가 대안평가의 단계에서 태도를 형성하면서 기대했던 성과보다 크거나 같음을 의미한다. 부언하면 소비자는 구매에 앞서서 구매결과에 관한 기대를 형성하는데, 이러한 기대는 대안의 구매로부터 소비자가 누릴 수 있을 것으로 예견되는 효익과 그러한 효익을 얻기 위하여 지출해야 하는 비용과 노력 등에 관련되며 그러한 기대는 실제로 지각된 구매 후 평가결과들과 비교된다(Anderson 외 2인).

만족과 불만족은 주로 구매 전 기대성과와 구매 후 실제로 지각된 성과 사이의 관계로부터 결정되지만 일부 개인적 특성도 큰 조정변수로 작용하는 것으로 밝혀졌다. 즉 연령이 많을수록 기대수준이 낮고 만족하는 경향이 있으며, 여성이나 교육수준이 높은 사람일수록 덜 만족한다. 또한 구매에 자신감을 가질 때나 구매와 관련된 다른 사람(중립적 원천들의 만족도가 높은 경우)이 만족되었다고 지각할 때 더욱 만족하는 경향이 있다(Westbrook & Oliver).

따라서 마케터는 만족한 고객과 불만족한 고객이 어떠한 개인적 특성에서 차이를 보이는지를 알아내기 위해 판별분석을 수행할 수 있으며, 고객집단별로 만족에 기여하는

제품요인과 불만족에 기여하는 제품요인을 검토하여 불만족을 극소화하고 만족을 극대화하기 위한 마케팅전략을 개발해야 한다.

소비자의 기대수준에 영향을 미치는 변수들을 알아보면 다음과 같다

1. 과거의 제품 사용 경험

과거의 동일한 제품을 사용해본 경험이 있는 소비자는 제품을 다시 구입할 때에 과거의 경험, 가격, 제품 특성을 바탕으로 한 기대수준이 있을 수 있다. 만일 기대수준이 없거나 낮다면 동일 제품을 구매하지는 않을 것이다.

2. 기업의 판매 촉진 정도

기업이 소비자들에게 물건을 판촉하기 위해서 광고나 여러 촉진도구(Promotional tools)를 사용하여 판매하였는가도 영향을 미치게 되는데 회사의 이미지광고와 신뢰성을 주제로 광고를 하고 소비자들에게 접근했다면 소비자의 기대수준은 더욱 더 높아질 것이다. 그런 상태에서 제품을 사용하게 되면 기대수준이 낮았을 때보다 만족하기 더욱 힘이 들 것이다. 그래서 제품의 판매를 위해 과대광고를 하면 일시적으로는 소비자를 현혹시킬 수 있지만 결과적으로는 소비자의 기대수준을 비현실적으로 높여서 실망시킬 가능성이 크다. 예전에 대우자동차가 천재지변에도 강한 제품이라는 컨셉(concept)으로 광고를 한 적이 있는데 이렇게 끊어진 도로에도 산기슭을 타고 달리는 광고라든지, 큰 통나무가 길을 가로막고 있는데 차가 달리면 달릴수록 안정적으로 노면에 접지해서 달린다고 하면서 통나무를 통과하는 광고들은 소비자들에게 비현실적인 기대 수준을 제공해서 정상적인 성능에도 불구하고 구매 후 불만족을 높이는 요인이었다고 하는데, 이런 과대광고가 피해야 하는 요인에 대한 좋은 사례가 될 것이다.

3. 유사한 타회사 제품의 영향

비록 소비자가 직접 사용해본 상표는 아닐지라도 비슷한 제품의 과거 사용경험이 있다면 이 또한 소비자의 기대수준의 영향을 주게 되는데 샴푸의 예를 들면 댄트롤 비듬제거 샴푸를 써본 경험이 있는 소비자가 노비드 샴푸를 구매한다고 했을 때 두 제품 모두 다 비듬방지 기능을 할 것이라는 기대수준이 있을 것이고 사용해 본 결과인 만족 불만족도에 따라서 댄트롤 제품에 대한 상표 애호도 제고나 불만족한 경우 노비드 샴

푸로 상표 전환(Brand Switching)하는 결과를 도출할 수 있는 것이다.

4. 소비자의 특성

소비자에 따라서 같은 식당에 가서 식사를 해도 맛이나 시설 그리고 서비스에 대해서 느끼는 점이 다를 것이다. 즉 "맛이 있다 없다", "시설이 좋다, 나쁘다"라고 불평과 비판을 많이 하는 특성의 소비자도 있고 불만족스러운 상황에서도 별 생각이나 비판이 없이 식당을 사용하는 특성의 소비자가 있을 수 있다. 이러한 소비자들의 특성에 따라서도 만족/불만족의 수준이 다를 수 있다. 비판적 성향이 큰 소비자가 불만족할 가능성이 더 크다고 볼 수 있다(Woodruff & Jenkins).

실제성능에 대한 인식에 영향을 주는 요인들

위의 요인들과 같이 소비자의 기대수준에 영향을 미치는 요소들에 따라서 동일한 제품을 사용하고도 만족이나 불만족이라는 판이하게 다른 결과가 나올 수 있다는 것을 알아보았다. 다음은 제품을 사용하며 느끼는 실제 성능에 대해서도 소비자의 인식에 영향을 미치는 변수들이 있는데 이를 살펴보자. 일반적으로 보면 외국에 비해서 현저히 많은 제품과 서비스가 부족했던 과거와 요즈음은 상황이 많이 다르고 평준화가 되었다고 볼 수 있지만, 글로벌 기업의 경우에도 국가마다 다른 제품이나 전체 제품라인이 아니고 일부만 제공하는 경우가 많아서 모든 제품들을 모든 국가의 소비자들이 사용한다고 볼 수는 없다. 따라서 외국인들이나 해외 교포들의 경우, 자신들이 해외에 거주할 때 애용했던 제품들이 없거나 선술된 바와 같이 일부 제품이 국내에는 제공되지 않는 경우 소비자들은 불편을 느끼게 되고 그러한 유형의 제품이 있다고 해도 자신들이 상표 충성도를 가지고 있는 회사가 아닌 국내에서 생산된 제품을 사용할 때 많은 불만족을 느끼게 될 것이다. 이외에도 소비자가 느끼는 만족/불만족도는 나이, 성별, 교육수준, 삶의 만족도 등에 따라서 많은 차이를 보이는데 일반적으로는 나이가 많을수록, 교육수준이 높을수록, 남자가 여자보다는, 또 삶에 대해 만족을 많이 하고 있는 사람들이 제품 사용 후 높은 만족도를 보인다고 한다. 이를 다시 말하면 소비자 만족/

불만족도는 성별, 연령 등의 인구통계학적 변수(Demographics)와 개성, 생활만족도, 라이프스타일 등의 심리적 변수(Psychographics)에도 민감한 영향을 받기 때문에 최근 기업들은 이러한 특성들을 고려해서 제품들의 라인업을 결정한다고 보는 것이 타당하다. 이에 대한 좋은 기업 사례는 P&G가 될 수 있는데 다양한 제품을 출시하고 광고 및 홍보를 하면 많은 비용이 드는 것에도 불구하고 다양한 소비자들을 충족시키고 시장에서 시장점유율 1, 2위 하는 제품 외에도 다양한 제품을 출시하는 이유가 바로 이러한 소비자들의 다양한 인식을 충족시키기 위함이다.

구매 후 부조화(Postpurchase dissonance)

소비자가 구매한 후 제품성능이 만족 / 불만족 하는가에 대해 평가하는 것을 구매 후 평가 절차라고 하면 이와는 별도로 구매결과에 대하여 만족하는지의 여부와 관계없이 소비자는 구매 후 자신이 내린 의사결정의 현명함에 대하여 회의심을 느끼고 긴장상태를 느끼게 되는데 이러한 현상을 인지부조화(Cognitive dissonance)라고 한다(Osgood and Tannenbaum).

이러한 인지부조화는 다음과 같은 여건에서 증대되는 경향이 있으며, 소비자에게 갈등을 유발하고 이 갈등은 결국 소비자를 괴롭히게 되기 때문에 소비자는 심리적인 안정을 회복하기 위하여 다양한 노력을 통해 그것을 감소시키려고 노력한다.

① 여러 개의 바람직한 대안 중에서 선택을 해야 할 때 : 많은 유사한 모델 중에서 대안을 할 때 어려움을 겪은 경우 구매 후 부조화를 느낄 가능성이 크다.

② 거부된 대안도 바람직한 특성을 많이 가질 때 : 선택하지 않은 제품이 더 우수한 기능을 가지고 있었을지도 모른다고 느끼게 될 가능성이 크다.

③ 소비자가 자신의 의사결정을 바꾸거나 취소할 수 없을 때 : 제품의 하자가 없는 경우 일반적인 경우 환불하기 힘들다. 이러한 이유 때문에 최근에는 환불제도를 철저히 운영하려고 하는 회사들이 많은 것이다. 소비자가 안심하고 제품을 구입하도록 유도하는 전략이라고 볼 수 있다. 미국의 Nordstrom 백화점의 유명한 일화가 있는데 자사가 취급하지 않는 자동차 관련부품 제품도 환불해 주는 사례인

데 소비자들이 부담감 없이 제품을 구매하게 할 수 있는 장점이 있으며 인지적 부조화를 감소시켜 줄 수 있다는 점에서 중요하다. 취소할 수 있으면 위험을 지각하는 정도가 줄어들고 인지적 부조화가 감소한다.

④ 개인적 중요성 때문에 소비자가 의사결정에 깊이 관여될 때 : 자신의 상징적 이미지를 나타내주는 제품일 경우에 자아관여가 높아서 인지적 부조화를 느낄 수가 있다.

⑤ 소비자가 유사한 의사결정 문제에 대하여 경험이 적을 때 : 과연 제대로 구입을 한 것인지에 대한 의구심이 들 수가 있다.

⑥ 기존에 가지고 있던 태도와 다른 행동을 하게 되었을 때 : 구입하고자 했던 제품을 경제적이나 다른 이유 때문에 선택하지 못했을 경우에 구입한 제품에 대해 의구심을 가질 수 있다.

구매 후 부조화를 경험하는 소비자의 대응행동

1. 대안들에 대한 재평가

소비자들은 자신이 선택하지 않은 대안들이 더 우수하다고 봐서 인지부조화를 느낄 경우 선택 대안들이 평가단계에서 생각했던 것보다 실제로는 비슷하다고 간주함으로써 인지적 중복을 크게 지각하고 부조화를 감소시킨다. 다시 말하면, 실제 기대수준이 너무 높아서 그렇지 실제 성능이 낮은 것이 아니라고 재조정을 해보거나 평가단계에서 너무 박한 평가점수를 주었다고 스스로 대안을 재평가를 해서 인지부조화를 감소시키려고 한다.

2. 선택적 기억

소비자는 거부된 대안의 긍정적 측면과 선택된 대안의 부정적 측면을 잊고 선택된 대안의 긍정적 측면만을 기억함으로써 부조화를 감소시킨다.

3. 지지적 정보의 탐색

소비자는 자신의 구매결정이 현명했음을 지지해 주는 정보를 추가적으로 탐색함으로써 부조화를 감소시킨다.

4. 태도의 변경

소비자는 자신이 취한 행동과 일치하도록 대안에 대한 태도를 바꿈으로서 부조화를 감소시킨다.

기대성과 불일치모델 이론 (Expectancy-performance disconfirmation Model)

기본적으로 전술된 바와 같이 재화나 서비스에 대한 만족은 실제 성능과 기대 성능 간의 차이에 대한 평가로부터 시작되며 기대 이상의 실제 성능을 느낀 소비자는 만족을 할 것이고 만약 기대에 못 미친다면 불만족을 그리고 만약 기대와 별 차이가 없다면 기대일치(expectation confirmation)가 생기게 되는데 기대일치는 긍정적인 상태이지만 소비자가 시간과 비용을 들여서 구매한 이상 커다란 만족이 생기지는 않는다는 것이다.

올리버(Oliver)는 소비자의 만족/불만족을 연구했는데, 그의 기대불일치 모델에 의하면 위와 같이 소비자가 기대한 성과와 실제 사용한 후 느끼는 결과는 주관적인 평가에 달려 있으며 긍정적인 실제결과가 나오거나 기대일치가 일어나게 되면 별 문제가 없지만 만일 불만족이 발생한다면 소비자는 인과추론을 통해서 어떤 이유에서 이러한 차이가 발생을 한 것인가에 대해서 추론을 하게 된다는 것이다. 그 요인은 상당히 다양한 원인일 수가 있지만 기업 입장에서는 이 부분에 대한 심층적인 연구가 매우 중요하다.

예를 들면 소비자가 충분히 평가대안들을 검토하지 않았다거나 제품을 미숙하게 오작동해서 생긴 일이라고 느끼는 내적 귀인(internal attribution)이 있을 수 있고 아니면 제조사가 끝마무리 작업을 더 신경 썼다면 불만요인이 생기지 않았을 거라는 외적 귀인(external attribution)이 있을 수 있다(Woodruff).

자동차를 구입한 소비자가 구매 후 평가를 한다고 했을 때 요즈음 텔레비전을 보면 CG와 디지털 기술의 발달로 영화보다 더 박력 있고 액션감이 있는 장면들로 연출을 하는 경우가 많은데 이러한 자동차에 대한 성능이 과장되어 광고된 후 자동차를 구입한 소비자가 있다면 그 기대수준은 그 광고를 보지 못한 소비자의 수준보다 높을 것이며 당연히 만족보다는 실망을 하고 불만족을 느낄 가능성이 클 것이다(Sellers). 이와 관련된 좋은 예는 전술된 대우자동차의 과장된 광고가 되겠다.

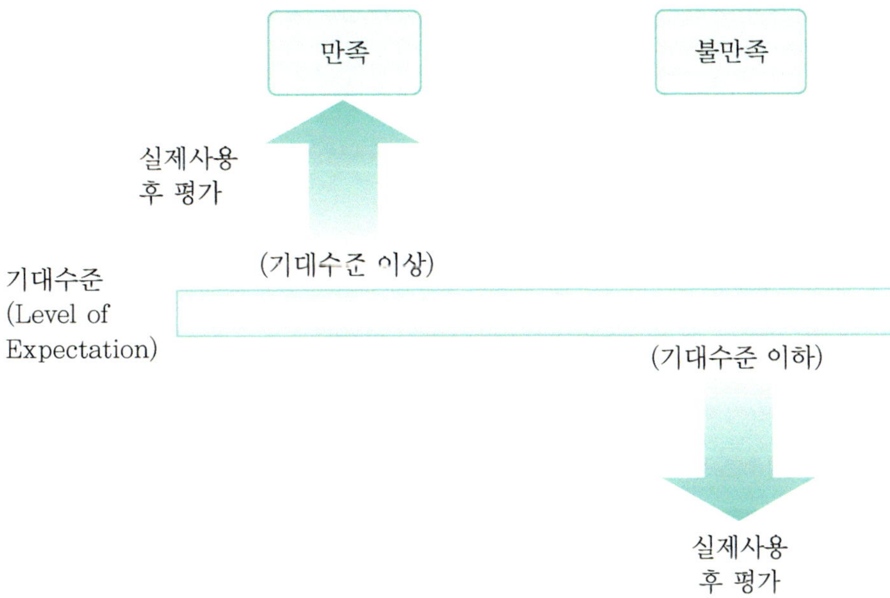

[그림 5-1] **기대성과 일치/불일치 모델**

소비자행동에 대한 영향을 살펴보면

⇨ 만족 시의 영향은

① 제품에 대해 구매 전에 가졌던 기대를 더욱 상향 변화시켜 더 높은 호의수준을 가지게 한다.

② 그 제품을 다시 구매하려는 재구매 의도를 증대시킨다.
③ 상표충성도 또는 점포충성도를 가져온다.

⇨ 불만족 시의 영향은

① 제품에 대해 구매 전에 가졌던 기대를 하향적으로 변화시켜 비호의적으로 만든다.
② 동일한 제품을 다시 구매하려는 재구매 의도를 감소 내지 소멸시킨다.
③ 상표대체의 가능성과 불평행동을 증가시킨다.
④ 다른 사람들에 대한 부정적인 구전 커뮤니케이션을 발생시킨다.

공평성 이론

공평성 이론(equity theory)은 개인이 자신의 투입(inputs)에 대한 결과(outcomes)와 비교 대상의 투입에 대한 결과를 비교하며, 자신의 비율이 비교 대상의 비율보다 높을 때 만족을 느낀다는 것을 주장한다. 공평성 이론은 심리학과 조직행동 분야에서 연구되었으며, Huppertz 등에 의해 소비자 만족 연구에 도입되었다. 소비자 만족 결정을 설명하기 위해 소비자에게 일반적인 비교 대상은 동일한 제품을 구매한 거래 상대 또는 다른 소비자이다. 공평성 이론에 따르면 제품구매 후 가격(투입) 대 제품성과(산출)의 비율이 자신이 추정하는 판매자의 비용(투입) 대 가격(산출, 즉 판매자의 수익)의 비율을 비교하여 전자가 클수록 만족하게 된다. 또한, 동일한 제품(산출)을 다른 소비자보다 낮은 가격(투입)에 구매하는 경우 만족도가 높아진다.

소비자 만족과 관련하여 Huppertz 등은 소비자와 판매자 간의 관계에서 공평성 이론을 실험하였고, Fisk and Coney와 Mowen and Grove는 소비자와 다른 소비자 간의 관계를 연구하였는데, 대체로 공평성 이론에서 예측한 대로 결과가 나타났다. Oliver and Swan은 자동차 구매자의 공정성(이 연구에서는 공평성의 한 가지로 fairness를 사용함)과 만족 간의 관계를 연구하였다. 이 연구에서 예측한 대로, 소비자는 자신의 투입이 작을수록, 결과가 클수록 공정성을 높게 지각하는 것으로 나타났다. 반면, 자신이 생각하는 판매자의 투입이 클수록, 결과가 작을수록 공정성을 높게 지각하는 것으로 나타났다. 또한, 공정성을 높게 지각할수록 만족도는 높은 것으로 나타났다.

귀인이론(Attribution Theory)

귀인이론은 소비자들이 제품을 구입한 후 불만족스러울 때 나타나는 행동을 설명하는 여러 이론 중 하나로서 행동의 결과를 어떤 원인의 탓으로 돌리는가 하는 경향을 연구한 이론이다.

소비자들이 제품을 구입하는 행동들을 통해 불만족을 느끼게 될 경우 귀인(Attribution: 책임소재 구분하는 행동)이라는 절차를 통해서 원인을 찾으려 하는 경향을 말한다. 누구에게 책임 전가가 되느냐에 따라서 소비자들은 매우 다른 행동 양상을 보일 수도 있고, 불만족을 더 느낄 수도 안 느낄 수도 있다(Cadler & Burnkrant). 예를 들어 보면 재화나 서비스를 구입한 후 소비자들이 자신이 중요하게 생각하는 이미지에 관련된 상황일 경우 그렇지 않은 경우보다 더욱 신경을 쓰게 되는데 머리를 자르거나 헤어스타일을 바꾸기 위해서 헤어살롱(미용실)을 이용했을 때 경우를 통해서 한번 살펴보사.

머리를 펌을 한다거나 커트(cut)를 한 뒤 머리 스타일이 마음에 들지 않아 불만족을 느꼈을 때 그 원인을 규명하는데 대부분의 소비자들이 "적당하게 또는 짧게 아니면 멋있게 해 주세요"라고 자신이 불분명하게 주문을 함으로써 발생되었다는 것을 깨닫게 되면 소비자 자신에게도 잘못이 있다고 느끼게 되는데 이런 경우에는 불만족의 크기가 감소될 수 있으나, 소비자 자신은 소비자로서 해야 할 행동과 원하는 것을 명확하게 주문했음에도 불구하고 헤어 스타일리스트가 독단적으로 판단하고 머리를 스타일링 해 주어서 불만족스러운 스타일이 되었다고 느낄 경우에는 그 불만족이 매우 커지고 심한 경우에는 불평행동으로 연결이 되는데 불평행동에 대해서는 다음 부분에서 자세히 다루도록 하겠지만 이런 경우 책임이 헤어살롱과 스타일리스트에게 있다고 느끼면 불만족감은 몹시 증가할 것이고 주변 사람에게 나쁜 구전을 통해서 헤어살롱에 영업에 타격을 주고자 소비자는 노력할 것이다. 이와 관련하여 항공산업의 경우는 외국의 경우와 달리 놀라울 만큼의 귀인이론이 적용되는데 기후문제나 기계장치의 결함으로 불가피하게 결항이 발생해도 국내 소비자들은 항공사에 시위를 하거나 환불을 요구하는 사례가 자주 발생해서 해외 토픽이나 뉴스와 같은 신문지상에도 자주 발생하는바 어려운 환경임을 인식해야 하는 특정 산업의 예가 될 것이다.

귀인이론관련 이론들

1. 대응 추론 이론(correspondent inference theory)

사람들은 어떤 개인이 행한 행동을 보고 그 원인을 분석하고자 할 때 상황과 상관없이 그 사람의 특정행동이 그 행동을 할 만한 성질을 가지고 있는가와 일치하는지를 보고 추론하게 된다고 하는 이론을 연구했다.

2. 상식 심리학(naive epistemology) by Heider

하이더(Heider)에 의하면 어떤 특정 결과에 대한 인과 추론을 할 때 사람들은 상식 수준의 심리학자처럼 나름대로는 논리적이고 이성적인 결과를 도출하고자 하며 이런 논리적인 추론과정에서 만일 행위의 결과를 개인의 능력이나 동기와 같은 내적인 요소로 귀결하는 것을 내적 귀인(internal attribution)이라고 하고 외부의 환경적인 요인들로 귀결시키고자 하는 경향을 외적 귀인(external attribution)이라고 정의했다. 예를 들어 위의 헤어살롱의 예를 보면, 헤어커트를 할 때 정확한 길이와 스타일을 지정하지 않고 "적당히 잘라 주세요."라고 얘기를 하고 눈을 감고 있다가 머리를 다 자르고 난 후 머리스타일(hair style)이나 머리길이에 불만족을 한 경우 내가 정확하게 얘기를 하지 못해서 그렇다고 자책을 하는 경우가 내적 귀인이 되겠고, 외적 귀인의 경우는 머리를 자르는 헤어 스타일리스트(미용사)가 무성의하거나 소비자의 의견을 정확하게 청취하지 못해서 그렇다고 원망을 하는 경우를 외적 귀인이라고 할 수 있겠다.

3. 자기지각 이론(self-perception theory) by Bem

벰(Bem)에 의하면 사람들은 주로 다른 사람들의 행동을 관찰하고 타인이 그러한 행동을 하게 되는 원인을 추론하게 되는데 이와 마찬가지로 자신이 어떤 행동을 하였을 때 자신이 타인의 행동을 관찰하는 방식과 마찬가지로 자신의 행동의 대한 인과추론도 동일하게 한다는 연구를 했다. 다시 말하면 자신이 어떤 행동을 했을 때 사람들은 다른 사람에 행동을 보고 추론을 하듯이 자신의 행동을 관찰하여 태도를 추정한다고 보는 것이다. 물론 다양한 이론이 있지만 귀인이론과 관련하여 고려해야 할 속성은 다음과 같다.

귀인이론의 관련된 속성 세 가지 by Mowen

① 지속성(Stability) : 원인이 단기간에 걸친 일인가?
아니면 지속적으로 갈 것인가?
② 초점(Focus) : 불만족을 야기하는 책임소재가 누구에게 있는가?
제품을 판매한 회사인가 아니면 소비자의 잘못된 사용인가?
③ 통제가능성(Controllability) : 이러한 원인은 통제가 가능했었는가?
불가항력적이었는가?

모웬(Mowen)은 위에 세 가지 요인들에 따라서 소비자가 느끼는 불만속노에 영항을 미치게 되는데 종합적으로 판단을 해보면, 제1장 서론에 예로 든 성형수술의 경우를 들어보도록 하자. 수술 후에 자신의 모습에 몹시 불만족한다고 가정하면, 한번 성형수술을 하고자 할 때 심리적 고통과 갈등 그리고 경제적인 지출을 통해서 수술을 받게 되는데 한번 수술을 받고 또 수술을 받는 다는 것은 굉장히 힘든 일이라는 것을 고려하면 불만족에 대한 결과는 다시 수술을 받지 않는 경우 장시간에 걸쳐 지속될 것이다. 그리고 그 원인이 시술을 한 의사가 소비자가 원하는 점을 제대로 반영하지 못해서 일어났다고 소비자가 느끼게 되는 경우 그 불만족은 실로 말로 표현할 수가 없을 것이고 이 원인이 과연 통제가 가능한 것이었는지 아니면 단순히 의사가 무성의해서 일어난 것인지를 고려하게 되지만 이런 경우 소비자가 느끼는 점은 의사가 아무리 노력을 해서 시술을 했을지라도 일단 결과가 나쁨으로 인해 의사에게 귀책사유를 부과하게 될 것이고 심한 경우 불평행동을 하다가 재수술을 받아서 해결될 수도 있고 재수술을 못하거나 재수술 후에도 만족스럽지 않다면 소송 등 공적인 불평행동이 일어날 것이다. 특히 의료사고에 경우 많은 법적인 소요가 있을 수가 있으므로 특별히 주의해야 하는 부분인데 최근의 경향은 소비자를 안심시키고 인지부조화를 감소시킬 수 있도록 수술 후 조치법 등을 꽃다발과 함께 보내 소비자를 만족시키려는 노력을 하는 병원이 많다고 한다.

소비자 불평행동(Consumer Complaint Behavior)

소비자가 위의 예와 같이 자신에게 상징적인 이미지(symbolic or ideal image)를 나타내주는 매우 중요한 부분에 대한 불만족이 일어나고, 그 책임이 소비자 자신에게 있지 않고 기업이나 제품에 있다고 느낀 경우 그중에서도 소비자에게 매우 중요한 신체를 다루는 성형수술(plastic surgery)의 경우 의사에게 있다고 하면 과연 소비자는 어떤 반응을 할까? 소비자 불평 행동이란 용어는 소비자가 불만족을 느끼고 하게 되는 모든 행동을 포함하는 개념이다(Singh). 물론 성형수술의 경우는 굉장히 복잡하게 여러 심리, 경제적인 요인들이 연관이 되어 있어서 간단히 어떤 절차라고 한마디로 얘기될 수 있는 간단한 이슈가 아니고 수술 후 만일 불만족 상태에 이르게 되면 그 심리적인 충격으로 인해 실로 심각한 결과를 야기하게 될 것이다. 예전에 화제가 되었던 성형 중독 사례들이나 선풍기 아줌마와 같은 경우를 살펴보아도 원래 매력적인 얼굴을 소유한 사람들임에도 불구하고 점점 더 성형 중독으로 빠지게 되는 이유가 바로 이성적으로 설명할 수는 없지만, 비현실적인 기대수준을 하게 되는 경우 만족스러운 결과에도 당사자들은 만족을 못 느끼고 이 경우 귀인사유가 누구에게 있는가에 따라 소송과 같이 복잡한 단계로 이어지는 것이다.

일반적인 제품들을 구입 후 사용하다가 만일 불만족을 경험하게 되면 전술된 여러 가지 개인적인 특성에 차이에 따라서 묵묵히 참는 사람과 적극적으로 발생된 문제 해결을 위해서 여러 가지 행동을 하게 되는데 다음의 [표 5-1]을 보면 불만족도의 심각성 정도에 따라 설명이 되어 있지만 일반적으로는 사적인 행동과 공적인 행동으로 나누어진다.

불평행동의 분류

일반적으로 소비자들은 불만족이 발생하게 되면 적극적으로 문제의 원인 규명과 그에 따른 환불이나 손해배상 등과 같은 보상을 찾는 경우와 객관적으로 보아도 타당한 불만족 요인을 겪어도 소비자 당사자가 아무 행동을 하지 않는 무행동(no action)의 유형으로 나누어진다. 기업에 입장에서는 무행동의 소비자들을 더욱 더 신경 써야 한다고 하는 연구가 있지만, 일단 무행동의 소비자 보다는 적극적으로 불평행동을 하는 경우 더 신경을 쓰게 될 것이다. 이러한 불평행동을 보면 크게 사적인 행동과 공적인 행동으로 나누어 볼 수 있는데 이 정의는 Day와 Landon의 분류이며 다음과 같이 정의할 수 있다.

[표 5-1] **소비자 불만족의 유형**

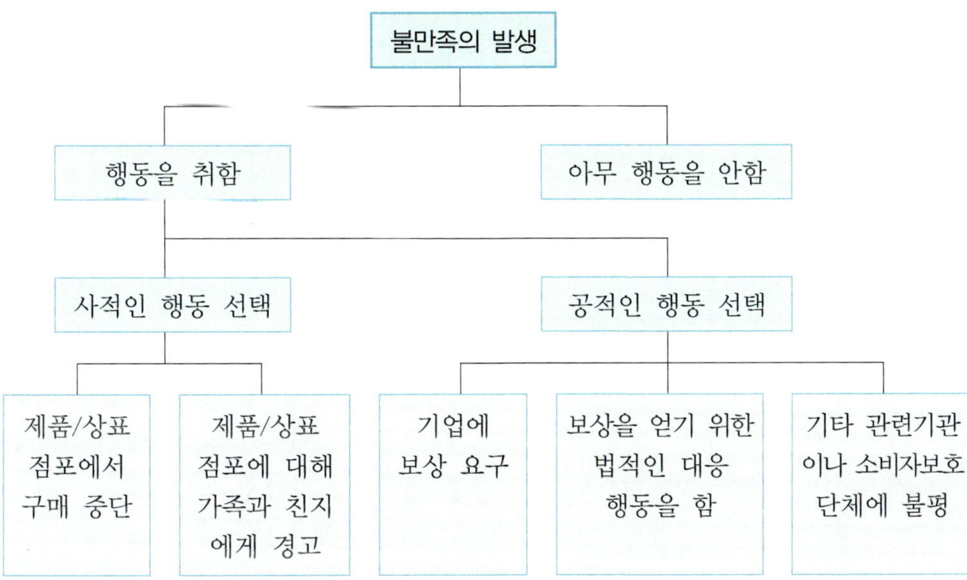

자료 : Hawkins, Best, and Coney, Consumer Behavior, 4th ed., BPI Irwin, 1990, p.677.

1. 사적인 행동(Private Action)

가족, 친구, 친척이나 동료에게 부정적인 이미지에 구전을 하거나 스스로 특정제품이나 점포에서의 구매를 거부하고 상표전환이나 상점의 변경을 꽤하는 것을 말한다.

2. 공적인 행동(Public Action)

제품을 구입한 곳이나 해당 회사를 대상으로 적극적인 불만을 토로한다던지 환불이나 제품 교환을 요구하는데 이 결과가 만족스럽지 못하거나 절차가 부드럽게 진행되지 않으면 소비자보호 센터나 정부기관 등에 고발조치를 하게 되는데 이렇게 해도 안 되는 경우에는 최근에는 인터넷을 이용해서 해당 제품 관련 안티 사이트를 운영한다거나 오프라인에서 불매운동을 주도한다든지 아니면 여러 사람에게 알리는 지속적인 항의를 하는 경우도 있다.

3. 무행동(No Action)

간단히 보면 무행동은 '불만족을 경험한 후에도 아무런 변화가 없음'이라고 볼 수 있으며 회사에는 아무 피해가 없는 것으로 보일 수 있다. 그러나 결과적으로 보면 사적인 행동은 공적인 소비자행동에 비해서 회사가 인지하기 힘들 수 있어 간과하기 쉽지만 실제 소비자들의 경향을 보면 공적 행동보다는 사적행동을 하는 경우가 많고 또 제품을 사용한 소비자가 다른 사람이나 그룹에게는 중립적인 원천이 될 가능성이 많기 때문에 매우 중요한 것이다.

소비자의 정보원천에서 다루었지만 기업의 광고나 제품 관련 메시지보다는 친구나 주변의 구전에 더 신뢰를 하는 것이 소비자라는 점을 인식한다면 회사의 이미지나 제품 판매에 타격을 가져다 줄 수 있는 가능성이 매우 크다고 볼 수 있으므로 기업은 이 유형의 행동을 주의 깊게 살펴야 하겠다. 또한, 이 불만을 토로할 수 있는 길을 만들어 주고 불편 불만사항을 효율적으로 해결해 줌으로써 회사이미지를 향상시키고 소비자가 계속해서 자사의 제품을 구매하도록 유도할 수 있다는 시각에서 대응해야 할 것이다.

서론에서 한 고객이 삼성전자의 제품교환이나 환불 정책에 만족해서 계속해서 그 회사의 제품을 구매하게 된다는 그 부분을 상기하면 이해하는 데 도움이 될 것이다. 또 미국의 경우 Revron과 같이 주부들을 대상으로 한 회사의 경우 일 년간 가장 불만표시(complain)을 많이 한 그룹을 리조트나 호텔에 초대해서 소비자 의견을 들어주고 잘 대접해서 돌려보낸다는 것이 바로 적극적인 문제 해결을 통해서 소비자들의 만족도를 높이고자 하는 노력에 대한 사례가 되겠다.

미국의 연구에 의하면 일반적으로 가격이 저렴하고 일상적으로 수명주기가 짧은 제품의 경우에는 무행동으로 지나치는 일이 많으나 가격이 비교적 고가인 내구재들의 경우는 대부분의 소비자들의 경우 적극적인 불만족 해결 행동을 하는 것으로 밝혀졌는데 이와 관련해서 국내의 대부분의 기업들도 예전에는 환불이나 교환을 잘 해주지 않았으나 요즘에는 문제가 발생된 것을 인지하게 되면 스스로 제품 일부나 전체를 리콜하거나 환불해 주는 사례가 많아지고 있는 것이 바로 기업들이 소비자의 권리를 인정하고 보다 적극적인 대처를 통해서 자사의 이미지 하락을 방지하고자 하는 노력의 일환인 것이다. 그리고 소비자행동 연구에 의하면 소비자들이 제품을 사용한 후 불만족을 느낄지라도 즉각적인 문제해결을 통해서 문제가 해결되면 거의 54%의 불만을 토로한 고객이 다시 손님으로 돌아온다는 점과 불만족을 느낀 소비자는 만족한 소비자보다 2배 이상 많은 수에 주변 사람들에게 구전을 하게 된다는 것이다. 또한, 요즘의 기업 환경을 보면 인터넷의 보급으로 소비자들이 안티사이트(Anti-Site)를 구성해 놓고 제품이나 기업의 이미지에 치명적인 타격을 주는 경우도 많이 발생하고 있는 것이 현실이다. 그래서 자발적인 리콜이 단기적으로는 손해일 수 있지만 장기적인 안목에서 본다면 훨씬 더 회사 이미지에 도움을 주는 행위일 것이다. 특히 요즘은 해외에 특히 이미 경제가 효율적인 선진국보다 동남아시아와 같이 기회가 많은 나라에 가서 기업을 운영하고 있는 경우가 많은데 이럴 경우 선진시스템인 리콜이나 무조건적 환불 등을 통해서 성장하고 있는 기업들이 많으니 참고할만한 사례가 되겠다.

제품의 처분(Disposition of Product)

제품을 처분하는 데는 여러 가지 이유가 있을 수 있고 가장 많은 경우는 제품의 사용 및 수명 주기상 폐기되는 경우가 가장 많을 것이지만 기업에 입장에서 본다면 제품을 구입한 지 얼마 되지 않아서 소비자들이 제품을 불만족으로 인해서 폐기처분을 하게 되는 경우가 가장 우선해서 고려해야 할 중요한 경우일 것이다. 한 번 판매된 것으로 끝이라고 하는 생산자 시대와 달리 치열한 경쟁에 직면해 있는 기업들 입장에서는 소비자의 불만족으로 인한 조기 폐기 처분은 곧 타제품이나 상표로의 전환을 일으키는 요인이기 때문이다. 단순히 소비자가 선호/비선호 정도를 아는 수준에서 소비자들의 불만족으로 인해서 야기된 소비자태도를 변화시키기 위해서 구체적으로 불만족 원인을 알아내어 개선시켜야만 급격한 소비 하락이나 브랜드 전환하는 고객들을 막을 수 있는 것이다.

처분패턴(Disposal Options)

제품을 구입한 후 폐기처분을 하게 될 때에도 많은 패턴이 있을 수 있다. 이러한 유형에는 제품이 구입 결정 시에 기대했던 기능을 제대로 수행되지 않았을 경우, 유행에 변화, 개인의 자아관 변화, 제품에 대한 싫증 등이 있을 수 있으나 크게 나눈다면 사용하지 않고 보관하거나 일시적 사용 중지, 영구적 폐기 등으로 나눌 수가 있는데 이 분류들은 제품이 불만족스러워서 제품의 사용을 일시 중지하고 타인에게 빌려준다거나 아니면 구석에 버려두는 일시적 중지와 아주 폐기처분을 한다든지 중고시장에다 재판매를 하는 영구적 처분으로 나눌 수 있다. 최근에는 환경적 문제의 대두로 인해 부피가 큰 내구재에 경우 소비자들이 제품을 마음대로 처분을 하지 못하는 경우도 있고 폐기하는데 돈이 들기도 해서 대체 물품을 판매하고자 하는 회사에서 낡은 제품을 수거하는 폐기절차에까지 참여하고 있는 경우가 많아지고 있다.

다음은 소비자의사결정과정 전반에 대한 특징을 관여도 수준에 따라서 분류한 것인데 그 특징들을 읽어보면 알게 될 것이다.

관성적 구매행동(inertia)의 특성과 고관여도 의사결정과의 관계

관성적 구매행동이란 '과거경험을 근거로 하여 만족을 보증하고 정보탐색과 상표평가의 필요성을 감소시켜 단순화된 의사결정과정'을 말하며, 관여도 수준에 관계없이 반복적인 만족의 결과로 형성되는데 다음과 같은 경우에는 복잡한 의사결정(고관여도)으로 전환된다.

① 구매가 불만족을 야기시켰을 경우
② 보다 효과적이라고 지각되는 새로운 대안이 시장에 등장하였을 경우
③ 새롭고 중요한 정보가 투입되어 장기기억을 변화시켰을 경우
④ 기존상표에 대하여 싫증을 느껴 새로운 대안을 모색한 경우
⑤ 기존상표의 품질이나 가격인상 등이 있었을 경우

습관적 구매행동은 마케터에게 여러 가지 시사점을 제공해 주는데 이를 살펴보면 다음과 같다.

첫째, 복잡한 의사결정에 의해 구매되는 제품의 마케팅에서는 서비스와 인적판매가 중요하지만, 습관적 구매행동에 의해 구매되는 제품들의 경우에는 구매욕구와 상표를 회상시키기 위해 반복광고가 중요하다.

둘째, 관성적(습관적) 구매행동에 의해 구매되는 제품들은 제품에 대한 노출이 욕구를 환기시키고 선택을 유도하는 중요한 요인이므로 개방적으로 유통되어야 하며, 재고회전율이 높기 때문에 마진을 낮게 구사할 수 있다.

셋째, 관성적 구매행동에 의해 구매되는 제품들에 있어서 진열과 선반위치는 구매를 유인하는 중요한 수단이다.

넷째, 관성적 구매행동에 의해 구매되는 제품들에 있어서 상표대체를 유도하는 유일한 방법은 할인판매를 실시하거나 무료견본을 제공하는 정도이다.

저관여 의사결정 과정의 특징

① 문제의 인식과정은 저관여도 의사결정에서 문제의 인식(욕구의 환기)는 실제적 상태와 이상적 상태 사이의 괴리를 해소하려는 목표 지향적이기 보다는 대체로 구매 시점적인 자극에 의해 촉발되는 경향이 크다.

② 정보의 탐색과정은 정보탐색의 동기부여가 적고 그것도 단지 상표를 재인하거나 판매점포, 세일의 여부를 확인하는 정도에 그치며, 내부적 탐색만으로 끝나는 경향이 있다.

③ 신념과정은 정보탐색이 적으며 그나마 가용한 정보들을 종합하여 확고한 태도를 근거로 하여 대안을 선택하는 것이 아니라, 단지 반복 노출에 의한 상표 친숙도를 근거로 하여 호의적인 태도의 뒷받침 없이 선택이 이루어진다.

④ 대안의 평가과정은 이미 친숙도를 근거로 해서 선택된 대안에 대해서만 수행된다. 따라서 이때의 태도는 구매에 대해 근거로 작용하지 않고 오히려 구매 후 평가의 결과인 셈이다.

⑤ 구매 후 행동과정은 상표의 실제 사용경험을 근거로 한 태도는 소비자의 장기기억에 피드백(feedback) 하게 되는데, 그러한 태도는 호의적일지라도 강도가 약하기 때문에 다른 여러 상표들이 품질에서 유사하다고 간주되거나 특별한 요인을 수반하면 상표대체가 쉽게 일어날 수 있다.

참고문헌

이학식 · 안광호 · 하영원 · 석관호, 소비자행동, 2020.

Bobby Cadler, and R. Burnkrant, "Interpersonal Influence on Consumer Behavior: An Attribution Theory Approach," Journal of Consumer Research(June 1977), pp.28~30.

Charles E. Osgood and P. Tannenbaum, "The Principle of Congruity in the Prediction of Attitude Change," Psychological Review, 62, 1955, pp.42~55.

E. Landon, "A Model of Consumer Complaint Behavior," Iin Consumer Satisfaction, Dissatisfaction and Complaint Behavior, ed Ralph Day(I.U. 1977).

Eugen W. Anderson, Class Fornell, and D. Lehman, "Customer Satisfaction, Market Share, and Profitability: Finding From Sweden," Journal of Marketing 58(July, 1994): 53-66.

Fisk, Raymond Paul, "Postchoice evaluation: An equity theory analysis of consumer satisfaction/dissatisfaction with service choices," Arizona State University, 1980.

Hawkins, Best, and Coney, Comsumer Behavior, 4th ed., BPI Irwin 1990, p.677.

Huppertz, John W. "Measuring components of equity in the marketplace: perceptions of inputs and outcomes by satisfied and dissatisfied consumers," New dimensions of consumer satisfaction and complaining behavior(1979), pp.140-143.

Jagdip Singh, "Consumer Complaint Intentions and Behavior: Definitional and Taxonomical Issues," Journal of Marketing 52(January 1988). pp.93~107.

John C Mowen, Consumer Behavior, Framework, 207.

Leslie Helm, "Why Kodak Is Starting to Click Again," Businessweek Feb. 23, 1987, pp.134~138.

Patricia Sellers, "How to Handle Customer's Gripes," Fortune, October 24, 1988, pp.87~100.

Phillip Hendrix, "Product/Service Consumption; Key Dimension and Implications for Marketing" (Emory Univ. GA, August, 1984).

R. B. Woodruff, E. Cadoffe, and R. Jenkins, "Modeling Consumer Satisfaction, Process Vsing Experience-Based Norms," Journal of Marketing Research 20(Aug. 1983): pp.296~304.

R. Westbrook & Richard Oliver, "The Dimensionality of Consumption Emotion Patterns and Consumer Satisfaction," Journal of Consumer Research 18(June, 1991), pp.84~91.

Richard Oliver, "A Cognitive Model of the Antecedents and Consequences of Satisfaction Decisions," Journal of Marketing Research, November 1980.

Woodruff, Cadotte, and Jeukins, "Modeling Consumer Satisfaction."

Chapter

6

소비자 정보처리 과정 (Information Processing Model)

Case study

'한국산' 아닌 한국의 라이프스타일 지역성 살린 고유 콘텐츠에 초점을

최근 젊은 소비자를 중심으로 라이프스타일에 대한 관심이 높아짐에 따라 라이프스타일 숍, 라이프스타일 브랜드, 라이프스타일 디벨로퍼 등 라이프스타일 비즈니스를 표방하는 기업이 늘고 있다.

그렇다면 과연 라이프스타일 산업이 한국에서 어디까지 성장할 수 있을까? 라이프스타일을 수출하는 라이프스타일 강국이 될 수 있을까? 아직까지는 미래를 낙관하기 어렵다. 한국의 라이프스타일 비즈니스는 거의 예외 없이 도쿄, 뉴욕, 노르딕, 킨포크, 웰빙, 휘게 등 외국 라이프스타일을 수입해 사용하기 때문이다.

라이프스타일 산업을 소비, 유통, 생산으로 구분한다면, 한국은 현재 라이프스타일 수요를 만족시키기 위해 외국산을 수입하고 유통하는 단계에 와 있다. 한국이 라이프스타일 강국으로 도약하려면 수입과 유통만으론 부족하다. 새로운 라이프스타일을 독자적으로 창출하고 이를 바탕으로 한 브랜드를 생산할 수 있어야 한다.

수입에서 생산으로 넘어가는 과정에서 필연적으로 부딪치는 문제가 라이프스타일의 '국적'이다. 외국 라이프스타일 상품을 소비하는 소비자가 이를 단순 판매하는 소매업체(retailer)와는 달리 새로운 라이프스타일 상품을 개발해 국내외 시장에 출시하기를 원하는 생산자는 국적을 따져야 한다. 과연 한국이 한국 것이 아닌 라이프스타일을 성공적인 상품으로 만들 수 있을까?

라이프스타일 비즈니스의 경영학

라이프스타일 비즈니스는 지역 문화, 시장 수요, 창업자 가치 기반으로 디자인되기 때문에 장기적인 성패도 지역성, 지속성, 내재성 등 기본 경쟁력 요소를 지속적으로 관리하고 강화하는 일에 달렸다고 해도 과언이 아니다.

첫째, 지역성, 즉 라이프스타일 비즈니스의 지역 콘텐츠를 개발하고 지역 생태계를 구축하는 일이다. 로컬 소비를 통해 충분한 규모의 경제를 실현해야 다른 지역에 수출할 라이프스타일 비즈니스를 육성할 수 있다. 처음부터 지역에서 생활화된 라이프스타일을 선택해 상품화하는 것이 지역 생태계를 상대적으로 쉽게 구축하는 방법이다.

둘째, 라이프스타일의 지속성을 강화하는 일이다. 개인과 공동체의 가치관에 기반한 라이프스타일은 단기적인 유행이나 트렌드와는 다른 현상이다. 『물욕 없는 세계』의 저자 스가쓰케 마사노부는 "패션은 그 경향이 현저해 강의 흐름처럼 흘러가는 것과 바닥에 침전해서 라이프스타일이 되는 것이 있다"라고 설명함으로써 유행과 라이프스타일을 구분한다.

지속성은 지역성과도 밀접한 관계가 있다. 한 지역에서 오랫동안 사랑받은 라이프스타일이 그 지역뿐만 아니라 다른 시장에서 장기간 수요를 유지할 가능성이 높다. 창업 후에는 소비자와 함께 호흡하고 동행하는 것이 중요하다. 더 많은 마니아, 더 열정적인 팬층을 확보함으로써 라이프스타일의 지속성을 높일 수 있다.

셋째, 라이프스타일을 기업 문화로 내재화하는 일이다. 창업자와 더불어 조직 전체가 기업이 표방하는 라이프스타일을 실천해야 소비자의 신뢰를 얻을 수 있다. 자신의 취향을 적극 표출하고 직접 제작에도 참여하는 등 소비의 질적 만족을 추구하는 소비자들은 피상적인 라이프스타일 브랜드에 만족하지 못한다. 생산방식이나 기업 내 조직문화가 물질주의 시대적 방식에 머물러 있으면서 라이프스타일을 새로운 마케팅 도구로만 인식하는 기업은 성공하기 어렵다.

이 중에서 한국 기업에 가장 생소한 일이 지역성 구현일 것이다. 지역성과 결합한 고유의 콘텐츠로 새로운 가치를 창출하고 지역에서 충성고객층을 구축하는 것이 라이프스타일 경영의 핵심 과제다. 지역 문화와 가치가 일상과 지역 산업에 배어 있는 선진국과 달리 한국에서는 산업화 과정에서 지역성이 많이 희석됐다. 하지만 역설적으로 지역 자원을 활용하지 않았기 때문에 활용할 수 있는 지역 자원이 많이 남아 있다고 주장할 수 있다.

「동아비즈니스리뷰 277호(2019년 7월 Issue 2), 일부수정」

기존의 고객들을 타겟으로 하고 맞추기도 힘든데 더욱 더 다양하게 소비자들은 변화하고 있어서 모든 시장을 포기하고 더 세분화된 고객 시장을 목표로 하고 많은 기업들이 치열하게 경쟁하고 있다. 모든 기업들이 자사의 제품의 우수성을 소비자에게 알리려고 하고 소비자의 주의와 관심을 끌고자 애를 쓰게 된다. 그러나 기업들이 많은 노력을 통해서 소비자에게 알리려고 하는 메시지는 의외로 많은 소비자들이 무심코 지나쳐 버리는 경우가 많아서 기업의 입장에서는 많은 시간과 재원을 낭비하게 된다. 드라마나 쇼프로그램 전후로 방송되는 광고는 매우 그 수가 많으며, 대부분의 소비자는 그것을 인내심을 가지고 지켜보지 않고 채널을 옮겨 다닌다. 신규브랜드에 경우는 제품 출시 초기에 판매가 성공을 가능하게 하기 때문에 일단 소비자의 호기심을 끌어야 하는데 일반광고의 경우 자세한 제품 설명과 메시지를 전달해도 기업이 전달하고자 하는 내용을 정확하게 받아들이는 소비자가 있는가 하면 소비자 자신들 마음대로 해석하고 제대로 이해를 못하는 경우가 많은데 이런 경우도 역시 보지 않는 소비자들과 마찬가지로 광고 효과는 없다고 보아야 할 것이다. 또한, 소비자들의 취향이 쉽게 바뀌기 때문에 처음에 소비자들의 관심을 끌어야 하는 것인데 요즘 텔레비전 광고를 보면 사실 무슨 내용인지 알 수 없는 광고가 매우 많다. 길을 가다 보면 옥외 광고판이나 플래카드를 거꾸로 걸어놓은 것을 종종 보는데 이는 차별화를 통해서 소비자들이 직접 관심을 가지고 보게 하기 위해서 쓰는 전략이라고 보면 된다. 즉 소비자들의 호기심을 유발시켜서 환기상태가 고조된 후 실제광고를 해서 소비자에 인지율을 높이자는 전략인 것이다. 그렇다면 이렇듯이 기업이 많은 노력을 해서 소비자들이 이러한 소비자의 지각이 어떻게 이루어져 있는지 또 소비자는 정보를 어떻게 처리하는지를 이해한다면 좀 더 효율적인 대처가 가능해질 것이다.

소비자가 구매 의사결정을 하는데 있어서는 먼저 문제를 인식하고(욕구를 환기시키고) 내적 탐색과 외적 탐색을 거쳐서 대안들을 선택하는 과정을 거치게 되는데 이 두 가지 탐색은 소비자의 구매의사를 결정하는데 중요한 요소이지만 내적 탐색의 경우 소비자 각자 나름대로 기억 속에 저장된 재화나 서비스에 대한 정보가 중요한 영향을 미치게 된다. 그리고 이러한 내적 정보는 외적을 탐색을 통해서 얻어진 정보를 소비자가 정보처리한 후 다시 기억 속에 저장하는 단계를 반복적으로 계속하게 되는데 본 장에서는 소비자가 어떤 과정을 통해서 정보를 처리하는가를 연구해 보겠다.

소비자들에게 마케터들은 자사의 제품이나 서비스를 알리기 위해서 여러 가지 수단을 통해 노력하고 있는데 이들은 텔레비전, 라디오, 신문, 잡지, 인터넷, 옥외 간판 등의 광고를 통해서 통합적인 마케팅 커뮤니케이션(IMC)을 통해서 소비자들의 구매행동을 자극하고 호소하는 행동인데 이러한 광고들이 소비자의 시각, 청각, 후각 또는 시청각에 호소하는 자극(stimulus)이 된다. 스마트폰의 예를 들게 되면 요즈음 텔레비전에 매일 수백 차례 나오는 스마트폰 광고를 통해서 제품의 우수성과 특징을 알리게 되는데 이러한 자극을 소비자들이 받게 되면 스마트폰을 교체할 때가 된 소비자는 물론 구입한지 얼마 되지 않은 새 제품을 사용하고 있는 사람들까지고 자극을 받아 현재 사용하고 있는 스마트폰이 몹시 불만족스럽게 보이게 되는 경우가 있고, 교체를 고려해보게 되는데 이러한 것을 마케팅 자극에 의한 영향이라고 보면 된다.

이러한 자극들에 대해 민감하게 반응하는 청소년들의 경우 스마트폰 교체주기가 평균 9개월밖에 되지 않는다는 놀라운 연구 결과가 나왔듯이 유행에 민감하고 빨리 싫증을 내게 되는 것이다. 하지만 일반적으로 소비자들은 정보의 홍수(광고 포함) 속에 있기 때문에 하루에도 3,100여 개가 되는 많은 제품과 서비스를 홍보하는 광고에 모든 주의와 관심을 보일 수가 없기 때문에 여러 가지 자극 중에서 소비자가 관심이 많고 욕구가 환기된 자극들에 대해서만 선택적인 주의(selective attention)를 보이고 자극(광고, 패키지, 기업·제품)에 대해서 알고자 한다.

소비자가 외부의 자극에 노출되었을 때에만 비로소 그러한 자극이 소비자의 오감, 즉 시각(visual), 청각(auditory), 후각(olfactory), 촉각(tactile), 미각(gustatory)을 통해서 인체 내로 들어오게 되고, 감각등록기(sensory register)를 통해서 소비자에게 필요한 정보를 잠시 보관한 후 기억 속으로 전달하게 되는 역할을 한다. 그럼으로 소비자가 주의하지 않거나 못하는 자극은 소비자가 정보처리를 하지 못한 채 외부에 노출되어 있을 뿐 아무런 정보처리가 되지 않고 사라질 뿐이다.

감각과 지각(sensation and perception)

소비자에게 주어지는 많은 자극을 이해하기 위해서는 먼저 자극과 감각의 개념을 이해해야 하는데 자극(stimulus)이란 소비자에게 오감(five senses)을 통해 들어와 인체에 어떤 영향을 줄 수 있는 물리적인 에너지를 말하는데 이런 개념에서 본다면 우리가 눈으로 보고 귀로 듣고 손으로 만짐으로서 느끼고 후각을 통해서 알게 되는 많은 자극들에 둘러싸여 있음을 알 수 있다. 예를 들어, 우리가 환한 곳에서 어두운 극장 안으로 들어가면 매우 어둡고, 낮에 바다에 가게 되면 매우 밝다는 자극을 받게 되고, 식당에서 고기를 굽는 철판을 실수로 만지면 매우 뜨겁다는 것을 느껴 바로 반응하게 되는데 이러한 즉각적인 반응을 감각(sensation)이라고 한다(Mowen). 그러나 감각은 주관이 개입되지 않고 객관적인 현상이란 점에서 여타의 정보처리활동과 다름에 유의하여야 한다. 또한, 소비자는 자신의 환경 속에서 수많은 자극에 노출되고 있으나 그 중 일부만을 인지할 수 있는데, 그것은 노출과 감각이 모두 정보처리를 위하여 자극을 선택적으로 여과할 뿐만 아니라 추가적인 선택과정이 다시 존재함을 암시한다.

지각이란 이러한 즉각적인 반응들과 정보를 처리하는 일련의 과정으로서 여러 감각기관을 통해 두뇌로 유입된 자극들을 소비자 개인의 주관적인 기준으로 해석하고 이해하는 일련의 과정이라고 정의된다. 지각 연구는 소비자가 외부환경의 정보에 주의를 기울여서 이를 신념으로 전환하고, 다시 이것을 기억 속에 저장하고 의사결정 시 이렇게 저장된 정보를 바탕으로 행동하게 되는 과정에 대한 연구의 일부이다.

소비자 정보처리의 정의

소비자에게 제공되는 외부적 또는 내부적 자극이 그들에게 영향을 미칠 수 있기 위해서는 우선 소비자가 그러한 자극을 적절하게 처리하여 자신에게 의미하는 바를 찾아내야 하는데, 소비자에 대한 자극의 영향은 그러한 의미를 근거로 한다. 이때 외부적 및 내부적 자극을 처리하여 의미를 도출하고 그 결과를 의사결정에 활용하거나 기억 속에 저장하는 일을 소비자 정보처리과정(CIP: Consumer Information Processing)이라고 한다.

소비자의 정보처리과정은 자극으로부터 개인적인 의미를 도출하기 위한 노출, 감각 및 주의, 해석 및 이해 등의 세 단계로 구성되는 지각과정과 지각결과를 기억 속에 저장하는 학습과정으로 구분된다.

[표 6-1] **소비자의 정보처리과정**

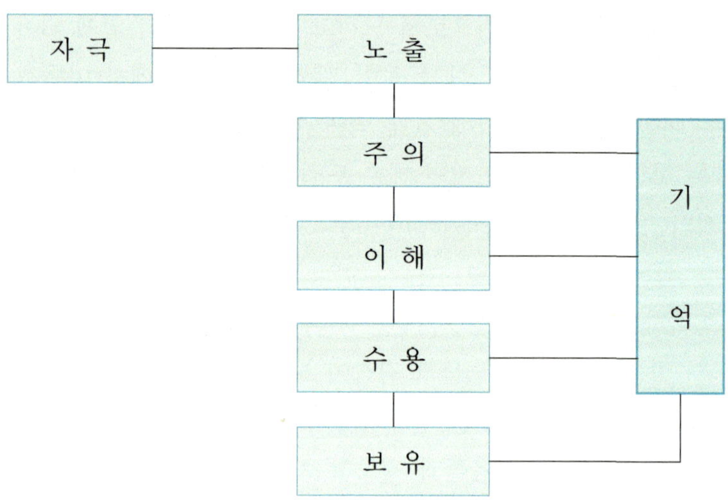

자료 : James F. Engel, M. Roger D. Blackwell and P. W. Miniard, Consumer Behavior, 8th ed., p.528 Dryden Press Nov, 1997.

이렇게 처리된 정보를 가지고 소비자는 구매의사결정과정을 하게 되는 것이다. 이러한 정보처리과정을 그림으로 나타내면 다음과 같고 소비자의 정보처리 목적은 크게 다음의 다섯 가지로 요약할 수 있다.

첫째, 여러 가지 대체적인 제품이나 서비스를 이해하고 평가하기 위하여

둘째, 이전에 실시한 구매결정을 사후적으로 정당화시키기 위하여

셋째, 즉각적인 구매 또는 구매 연기에 대한 합리적인 이유를 찾기 위하여

넷째, 시장 환경 내 변화를 이해하기 위하여

다섯째, 반복적으로 구매되는 제품의 상표나 판매점, 가격 등을 회상하기 위함인 것이다.

1. 노출(Exposure)

노출이란 소비자 정보처리과정의 첫 단계로서 광고물이 시야에 들어오는 것과 같이 개인의 감각기관이 어떤 자극에 당면하는 현상을 말하는데, 능동적 탐색을 통하여 야기되는 노출을 자발적 노출이라고 하는데 자발적 노출은 반드시 외부적 자극에 대하여만 노출이 일어나는 것이 아니라 현재 당면하고 있는 문제를 해결하는데 도움이 되는 정보를 자신의 기억 속에서도 찾게 된다. 또한, 소비자는 일상생활을 영위하는 가운데 의도적으로 찾고 있지 않은 많은 외부적 자극에 노출되는데 소비자가 자동차를 운전하면서 길을 가다가 우연히 여러 간판에 노출됨으로서 소비자가 환경 내의 자극을 수동적으로 받아들이는 결과가 나타나게 되며 이를 비자발적 노출 또는 우연적 노출이라고 한다. 일반적으로는 1일 3,100개 이상의 광고에 노출되고 이중 실제 기억하는 것은 평균적으로 10~11개 미만이라고 한다(Krugman).

선택적 노출이란 소비자가 필요하다고 느끼고 자신의 환기된 욕구를 충족시키는 정보에만 자신을 노출시키는 지각적 메기니즘을 말한다. 예를 들어서 요즘은 E-mail/SMS/SNS 등 여러 수단은 많이 사용하는데 이런 경우 스팸(spam)은 열어보지도 않고 바로 지워버리게 되는데, 만일 많은 기업들이 자사의 재화나 서비스를 다양한 매체를 사용해서 광고한다면 소비자들이 보지도 않고서 바로 삭제해 버린 경우에는 광고의 목적이 달성되지 않을 것이며 비용만 낭비되는 측면도 있다. 게다가 소비자들이 관심을 가지고 자료를 요청한 상태에도 e-mail이 발송되어도 스팸으로 처리되어 바로 휴지통으로 들어가는 경우도 비일비재하다. 그렇다면 정보의 홍수 속에서는 소비자들이 정보를 처리할 수 있는 능력과 여유가 한정되어 있어서 접근(accessability)하기가 더욱 더 힘들

어지고 있는데 이런 경향은 계속 더 심화될 것이다.

널리 알려진 개념이지만 광고주들이 광고에 더욱 더 어려움을 겪게 되는 이유는 소비자들이 자신이 관심 있어 하는 정보가 아니면 다 삭제하고 피하고 하는 현상 때문에 많은 시간과 돈을 들여서 광고하는 자사의 광고가 무의미하게 낭비되고 있다는 점이다.

이는 아이러니 하게도, 관심을 가진 광고주가 자신이 방영하는 제품이나 서비스를 반복해서 보아 지겨워서 광고를 바꿔야 한다고 생각될 때쯤에나 처음 보는 고객이나 아니면 그때까지도 보지도 못하는 고객들이 있다는 것이다. 이러한 현상을 광고 효과의 감퇴(Advertising Wear-Out)라고 한다.

소비자들에게 노출되는데 또 다른 제약요인들이 있는데 이것은 Zipping과 Zapping이라고 한다.

Zipping은 DVD나 동영상 비디오가 시작하기 전에 나오는 광고들을 보지도 않고 바로 빨리 돌리기(Fast forwarding) 기능을 사용하여 바로 돌리는 것을 말하는데 프로그램 중간에 광고를 허용하는 국가들 특히 미국에 경우에는 매우 심한 것이 사실이다. 이때 시청자들이 광고를 보지 않고 리모컨을 사용해서 다른 채널로 돌려서 자신이 보고 싶은 프로그램만을 보는 현상을 Zapping이라고 한다. 게다가 최근 외국에서 유행이 된 Tivo(제1장 사례 참조)를 사용하는 고객들이 자신이 녹화한 드라마 내용만 보고 광고는 보지 않게 되는 것 또한 이를 심화시키는 요인이 되고 있다.

이러한 여러 가지 제약이 있기 때문에 기업들은 좀 더 소비자의 자발적인 노출의지를 유발할 수 있는 광고를 개발하고자 노력하고 있는 것이다(Marketing News).

위의 예와 같이 소비자가 자극을 받아들이고 정보를 처리할 수 있는 능력은 생리적으로 제한되어 있으며, 능동적 탐색과 수동적 수용이라는 노출 메커니즘은 소비자가 처리할 수 있는 것보다 훨씬 많은 자극에 그들을 노출시킨다. 따라서 소비자는 생리적 한계를 근거로 한 감각 메커니즘을 통하여 자신이 노출된 수많은 자극에 효과적으로 대응한다.

정보과부하(Information Overload)는 오히려 정보처리능력을 저하시킴으로 광고메시지 전달 시에도 무조건 많은 정보를 제공하는 것을 고려해야 한다. 요즈음의 TV 광고를 보게 되면 중점이 되는 카피만 제시될 뿐 자세한 내용이 주어지지 않는 경우가 많은데 이를 통해 호기심을 유발하는 경우도 있고 나아가 소비자에게 처리할 수 있는 이상의 정보를 노출시키면 환기수준이 활성화되지 않은 상태에서 많은 정보로 인해서 정보처리조차 하지 않으려는 부작용이 생길 수가 있는 것이다.

예를 들어, 매장을 방문한 고객이 단순히 어떤 제품이 있는가를 보러 왔는데 상담원이 무조건적으로 많은 정보를 제공하면 많은 것을 알아야 의사결정을 할 수 있다고 느끼고 의사결정을 포기하고 그냥 나가 버리는 경우가 발생 할 수 있다.

일반적으로 중소기업에서 광고를 할 때 보면, 전화번호가 6개 있다고 하면 다 광고하고 싶어 하지만 실제로 대표번호 하나만 광고를 하고 나머지 전화를 다 대표전화에 연결해 놓는 것이 더 효율적이다. 소비자의 정보처리 능력에는 한계가 있어 전화번호 6개가 주어지면 더욱 더 정보처리 능력이 저하되기 때문일 것이다.

감각적 식역(Threshold)

두뇌나 인체에 어떤 자극을 주관적으로 이해하고 해석하는 지각이 일어나려면 먼저 감각이 선행되어야 한다는 것을 배웠듯이 우리의 오감(Five senses)을 통해서 입력이 되어야 발생하게 되는데 과연 어느 정도의 물리적 에너지가 되어야 지각이 일어나는가 하는 것이 문제가 된다. 빛이 너무 어둡거나 소리가 너무 작은 경우 사람들이 인식할 수 없듯이 마케팅에서도 소비자들이 적어도 광고나 아니면 다른 자극의 수준이 어느 정도는 되어야 지각이 일어날 수 있는데 이것을 식역 수준(Threshold level)이라고 한다.

순수 학문의 경우 이러한 자극의 수준과 그 것이 유발하는 감각과의 관계를 연구하는 학문이 정신물리학(psychophysics)이 되겠는데 마케팅에서는 소비자들이 감각하고 지각이 되려면 어느 정도의 자극량이 필요한가를 연구하는 것이 절대적 식역(absolute threshold)이라고 하며, 소비자들이 인지할 수 있으려면 어느 정도의 자극량을 변화시켜야 되는가를 연구하는 것이 차이식역(differential threshold)이라고 할 수 있겠다. 다음은 이러한 식역 관련 이론들을 좀 더 자세히 알아보자.

1) 절대적 식역(Absolute threshold)

소비자가 지각을 발생시킬 수 있는 최소한의 자극의 양을 말한다. 광고의 예를 들어서 설명한다면 너무 무미건조하고 아무 흥미를 유발하지 못하거나 주의를 끌지 못하는 광고는 아무도 주의 깊게 보지 않을 것이다.

실제로는 식역이란 단어가 문턱을 의미하고 있듯이, 어느 선을 넘어서게 되면 소비자들이 인식을 하게 되고 만일 그 선을 넘지 못하면 전혀 인식이 되지 못하는 경계선이라고 보면 좀 더 쉽게 이해할 수 있다.

하지만 일단 소비자가 인식을 한 광고라도 너무 계속해서 반복이 되게 된다면 자극의 양은 계속 줄어들게 될 것이고 광고를 보는 소비자의 주의력을 계속 떨어지며 더 나아가서는 광고(자극)에 신물이 난 소비자들이 광고를 의식적으로 피하게 되는 부작용을 가져 올 수 있는데 그래서 요즘 텔레비전 광고를 보면 소비자들이 선호하고 흥미를 가질만한 연예인들이 마치 드라마와 같은 광고를 시리즈로 계속해서 변화를 주면서 광고를 하는 것을 알 수 있다.

예를 들면 최근 광고들은 스토리를 가지고 연결이 되는 광고를 하고 있는데 이는 소비자들이 지겹지 않도록 다양한 광고 컨셉으로 진행을 했던 것을 기억할 수 있을 것이다. 배경을 살펴보면 도로 장면, 육상 장면, 해변 장면 등으로 주기적으로 자극은 동일하되 소비자들이 식상하지 않도록 배경 측면에선 계속적인 변화를 주는 것을 본 적이 있을 것이다.

[표 6-2] **절대식역의 예**

감 각	절대식역
시각	깜깜한 밤중에 46km마일 밖에서 보이는 촛불
청각	조용할 때 6m 밖에서 들리는 시계의 똑딱 소리
미각	5리터의 물에 넣은 한 스푼의 설탕
후각	6개의 방이 있는 아파트에 뿌린 한 방울의 향수
촉각	1cm의 거리에서 당신 뺨에 와 닿는 파리의 날개

자료 : E. R. Hilgard, R. L. Atkinson, and R. C. Atkinson, Introduction To Psychology, 7th ed.

2) 차이식역(Diffferential Threshold)

주어지는 자극의 양이나 강도가 변하게 되면 소비자들도 역시 받아들이는 감각에 변화가 일어나게 되는데 이러한 감각상의 변화를 느낄 수 있을 정도로 자극이 변화한 것을 차이 식역이라고 한다. 자극이 변화하는 것을 소비자가 알아차릴 수 있는 정도의 최소자극을 최소지각차이(Just Noticeable Difference)라고 하는데 차이 식역에 대한 연구는 웨버(Ernest Weber)에 의해 시작되어서 웨버의 법칙(Weber's Law)이라고 불린다.

마케터가 전략적 작전 도구인 마케팅 믹스를 개선해서 제품이나 회사의 이미지를 재

포지셔닝(repositioning)을 했음에도 불구하고 소비자가 그러한 사실을 감지하지 못한다면 전혀 효과를 거둘 수 없게 된다. 즉 소비자는 상이한 두 개 이상의 자극들 사이의 차이를 모두 감지할 정도로 민감하지 않은데, 두 자극 사이에서 감지될 수 있는 최소한의 차이를 위에서 다룬바와 같이 차이식역이라고 한다(JND: Just Noticeable Difference). 그리고 마케팅 측면에서는 차이식역이 매우 중요한 역할을 하는데 자세한 마케팅 믹스 사례는 본장 후반에 살펴보도록 하고, 여기서는 일반적인 음료 회사에서 새로운 제품을 만들 경우를 살펴보자. 예를 들어, 다이어트에 민감한 소비자들이 많아서 제품의 맛과 칼로리를 고려해야 하는 회사들의 고충이 큰데, 당도를 증대시키려는 청량음료의 생산자는 당도에 대한 소비자들의 차이식역을 참조하여 해당 소비자들이 원하는 새로운 맛과 적당한 칼로리를 보유할 정도의 자극 차이점을 찾아야 하는 것이다(Buchanan, Givon, and Goldman).

한편 절대 식역과 마찬가지로 소비자들은 자극치들 사이의 차이를 감지하는 능력이 다르며, 이러한 민감도는 또한 상황에 따라서도 달라진다. 웨버의 법칙은 차이식역에 도달하기 위하여(최소한의 감지 가능한 차이를 산출하기 위하여) 필요한 자극변화는 초기 자극치의 일정비율이라는 것이다.

공식은 아래와 같은데 예를 들어 보면 100만 원 상당의 오디오가 5만 원 인하된 경우와 5만 원 상당의 녹음기가 5천 원 인하된 경우를 비교해 본다면 당연히 소비자가 감지하는 차이가 다를 것이다.

$$\frac{\Delta S}{S} = K$$

ΔS/S=K 그러나 웨버의 법칙은 무게/색채/규격 등 상이한 자극유형에 대하여 비율의 상수가 달라진다는 점과 차이식역이 개인마다 다르고 절대 식역이나 최종 식역 근처에서 예측이 부정확하다는 점에 유의하여야 하는 제한점을 가지고 있다.

상기된 제한점에도 불구하고 마케터는 마케팅 믹스의 차이나 변화에 대하여 소비자들의 바람직한 반응을 유도하기 위하여 웨버의 법칙을 응용할 수 있다. 즉 마케터는 마케팅 목표에 따라 소비자들로 하여금 그러한 변화를 감지하도록 하거나 감지할 수 없도록 할 수 있다.

차이식역의 영향을 미치는 않는 변화정도

중국과 러시아에 공장을 지을 정도로 글로벌 제품으로 거듭나고 있는 초코파이의 경우 저렴한 가격이 장점인데, 만일 초콜릿을 만드는 주원료인 코코아 버터의 가격이 인상되었다면 저렴한 가격의 대체원료를 찾아야 하는데, 만일 소비자들이 코코아 버터와 초콜릿의 식물성 혼합유 사이의 미각적인 차이를 감지하지 못한다면 그러한 원료대체가 가능하다. 저가의 초코파이의 경우 원료의 가격을 수용하기 위해서 코코아 버터가 아닌 인공 초콜릿 맛 대체물질을 사용하고 있는데 소비자들에게는 별 차이가 없다고 느껴지는 경우가 소비자의 차이식역에 아무런 영향을 주지 않는 예가 된다고 볼 수 있다.

차이식역의 영향을 미치는 어느 정도 이상의 변화정도

소비자들의 유형 중 가격에 민감한 반응을 하는 층들의 경우를 연구해 보면, 고가로 인해서 구매를 꺼려했던 경제적 소비자 고객들이 구매결정을 하려면 적어도 통상 15% 이상의 가격인하 정도가 되어야 소비자가 싸졌다고 인지하고 구매를 한다고 한다. 그래서 예전의 SK telecom이 치열한 경쟁을 통해서 가격 인하정책보다는 다른 서비스 개선 정책을 펼치다가, 국가의 압력과 여러 경쟁 환경 변화로 가격 인하를 결정했을 때 제시한 금액이 15% 이상이었던 것을 살펴봐도 이 정도의 수치가 소비자들의 차이식역을 초과하는 선이라고 계산되었기 때문이다.

또한, 국내 이동통신사들의 가격정책 사례를 살펴보자. SK telecom과 같은 마켓리더(market leader)는 마켓 추종자(market follower)들이 저가격을 무기로 공격을 해와도 많은 양질의 서비스를 제공하고 있는 리더의 입장에서는 단순하게 가격으로 대응하는 것은 무리가 따른다는 것이다. 그 배경을 차이식역을 통해서 알아보자. 만일 LG uplus나 KT olleh가 저가격을 특징으로 내세워서 시장에서 일시적으로 고객을 유인하면서 선전하고 있다고 해도 SK Telecom의 입장에서는 소비자들이 인지하지 못할 정도로 가격을 인하한다면, 저가를 무기로 내세운 경쟁사의 고객을 유인해 오거나 가격에 민감한 소비자들의 이탈을 막기가 힘들다. 나아가 가격과 상관없이 충성도가 높아서 SK Telecom의 고객으로 유지되고 있는 사람들에게서 받을 수 있는 요금 할인한 폭만큼 줄어들 것이기 때문이다.

2. 주의(Attention)

소비자 정보처리과정에서 두 번째 단계가 주의인데 주의할 사항이 발생되게 되면 소비자의 인지적 능력(Cognitive capacity)이 의도적으로 그 자극을 배정하게 되는데 소비자가 광고나 판매원에게 노출되면 인지적 능력이 그 자극을 처리하는 일을 수행한다.

소비자의 정보처리 능력의 한계로 인해서 소비자가 노출되는 정보를 모두 처리하는 것은 불가능하다. 개인의 감각 메커니즘은 계속되는 정보유입을 지켜보면서 그중 특히 관심 있는 정보에 대해서만 정보처리과정을 진행시키고자 하는데 바로 이러한 것이 주의(attention)가 된다. 일반적으로 소비자가 정보의 중요도에 따라 의미가 있는 소수의 정보만을 처리하게 되고 정보에 주의를 기울임으로써 그 정보의 중요성에 따라 먼저 처리할 정보를 선택하고 순서를 정하게 되는 것이다. 주의란 정보처리 능력의 양을 어느 곳에 먼저 배치할 것인가? 정보처리 용량을 어떻게 증감할 것인가를 결정하게 되는 중요한 요인인데 이러한 주의의 특성을 살펴보면 다음과 같다.

1) 선택성(selectivity)

선택성이란 여러 가지 자극이 되는 정보 중 우신직으로 주의를 배분하는가에 달려있다. 내용은 우선순위가 낮은 정보를 무시하고 우선순위가 높은 정보를 우선적으로 처리하게 되는 것이다. 예를 들어, 계약 성사와 같이 중요하게 기다리던 편지를 읽고 있을 때 통상적인 전화가 울려서 받는다고 해도 편지를 읽는 것이 정보처리기관을 먼저 장악하여 나중에 보면 무슨 통화를 했는지 기억이 잘나지 않게 되는 것이다.

2) 집중성(Focusing)

한정되어 있는 인지능력의 영향으로 주의는 두 가지 이상의 일에 주의를 기울이지 못하게 되는 것인데 평상시에는 음악을 들으면 음악에 몰두하게 되는데 학생들이 공부를 하면서도 음악을 늘을 수 있는 것은 음익이 옆에서 올리지만 심리적인 안정을 주는 역할을 할 뿐 실제로 열심히 공부하고 있는 학생은 음악이 제대로 들리지 않고 읽고 있는 책에 주의가 집중이 되기 때문에 음악을 들으면서도 공부를 할 수 있는 것이다.

외부로부터 유입되어 감각된 자극이 인지되기 위하여 통과해야 하는 관문이 주의(attention) 메커니즘이다. 소비자는 "선택적 주의"라는 관문까지 통과한 감각결과들을 지각적 범주화와 지각적 통합이라는 기본적인 과업을 통하여 조직하고 자신에 대한 의미를 도출한다. 결국 소비자는 감각결과에 적절한 의미를 부여하기에 앞서서 그들을 해석하기 좋게 지각적으로 조직해야 하는데, 지각적 조직은 지각적 범주화와 지각적 통합이라는 기본적인 원칙에 따라 수행된다. 그러나 주의의 단계에 도달하기 전에 전 단계가 있는데 그 것은 예비적 주의라고 하고, 이와 함께 자발적 비자발적 주의를 알아보도록 하겠다.

예비주의(Preattention)

주의가 소비자가 광고와 같은 자극에 노출되면 소비자는 의식적으로 자신이 받아들이는 정보처리 한계 내에서 정보를 처리하고자 한다. 반면에 예비 주의(Pre-attention)의 경우는 환경의 특징을 무의식적으로 평가하는 과정이라고 정의한다(Janiszewski). 이 단계는 노출과 주의 사이에 위치하게 되며 과연 노출된 정보나 자극이 자신에게 필요한지 평가를 하고 더욱 정보처리과정을 계속해야 하는지를 결정하게 되는데 만일 충분히 중요하다고 느끼게 되면 그 자극에 대해서 추가적인 인지적 능력이 배정되어서 주의 단계로 진입하게 된다는 것이다. 예비주의 단계가 중요하다고 하는 이유는 예비주의 단계를 포함한 정보처리 과정이 소비자의 감성에 큰 영향을 준다는 것이다. 재니우스키(Janiszewski)의 연구에 따라 잡지광고의 경우를 예로 보면 한 페이지에 왼쪽부분에 유쾌한 광고사진이 있고 오른쪽에 기사가 위치하는 것이 광고사진의 위치가 기사의 오른쪽에 위치하는 경우보다 조사 대상자들의 호응이 좋음이 밝혀졌는데 Janiszewski는 이러한 현상이 발생되는 것에 대한 설명으로서 광고사진이 기사의 왼쪽에 자리 잡는 경우 그 광고의 내용이 소비자의 느낌과 감정에 직접적인 영향을 주고 총체적인 지각을 관할하게 되는 우뇌로 바로 보내지는 효과가 있다는 것을 밝혀냈다. 따라서 그간 시행되었던 광고 및 그 효과에 대한 조사를 보면, 조사대상자들은 잡지를 한 페이지로 보았을 때 왼쪽에 광고그림이 위치하는 것이 훨씬 더 영향력이 크다는 것을 알지 못한 채로 조사에 응하고 무의식적으로 광고 평가에 호의적인 반응을 보여 왔던 것이다. 위에 예비주의의 정의와 마찬가지로 무의식적으로 전체 환경의 특성을 평가하는 과정이라는 것을 이해한다면 예비주의 단계에서는 잡지광고를 보면서 왼쪽의 유쾌한 광고사진을 보는 것이 조금 더 소비자에 감성에 무의식적인 긍정적인 영향을 준다는 것이다.

자발적 주의와 비자발적 주의(Voluntary and Involuntary Attention)

자발적/비자발적으로 활성화 될 수 있는데 자발적인 주의는 소비자가 자신과 관련이 있다고 느껴지는 정보를 적극적으로 찾는 것을 말하는데 특정제품에 대한 관심이 있는 상태에서 그 관심도가 증가한다면 소비자는 선택적 주의(Selective Attention)라는 절차를 통하게 되는데 소비자들이 자신에게 관련이 있는 정보에 선택적으로 초점을 맞추게 되는 것을 말한다. 주말의 경우에 한 드라마가 끝난 후에 20여 편 이상의 광고가 있지만, 예를 들어, 자동차에 관심이 있으며 차를 대차해야 하는 소비자의 경우는 자발적으로 이 복잡한 많은 광고들 중에 자동차 광고에 나오는 모든 세세한 정보까지 알려고 노력할 것이며 요즘은 통합적 마케팅 커뮤니케이션을 통해서 제품을 여러 매체를 통해서 상호 보완하는 광고하는 경우가 많으므로 텔레비전에 나오는 광고의 충분한 정보가 제공되지 않거나 부족한 경우 신문이나 잡지 심지어는 인터넷에 들어가서 해당자동차에 대한 정보를 탐색하고 주의를 기울이게 될 것이다. 이와는 반대로 전혀 관심이 없는 제품에 대한 광고나 정보에 노출이 된다면 소비자는 무관심한 반응을 보이게 되고 광고를 주의 깊게 보지 않을 것이다. 이것이 기업이 많은 돈과 시간을 들여서 광고하는 많은 텔레비전과 라디오광고를 듣거나 보기는 하되 무관심하게 무심히 들어서 사라져 버리는 결과를 가져오거나 아예 주의를 기울이지 않는 저관여 상태가 큰 제약으로 작용하게 된다(Janiszewski).

위와 같은 자발적/비자발적 주의와 관련되어, 소비자는 관심이 없고 저관여 상태였음에도 불구하고 놀랍거나 공포스럽거나 또는 진기한 광고(자극)로 인해서 자발적인 주의를 가지게 되는 경우도 있다. 경우에 따라서 그 동안은 무관심하게 여겨온 재화나 서비스에 대해서도 미리 대처하지 못하게 되면 부정적인 결과가 발생할 수 있나는 인식을 하게 되면 비자발적 자극이었지만 소비자의 주의가 갑자기 생기고 더 나아가 집중될 수 있는데 이에 대한 예들은 다음과 같다.

1) 진기한 광고(Novelty Ads)

베네통 회사의 광고들은 한 번이라도 접한 경우 알고 있겠지만 광고가 너무 특이하고 색다른 경우 소비자가 전혀 관심을 보이지 않고 있던 재화나 서비스에 대한 인식이 새로워질 정도의 광고에 접하게 됐을 때 진기한 광고의 효과라고 볼 수 있다. 예를 들면 실제 사형수들의 사진을 게재하거나, 종족이 다른 사람들의 결혼사진과 같이 의외의 놀라운 내용의 광고를 통해서 소비자들의 주의력을 끄는 광고를 말할 수 있다.

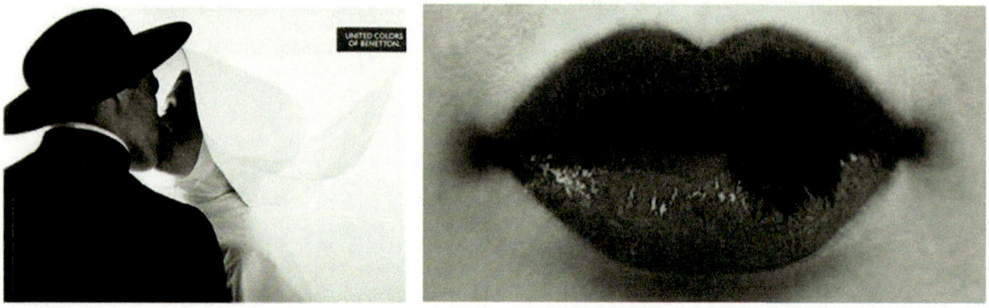

[그림 6-1] 베네통의 광고(신부와 수녀의 키스 사진)와 공포소구 광고의 사례

최근 광고에 나온 해태아이스크림의 시모나 광고에서는 3행시를 통해 바밤바를 간접 홍보해 색다른 프로모션을 진행하였다.

[그림 6-2] 리틀 베이비 아이스크림의 광고와 공포소구 광고의 사례

2) 공포소구 광고(Fear Oriented Ads)

흡연의 피해에 대해 무서울 정도로 상한 폐의 사진을 정상적인 폐와 비교하는 공익 광고를 보았을 때 소비자들은 매우 놀라며 주의를 가져올 수 있는데 이러한 광고를 접하게 된 경우 소비자는 긴장상태에 빠지게 되고 이 상태에서 벗어나고자 노력하게 되고 결국 악화가 되는 현상을 가져온다. 또는 제품이나 서비스를 사용하지 않아서 발생하게 되는 여러 가지 상황에 대한 광고들을 포함하는데 최근 비듬 샴푸 광고를 보면 비듬이 옷에 떨어져서 이미지를 버릴까 봐 축구팀의 옷 색깔이 검은색임에도 혼자만 흰 유니폼을 입고 나오는 광고가 그러한 예가 되겠다. 소비자에게 부정적인 결과를 피하도록 메시지를 제공하는 종류의 광고를 말한다. 하지만 소비자들은 지속적으로 긴장상태를 유지하는 것을 싫어하기 때문에 일시적인 효과에 머물 수가 있다는 단점도 고려되어야 한다.

3) 모델(Favorite Model)

소비자가 선호하는 모델을 기용한 광고를 하게 되면 주의와 환기수준을 높이는 것으로 알려져 있다. 소비자가 선호하는 모델들을 기용하게 되면 소비자들은 싫어하는 모델과 대비하여 좀 더 호의적인 감정을 가지게 되어 소비자가 선호하는 모델이 광고를 하는 경우 제품 광고에 좀 더 호의적인 반응을 보이는 것이 사실이다.

4) 현저한 자극(Significant Stimulus)

(1) 크기(size)

광고 자체가 클수록 작은 광고보다는 주의를 유발하게 된다. 일반적으로 잡지보다 약간 작은 광고지 사이즈에 크게 위치한 광고가 더욱더 주의를 끌 것이다.

(2) 컬러광고(color)

흑백보다는 일반적으로 컬러 광고가 좀 더 소비자의 주의를 유발한다. 여러 가지 이유가 있지만 우선적으로 컬러광고가 제품을 정확하게 표현해 주고 더 고가이며, 더 우수한 제품이라는 인식을 주기 때문이다. 그러나 잡지 속에 모든 광고가 컬러라면 흑백사진이 더 주의를 끌 수도 있다.

(3) 강도(intensity)

갑작스런 큰 소리, 원색에 가까운 색의 광고 사진 등이 소비자의 주의를 먼저 끌게 되는 경향이 있다. 극장의 음향시스템이 매우 큰 이유도 이런 이유 중 하나이다.

위에 살펴본 내용들이 일반적으로 사실이지만, 마케터들이 고려해야 하는 점은 꼭 위에 내용이 언제나 맞지는 않는다는 것이다. 너무 현저한 자극을 주는 광고에는 오히려 위험 요소가 있고, 또 많은 경쟁 속에서 컬러 광고 일색인 잡지광고에서 유일하게 흑백으로 광고를 하는 경우 오히려 소비자들의 주의를 끌 수도 있다는 얘기이다. 관련된 내용을 살펴보도록 하자.

그것은 첫째, 광고의 독특함이 너무 강조되면 치환효과를 야기할 수 있는데 이것은 광고의 내용보다는 광고 그 자체만의 독특함을 인지하게 되는 것인데 예를 들면 엔진오일광고나 자동차 부품광고를 보면 매력적인 백인여성이 거의 나체 상태로 제품을 광고하는 포스터를 많이 볼 수 있는데 이런 경우에는 소비자들이 백인여성의 나체몸매만 기억하고 제품을 기억하지 못하는 경우가 많으며, 여성소비자들의 경우는 혐오감 때문에 의식적으로 주의를 집중하지 않고 회피하는 경향이 생길 수도 있다. 여기서 전경과 배경이라는 개념을 살펴보면, 제품이 전경이 되어야 하는데 배경이라고 볼 수 있는 강렬한 모델이 오히려 주가 되는 현상을 치환효과(Replacement of Foreground)라고 하는 것이다.

또한, 자극적이고 독특한 광고에 소비자가 노출되면 단시간 내에 싫증을 느끼게 되는 경향이 있고 같은 수준의 주의력을 환기하기 위해서는 점점 더 강도가 강해지는 광고를 해야 한다는 것이다. 베네통의 경우도 점점 광고의 강도가 강해지다가 소비자들의 비난을 받게 된 경우를 보면 잘 알 수 있다.

적응수준과 주의

광고의 경우 광고에 노출되는 횟수를 늘려 소비자의 광고 노출 및 광고 메시지에 대한 주의와 이해 수준을 높이려고 한다. 그러나 반복적인 광고는 소비자의 적응수준을 증가시키고 이로 인해 효과를 감소시킬 수 있다. 적응(adaptation)은 소비자가 동일한 자극에 반복적으로 노출되거나 연속적으로 노출될 때 자극에 대해 인식하지 못하거나 주의를 기울이지 않게 되는 현상을 의미한다. 사람들은 처음으로 접할 때는 에어컨이 설치된 사무실, 음식 냄새가 나는 주방, 떠들썩한 파티와 같은 자극을 인지하지만 시간이 지남에 따라 점차 적응하게 되어 익숙해지고 덜 인지하게 된다. 광고에 지나치게 반복적으로 노출되면 주의를 감소시킬 뿐만 아니라 광고에 대한 부정적인 생각이 증가하고 광고에 대한 태도를 부정적으로 바꿀 수도 있다.

광고의 효과를 유지하면서 부정적인 영향을 줄이기 위해 광고 실행(advertising execution)의 다양화가 사용된다. 다시 말해, 핵심 메시지나 주제는 그대로 유지하면서 배경 요소와 모델 등의 연출을 변경하거나 시리즈 광고 등을 할 수 있다. 예를 들어, 대한항공의 '어디까지 가 봤니?' 시리즈 광고는 미국, 중국, 유럽 등 다양한 여행지를 통해 '여행'이라는 공통된 핵심 메시지를 소비자에게 전달하였다.

3. 이해(Comprehension)

1) 지각(Perception)

만일 소비자가 어떤 자극에 대해서 충분히 주의를 한다면 다음 단계로 진행을 하게 되는데 그것이 바로 소비자의 지각이다. 여기서 지각의 정의는 '소비자들이 오감을 통해 두뇌로 입력된 정보를 처리하는 일련의 과정절차로서 유입된 정보(자극)를 소비자의 개인적인 주관으로 해석을 하고 이해하는 과정'이지만, 만일 소비자가 노출된 정보에 대해서 주의라는 단계를 거치지 않게 된다면 지각은 발생하지 않는다.

일단 유입된 정보를 조직화하고 그 정보를 소비자 나름대로 그 의미를 해석하는 것이다.

2) 지각적 조직화

지각적 조직화(perceptual organization)란 입력된 자극들을 입력된 데로 따로따로 받아들이는 것이 아니고 전체적인 상태로 자신이 이해할 수 있는 종합적인 상태로 받아들인다. 예를 들면 소비자는 광고, 상표(Logo, brand), 개별적인 제품의 디자인 등을 따로 받아들이는 것이 아니고 전체적인 기업이나 브랜드로 총체적으로 받아들이는 것을 말한다.

이와 비슷한 예는 사람들이 문득, 몇 년간 친하게 지낸 친구의 눈썹이나 귀를 쳐다보면 굉장히 낯설고 심지어는 매우 이상하게 보이는 것을 경험하게 된다. 이는 친구의 얼굴을 몇 년간 보아오면서 눈, 코, 입 등을 따로 따로 보는 것이 아니라 얼굴이라는 전체의 이미지를 하나로서 지각하기 때문이다.

만일 주의가 강화된다면 소비자는 자극(감각결과)에 대하여 적절한 의미를 부여하기에 앞서서 그들을 해석하기 좋게 지각적으로 조직해야 하는데 지각적 조직은 크게 지각적 범주화(Perceptual categorization)와 지각적 통합(Perceptual integration)이라는 원칙에 의해 수행된다.

3) 지각적 범주화

지각적 범주화(perceptual categorization)는 소비자가 기억 속에 가지고 있는 범주(category)와 관련된 지식을 사용하여 새로운 마케팅 자극을 이해하는 과정을 의미한다. 또한, 이미 기억에 저장된 정보항목과 관련시켜 개별 감각 결과를 일반화하거나 차별화하는 것이다. 이러한 범주화를 통해 새로운 자극에 노출될 때, 소비자는 과거의 경험에 기반하여 정보를 효율적으로 분류할 수 있다. 예를 들어, 지각적 범주화는 소비자가 이미 알고 있는 지식과 새로 입력된 정보를 비교하여 이 과정을 통해 정보를 쉽게 분류하고 이해한다. 제품 범주(product category)는 유사한 대안들로 구성된다. 예를 들어, 스마트폰 범주에는 애플, 삼성 브랜드의 스마트폰 제품들이 포함된다. 소비자의 범주 지식은 장기기억에 저장된 연산망(network)으로 이루어진 스키마(schema)의 한 종류이다. 범주 지식은 수직적으로 계층적 범주구조(hierarchical category structure)로 조직되어 있다. 계층적 구조는 상위의 포괄적이고 추상적인 범주에서 하위의 제한적이고 구체적인 범주까지 수직적 단계로 이루어져 있다. 계층적 범주구조는 제품뿐만 아니라 일상생활에 다양하게 존재한다. 예를 들어, 동물(animal)은 절지동물, 연체동물, 척추동물로 분류되고, 척추동물은 다시 조류, 어류, 포유류 등으로 더 세분화된다.

범주 지식 구조의 수평적(horizontal) 특성은 범주를 구성하는 대안들의 전형성을 나타낸다. 전형성(prototypicality or typicality)이라 함은 범주의 구성원들이 해당 범주를 얼마나 대표하는지를 나타낸다. 세계 시장에서 McDonald's, Kleenex, Coca Cola는 각각 햄버거, 화장지, 청량음료의 제품군에서 가장 전형성이 높은 브랜드이다. 전형성이 높은 브랜드는 시장 선도 기업이 되기 쉽고, 소비자의 브랜드 태도가 긍정적이며, 기억에서 쉽게 떠올릴 수 있다.

지각적 범주화는 새로운 마케팅 자극에 대한 이해를 적은 노력을 가지고 효과적으로 할 수 있도록 도와준다. 예를 들어, 애플이 새로운 스마트폰 제품을 출시할 때, 소비자는 기존에 가지고 있는 스마트폰 범주에 대한 지식을 활용하여 쉽게 신제품의 특징을 이해할 수 있다. 그러나 관련된 범주 지식이 없는 경우 제품을 이해하는 것은 더욱 어려울 수 있다. 예를 들어, 애플이 처음으로 아이패드(iPad)를 출시했을 때, 소비자들은 태블릿 PC 범주에 대한 지식이 없었다. 사람들은 당시 가지고 있던 스마트폰이나 노트북 PC 범주 지식을 사용하여 아이패드가 어떤 제품인지 이해하려고 시도했지만 제품에 대한 이해에 어려움을 겪었다. 일부 소비자는 스마트폰 범주를 기반으로 아이패드를 화면 크기가 큰 아이폰으로 이해했고, 노트북 PC 범주에 따라 이해한 소비자는 노트북의 한 유형으로 이해했다. 신제품은 혁신성이 강할수록 소비자가 범주화시키는 데 더 많은 시간이 소요되며, 아이패드의 경우 소비자가 태블릿 PC라는 범주 지식을 갖게 된 것은 어느 정도 시간이 흐른 뒤였다.

지각적 범주화는 또한 어떤 제품들이 서로 경쟁하는지 여부에도 영향을 미친다. 예를 들어, 와인쿨러가 미국 시장에 처음 등장했을 때 와인, 맥주 및 청량음료 등의 제조업체들은 장기적으로 와인쿨러가 영향을 미칠 것을 우려했다. 와인쿨러는 흰 와인과 감귤류 주스(citric juices)를 대체로 반반씩 혼합한 것으로 5~6%의 알코올 도수를 가졌는데 소비자들은 이를 와인으로 볼 수도 있고 맥주의 대체품으로 생각할 수도 있고 혹은 청량음료로 여길 수도 있었기 때문이다.

지각적 재범주화(perceptual recategorization)란 소비자가 기존 제품 외의 제품 범주로 제품을 인식하도록 범주 구조를 변경하는 것을 의미한다. 마케터가 자사의 브랜드가 적절하게 범주화되지 않았다고 판단하면 재범주화를 시도할 수 있다. 예를 들어, 7UP의 경우 처음에는 소비자가 이 제품을 보드카와 같은 강한 술을 칵테일로 만들어 마실 때 사용하는 mixer로 인식하였다. 이로 인해 매출이 부진할 수밖에 없었다. 이에 7UP은 Uncola 캠페인을 시작했다. 7UP은 콜라를 대체할 수 있는 청량음료로 새롭게 포지셔닝하였다. 이 캠페인은 많은 소비자들이 콜라 대신 7UP을 마시게 되어 매출이 크게 증가하는 성공을 거두었다. Uncola 캠페인의 성공 요인은 지각적 재범주화를 통해 소비자의 7UP에 대한 범주 지식을 변경할 수 있었기 때문이다. 소비자는 7UP이 코카콜라나 펩시콜라를 대체하는 유사한 제품 범주에 속한다고 인식했다.

4) 일반적인 범주화의 기준

(1) 수준(Level)

기본적으로 과거의 소비생활과 정보처리로 인해서 소비자가 보유하고 있는 기존의 지식들을 기준으로 해서 다양한 마케팅 관련 정보를 평가한 후 정보를 분류하게 되는데 신제품이 저가인지, 고가인지, 또 기능이 혁신적인지, 일반적인지를 분류하여 범주를 나누는 것이다.

(2) 연상(Association)

예를 들어, 신제품이고 한 번도 사용해 보지 않은 제품일지라도 상표명이나 회사의 상징 로고를 알고 있어 신제품을 보았을 때(자극에 노출되었을 때) 소비자가 신속히 무슨 범주에 분류가 되는 상품인지 알게 해 주는 것을 말한다.

무슨 제품인지 잘 알지 못하나 상표명이 "Minute Maid"라는 것을 인식하게 되면 무슨 주스인지는 몰라도 그 제품이 주스일 것이라는 것을 바로 알아차리고 주스류로 분류하게 되는 것이다.

(3) 일반화(Generalization)

소비자가 새로운 정보를 습득한 경우 그 정보를 가장 쉽게 분류하는 방법으로 기존의 가장 유사한 정보로 분류하는 것이다.

미국의 경우 마케팅과 산업이 발달하고 기본적으로 다양한 고객과 글로벌 시장을 겨냥해서 많은 제품들이 생산되고 있는데 미국에는 건강보조 식품류로 판정받고 시판되고 있는 식품들이 국내로 수입되게 되어 소비자들이 처음 노출되게 되면 모두 다 의약품류로 받아들이는 경향이 많은데 국내에는 존재하지 않는 제품을 소비자들이 기존에 알고 있는 제품들로 분류한 결과라고 볼 수 있다.

5) 지각적 추론

지각적 추론(perceptual inference)은 소비자가 대상의 속성을 평가할 때 직접적인 평가 없이 다른 정보를 사용하여 추론하는 것을 의미한다. 이때, 추론의 방향은 소비자가 가지고 있는 지식이나 신념에 의해 결정된다. 소비자가 제품 품질을 평가하기에 충분한 정보가 없는 경우, 가격이 높을수록 품질이 좋을 것이라고 생각하는 경향이 있다. 이는 가격-품질 연상(price-quality association)에 기반한 지각적 추론이다. 소비자들은 높은 가격의 제품이 일반적으로 좋은 품질을 가지고 있다는 믿음을 가지고 있으며, 이에 따라 가격이 높을수록 품질이 좋을 것으로 기대(expectation)가 형성되기 때문이다. 이러한 소비자 심리 때문에 일부 기업은 자사의 가격이 높다는 점을 강조하기도 한다.

예를 들어, 딤채의 인쇄 광고는 "조금 비싸도 딤채로 사기로 했습니다"라는 메시지를 전달한다.

또한, 소비자들은 더 많이 광고된 브랜드에서 더 높은 품질을 추론하는 경향이 있다. 이는 사람들이 자신이 투입하는 노력이 더 많을수록 성공할 가능성이 높다고 생각하고, 광고의 양을 노력의 지표로 인식하기 때문이다. 품질보증(warranties) 기간도 품질 신호로 작용할 수 있다. 이는 소비자들이 품질이 나쁠 경우 이러한 보증을 제공하지 않을 것이라고 생각하기 때문이다. 현대자동차가 경쟁 업체와 비교하여 미국 시장에서 품질보증 기간을 길게 한 것도 성공의 이유 중 하나라고 할 수 있다.

이와 같이 하나의 요소에서 다른 요소로 추론을 거쳐 소비자가 가지는 신념을 추론적 신념(inferential beliefs)이라고 한다. 가격, 광고, 보증기간 이외에도 품질에 대한 추론적 신념을 가져올 수 있는 단서(cue)로는 패키지, 브랜드 이름, 제조회사, 판매점포, 제조국가, 시장점유율 등이 있다.

6) 지각적 통합과 Gestalt 심리학

지각적 통합(perceptual integration)이란 유입되는 감각결과들이 하나의 통합된 의미를 갖도록 그들을 전체로서 조직하는 과정이다. 이는 소비자들이 불완전한 일부의 자극에 대한 지각만으로는 실제 자극이 주는 의미를 충분히 파악하기 힘들기 때문에 여러 부분의 자극들을 총체적으로 보려고 노력하는 과정의 일부이다.

사람들은 여성의 얼굴을 보면 즉시 '미인이다' 혹은 '미인이 아니다'라고 생각한다. 이는 그 여성의 눈, 코, 귀, 피부 등 여러 부분적인 요소들이 순간적으로 전체로 인식되기 때문이다. 제품에 대한 소비자의 이미지는 자신의 경험과 외부 정보를 통합하여 제품에 수여지는 의미를 말한다. 다시 말해, 브랜드의 물리적 특성, 소비 및 사용에 따른 편익, 가격, 유통경로, 광고 캠페인과 같은 제품과 관련된 모든 요소들이 제품의 이미지를 결정한다. 이와 같이 소비자가 다양한 정보처리 요소들을 통합하는 메커니즘을 지각적 조직화(perceptual organization)라고 한다.

통합의 원리를 연구하는 심리학 분야를 Gestalt 심리학이라고 한다. 'Gestalt'는 전체적인 형상(total configuration or whole pattern)의 의미를 지닌다. Gestalt 심리학은 20세기 초 독일에서 시작된 심리학적 동향으로, 자극을 이루는 요소들을 개인이 어떻게 통합하는가를 연구한다. Gestalt 심리학자들은 전체(the whole)가 부분의 합보다 크다고 보며, 사람들은 'good gestalt'를 갖기 원하는 것으로 본다. 다시 말해, 사람들은 가능한 한 단순하고, 완전하며, 의미 있는 지각을 가지려고 한다는 것이다. 그러나 이러한 메커니즘은 무의식적으로 작동한다고 한다.

7) 지각적 통합의 주요 원칙

(1) 단순화

단순화(simplicity)는 개인이 자극의 요소들을 통합하여 전체로서 이해할 때 가급적 단순한 형태로 이해하는 경향을 의미한다.

(2) 전경과 배경

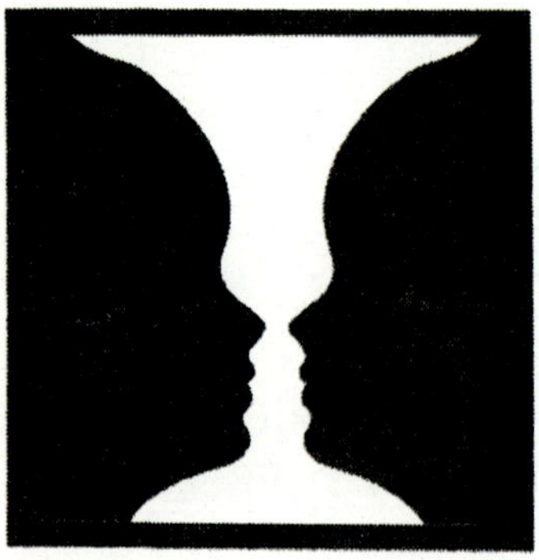

전경과 배경(Figure and Background)이란 소비자가 감각결과를 조직하는 가장 단순한 방법으로 감각결과를 전경과 배경으로 나누는 일이다. 즉 감각결과의 구성요소들에 대하여 특히 소비자가 주의하는 부분을 전경이라고 하며, 나머지 부분을 배경이라고 하는데 이러한 조직방법은 개인과 상황적 여건에 따라 달라질 수 있다. 예를 들어, 위에 현저한 주의를 유발하는 요인들에서 설명되었듯이 광고 포스터에 배우와 제품 두 가지가 컬러 사진으로 광고가 되었다고 가정할 때, 만일 배우가 너무 노출이 심한 모습으로 제품보다 더 현저한 자극으로 소비자에게 입력될 때 실제 제품에 대해서는 소비자가 잘 기억하지 못할 수도 있다는 것이다(Stewart).

(3) 완결

완결(closure)이란 자극에 대한 감각결과가 불완전할 때 누락된 부분이나 그릇된 부분을 보완하려는 경향을 말하는데 소비자는 이러한 보완과정을 거 쳐 완전한 감각결과를 해석한다(Stewart).

__ingle & __ell

광고 문안에서 Jingle Bell을 표시할 때 위와 같이 표시한 후 J&B 위스키광고를 하면 소비자가 보완하려고 하는 노력을 말한다. 이와 비슷한 경우에 광고를 시행했던 회사가 있는데 아침에 먹는 시리얼(Cereal)을 판매하는 켈로그(Kellog)회사의 광고 전략은 다양하게 변해 왔었는데 처음에 실시된 광고에는 K자를 삭제하고 _ellog라고 광고를 함으로써 소비자들이 오히려 신경을 써서 켈로그(Kellog)를 완결시키는 노력을 했었다. 하지만 얼마 후에는 다시 광고를 수정해서 K자를 건강한 여성 모델에 몸매로 형상화해서 K자를 강조하는 광고를 실시했다.

(4) 집단화

근 접 성	유 사 성	연 속 성
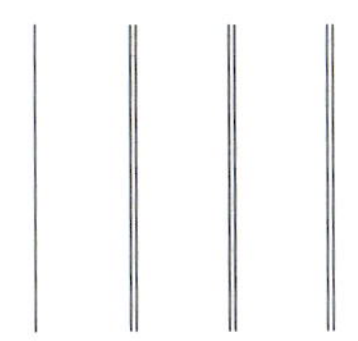	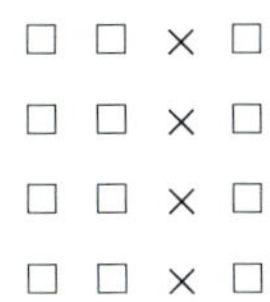	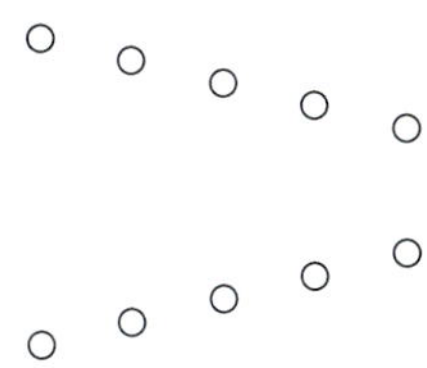

집단화(Grouping)도 역시 다양한 정보들을 개별적인 자극으로 지각하지 않고, 하나의 좀 더 큰 덩어리로 지각하고자 하고 일반적인 통합화의 요인들과 마찬가지로 개별단위 정보를 통합된 전체로서 지각하고자 한다. 독일의 게쉬탈트(Gestalt) 심리학에서 유래된 집단화의 원리는 근접성(proximity), 유사성(similarity), 그리고 연속성(continuity)의 특징을 가지고 있다고 보았는데 이들의 대한 개별적인 설명을 보면 다음과 같다.

첫째, 근접성(proximity)의 원리는 시공간에 물리적으로 가까움이라는 특성을 갖는 자극들에 대한 감각결과를 하나로 조직하는 경향이다. 다시 말하면 위치적으로 가까이 있는 대상들을 함께 지각하려는 경향을 말한다.

둘째, 유사성(similarity)의 경찰제복과 유사한 옷을 입는 사람들을 다 비슷한 사람들로 받아들이는 것으로 설명될 수 있는데 이 원리는 경비용역 직원, 모범택시 운전사(부전기 보유, 제복이 경찰복과 비슷) 등으로 유사상황에서 보면 마치 경찰처럼 인식하는 것을 말한다.

셋째, 계속성(continuity)의 원리는 자극들에 대한 감각결과를 일관된 방향으로 연결하여 조직하는 경향이다. 예제에 나오는 그림에 경우를 보면 여러 점들이 화살처럼 보이게 되는 것을 말한다.

이해와 오해

마케터는 자신이 전달하는 정보를 의도대로 소비자가 정확히 이해해 주기를 원한다. 그러나 현실적으로 소비자들은 마케터가 원하는 방식으로 유입된 정보를 올바르게 이해하지 못하는 경우가 있다. 오해(miscomprehension)는 소비자의 정보처리 동기(motivation), 정보처리 능력(ability), 정보처리 기회(opportunity)에 영향을 받을 수 있다. 특히, 소비자의 관여도가 낮아 정보처리 동기가 낮을 때 정보를 제대로 이해하지 못할 가능성이 높다. 이는 동기가 낮으므로 정보처리를 할 수 있도록 충분한 인지적 자원(cognitive resources)을 그 정보에 할당하지 않기 때문이다.

또한, 정보처리 능력(혹은 지식)이 부족이면 정보를 올바르게 이해할 수 없을 수 있다. 따라서 마케터는 표적소비자의 정보처리 능력을 고려하여 정보를 구성해야 한다. 또한, 충분한 기회나 시간이 주어지지 않으면 정보를 정확하게 이해할 수 없을 수도 있다. 이는 방송 광고의 경우, 전달하고자 하는 메시지를 천천히 반복해서 제공함으로써 이를 해결할 수 있다. 인쇄 광고의 경우, 더욱 구체적인 정보를 제시함으로써 이를 해결할 수 있다.

이미지의 중요성과 유형

소비자는 마케팅 환경 속에서 접하게 되는 개별적인 정보들을 회사, 상표(Brand name), 제품이나 기업 로고, 상점, 가격, 품질 등의 이미지로 조직화하려는 경향이 있으며 소비자 나름대로 해석을 함으로써 그 대상들에 대해서 이미지를 형성하게 되는데, 이미지란 어떤 대상에 대해서 여러 가지 원천(source)을 통해서 유입되는 정보들을 처리하는 장기간의 절차인데 구체적인 대상에 관한 통합된 의미를 개발하여 소비자가 의사결정을 할 때 신속히 해 준다.

요즘은 기업 간 경쟁이 심화되어 감에 따라 획기적이고 차별적인 상품의 출시로 성공하게 되면 바로 경쟁사에 의해 미투(me too) 제품으로 모방되며, 소비자들은 여러 가지 선택 대안들을 객관적인 근거로 구별하기가 매우 곤란하게 되었다. 이러한 비차별화 현상에 당면하여 마케터들은 자신의 독특함을 개발하기 위한 수단으로서 이미지에 관심을 갖기 시작하였다.

1) 이미지 개발의 중간목표를 살펴보면

① 이미지는 장기적 경쟁우의의 근거이다.
② 이미지는 가치를 증대시킨다.
③ 이미지는 심리적 차별화의 근거이다.

2) 이미지의 유형을 살펴보면

- 상표이미지 : 특정한 상품에 관한 여러 가지 자극을 처리함으로써 형성되는 것이며 상표에 대한 전반적인 지각을 나타냄으로 태도(상표에 관한 주관적 신념들의 복합체)에 관련되며, 긍정적 이미지를 갖는 소비자는 그것을 구매할 가능성이 크다.
- 가격 이미지 : 가격을 품질의 지표로 지각하는 현상은 소비자나 제품에 따라 다르지만, 결국 과거의 경험에 기인하여 품질이 좋은 제품은 비싸다는 신념으로부터 나타나며, 싼 가격에 대하여 저급품질의 이미지를 형성하므로 써(싼게 비지 떡) 소비자의 의사결정을 단순화시켜 준다. 가격-품질 연상(Price-Quality Association)－'가격이 높은 제품은 품질이 무조건 좋을 것이다'라고 믿는 것을 말한다(Monroe & Rao).

섬유가공이나 의류제조업체의 예를 들면 좀 더 쉽게 이미지에 대한 설명이 될 것이다. 삼성에서 많은 의류제품들을 개발해서 팔고 있지만 외국에서 경쟁하고 있는 제품이 별로 없었다. 지금은 힙합 패션을 유도하는 FUBU(For Us By Us)라는 브랜드로 미국시장에 흑인시장을 신장하고 있지만 그 전에는 주문자 생산방식(OEM)으로 생산해서 주문한 회사로 납품을 해야 하는데 만일 클레임(품질, 납기일)이 걸리지 않으면 소정의 이익을 얻을 수 있으나 만일 클레임이 걸리게 되면 한해 장사한 마진을 전부 손해를 보는 경우가 많은 것이다. 하지만 상표이미지를 개발하면 마진율 30% 외 순이익이 최소 10%를 확보할 수 있는 고부가가치 사업인 것을 깨닫고 삼성에서도 FUBU 브랜느를 개발해서 미국에서 성공하게 된 기초가 된 것이다. 이렇듯이 독자 브랜드를 개발하고 판매하는 상표이미지는 중요한 역할을 하는 것이다.

사 례

의류업체 성공 및 실패 사례

미국시장에서 인기가 있고 높은 시장 점유율을 보유하고 있는 회사들은 거의 모두 유럽 브랜드 일색와 백인들 위주의 브랜드 일색으로 우리도 흔히 알고 있는 알마니 계열(Giorgio Armani), 피에르 가르뎅(Pierre Cardin), 크리스찬 디오르(Christian Dior) 미국계 중 거의 백인을 위주로 하는 폴로(Ralph Lauren) 칼빈 클라인(Calvin Klein), 노티카(Nautica) 등으로 한정되어 있었다. 타미 힐피거(Tommy Hilfiger)의 경우처럼 백인들을 대상으로 하지만 홍콩의 의류수출업자와 뉴욕의 디자이너가 팀을 이루어 성공을 일군 브랜드를 벤치마킹하여 흑인을 대상으로 한 시장과 상표가 없는 것을 간파하고 삼성은 흑인디자이너들과 미국에서 사업에 많은 영향을 가지고 있는 유태인 사업가들과 손을 잡고 흑인들이 원하는 힙합패션을 개발해서 흑인들 시장에 침투하는데 성공한 것이다. 이는 세분화된 고객 욕구를 바탕으로 아무도 신경 쓰지 않던 흑인들 대상의 옷을 개발해서 틈새시장(Niche Market)을 공략한 것이다. 이것은 재원이 풍부한 삼성이 성공한 사례이고, 실패한 사례는 LPGA의 스타인 박세리를 통해서 놀라운 광고 노출을 보여준 CJ의 아스트라 사례가 될 수 있겠다. 전 세계로 방영되는 TV에 노출이 됨에도 불구하고 적정한 계층이나 목표시장 없이 광고를 방영한 삼성의 아스트라(astra)는 많은 노출에도 불구하고 미국 진출에도 실패했고 국내에서 매출도 저조해서 제일모직에서 사업부문을 정리했다.

점포이미지란 특정한 소매점에 대한 소비자의 애호는 그 점포특성들에 관한 소비자의 총체적인 지각으로부터 많은 영향을 받는데, 점포이미지란 고객들 마음속에서 그 기능적 속성과 심리적 속성에 의해 점포가 정의되는 모습을 말한다.

기업이미지란 소비자는 기업에 관한 여러 가지 자극과 기업제품과의 경험을 근거로 하여 기업이미지를 형성하는데, 긍정적인 기업이미지는 제품에 대한 배경으로 작용하여 소비자의 신뢰와 그것을 구매하려는 소비자의 의도를 증대시켜 줄 수 있다.

따라서 마케터들은 바람직한 기업이미지를 형성시키기 위한 기업명이나 기업로고를 변경하고 있으며, 이러한 작업을 기업이미지의 통일화 작업(CIP)이라고 한다. 하지만 성급한 변경을 기존의 기업이미지와 브랜드 파워를 약화시킬 수 있으므로 주의해야 한다.

참고문헌

박찬수, "브랜드자산의 개념과 측정방법," 마이네트(편), 마케팅 신조류(경문사, 1995), pp.149~151.

이학식 · 안광호 · 하영원 · 석관호, 소비자행동, 2020.

허윤정, N세대를 움직이는 마케팅 귀재들, 시공사, 2000.

Bruce Buchanan, Moshe Givon, and Arieh Goldman, "Measurement of Discrimination Ability in Taste Tests: An Empirical Investigation," Journal of Marketing Research 24(May 1987): pp.154~163.

Campbell, Margaret C., and Kevin Lane Keller, "Brand familiarity and advertising repetition effects," Journal of consumer research 30, no.2(2003), pp.292-304.

Chris Janiszewski, "Preattentive Mere Exposure Effects," Journal of Consumer Research 20(December 1993), pp.376~392.

Fishbein and Ajzen, "Belief, Athitude, Intention, and Behavior," An Introduction to Theory and Research(Reading, MA: Addison-Wesley, 1975).

Herbert Krugman, "The Impact of Television in Advertizing: Learning without Involvement," Public Opinion Quarterly 30, 583-596.

Jacoby, Jacob, and Wayne D. Hoyer, "The comprehension/miscomprehension of print communication: selected findings," Journal of Consumer research 15, no.4(1989), pp.434-443.

James Engel, M. Blackwell, and P. Miniard, "Consumer Behavior." 8th. ed. 1997. p.528.

John. C. Mowen, Consumer Behavior, Framework.

Kent B. Monroe and Akshay R. Rao, "Testing the Relationship between Price, Perceived Quality, and Perceived Value"(paper presented at the Association for Consumer Research Annual Conference, Cambridge, MA, October 9~11, 1987).

Noseworthy, Theodore J., and Miranda R. Goode, "Contrasting rule-based and similarity-based category learning: The effects of mood and prior knowledge on ambiguous categorization," Journal of Consumer Psychology 21, no.3(2011), pp.362-371.

"Background on Zapping," Marketing News, September 14, 1984, p.36.

"Make Mine a Porsche Lite," Business Week, October 4 1999, p.6.

Chapter

7

기 억

(Memory)

Case study

"반감 사지 않으면서 자연스럽게" '암묵적 기억'으로 마음을 훔쳐라

소비자의 비의식 수준에서의 정보 처리 과정을 논할 때 '기억'은 매우 중요하다. 소비자들이 의도를 가지고 무언가를 기억해 내려고 하는 과정은 외재적인 기억(explicit memory)으로서 의식 수준에서 벌어지는 현상이다. 하지만 때로는 기억해 내려는 것을 의식하지 못하거나 의도하지 않았어도 소비자의 기억이 사용되는 경우가 있는데 이를 '암묵적 기억'이라 한다. '프라이밍' 효과가 아마도 가장 흔한 형태의 암묵적인 기억 현상일 것이다. '점화'라고도 하는 이 프라이밍은 소비자들이 브랜드명이나 제품군, 속성, 편익 등과 같은 모든 형태의 개념에 대해서 생각하게 되는 경우에 일어난다. 단순히 어떤 개념을 생각하는 것만으로도 기억으로부터 그 개념이 자연스럽게 활성화되는 것이다. 일단 개념이 활성화되면 활성화된 개념은 후속적인 주제에 대해서도 영향을 미친다.

가격과 관련된 한 연구를 예로 들어보면 소비자들은 이 연구의 실험에서 단어 찾기 과제를 수행했다. 비싸다는 개념을 프라이밍하는 조건에서는 퍼즐의 답이 모두 비싼 자동차들(예: 메르세데스벤츠, 롤스로이스, 페라리, 포르셰)이었다. 저렴하다는 개념을 프라이밍하는 조건에서는 퍼즐의 정답이 모두 비교적 저렴한 자동차들(예: 폴크스바겐 비틀, 포드 핀토, 포드 피에스타)이었다. 그 이후에 소비자들에게는 중간 정도로 가격이 책정된 자동차의 가격에 대해 비싼 정도를 판단하라는 요청이 이뤄졌다. 이때, 피실험자들을 '애매모호한 조건'과 '애매모호하지 않은 조건'으로 다시 나눴는데 '애매모호한 조건의 참가자'들에게는 자동차에 대한 설명과 중간 정도로 책정된 가격만이 주어졌고, '애매모호하지 않은 조건의 참가자들'에게는 동일한 설명과 가격에 더해 자동차의 정확한 브랜드명까지 제공됐다(Herr, 1989).

애매모호한 조건, 즉 자동차에 대한 적은 정보만 주어진 경우에는 참가자들이 직전에 어떠한 개념에 노출됐느냐에 따라 '동화효과'가 일어났다. 즉, 직전 단어 찾기 퍼즐에서 비싼 자동차를 보고 비싸다는 개념이 프라이밍된 참가자들은 그 이후에 본 자동차의 가격대를 보고 해당 자동차를 동일하게 비싼 차라고 판단했다. 같은 논리로, 앞선 퍼즐에서 저렴하다는 개념이 프라이밍된 경우에는 동일한 차를 더 저렴하게 평가했다. 하지만 애매모호하지 않은 조건, 다시 말해 자동차의 가격과 브랜드명까지 주어진 경우에는 프라이밍된 개념과 반대로 가격대를 평가하는 '대조효과'가 일어났다. 정리해보면, 직전에 비싸다는 개념이 프라이밍된 참가자들은 후에 본 자동차의 가격을 더 저렴한 것으로 평가했고, 저렴하다는 개념이 프라이밍된 참가자들은 동일한 차의 가격을 더 비싼 것으로 평가한 것이다. 이러한 프라이밍 효과, 대조효과, 동화효과는 소비자들의 의식 수준에서 일어난 현상이 아닌 비의식 수준에서 일어난 일이라 할 수 있다.

동아비즈니스리뷰 276호(2019년 7월 Issue 1), 일부수정

단순화된 기억모델(Simplified Memory Model)

전 장에서는 소비자의 지각적 절차와 소비자의 정보처리절차에 중점을 두고 다루어졌다. 하지만 본 장의 기억(memory)도 역시 정보의 노출, 주의 그리고 이해(지각)하는 정보처리 절차에 영향을 주는 중요한 부분이기도 하다. 왜냐하면 기억은 소비자들 자신이 원하는 자극에만 선택적으로 노출시키는 것을 도와주고 특정 자극에만 주의를 기울일 수 있도록 해 주는 역할을 하기도 하며 더 나아가 소비자의 이해와 지각이란 부분도 역시 소비자들이 접하는 자극에 대해서 기억(memory)에 의해 유발(elicited)된 소비자의 기대심리(expectation)와 연상작용(association)에 의해 영향을 받기도 하는 것이다.

이 그림은 다중기억 구조모델(multiple-store model of memory)이라고 하는데 기억 저장구조의 여러 종류를 보여주고 있다. 감각기억(sensory memory), 단기/운영 기억(short-term memory) 그리고 장기기억(long-term memory)의 세 부분으로 나누어진다.

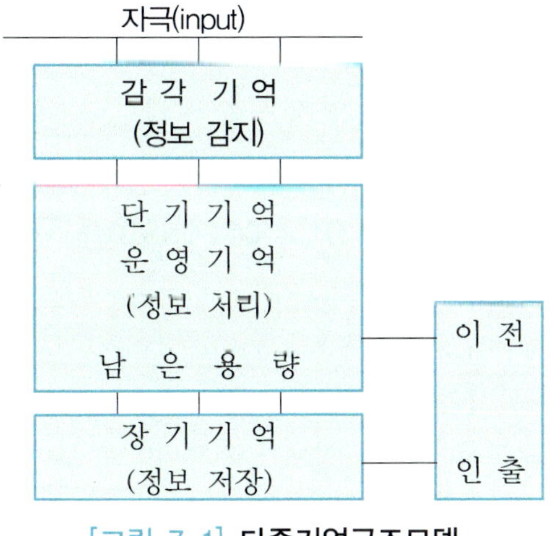

[그림 7-1] 다중기억구조모델

저장기억은 각각 다른 기능을 수행하는 것으로 설명한다. 소비자의 정보처리과정은 정보가 감각기관을 통해 들어오면 시작된다. 감각기관을 거쳐 유입된 정보의 강도가 어느 정도 강하면 감각기억은 이를 감지한다. 감각기억은 유입정보를 매우 짧은 시간 동안 보유하며, 계속적인 주의가 주어지는 정보는 단기기억(short-term memory)으로 이전된다. 그리고 주의가 주어지지 않는 정보는 기억에서 사라진다. 단기기억(short-term memory)은 유입된 정보를 처리하는 부분으로 감각기억으로부터 이전된 정보를 장기기억으로부터 인출된 관련 정보와 결합하여 해석을 하게 된다. 단기기억에서 처리된 정보 중 일부는 리허설을 통해 장기기억으로 이전되며 리허설(Rehearsal)되지 않은 정보는 망각된다. 단기기억으로부터 이전된 정보는 장기기억(long-term memory)에 저장되는데 저장된 정보는 차후 필요시 단기기억으로 인출된다.

위의 [그림 7-1]과 같이 정보는 처음에 감각기억으로 들어와서 등록이 되는데 이 부분이 전 장에서 다룬 주의 이전 예비주의단계이다.

예비주의 단계는 자극이 잠깐(1초 미만) 무의식적으로 분석이 되어 추가적인 처리가 필요한지에 따라서 필요하다면 처리능력(Processing Capacity)이 분배되는데 만약 소비자가 접한 자극이 소비자의 목표에 적합하거나 관련이 있다고 판단되면 인지능력(cognitive capacity)이 그 자극(정보)을 처리할 수 있도록 다시 배분(allocate)된 후 단기기억으로 보내게 된다.

이 단기기억단계에서는 소비자들이 적극적으로 정보를 처리해서 장기기억으로 보내게 되는데 만일 중요치 않은 정보의 경우에는 단기기억단계에서 사라져 버린다.

또한, 위 그림에서 보면 알 수 있듯이 감성과 환기 상태에 따라서 장기/단기기억에 영향을 미치게 된다. 그렇다면 이러한 기억의 구조를 좀 더 자세히 알아보자.

정보처리 수준모델(Level of Processing Model)과 활성화모델

정보처리 수준이론과 활성화모델(Activation Model)은 기억의 구조가 위의 다중기억모델과는 달리 하나의 구조상에 모든 정보가 저장된다고 보며, 장기기억과 단기기억으로 구분하지는 않는다고 보는 이론들이다. 하지만 이 이론들이 매우 다른 것이 아니라 기억구조가 복수의 단계로 나누어져 있는가, 아니면 단일 구조로 되어 있는가에 대해서만 차이가 날 뿐 실제로 인간의 정보처리능력은 한계가 있어서 모든 정보가 처리되지는 않고 소비자에게 관련이 크고 소비자의 목표를 충족시켜줄 수 있는 자극에 대해서만 더 처리가 된다는 것을 모두 공히 시사하고 있는데 널리 수용되고 있는 이론은 다중기억구조모델이며 이에 대하여 좀 더 깊게 알아보겠다.

다중기억 구조모델(Multiple-store Model of Memory)

1. 감각기억(Sensory Memory)

마케팅자극은 감각기관을 거쳐 감각기억에 도달한다. 감각기억은 감각저장소(Sensory store 또는 Sensory register)로 불리기도 하는데 유입정보가 어느 정도 강하여 절대적 식역수준을 초과하면 감각기억은 그 정보를 감지한다. 소비자는 감각기억에 유입된 마케팅자극을 거의 무의식상태에서 분석하여 추가적 정보처리능력을 할당할 것인지를 결정한다. 감각기관은 감각기관을 통해 유입된 정보를 아주 짧은 시간 동안 저장하는데 계속적인 정보처리를 위해 단기기억으로 이전하지 않으면 그 정보는 곧바로 기억(즉 두뇌)에서 사라진다. 감각기억 속에 유입된 대부분의 정보는 아주 짧은 시간 머무른 후 사라지기 때문에 소비자는 특정시점에 노출되는 수많은 마케팅자극에 효율적으로 대처할 수 있다. 또한, 감각기관은 유입정보들 중 보다 관심을 끄는 정보만을 단기기억에서 처리할 수 있도록 통제하는 기능을 가진다. 일반적으로 단기기억에 유입된 마케팅자극이 소비자와의 관련성이 높으면 단기기억으로 이전된다. 감각기억과 관련된 개념으로 체화된 인지(embodied cognition)가 있다. 체화된 인지는 신체적인 감각경험이 개인의 사고, 태도, 행동 등에 영향을 미치는 경향성을 말한다. 신체적 경험을 통해 형성된 지식은 장기기억에 저장되어 있어 필요한 경우에 자동적으로 점화된다. 흔히 말하는 오감(시각, 청각, 촉각, 미각, 후각)에 대한 지각(perception)은 자극이 발생하면서 사람의 감각기관에 신경세포를 활성화시키게 됨으로써 발생한다. 어두운 극장에 있다가 외부로 나가게 되면 눈이 부시듯이 몇 초분의 일밖에(fraction of a second) 되지 않는 시간에 전류 충격처럼 감각기억에 머물게 되는데 매우 짧은 시간 동안만 감각 기억 내에 머물게 됨으로 추가적인 처리가 되지 않는다면 바로 사라져 버리고 만다.

이 단계가 바로 예비주의(Pre-attention) 단계라고 볼 수 있는데 사람이 그 짧은 자극에 대해서 무의식적으로 자신의 목표나 관련성에 적합한 반응을 자아낸다면 단기기억으로 이동을 하게 된다. 이렇게 일반적인 자극에 대해서는 기억을 못하는 것이 소비자들이 수없이 많은 정보들을 접해도 필요 없는 정보는 걸러지고 중요하고 관련성이 있는 정보만이 모니터 되는 것이다.

2. 단기기억(Short-term Memory or Working Memory)

정보가 처리되는 동안 일시적으로 머무는 장소가 바로 단기기억인데 한 예로 만약 광고에 노출된 소비자가 적극적으로 텔레비전 광고에 대해서 생각을 한다든지 무슨 문제를 풀려고 노력할 때 인지적 처리(Cognitive Processing)가 발생하게 된다. 단기기억과 동일하게 사용되는 운영기억(Working Memory)은 소비자들이 적극적으로 유입된 마케팅정보를 처리한다고 해서 붙여진 이름이고 이는 컴퓨터에서 정보를 읽어 들이는 RAM(Random Access Memory)와 같은 형태이다. 감각기억 내에 정보가 충분히 처리되지 않는다면 사라져 버리듯이 단기기억 내에 보존되어 있는 정보들도 역시 충분히 정보처리가 되지 않으면 사라지고 마는데 이러한 이유로 인해서 기업들이 소비자들에게 기억될 수 있도록 하기 위해서 지속적인 광고를 하게 되는데 소비자들이 충분히 정보처리를 끝낸 정보들은 장기기억으로 옮겨지게 된다. 다양한 연구에 의하면 만일 단기기억 내에 머무는 정보들이 시연(Rehearse)되지 않으면 약 30초 내로 사라진다고 한다(Simon).

리허설(Rehearsal)은 처리된 정보를 마음속으로 반복하거나 깊게 생각하는 것을 말한다. 리허설에는 유지 리허설과 정교화 리허설이 있다. 유지 리허설(maintenance Rehearsal)은 처리된 정보를 마음속으로 반복하는 것을 말한다. 정교화 리허설(elaborative rehearsal)은 유입 정보의 의미를 마음속 깊이 생각하고 의미를 부여하는 것을 말한다. 이러한 정교화 리허설을 하기 위하여 장기기억에 있는 기존의 지식이 인출되어 유입정보와 결합된다. 따라서 정교화 리허설을 하게 되면 정보의 단순한 반복적인 유지 리허설보다 더 깊은 수준의 정보처리가 이루어진다. 정보를 많이 리허설 할수록 그 정보는 장기기억에 저장될 가능성이 높다. 그러나 소비자가 제한된 시간에 처리할 수 있는 정보의 양은 제한적이기 때문에 정보처리 능력을 초과할 정도로 많은 정보가 주어지면 오히려 최선의 제품을 선택할 가능성이 낮아진다는 가설이 정보과부하(information overload) 가설이다. 정보과부하 가설은 소비자에게 제품정보를 보다 많이 제공할수록 좋다는 기존의 소비자정책과 상반된다. 소비자의 관여도가 높고 정보처리시간이 충분할 경우에는 정보과부하현상이 나타나지 않지만 관여도가 높더라도 시간제약이 있는 경우에 나타나다. 그러므로 소비자가 정보처리에 필요한 만큼 충분한 시간이 주어지지 않을 경우에는 매우 중요한 정보만을 이해하기 쉬운 방법으로 제시하는 것이 효과적일 것이다.

단기기억의 제한된 용량 관련 법칙

단기기억에는 몇 가지 중요한 특성이 있는데 다음과 같다.

1. 밀러의 법칙(Miller's Law)

단기기억은 제한된 용량(Limited Capacity)을 가지고 있다. 심리학자인 죠오지 밀러(George Miller)는 사람이 한 번에 처리할 수 있는 정보의 단위가 7±2 이고 이 단위는 청크(Chunk)라고 불리는데 청크란 정보를 의미를 보유하고 있는 가장 작은 단위로 조직하는 과정이라고 본다. 하지만 가장 작은 단위는 한 글자, 음절 또는 한 단어일 수도 있다.

예를 들어 보면 다음과 같다. 앞에는 아무런 의미 없이 보이는 알파벳 모음으로 볼 수 있고 잘 정리해 보면 유명 헐리우드(hollywood) 스타들의 이름으로 의미 있도록 볼 수 있는 형태가 된다.

예 WIKLEL VISNMCIOTSHT NER→WILL SMITH와 KEVIN COSTNER로 다시 보면 의미 있는 단위(Chunk)가 되는 것이다. 그래서 흔히 밀러의 법칙(Miller's Law) 또는 신비의 숫자라고도 부른다. 물론 최근에 다양한 연구에 의하면 7개도 많고 5개가 오히려 맞는다고 보는 견해가 많다.

예 Lesserafim은 인기 있는 걸그룹인데 나열된 spell로는 그룹명을 기억하기 힘들다. 다만 I'm Fearless를 조합한 그룹명이라는 것을 연계하면 기억이 용이할 것이다. 이는 애너그램(anagram)이라고 하는 작명법인데 단어나 구를 재배열하여 다른 단어나 구를 만드는 방법을 말한다.

2. 정보 과부하(Information Overload)

이렇듯이 소비자에게는 제한된 용량만이 존재함으로 제품을 광고하고자 할 때 흔히 많은 광고주들이 원하는 것은 제한된 지면이나 화면에 될 수 있으면 많은 내용의 정보를 노출하고자 하는데 아무리 많은 정보를 제공해도 소비자는 제한된 용량을 가지고 있기 때문에 오히려 많은 정보는 소비자가 처리하고자 하는 노력을 감소시켜 바로 기억 속에 저장되지 않고 사라져 버리는 경향이 있다는 것을 염두에 두고, 표현하고 싶은 핵심적인 메시지만 소비자가 인식할 수 있도록 전달하는 것이 더욱 더 효과적이라고 볼 수 있다. 이러한 현상을 정보의 초과현상(information overload)이라고 부른다(Kahneman). 제공되는 제품정보의 양이 단기기억의 정보처리 능력을 초과하면 소비자의 의사결정에 역기능적(dysfunctional) 결과를 초래하기 때문에 적당한 양의 정보를 제공하는 것이 소비자의 의사결정을 위해 보다 바람직하다.

최근에 경향을 보면 중요한 제품을 구입하려고 할 때 인터넷(Internet)을 통해서 정보를 얻고자 하는 경우도 많고 이러한 경향을 이용해서 많은 기업들이 인터넷을 통해서 광고를 하는데 너무 많은 광고 팝업(Pop-up)창이 뜨거나 정보검색엔진을 사용해서 찾고자 하는 정보를 찾을 때 너무 많은 수의 정보가 제시되면 소비자들이 곧바로 불쾌감을 느끼고 검색을 중지하는 역효과도 발생하고 있는 것이 현실임으로 이러한 매체를 위주로 광고나 제품정보를 제시하는 회사들은 이런 역효과를 최소화할 수 있는 방법으로 접근을 해야 할 것이다. 또한, 최근 연구 결과에 의하면 고관여제품일수록 마케터들은 정보를 접할 충분한 시간과 많은 정보를 제공하는 것이 효과적일 수 있지만 저관여제품의 경우 특히 제한된 시간에 많은 정보를 제공하는 것은 바람직하지 못한 경우가 많다. 또한, 매체에 따라 인쇄매체로 정보를 제공하는 경우 소비자는 정보처리에 필요한 만큼 충분한 시간을 할애할 수 있으나 이에 비해 TV 광고를 통해 정보를 제공하는 경우 소비자가 정보를 처리하는 데는 시간적 제약이 크므로 매우 중요한 정보만을 이해하기 쉬운 방법으로 제시하는 것이 효과적일 것이다. 따라서 상품에 관여도에 따라 시간적인 여유에 따라 효과적인 전략을 통해 상품의 매출을 극대화 할 수 있는 전략을 구사하도록 기업의 정보 제공방침을 수립해야한다.

3. 정보의 망각(Information Decay)

위에서 계속 다루어진 바와 같이 단기기억의 용량은 매우 제한되어 있기 때문에 새

정보가 단기기억에 들어올 경우, 저장할 수 있는 양을 초과해서 입력되게 되면 기존의 처리되지 않은 정보는 새로운 정보에 밀려 기억에서 사라지게 된다. 시연이 충분히 되지 않은 정보는 장기기억으로 이전되지 못하고 바로 사라지는 것이다(Ebbinghaus). 리허설에 의해 기억에서 사라지는 것을 망각이라 하며 이러한 망각에는 다양한 원인이 존재한다. 소비자는 의사결정과정에서 내적탐색을 하거나 정보처리 과정에서 유입정보를 지각(해석)할 때 관련된 정보를 기억으로부터 인출(retrieve)하게 된다. 그런데 소비자는 한때 리허설에 의해 정보를 저장하더라도 의사결정시 그 정보를 인출해내지 못하는 경우가 많다. 이를 설명해주는 이론은 다음과 같다.

망각의 이유는 크게 네 가지 이론이 있는데 다음과 같다.

1) 방해이론(Interference Theory)

방해이론(Interference Theory)은 특정 정보를 인출하고자 할 때 다른 정보가 방해하는 것이다. 우리는 한때 생각나지 않던 정보도 시간이 지난 다음에 다시 생각나는 경우를 흔히 경험한다. 이 이론은 이러한 현상을 설명해주는데 그 정보가 희미하거나 사라졌기 때문이 아니라 다른 정보의 방해로 그 정보에 접근하지 못하는 것으로 보는 것이다. 저정된 정보에의 접근가능성을 어렵게 하는 중요한 요인으로는 유사정보에 의한 방해를 들 수 있다. 이 견해에 의하면 소비자가 기억 속에 유사한 정보를 많이 저장할수록 특정 정보에의 접근이 어려워진다. 경쟁정보들로 인한 정보인출의 방해는 선입정보방해와 후입정보방해로 나눌수 있다.

선입정보방해(proactive inhibition)은 과거에 학습된 정보가 최근에 학습된 정보인출 방해이고 후입정보방해(retroactive inhibition)는 최근에 학습된 정보가 먼저 학습된 정보인출 방해라 한다.

소비자가 연속된 광고에 노출된 후 어느 정도 시간이 경과한 후 특정 광고의 내용을 인출하고자 할 때 먼저 본 광고들이 그 광고 정보의 인출을 방해하는 현상을 선입정보방해이며, 나중에 본 광고들이 그 광고 정보의 인출을 방해하는 현상은 후입정보방해이다. 경쟁정보 방해와 관련된 개념으로 von Restorff 효과가 있다.

von Restorff 효과는 동질적인 일련의 자극들 사이에 위치한 독특한 자극이 보다 쉽게 회상되는 현상을 말하는데 이는 선입정보방해와 후 입정보방해를 최소화시킬 수 있기 때문이다.

von Restorff 효과는 자극의 현저성이 소비자의 기억에 중요함을 시사한다. 자극의 현저성(salience)은 기억 내 특정 자극이 활성화 되는 정도를 말한다. 한 연구에 의하면 특정 브랜드의 현저성이 높을수록 경쟁브랜드에 대한 회상이 낮아지는 것으로 나타났다.

방해이론은 장기기억 내에 저장되어 있는 기존의 다양한 정보들이 새롭게 입력되는 정보들에 영향을 주어서 새로운 정보의 입력을 방해하게 되거나 새로운 정보의 부정적인 영향으로 인해서 기억 속에서 지워진다는 이론으로서 컴퓨터에 파일을 지우게 되면 우리는 찾을 수 없지만 실제로는 컴퓨터 내에 존재하듯이 기억 속에 저장된 정보들이 방해를 받아서 기존의 정보들이 망각된 것처럼 보인다는 것이다. 다시 말하면 장기기억 부분에서 다루게 되겠지만 장기기억은 영구히 머릿속에 기억이 되어서 지워지지 않는데, 소비자들이 어떤 정보를 인출하고자 할 때 인출이 되지 않을 뿐 실제로는 기억에서 지워지는 것은 아니란 것이다. 예를 들면, 말보로가 처음 출시되었을 때 버지니아 슬림(virginia slim)과 같이 여성 소비자들을 대상으로 필터가 있는 담배라고 주된 광고를 해왔다. 그러나 강한 남성 이미지로 재포지셔닝 한 결과, 말보로 맨(malboro man) 시리즈와 자연 시리즈 등과 같이 강한 이미지의 광고를 반복하였기에 기존 소비자들의 기억 속에 있는 여성스러운 이미지의 기억이 인출되지 못하고 방해를 받는 것을 말한다.

2) 쇠퇴이론(Decay Theory)

쇠퇴이론(Decay Theory)으로 이는 기억의 자극이 시간이 경과함에 따라 서서히 사라진다는 것이다. 즉 이 이론은 어떤 정보가 생각나지 않는 것은 시간이 지나면서 그 정보의 자극이 희미하거나 사라졌기 때문인 것으로 설명한다. 이 이론은 어떤 정보를 저장한 지 오래될수록 잘 기억이 나지 않는 현상을 설명해준다.

쇠퇴이론은 기억의 망각현상을 설명하는 이론의 하나로서 장기기억 내에 있는 정보들이 장시간 사용되지 않을 경우에는 기존에 존재하고 있는 자극과 반응간의 결속력이 점차로 느슨해지기 때문에 기억 속에서 점차적으로 쇠퇴해간다고 하는 이론이다.

요즘은 IT 문맹이라고 과거에 외우고 있던 지인들의 번호도 단축다이얼을 사용하다 보니 그렇게 장시간 기억했던 전화번호도 결국 기억에서 쇠퇴하는 것을 보여주는 것과 내비게이션의 등장으로 가까운 지리조차 잘 외우지 못하는 경우가 그 예가 될 것이다.

3) 인출실패(retrieval failure)

망각이 일어나는 원인을 장기기억 속에 자리 잡고 있는 어떤 특정 정보를 인출하지 못하기 때문이며 기억의 성공 여부는 기억 속에 저장되어 있는 정보를 사람이 원하는 시간이나 일정 시간이 지난 후에라도 인출을 할 수 있는지 유무에 달려있으며 이를 위해서 기억의 회상이나 재인에 도움을 줄 수 있는 인출 단서와 접근 가능성에 의해서 결정된다고 보는 것이다. 이와 관련된 주장은 회상과 재인에 의한 기억 차이와 입속에서 맴도는 현상으로서 설명될 수 있는데 재인(recognition)이란 사람이 어떤 자극에 노출되었을 때 과거의 노출된 적이나 사용한 경험이 있다는 것을 인식하는 정도를 말하며 회상(recall)이란 일반적으로 소비자들이 기억해 내는 능력을 말한다.

회상의 경우 다시 보조회상(aided recall)과 비보조회상(unaided recall)으로 나누어진다.

각 단어들이 의미하는 바와 같이 각각의 역할은 사람들이 기억 속에 저장되어 있는 정보를 인출하는데 노출이 될 수 있는 인출단서의 도움을 통해서 기억해 내는가와 아무런 인출 단서의 도움 없이 기억력만으로 기억해내야 하는 가에 따라서 인출 단서가 있는 경우를 보조회상으로, 인출 단서(cue)가 없이 기억해 내야 하는가에 따라서 비보조회상이라고 부른다는 것이다. 기억의 단계에서 보면 비보조회상이 좀 더 어려운 단계라고 할 수 있고 기업들이 마케팅 활동과 노력을 하는 이유는 이렇게 소비자의 기억 속에 확실하게 브랜드를 자리 잡게 하여 인출 실패가 발생하지 않도록 하기 위해서 코카콜라처럼 마켓리더이고 모르는 사람이 없는 브랜드도 지속적인 광고를 하는 이유이다.

4) 동기적인 기억 소멸(motivational forgetting)

동기적인 기억 소멸 이론은 소비자들이 인지적인 과정을 통해서 정보를 저장하고 인출할 때 실패로 기억이 소멸된다고 보지 않고 감정(emotional)적인 측면에서 기억의 소멸이 일어난다고 보는데 자세한 내용은 사례를 통해서 알아보도록 하자.

① 불안 초조한 상태에서는 기억을 하기가 어려우며, 기억을 인출해 내기도 어려운 경향이 있다.
② 중립적이거나 비 정서적인 상황보다는 정서적으로 안정이 된 상태에서의 기억이 훨씬 수월하다.
③ 사람이 기억할 때와 비슷한 맥락이나 상황에 봉착하면 기억을 인출하는 데에도 많은 도움이 될 수 있다.

관여도와 관련된 단기기억 용량

관여도가 하는 역할은 역시 단기기억에도 많은 영향을 미치게 되는데 고관여 상태의 소비자들은 환기수준이 높아져서 단기기억의 제한된 용량을 최대한 증가시켜 수용하고자 하게 된다. 반면, 저관여 상태에서는 환기수준이 낮고 최소수준의 인지능력을 배분하게 됨으로 단기기억 내에 저장이 되지 않게 된다. 본서 제2장 관여도 부분에서 기설명되었듯이 Krugman의 이론에 의하면 텔레비전이나 라디오의 경우는 소비자들이 저관여 상태에서 노출되기 때문에 이러한 매체의 광고를 할 때는 메시지를 간단히 해야 한다는 점이다. 그래서 요즘 차분히 광고를 지켜보면 핵심적이고 강렬한 카피만 제공하고는 "자세한 내용은 신문이나 인터넷 창(네이버나 다음)을 참조하세요"라는 문구를 볼 수 있는데, 이렇게 함으로써 고객의 흥미를 끌만한 핵심 포인트만 주어 소비자의 환기수준을 높인 후 소비자의 호기심을 자극하여 그들이 자발적으로 제품정보에 노출될 수 있도록 하려는 의도에서 시작된 것이다.

단기기억에서 장기기억으로의 이전
(Transferring Information from STM to LTM)

단기기억의 역할 중 하나는 [그림 7-1]을 참조하면 단기기억에서 장기기억으로 이전이 되는데 어떤 자극이나 정보가 자신의 목표와 일치하고 관련이 있으면 정보를 장기기억으로 이전시켜 영구히 기억될 수 있도록 해 주는 일이다. 자극(정보)을 처리하기 위해 많은 인지적 능력을 배분하게 된다면 장기기억으로 이전될 가능성이 점점 더 커지며 이러한 이전의 방법은 앞에서 얘기한 시연을 통해서 가능해진다.

시연(rehearsal)은 쉽게 얘기하면 소비자가 접한 정보를 혼자서 마음속으로 반복하여 암송하는 과정이라고 볼 수 있는데 구체적인 예를 보면, 특정 식당 번호를 알기 위해서 우리는 흔히 전화안내번호 114에 걸어 전화번호를 습득한다. 이때 만일 필기구를 가지고 있지 않아서 메모를 할 수 없는 경우를 상상해 보자. 메모를 할 수 없으니 당연히 번호를 수차례 외우려고 중얼거리는 절차를 통해서 기억하고자 노력할 것이다. 이러한 것을 시연이라고 하는 것이다. 아이들을 대상으로 한 맥클린(Maclin)의 연구에 의하면 아이들이 제품광고를 보고 크게 따라한 아이들과 하지 않은 아이들의 경우를 비교하면 크게 따라 하거나 로고송을 흥얼거린 아이들이 제품을 더 쉽게 기억해 내었는데 이러한 이유로 많은 기업들이 제품의 광고 제시할 때 제품명을 반복해서 광고한다든지 소비자들이 기억하기 쉬운 슬로건(Slogan)을 제시하는 방법으로 소비자들이 기억할 수 있게 하려는 노력을 하는 것이다(Macklin). 국내에도 대부업체들의 광고의 발전 역사를 살펴보면 산와 머니라고 하는 업체가 '산와 머니'를 처음에 유행시키고 최근에는 대부업체들이 TV에 광고를 하면서 '무이자~ 무이자'라고 하는 CM송을 유행시켜서 학교에서는 아이들이 입에 밴 광고음악을 시도 때도 없이 부르고 결국 학교에서는 아이들이 이 노래를 따라 부르는 것을 금지시킬 정도라고 한다. 안좋은 사채의 내용이긴 하지만 소비자들에게 쉽게 인지시킨다는 광고에 측면에서 본다면 매우 성공한 CM송이라고 할 수 있다.

그러면 단기기억에서 장기기억으로 어떠한 방식으로 어느 정도에 시간이 흘러야 정보 단위 청크(chunk)들이 이전되는 것인가를 알아야 하는데 여기에도 여러 가지 유형이 있다.

많은 연구에 의하면 소비자들이 장기기억에 가지고 있는 정보를 어떻게 회상(Recall)하는가에 달려 있다고 하는데 단순히 전에 본 것 같다는 수준의 기억이라면 소비자는 즉각적으로 2초에서 5초 정도면 기억해낼 수 있지만 아무런 도움 없이 소비자가 장기기억 속에서 회상해 내야 된다면 5초에서 10초 이상이 걸리며 아주 회상이 안 될 수도 있다는 것이다(Mowen and Minor).

이러한 현상은 마케터들에게 여러 가지를 시사하는데 이는 소비자들이 기존에 본 제품을 단순히 재인(Recognition)만 하면 되는지 아니면 장기기억 속에 잠재된 정보를 회상(recall)해 내야 되는 정도인지 등의 소비자의 임무를 파악한 후 이에 맞추어 메시지를 작성하고 제공해야 한다. 이 부분에 대해서는 정보의 인출부분에서 자세히 다루도록 하겠다.

장기기억(Long term Memory)

단기기억에서 처리된 정보는 장기기억(Long term Memory)으로 이전된다. 단기기억과는 달리 장기기억의 핵심은 정보를 영구히 저장할 수 있는 무제한적인 용량을 가지고 있다고 한다(Bettman). 기억 구조는 시각, 청각 등의 다양한 코드형태로 기억된다. 장기기억은 평소에 내재되어 있던 정보가 정보처리가 이루어지는 시점에서 활성화되어서 관련된 정보가 의식수준으로 인출된다고 한다. [그림 7-1]의 순서도를 보면 단기기억에서 장기기억으로 이전이 되는 것을 알 수 있는데 단기기억에서 처리된 정보가 장기기억으로 이전된 후 영구히 기억된다는 점인데 이렇게 영구히 저장이 된다고 해서 영구적인 기억이라고도 한다. 그러나 실제로 장기기억에 저장된 정보 중 일부만이 인출 가능하기 때문에 장기기억에 얼마나 많은 정보가 저장되어 있는가보다 필요한 시점에서 필요한 정보를 인출할 수 있는가가 의미를 갖는다.

장기기억의 형태

마케터들은 장기기억의 경우 어의(Semantic) 개념과 시각(Visual) 개념 중 어느 것에 의해 정보가 기억되는가의 특별한 관심을 가지고 있는데 이 중에서 어의 기억은 단어, 사건들, 물건 또는 상징에 연관된 말의 의미(어의)를 말하는 것인데 다시 말하면 장기기억은 단어나 상징 그리고 그 말의 뜻과 연관되어 있는 의미들을 기억하는 것이다. 또한, 장기기억은 사건이 발생하는 순서에 따라서도 정보가 저장되는데 이러한 기억을 사건기억(episodic memory)이라고 한다. 또한, 이러한 기억 중에는 감각적 기억(예: 시각적, 후각적, 촉각적)과 감성적(affective) 기억 등이 있다(Underwood).

장기기억에 저장된 정보를 지식(knowledge)이라고 하는데, 지식은 서술적 지식과 절차적 지식으로 나눌 수 있다. 서술적 지식(declarative knowledge)은 사실과 사건에 대한 기억을 말한다. 서술적 지식에는 의미적 지식과 사건적 지식이 있다. 의미적 지식(semantic knowledge)은 사실, 어휘, 일반 개념, 세상사 등 장기기억에 저장된 지식의 가장 많은 부분이 이에 해당된다. 사람들은 의미적 지식은 기억에 저장할 때 제공된 정보를 그대로 저장하기도 하지만 주관적으로 해석하여 저장하기도 한다. 사건적 지식(episodic knowledge)은 사람들이 일상생활에서 경험하는 구체적 표상들에 대한 기억이다. 산의 정상에 올라갔을 때의 희열과 전경에 대한 기억과 다른 지역이나 다른 나라 여행하면서 먹었던 음식에 대한 기역은 사건적 지식에 해당된다.

한편 절차적 지식(procedural knowledge)은 일의 수행절차, 몸의 균형, 악기연주, 자전거 타기 등 절차와 관련된 지식이다. 예를 들어, 한 번 배운 운동이나 악기를 세월이 흐른 후에도 기억하는 것은 절차적 지식이 저장되어 있기 때문이다. 소비자가 패스트푸드점이나 체인점에 가서 키오스크를 통해 결재하고 음식을 받아서 먹고 처리하는 일련의 행위를 수행하는 것도 그러한 절차적 지식을 가졌기 때문이다.

■ 어의기억(Semantic Memory)

어의기억은 사물, 사실, 상징에 대한 객관적이라기보다는 개개인의 주관적인 체계로 저장되는데 동일한 사안이라도 개인의 장기기억 속에 보유된 감정과 유사한 개념들과 관련되어 인식된다. 다시 말하면 소비자들이 광고나 여러 가지 매체를 통해서 새로운 제품에 대한 정보를 알게 되고 기억 속에 저장을 하게 될 때 각각의 개념을 하나의 각각의 개념으로 기억하는 것이 아니라 이들을 복합적인 개념(Complex Configuration)으로 기억하게 되는데 처음 정보가 기억구조로 입력될 때에는 단순히 정보가 처리되어 입력이 되고 충분히 시연이 된 후에는 장기기억으로 전해지지만 장기기억으로 이전된 후에는 소비자의 장기기억 속에 보유하고 있는 정보들과 결합되어서 새로운 개념의 종합 적인 복합 구성체를 형성한다고 하는 것이다.

이 과정에서 한 가지 중요한 개념이 등장 하는데 그것은 스키마(Schemas)이다. 이 개념은 마디(node)가 활성화된 시점에 모든 관련 연상된 것들이 마음에 떠오르는 것을 말한다. 일반적으로는 스키마는 어떤 대상에 대한 소비자가 가지고 있는 지식의 단위로서 주로 네트워크(Network) 형태로 이루어져 있다. 그래서 어떤 소비자가 차량을 구입하고자 할 때 단순히 이동수단(마디)만 가능한 소형차(마디)와 중형차(마디)를 떠올릴 수 있는데 어느 것이 더 교통수단으로서의 적합한 제품으로 떠오르게 되는가는 기존의 소비자가 가지고 있는 기억 속에서 어떤 특징(마디)이 자리를 잡았는가에 따라서 결정된다고 볼 수 있다.

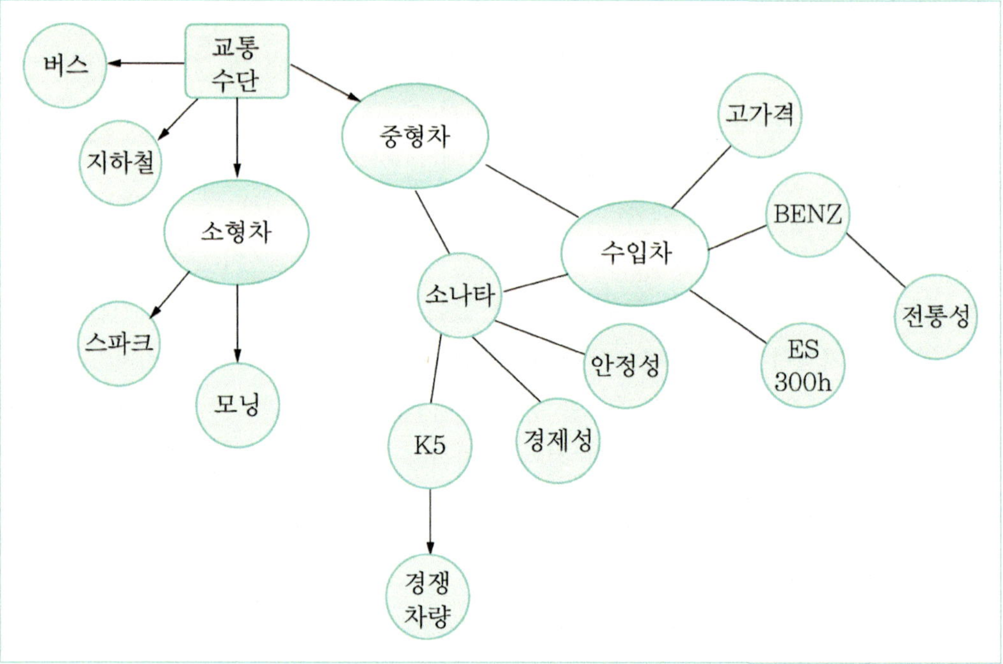

[그림 7-2] 장기기억의 구조 : 스키마(schema)와 노드(node)의 예

자주 광고에 노출되고 소비자의 기억 속에 깊게 자리 잡은 마디와 그렇지 않은 마디 간의 연관관계(link)에 의해서 결정된다고 볼 수 있다.

이 네트워크 모델상에서는 새로운 정보를 접하게 되면 마디들 간에 새로운 연상관계를 형성하는 과정으로 간주하는데 유입된 정보와 관련된 개념들을 마디(node)라고 하고 소비자의 기억 내에 보유하고 있는 마디들 간에 상호 연결 관계를 연결고리라고 부르는데 특정마디가 다른 마디와 관련이 높아 연결고리가 '짧고 굵다'라고 해서 연결 관계가 높다고 보는 것이다.

또 다른 유형은 스크립트인데(script) 주로 과정 지식으로 형성되어 있다. 그 예로 미국에 처음 유학 간 학생이 처음에 식당에 가면 주문을 하고 받는 절차가 어색해서 당황하게 되지만 경험을 하게 되어서 분위기가 익숙해지면 어떤 절차를 거쳐서 주문을 하고 식당에서 행동을 하는 과정에 대해서 익숙해진다고 하는 것이다.

① Here or to go

② Cash or charge

스크립트(script)는 절차적 지식들 간의 연상적 네크워크를 말하며 일반적으로 어떤 상황에서 소비자가 취해야 할 적절한 행위의 절차에 관한 지식을 포함한다. 예를 들어, 패스트푸드 체인점에서 이용할 때마다 동일한 상황이 반복되는 것을 경험하면 기억 속에 인지적 시스템(즉 스크립)을 형성한다. 소비자는 롯데리아 방문과 관련하여 [그림 7-3]과 같은 스크립(script)을 기억에 보유할 수 있다. 스크립(script)은 구매의사결정마다 인지적 노력을 기울일 필요 없이 바로 적정행동으로 들어갈 수 있게 한다.

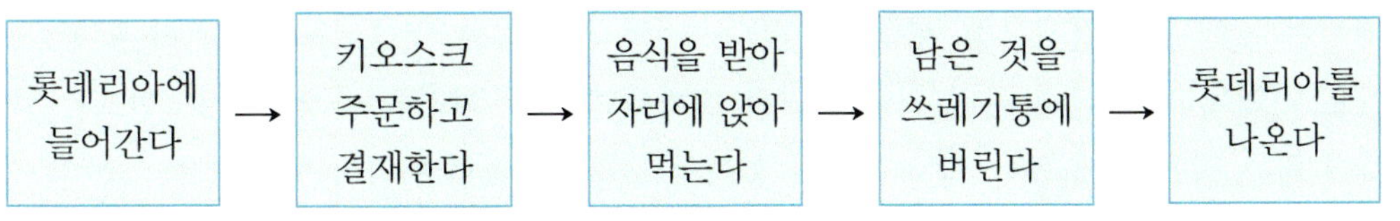

[그림 7-3] **롯데리아에서의 행동에 관한 스크립**

많은 기업들이 자사브랜드의 판매량이나 점유율을 부각시키는 광고를 하는 이유는 시장선도 제품 브랜드에 대해 소비자들이 가지고 있는 브랜드지식을 활성화시켜 자사 제품에 대한 유리한 평가를 이끌어 내려는데 있다. 먼저 제시된 정보가 그 다음에 제시된 정보를 처리하는 데 영향을 주는 현상을 프라이밍(priming)이라고 한다. 어떤 정보단서가 그와 관련된 다른 정보를 활성화 시킬 때 그 정보를 프라이밍 자극이라고 하며 어떤 단서가 주어지면 관련 정보가 쉽게 회상되는 효과를 프라이밍 효과(priming effect)라고 한다. 예를 들어, 구매 시점에 디스플레이나 패키지에 부착된 광고사진은 해당 브랜드 광고의 내용을 회상하는 데 도움을 주는 프라이밍 자극으로 작용할 수 있다. 예를 들면 매장에 흐르는 음악 장르와 분위기와 컨셉에 의해 프라이밍 자극 역할을 해 장기기억에 저장된 스키마가 활성화되어 상품 선택에 영향을 미치게 된다는 것이다.

기억력 증진을 위한 방법

소비자들의 정보처리능력에는 한계가 있다는 것을 배웠으며, 많은 정보 속에서 실제로 소비자들이 기억할 수 있는 숫자는 매우 미미하다는 것을 배웠다. 그렇다면 소비자들이 TV 광고만을 분리해서 본다고 해도 주말의 경우 비슷한 제품들과 회사들이 뒤엉켜 20편 이상의 광고가 방영되는 치열한 경쟁 여건 속에서 자사의 상표나 제품을 기억시킬 것인가에 대해서 많은 고심을 하고 있는 것이다. 만일 소비자들이 정보과부하(information overload)를 느낄 광고메시지를 구성한다든지 아니면 자사 광고 전후에 등장하는 클러터(clutter) 속에서도 소비자의 눈길을 끌 수 있어야 하며 또 기억 속에 자리 잡을 수 있어야 하는 것임으로 효율적인 광고를 통해서 소비자의 기억 속에 자리 잡게 하는 것은 쉬운 게 아니다. 우리는 흔히 기억하고 있는 제품들이 그 제품을 만든 메이커가 아니고 경쟁사의 제품으로 잘못 기억하고 있는 것을 종종 발견하곤 한다.

또 기억에 자리 잡게 하기 위해서 많은 노력을 하지만 이러한 과정에서 또 한 번 주의해야 하는 점은 눈에 몹시 띄는 광고라 할지라도 광고내용이 빈약하면 부정적인 소비자의 반응을 유발하여 역효과가 날수가 있다. 이와 관련하여 효율적인 TV 광고가 되기 위해서 핵심적으로 고려해야 하는 사항들을 정리한바 있는데 다음과 같다(Courtland & Arens).

① 그림으로 전달하라 : 소리나 설명이 없어도 소비자들이 메시지를 알 수 있게 제공하라.

② 주요장면을 삽입하라 : 모든 것을 집약하는 장면을 삽입하라.

③ 시청자의 주목을 끌라 : 첫 5초 내에 소비자의 주목을 끌수 있는 광고를 제시하라.

④ 쉽게 만들라 : 소비자들이 정보과부하에 빠지지 않도록 쉽고 간결하게 광고를 제시하라.

⑤ 브랜드명을 알게 하라 : 신상품의 경우는 특히 상표명이 전달되도록 하라.

⑥ 브랜드개성을 확립하라 : 신상품 도입기부터 일관성 있는 이미지를 전달하고자 하라.

⑦ 정보과부하를 피하라 : 가장 단순하고 기억하기 쉬운 단어만을 사용한다. 각 단어가 의미가 있어야 하며 발음도 하나하나를 정성스럽게 하되 읽고 발음하기 쉬운 단어를 사용하라.

소비자는 단기기억의 정보처리능력의 한계로 인하여 수많은 제품정보 중에서 극히 일부분만을 기억하기 때문에 제품정보의 홍수 속에서 살고 있는 소비자에게 어떠한 방법으로 자사브랜드와 정보를 기억시킬 것인가는 마케터에게 중요한 과제이다. 단기기억의 리허설을 도와주기 위한 전략으로는 ① 시각화를 유도하는 방법, ② 기억증대기법을 이용하는 방법 ③ 반복광고 ④ 음악의 사용 등이 있다.

또한, 일반적으로 기억을 증진하기 위한 전략들이 있는데 크게 세 가지로 나누어지는데 이는 다음과 같다.

1. 시각화를 통해서 기억력 증진

시각화에 의한 기억증대전략은 소비자에게 심상을 이끌어내는 기법이다. 심상이란 마음속으로 어떤 개념을 시각화하는 것을 말하며 일반적으로 심상은 기억을 촉진시킨다. 심상을 보다 쉽게 이해하기 위해 다음과 같은 단어들을 생각해 보자. 다음과 같은 책상, 볼펜, 지우개, 침대 같은 단어들은 분명한 이미지를 떠오르게 한다. 정확한 이미지가 떠오르고 시각적 요소를 불러일으킨다. 하지만 사랑, 우정, 만족과 같은 단어는 추상적이기 때문에 이미지를 떠올리기가 쉽지 않을 것이다. 따라서 이를 소비자가 기억하는 데 상당한 학습을 필요로 한다.

Lutz and Lutz는 소비자의 심상을 이끌어내기 위한 커뮤니케이션 전략으로 ① 그림을 사용하는 방법, ② 구체적인 정보를 사용하는 방법, ③ 심상지시방법을 제시하였다.

첫째, 인지심리학분야에서 기억에 관한 연구에 의하면 사람들은 단어(언어적 정보)보다 그림(시각적 정보)을 더 잘 기억한다. 이와 관련된 이중부호화이론(dualcoding theory)으로 이 이론은 그림이 기억 속에 저장되지만 단어는 주로 언어적 형태의 정보만이 저장되며 시각적 형태의 정보가 저장될 가능성이 낮다고 제안한다. 따라서 언어만 제공하는 것보다 그림을 함께 제공하는 것이 언어적 정보만을 제공하는 것보다 기억증대에 보다 효과적이다.

둘째, 사람들은 추상적 정보보다는 구체적 정보를 더 쉽게 저장하고 인출한다. 따라서 구체적 명사를 사용한 브랜드명이 소비자의 기억력을 높이는 데 보다 효과적일 것이다.

마지막으로, 심상지시전략(imagery instructions)은 소비자로 하여금 상상을 통해 마음속으로 제품 정보를 시각화하도록 유도하는 기법으로 그림(시각적 정보)을 언어적 정보와 함께 제시하거나 구체적인 정보(단서)를 사용해서 소비자로 하여금 상상을 통해 마음속으로 제품정보를 시각화하도록 유도하는 기법인 심상지시전략을 사용한다.

심상이란 소비자가 마치 눈으로 보듯이 마음속으로 어떤 개념을 시각화하는 것을 말하는데 일반적인 경우 심상은 기억을 촉진시키는 역할을 한다. 유명한 골프 코치이고 박세리와 국내 유명선수들을 코치한 데이비드(David)는 모든 골프코스에서 어려운 스윙을 할 때 볼이 가야 할 길을 머릿속에서 그려 보라고 한다. 이를 통해서 긍정적인 결과를 도출할 수 있다고 하는데 역시 광고에서도 시각화는 놀라운 효과를 보여 준다.

어느 더운 여름날 교통체증(traffic jam) 속에서 꼼짝없이 앉아 있는 소비자들에게 길가의 빌보드 광고에서 시원한 맥주 광고를 보게 된다거나 아니면 동일한 상황 속에서

차 안에서 듣고 있던 라디오 프로그램 중간에 "맛있는 녀석들"의 개그맨 김준현이 목소리로 "더우시죠? 오늘도 힘든 일과를 끝내신 당신을 위해서 시원한 맥주 한 잔을 하세요."라는 광고가 나오게 될 때 소비자는 마음속으로 맥주를 마시는 장면을 시각화한다는 것이다. 이것은 정리해보면 구체적인 언어를 제공하여 소비자에게 자극을 전달하는 방법이나, 그림과 같은 시청각 자료를 동원하여 시각적 자극을 제시하는 법, 그리고 소비자가 기억해야 하는 제품정보를 마음속으로 시각화하도록 하는 심상지시를 이용하는 등등이 다 소비자로 하여금 기억을 증진하도록 하는 기법들의 예이다.

이러한 심상(mental imagery)을 이용하는 것이 효과적인 이유는 심상자체가 언어적인 부호화와 더불어 또 다른 부호화를 제공하기 때문에 기억에 더 효율적이며 시각적인 자극은 언어적 측면과 시각적 측면이 공히 저장되지만 언어적 자극은 언어적 형태의 정보만이 저장되기 때문에 소비자들의 연구를 통해서 보면 시각적인 정보를 더 잘 기억한다고 한다.

2. 기억증진 기법(mnemonic device)

단어들의 리듬을 이용하여 단순한 기법을 사용하여 기억증대를 도울 수 있다. 기업은 자사의 브랜드명을 소비자에게 쉽게 기억시키기 위하여 광고에서 브랜드명과 관련된 어구를 브랜드명과 반복적으로 연결시키는 방법을 자주 사용한다.

일반적으로 소비자들의 기억을 증대시키기 위해 기업들이 하는 노력은 매우 다양하고 많은 종류의 광고를 보면 소비자들이 효율적으로 상표명과 그 용도를 알리기 위해서 노력을 하고 있다는 것을 알 수 있는데 단어의 리듬을 이용한다든지 하는 단순한 기법을 이용하여 기억력 증대를 도울 수 있다. 그러한 예들을 살펴보면 다음과 같다.

- 고객이 OK할 때까지!, OK, SK! — SK 기업 이미지 광고
- 잇몸 튼튼! — 이가탄
- 잇몸 질환에는 바로 파로돈탁스 — 잇몸질환 치료제 파로돈탁스
- 다 알아서 해 주는 하이 클래스 — 하이 카
- Impossible is nothing — 아디다스 광고
- 참, 착하네요. 착한 드링크 — 비타 500
- 너구리 한 마리 몰고가세요 — 농심 너구리 라면
- 머리부터 발끝까지 오로나민C — 생기발랄 탄산드링크 오로나민C

또한, Atkinson et al.의 이론이 있는데 각 머리글자들을 발취해서 PQRST를 제안하였다. 이를 살펴보면 다음과 같은 내용들의 약어이기도 하다.

① P(Preview, 사전 검토) : 전체적인 내용은 소제목으로 미리 검토를 한다.
② Q(Question, 질문) : 미리 검토된 소제목들과 관련된 질문들을 생각해 본다.
③ R(Read, 읽기) : 적절한 항목을 골라서 집중적으로 읽고
④ S(Self-recitation, 자기 암송) : 주요 아이디어를 회상하고 또 암송해본다.
⑤ T(Test, 검사) : 모든 내용을 검사하고 다시 한번 재검토한다.

3. 반복을 통한 광고(Repetition)

많은 소비자들은 광고에 노출되는 경우 그다지 주의를 기울이지 않으므로 1회 노출로 브랜드나 제품정보를 기억에 저장할 가능성이 낮다. 따라서 소비자가 제품정보를 충분히 이해하고 이를 기억하도록 하기 위해서 마케터는 반복적으로 제품광고를 제공해야 한다. 제품광고의 횟수가 늘어날수록 제품정보에 대한 학습효과가 증가하지만 그 증가율은 감소한다. 반복 횟수가 지나치면 광고효과가 감소할 수 있는데 이를 광고효과의 감퇴(advertising wearout)라고 한다.

일반적으로 우리가 관여도 부분을 회상해보면 저관여 상태에 있는 소비자들의 경우인 동기부여가 낮고 정보처리 능력이 부족한 소비자들의 경우에는 한번 정도 광고에 노출된다고 해서 필요한 제품정보와 상품명을 머릿속에 기억히기는 매우 힘들다고 볼 수 있다. 예를 들어, Three Exposure 이론처럼 적어도 의미 있게 기억을 하려면 세 번 정도는 정확히 노출되어야 하고 일반적으로 세 번의 의미 있는 노출이 되려면 평균적으로 12~15번 정도의 노출이 있어야 한다는 이론과 마찬가지로 소비자에게 정보를 기억시키고자 한다면 반복해서 광고를 제공히는 수밖에는 없는데 설득적인 메시지(자극)를 반복적으로 제시한다면 현저하게 주의를 끌 수도 있고 회상에 도움을 주고 기억 속에서 인출되어서 소비자의 의사결정 시 도움을 줄 수 있다고 한다. 물론 반복광고에 대한 주의점도 있는데 이는 전술되었던 광고효과의 감퇴(advertising wearout)로 잦은

반복적 노출은 소비자가 지겨움을 느끼게 되어 의도적으로 피하게 되는 결과를 가져온다는 것 역시 인지해야 할 것이다. 비록 동일한 광고를 진행할 경우 광고효과 감퇴의 한계점은 있으나 브랜드명을 강제로 기억시킨다(유지 리허설)는 점에서는 긍정적인 효과로 볼 수 있다. 그러나 지속적인 동일한 광고는 제품 태도가 부정적으로 변할 수 있다. 그러므로 마케터는 소비자의 제품정보에 대한 이해 및 기억증대를 위하여 동일한 메시지를 반복적으로 광고하되 광고실행방법(advertising execution)을 다르게 함으로써 광고의 감퇴를 방지할 수 있다. 광고효과의 감퇴를 방지하기 위해 실제로 많은 회사들이 광고들에서 실행을 달리하고 있다. 메인 컨셉을 유지하면서 시리즈 광고나 모델을 다양화하는 경우도 있다.

4. 음악의 사용

소비자의 기억을 돕기 위해 사용될 수 있는 또 다른 수단은 광고에 음악을 활용하는 것이다. 다음은 음악이 브랜드 구축에 도움을 준 예이다.

- 손이 가요 손이 가~~~~(농심 새우깡)
- 열두시에 만나요~~~~(부라보콘)
- 탈모가 고민이라면 그루트, 그루트, 닥터그루트로 감아라~~~~~

그 중 '그루트송'은 2019년 도입된 후속 광고물도 전편과 마찬가지로 광고모델 김희철이 마트고객 등과 함께 등장해 일명 '그루트송'을 부르면서 재구매율 1위 샴푸브랜드라는 것과 다양한 계층의 탈모증상에 맞춤형 솔루션을 제공한다는 차별적 제품특성을 강조하였다.

음악을 이용한 광고메시지 전달은 소비자에게 브랜드 친숙성을 높이고 제품 정보에 대한 회상력을 향상시키는 데 도움을 준다. 음악을 이용한 메시지 전달의 효과에 관한 한 연구에 의하면 광고메시지를 읽어주었을 경우와 노래로 전달했을 경우의 효과를 비교한 결과 응답자들은 노래로 불려진 광고메시지의 내용을 더 많이 회상한 것으로 나타났다. 이는 노래 가사를 그냥 외우는 것보다 음악을 듣거나 스스로 불러봄으로써 훗날 그 가사를 쉽게 인출하는 것으로 쉽게 이해할 수 있다.

참고문헌

Anderson, John R., "A spreading activation theory of memory," Journal of verbal learning and verbal behavior 22, no.3(1983), pp.261-295.

Benton Underwood, "Attributes of Memory," Psychological Review 76(November 1969) pp.559~573.

Bettman, "Memory Factors in Consumer Choice": A Review, Journal of Marketing 43(Spring 1979).

Bovee Courtland and W. Arens, Contemporary advertising, 2nd ed., Irwin : Homewood IL., p.438.

Daniel Kahneman, "Attention and Effort"(Prentice Hall NJ, 1973).

George Miller, "The Magical Number Seven, plus or minus Two: Some Limits on Our Capacity to Process Information," Psychological Review 63(1953) pp.81~97.

George Sperling, "The in Formation Available in Brief Visual Presentations," Psychological Monographs 74(1960) p.498.

H. Ebbinghaus, Memory, trans. H. A. Ruger and C. E. Bussenius(New York: Teachers College, 1913).

H. Krishnan and D. Chakravati, "Memory Measures for Presenting Advertisements: An Integrative Conceptual Framework and a Diagnostic Template," Journal of Consumer Psychology 8, no.1(1999) pp.1~37.

Herbert Simon, The Sciences of the Artificial(Cambridge, MA:MIT Press, 1969).

Herr, Paul M., "Priming price: Prior knowledge and context effects," Journal of consumer research 16, no.1(1989), pp.67-75.

James R. Bettman, "Memory Factors in Consumer Choice: A Review," Journal of Marketing 43(Spring 1979) pp.37~53.

John C. Mowen, Consumer Behavior, Framework Prentice Hall, 2001, p.56.

Leigh, Thomas W., and Arno J. Rethans, "Experiences with script elicitation within consumer decision making contexts," ACR North American Advances(1983).

Lutz, Kathy A., and Richard J. Lutz, "Imagery-eliciting strategies: Review and implications of research," ACR North American Advances(1978).

M. Carole Macklin, "Rehearsal Processes in Children's Recall of Advertised Products," in

Proceedings of the Division of Consumer Psychology, ed. Wayne Hoyer American Psychological Association pp.21~25.

R. Endicott, "Top Global Marketers." Advertising Age, November 1997, p.9.

Chapter

8

신념, 태도

(Belief and Attitude)

Case study

차별화된 스토리텔링과 독자적 세계관
걸그룹 팬덤의 문턱을 가뿐히 넘다

2022년, K팝에서의 가장 큰 사건은 '걸그룹의 부상'으로 요약할 수 있다. 20여 년 전인 2009년의 '걸그룹 대전'을 떠올리게 할 정도로 다수의 걸그룹이 경쟁하고 있다. 대중적인 인기도 높다. 업계 전문가들은 종종 '넥스트 BTS는 걸그룹이 될 것이다'라는 의견을 내기도 한다. 이러한 걸그룹의 인기는 분명히 사회적인 요인과 비즈니스 요인이 복합적으로 작용한 결과이다.

몇 년 전 한국 사회를 강타한 미투 운동과 남자 아이돌의 성폭력 범죄 등 크고 작은 사건을 계기로 문화예술계의 여성 소비자들 사이에는 '남자 아티스트를 좋아하기 어려워졌다'라는 인식이 커졌다. 이런 기조 아래 전반적으로 여성 아티스트를 적극적으로 발굴하고 지원하려는 경향이 생겼고, 특히 대중문화에서는 이러한 흐름을 반영한 프로젝트나 프로그램이 대거 늘었다. 최근 걸그룹의 부상은 이러한 인식 변화의 맥락에서 이해할 수도 있다.

하지만 동시에 이러한 변화는 비즈니스 측면에서도 중요한 분기점을 보여준다. 아이돌 그룹의 비즈니스 모델은 '팬덤'이란 강력한 영향력을 바탕으로 구축된다. 그런데 이 팬덤 기반 모델에서는 보이그룹의 성공 사례가 압도적으로 많다.

실제로 걸그룹은 팬덤을 형성하기 어렵고, 그렇기에 규모를 기반으로 하는 콘서트나 투어, 굿즈 판매 등의 비즈니스 밸류체인을 구축하기 어렵다는 게 업계의 지배적인 통념이다.

하지만 걸그룹의 영향력이 커지고, 팬덤이 조성되고, 음원 차트뿐 아니라 앨범 판매량이 증가하면서 걸그룹을 둘러싼 '사업적 비전'도 확장되고 있다. 여기에는 앞서 언급한 소비자들의 인식 변화와 더불어 글로벌 시장의 확립으로 인한 팬덤 확대, 수익성 개선 등 복합적인 요인이 작용하고 있다.

동아비즈니스리뷰 359호(2022년 12월 Issue 2), 일부수정

기업의 제품에 대한 소비자의 반응이 이와 같다면 어떠할까? 공연 티켓을 구입하기 위해 며칠 밤을 새거나 며칠을 반복해서 공연장을 방문하거나 머나먼 타국에서 방문하기도 한다. 이는 모든 기업이 꿈꾸는 상황일 것이다. 제품 발매를 기다리며 세계 각국에서 남녀노소를 가리지 않고 모여들었으며 티켓을 구한 소비자는 환호를 하며 행복감을 느낀다고 했다. 이와 같은 대상에 대한 강한 열망은 태도로 설명될 수 있다.

본 장에서 다루는 신념, 태도 그리고 행동은 개별적으로 떨어져 있는 개념이 아니고 상호 간에 매우 밀접하게 연관이 되어 있다. 특히 소비자행동에 관련된 많은 연구들과 논문들이 소비자의 태도에 관련되어 집중적으로 연구되고 있다. 기업 입장에서는 소비자들이 기업이나 제품에 대해서 호의적인 태도를 형성하는 것이 가장 중요한 주제라고 볼 수 있다. 왜냐하면, 위의 자동차회사의 경우처럼 저평가 되는 회사는 그 가격이나 평가에서 적합한 대접을 받지 못하는 경우가 많고 시장에서 사장될 가능성이 크기 때문이다.

먼저 신념과 태도의 형성과 변하가 어떻게 이루어지는가를 알아보겠다. 소비자 신념은 인지적 학습의 결과로 생겨나며, 소비자가 특정 대상에 대한 지식과 지각적 추론을 바탕으로 나타내는데 여기서 특정 대상이란 사람, 제품, 회사 등을 포함해서 소비자가 모두 태도나 신념을 보유한 모든 대상일 수가 있는 것이다. 속성이란 개념도 알아두어야 하는데 속성이란 그 특정 대상이 가지고 있는 특징이라고 볼 수 있겠다.

태도에 대한 정의는 수도 없이 많지만 학계에서는 20세기 초 터슨(Thurson)의 정의가 가장 효시라고 볼 수 있다. 그는 태도를 정의하기를 '자극에 대한 부정적/긍정적인 감성이나 감정의 양'이라고 정의하였다(The amount of affect or feeling for or against a stimulus). 이는 좀 단순해 보이지만 명확한 장점이 있다.

또 다른 이론 중 널리 받아들여지고 많이 인용되는 것으로는 피쉬바인과 아젠(Fishbein & Ajzen)의 정의가 있다. 이들은 태도를 정의하기를 '어떤 지각대상(사람, 사물, 사안)에 대하여 일관성이 있게 호의적 또는 비호의적으로 긍정적 또는 부정적으로 평가하는 학습된 선유경향'이라고 했다.

과거의 단일차원 관점에서는 태도가 특정한 대상을 좋아함으로부터 싫어함이라는 전반적인 평가척도 상의한 점을 취하는 것으로 간주되었지만 최근의 다차원적인 관점에서는 소비자가 다수의 속성에 대한 개별적인 지각들을 통합하여 전반적인 평가를 형성하고 행동성향을 결정함으로써 태도를 형성하는 것으로 파악한다.

다차원 관점에서는, 즉 태도는 인지적, 감정적, 행동적 등의 세 가지의 구성요소로 이루어지며 이들 세 요소간의 상호작용에 역점을 두어 확대된다.

인지적 요소(cognitive)란 한 대상에 대해 개인이 가지는 지식이나 신념을 말한다. “삼성 컴퓨터는 고장이 잘 안 난다”와 같은 제품에 대한 지식이 이에 해당된다. 인지적 요소란 소비자는 하나의 태도 대상에 대해서 다양한 측면에 관련된 여러 신념들을 갖고 있는데, 태도 대상에 대한 이러한 신념들은 인지적 요소를 구성한다. 예를 들어, 소비자는 태도 대상의 각 속성에 대하여 신념(자기 나름대로의 주관적이 판단)들을 갖고 있는데 이러한 신념들은 소비자가 그 태도 대상에 대하여 ‘믿는 바’이다. 단지 여기서 주의해야 할 점은 소비자가 태도 대상에 대하여 갖고 있는 신념들이 반드시 과학적이거나 진실은 아닐 수도 있다는 것이며, 그 자체만으로 태도의 중요한 구성요소가 된다는 것이다.

감정적 요소(affective)는 대상에 대한 긍정적 혹은 부정적인 느낌으로서 “나는 쏘렌토를 좋아한다”가 그 예이다. 감정적 요소란 대체로 인지적 요소를 근거로 하여 형성되는데, 결정적 신념들은 개인의 욕구기준 또는 가치체계에 대비되어 각각 독특한 감정적 반응들을 속성별로 야기할 것인데 이러한 감정적 반응들이 태도 대상에 대한 전반적인 평가로 종합된 결과를 감정적 요소라고 하며 단일 차원적이다.

행동적 요소(behavioral)는 대상과 관련된 행동을 하려는 성향이다. 예를 들면 “나는 G80을 사고 싶다”는 구매와 관련된 행동적 요소이다. 행동적 요소란 상품을 구매하려거나 주변사람들에게 추천하려는 것과 같은 마음가짐은 태도 대상에 대하여 소비자가 보이는 행동성향으로서 태도의 행동적 요소라고 하는데, 대체로 구매의도로 측정된다. 여기서 구매의도란 ‘특정한 태도대상을 구매하려는 주관적 확률’을 의미한다(Day).

따라서 다차원 관점에서의 태도는 각 속성에 대한 신념인 인지적 요소, 그러한 신념들이 자신의 욕구기준에 대해 유발 하는 감정적 반응들을 종합한 감정적 요소, 그에 따라 반응할 준비상태인 행동적 요소 등 세 가지 요소로 구성된다. 그리고 다차원 관점에서는 인지요소가 곧 감정적 요소에 영향을 미치고 이를 바탕으로 행동적 요소에 영향을 줄 가능성이 크다고 보는 것이다(Lutz).

예를 들어 설명해 보면 인지적 요소에서는 어떤 소비자가 스마트폰을 구매하고자 할 때 삼성의 갤럭시 시리즈가 ‘기능이 매우 우수하며 많은 사람들이 사용하는 제품이다’라는 신념을 가지게 되고, 소비자가 실제 사용을 해 본 결과 삼성 스마트폰의 전반적인 기능과 A/S 등이 가장 나의 성향을 잘 표현해 준다고 하는 감정적 요소로 발전하게 된다면, 행동경향 요소에서는 항상 갤럭시 제품을 구매할 가능성이 높아지는 것이다. 이를 도표로 표시해 보면 아래의 [표 8-1]과 같다.

[표 8-1] ABC 태도모형

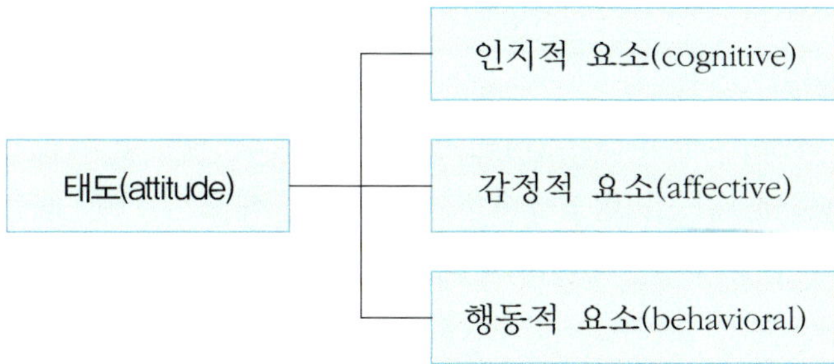

[표 8-1]은 인지, 감정, 행동의 다차원 태도의 모형을 보여준다. 중심의 태도는 세 요소와 연관성이 있으며, 세 가지 요소도 서로 연관되어 있다. 태도와 구성요소는 일관성을 유지한다. 예를 들면 소비자에게 제품에 대한 새로운 정보가 선날되어 인지적 요소가 변경되면 감정적 요소와 행동적 요소도 변경될 수 있다.

태도의 특성

이상에서 정의한 것들을 종합해 볼 때 일반적으로 태도는 다음과 같은 여섯 가지의 공통적인 특성을 가지고 있다고 할 수 있다.

첫째, 태도는 대상을 필요로 하는데 태도 대상은 제품과 서비스는 물론이고 기업이나 단체 등 모든 종류의 추상적인 개념이나 제품 구매와 같은 행위도 포괄한다. 하지만 우리가 다루는 주된 대상은 제품, 서비스, 상표, 상점, 광고, 가격 등이다(Allport).

둘째, 태도는 방향(그 대상에 대하여 호의적인가 또는 비호의적 인가하는 방향을 정한다), 정도(개인이 그 대상을 얼마나 좋아하는가 아니면 싫어하는가의 정도를 말한다), 강도(그 대상에 대해 표현의 확신 수준정도 또는 그의 확신을 얼마나 강하게 느끼고 있는가 하는 것이다) 등의 세 가지 하부적인 측면을 가진다.

셋째, 개인이 여러 대상들에 대하여 가지고 있는 태도들은 소비자들의 개체 및 자아 이미지를 중심으로 하여 구심점을 가지며 소비자의 내적 일관성과 태도 상호 간의 구심성(centrality)을 가지고 있는데, 구심성이 큰 태도(중심적 태도)는 그렇지 못한 주변적 태도에 비해 의사결정에 많은 영향을 미친다. 또한, 태도는 하나가 아니고 여러 가지가 서로 연계되어 있다.

넷째, 태도는 처음부터 정해져 있지는 않다. 모든 소비자들은 처음 제품을 구매하고 이어서 소비함으로써 태도를 형성하게 되는 것이다. 태도는 이런 과정을 거쳐 학습되기 때문에 기업의 입장에서는 소비자의 태도를 변화시킬 수 있는 것이다. 이러한 태도에 영향을 미칠 수 있는 요인들은 이 책에 뒷장에 나오게 될 가족과 준거집단(친구, 동료), 다양한 매스미디어 등을 포함하고 있으며 특히 개인적인 경험, 특성에 따라서 다르게 학습이 된다.

다섯째, 태도는 상황요인에 따라서 많은 영향을 받게 되는데 어느 정도는 지속적인 성향을 가지고 있기는 하지만 항상 동일하지는 않다. 평소에 패스트푸드를 싫어해서 잘 먹지 않는 소비자가 급하게 어디로 이동할 때나 급하게 출장을 가게 되어 식사시간을 따로 마련할 수 없을 때 공항이나 터미널에서 맥도날드(McDonald)를 보게 된다면 긍정적인 태도를 가지고 빅맥(Big MAC)을 먹을 수도 있는 것이다.

여섯째, 태도는 직접 관찰되기 어렵다. 태도는 소비자가 행동으로 보여주기 전에는 직접적으로 관찰되지 않는 정신적인 상태이기 때문에 질문이나 집단면접법 등의 관찰을 통해서 추론하는 것이다.

태도의 기능과 구성요소

소비자가 대상에 대한 태도를 지속적으로 유지하는 이유는 태도가 다양한 기능을 제공하기 때문이다. 이는 소비자가 자신의 특정한 동기를 만족시키기 위해 태도를 유지하고 활용함을 의미하기도 한다.

태도의 기능을 살펴보면 여러 예가 있을 수 있는데 소비자가 사용/불사용/미사용 또는 우연히 알게 된 제품에 대해서는 여러 가지 신념을 갖게 되며 태도가 소비자에게 작용하는 기능들은 소비자의 욕구를 효과적으로 충족시키거나 가치를 표현해 준다고 지각되는 대상에 대하여는 긍정적인 태도를 형성하고 그렇지 못하다고 지각되는 대상에 대하여는 부정적인 태도를 형성하도록 작용하는 기능을 한다. 태도에 대한 기능을 연구한 학자들에 따라서 다양한 기능을 연구했으나 중첩되는 부분들이 많은 것이 현실이고, 최근 기능론자들의 공통점으로 태도가 가지는 기본 기능은 어떤 대상에 대해서 평가를 하는 기능이며 소비자들의 태도를 관찰함으로써 이 특정 대상에 대해 소비자가 취할 행동을 예측할 수 있다고 보았다(Krench & Crutchfield).

하지만 다른 두 명의 소비자가 동일대상에 대해서 호감을 가진다고 할 경우라도 그 이유는 매우 틀린 경우도 있을 수가 있다. 이런 경우에 소비자가 원하는 속성에 맞추어 메시지를 제공하거나 자극을 부여하는 것이 효율적일 것이다. 가격 지향적인 소비자에게는 미국시장에서 가구할인업체로 유명한 IKEA(스웨덴)의 전략처럼 서비스를 거의 제공하지 않고 저렴한 가격의 제품을 공급하는 것이 관건일 것이고 고급의 제품과 높은 품질의 서비스를 원하는 소비사에세는 가격은 높되 최고의 서비스와 제품을 공급하는 것이 효율적일 것이다. 학계에서 가장 보편적으로 받아들여지고 있는 태도의 기능에 대한 이론은 캐쯔(Katz)인데 크게 네 가시로 분류했다. 1998년에 와서 Eaglcy & Chaiken은 좀 더 넓게 정의하였는데 이들은 실용적 기능(Utilitarian Funcion), 자기 방어적 기능(Ego defense Function), 가치 표현적 기능(Value-expressive Function), 그리고 지식 통합석 기능(Knowledge Integration Function) 그리고 사회적 조정기능 등이 그 주요 내용이다. 이들을 좀 더 심도 있게 살펴보면 다음과 같다.

① 실용적 기능(utilitarian function)

사람들은 가급적 자신에게 주어지는 긍정적인 보상(reward)을 최대화하고, 부정적인 처벌(punishment)을 최소화하는 방향으로 행동하려는 경향이 있다. 그리하여 실용적 기능(utilitarian function)을 토대로 태도를 형성한 소비자는 비용(costs)에 비해 보다 큰 편익(benefits)을 제공해주는 대상에 대해 더 호의석이나. 각 브랜드에 대힌 태도는 선택에 영향을 미치는 실용적인 기능을 한다. 실용적 기능(utilitarian function)은 태도가 소비자로 하여금 즐겁거나 보상적인 대상에 대해서 호의적으로 반응하고 처벌과 같은 부정적인 것에는 피하도록 하는 작용을 한다. 예를 들어, 사람들을 많은 태도가 소비자로 하여금 즐겁거나 보상적인 내싱에 대해시 호의적으로 반응하고 처벌과 같은 부정적인 것에는 피하도록 하는 작용을 한나. 예를 들어, 사람들을 많이 대하는 업종의 종사자는 구취 제거제나 에어 클리너에 대한 제품에 호의적인 태도를 가지게 되는 것이다. 또한, 통신 장애 지역에 사는 거주자들은 전화/스마트폰이 통화품질이 나쁘거나 끊어짐이 심하기 때문에 고주파 일반 전화나 휴대폰의 경우는 기지국이 많은 SK 텔레콤을 선호하는 경향을 볼 수 있는데 이렇듯이 실용적인 측면에서 어떤 제품이 욕구달성에 도움이 된다면 호의적인 수용을 하게 되기도 하고 도움이 되지 않는다면 이 제품을 거부하게 하는 기능을 한다. 이처럼 편익은 소비자에게 더 큰 실용적 기능을 제공하여 태도를 긍정적으로 변화시킨다.

② 자아 방어적 기능(Ego defensive Function)

태도는 외부의 위협으로부터 소비자의 자아에 대한 위협을 제거해 주는 대상에 대하여 호의적으로 반응하도록 작용하는 것이 자아 방어적 기능(Ego defensive Function)이다. 이는 프로이드 심리학에 그 토대를 두고 있다. 이 영향은 자신의 내면적 가치관을 나타내려는 가치표현적 기능과 기능 면에 있어서 반대 방향으로 나타날 수 있다. 아래의 가치 표현적 기능은 자아이미지를 향상시켜 주는 대상에 대해서 호의적인 태도를 가지는데 반해서 자아 방어적 기능은 소비자가 가진 자아이미지에 손상을 보호하는 측면의 성향을 가진다. 이에 대한 예는 입찰을 목적으로 프레젠테이션을 하는 긴장된 상황을 연출하고 발표자가 땀을 많이 흘려서 셔츠가 얼룩지는 장면을 보여주면 발표자가 자신감이 없다는 것을 간접적으로 보여주게 되는데 이러한 경우 땀을 억제해 주는 제품 SPEED STICK(Deodorant)에 대해서 호의적인 태도를 가지게 되는 것이다. 실제로 미국인들에 경우는 특히 땀이 많아서 이 제품도 수십 가지 종류에 이르며 많은 사람들이 스킨을 바르듯이 많이 사용하는 제품이다.

③ 가치 표현적 기능(Value-expressive Function)

태도는 자아개념(self-concepts)이나 중요한 가치를 표현하는데 이를 가치표현적 기능(Value-expressive Function)이라 한다. 태도가 소비자 자신의 중심적 가치를 효과적으로 표현하는데 도움이 되는 대상에 대하여 호의적으로 반응하도록 작용하는 것이다. 일본 제품 대신 국산 제품을 구입함으로써 애국심을 표현할 수 있다. 자신이 가지고 있는 가치관을 간접적으로 나타낼 수 있다. 일회용 컵 대신에 머그잔이나 텀블러를 사용하는 것은 실제 환경보호에도 도움이 될 뿐 아니라 사용자의 환경 친화적인 이미지를 타인에게 전달하기도 한다. 소비자의 태도가 주로 가치표현적 기능과 관련되는 경우 마케터는 소비자가 중요하게 여기는 이미지나 가치를 자사의 브랜드와 연관시킴으로 표적소비자를 설득할 수 있다. 우리가 흔히 접하는 체면이라는 말이 있다. 자동차를 교통수단으로만 바라본다면 경차 정도면 그 기능을 충분히 수행할 것이다. 하지만 소비자들이 보유하고 있는 가치 표현적 기능의 영향으로 고급차를 구입하는 소비자들이 많다는 점을 인식해야 하는 것임으로 고급차 광고에는 자동차의 기능을 강조하는 것보다는 소비자들 마음속에 자리 잡고 있는 상징들과 속성들을 파악하여 명예를 강조하거나 지위를 나타내주는 수단임을 내세우는 전략이 필요한 것이다. 예로 보면 국내 대형차들 광고들은 주로 소비자들의 품격과 신분과시에 대한 카피들을 직, 간접적으로 소구하는 것이 그 예가 된다.

④ 지식 통합적 기능(Knowledge-Integration Function)

태도가 소비자가 매일 당면하는 대량의 자극들을 효율적으로 조직하고 평가하기 위한 근거(준거점)로 작용하는 역할을 하는데, 태도의 이러한 지식의 기능은 소비자가 의사결정에서 겪는 불확실성과 혼돈을 감소시켜 준다. 이러한 지식 통합적 기능이 중요한 이유는 태도가 제품에 대한 여러 가지 정보를 평가하고 해석하며 기억 속에 남아 있다가 구매의사결정을 할 때 결정절차를 단순화시킬 수 있는 기능을 하는 것이다. 소비자는 자신이 가지고 있는 태도에 근거하여 그 대상과 관련된 새로운 제품정보를 해석한다. 소비자는 외부 자극을 지각할 때 선택적 지각 메커니즘(selective perception)에 따라 자신의 방식으로 지각할 수 있는데 상표애호도가 있는 제품을 구입할 때에는 복잡한 의사결정절차를 순서대로 시행하는 것이 아니고 이 절차를 생략하고 기존에 보유한 태도에 의해서 제품을 구입하는 것이다.

⑤ 사회적 조정기능

태도가 타인과의 관계를 조절한다는 것이다. 사회적인 관계를 촉진하거나, 유지 또는 방해할 수도 있다는 것이다. 준거집단의 규범에 맞는 태도 등으로 보이는 것은 바람직한 관계를 나타내게 되지만, 준거집단이 수용할 수 없는 태도의 표현은 관계의 단절을 가져올 수 있다.

소비자의 태도가 행동에 미치는 영향

1. 태도와 행동 간 관련성에 대한 연구

태도가 행동에 미치는 영향은 다양한 요인에 따라 달라질 수 있다. 태도의 구체성(specificity), 강도(strength)와 같은 태도의 특성, 사회적 영향 환경요인에 따라 태도와 행동과의 관련성이 약하게 나타날 수 있다. 첫째, 태도의 구체성(specificity)은 태도 행동의 관계에 영향을 준다. 측정된 태도가 구체적일수록 행동에 대한 예측력이 강하다. 한 연구에서 ①종교에 대한 태도 ②성당에 대한 태도 ③주일에 성당에 가는 행동에 대한 태도 중에서 상관관계(① r=.18 ② r=.47 ③ r=.65)로 ③이 상관관계가 가장 높은 것으로 나타난 것처럼 구체적인 행동일수록 더욱 태도를 잘 예측할 수 있다. 둘째, 태도의 강도가 높을수록 그 태도는 행동으로 이어질 가능성이 더 높다. Berger and Mitchell의 연구에 따르면 광고에 노출되어 형성된 태도의 경우 광고노출 횟수가 많을수록 태도 강도는 높으며 구매행동에 영향이 큰 것으로 나타났다. 이 결과는 소비자가 동일한 광고에 반복 노출되는 경우 태도는 더 이상 호의적으로 변하지 않더라도 그 태도가 행동에 미치는 영향력은 커짐을 시사한다. 앞에서 언급한바와 같이 태도 강도가 높을수록 기억에서의 접근가능성이 높다. 기억에 저장된 정보나 태도의 접근가능성은 반응시간으로 측정한다. 태도에 대한 응답이 빠를수록 그 태도는 기억에서 잘 떠오르며 강도가 높다고 할 수 있다. 셋째 태도가 행동에 미치는 효과의 강도는 사회적 영향력에 따라 달라질 수 있다. 사회적 영향력은 중요한 주변 사람들이 행동에 미치는 영향을 의미하며 주변 사람들과의 관계가 강할수록 사회적 영향력은 더 커지게 된다. 즉 소비자는 중요한 주변의 사람들의 뜻에 따라 자신의 태도대로 행동하지 않을 수 있기 때문이다.

태도와 행동 사이에 관한 포괄적인 연구는 여러 학자에 의해서 시행되어왔고 소비자 행동에는 분명히 태도가 영향을 미친다는 것이 일반화된 사실이다. 본 장 사례에 나오듯이 소비자가 긍정적이고 호의적인 태도를 보유한 제품을 구매할 확률이 훨씬 나쁜 태도를 가진 제품을 구매할 확률보다 높은 것이 당연한 것이다. 이 관계를 포괄적으로 연구한 학자는 아첸바움(Achenbaum)이다. 그의 연구에서 19개의 상표태도와 소비의 관계를 수차례에 걸쳐 시행했는데 소비자의 태도가 행동에 영향을 미치는가에 대한 연구였다고 볼 수 있다. 소비자행동에 대한 태도의 영향을 살펴보면 소비자가 어떤 대상에 대하여 갖는 태도가 호의적일수록 구매의도가 높으며 제품 구매율도 증가한다는 것이다.

2. 소비자의 태도와 행동 간의 관련을 줄이는 요인들

여러 학자의 연구의 의해 증명된 소비자의 호의적인 태도가 행동에 영향을 준다는 결과와는 상이하게 소비자의 호의적인 태도나 구매의도가 항상 실제의 구매에 이르는 것은 아니며, 다음과 같은 요소들은 태도와 행동 간의 관련성을 약화시킨다고 연구되었다(Day & Deutscher). 이러한 요인들은 태도와 행동 사이에 연관성을 약화시킬 수 있다.

첫째, 상품의 구매 용이성

소비자가 우호적인 태도를 보유한 제품이라도 사려고 하는 상점에 없다거나 구입할 수 없는 요인이 발생하면 호의적인 태도라 할지라도 그 제품에 대한 태도는 변하지 않으면서 다른 제품을 구입할 수 있는 것인데, 유통 관점에서 본다면 소비자가 구입하고자 하는 제품이 절품(Stockout)된 영향으로 소비자에게 나쁜 태도를 형성할 수 있게 하는 시작이 될 수 있으므로 EDI system이나 POS 시스템은 기본이고 RFID(Radio Frequency Identification)를 사용해서 구매용이성을 높이고자 하는 회사가 많다.

둘째, 변화하는 시장상황

소비자들이 기존에 보유하고 있는 호의적인 태도를 바꿀만한 혁신적이고 뛰어난 제품이 출시되어 판매되고 있다면 소비자의 태도에 변화를 가져올 수 있다. 혁신적인 신제품 때문에 새로운 제품을 구매한다면 기존 제품에 대한 호의적인 태도에 변화를 가져온다. 천연 암반수로 기적적 회생을 했던 하이트가 점유율이 현저히 떨어지는 점이나, 스토리를 적절히 활용해 일시적이나 라면시장을 평정했던 꼬꼬면 등 시장은 급변한다.

셋째, 관여도의 영향

구체적인 구매는 여러 제품 범수 사이에서 호환적 선택으로 이루어지므로 소비자는 구입하고자 하던 제품 외에 쇼핑 중 관심을 가지게 된 제품도 같이 구매하기 위해서 호의적 태도를 가지고 있던 상표 외에 약간 가격이 저렴한 비호의적 상표의 제품을 구매할 수도 있다.

넷째, 가격요인

소비자가 쇼핑 중 구매시점에 전시 촉진이나 파격적인 가격인하 세일 등을 접하게 된다면 기존에 보유한 태도를 그대로 유지하면서 구매시점에서 일시적으로 다른 제품을 구매할 수 있다. 또한, 기존에 호의적 태도를 가지고 있던 상품 가격이 인상이 된다면 소비자는 호의적인 태도는 유지하되 일시적으로 타제품을 구입할 수 있다.

다섯째, 주변의 영향

의외로 많은 구매결정에서 가장의 독단적인 결정보다는 다른 가족 구성원들이 영향을 미치는데, 전자제품의 경우 청소년의 자녀들의 영향이 크다. 이러한 구매결과를 가지고 태도와 비교하면 미약한 관련성을 보일 수 있다.

여섯째, 재구매 주기의 연기

구매주기가 길다면 태도의 변화가 생길 수 있는 높은 가능성이 있다. 여러 변수(신제품, 경제 여건변화, 매력적인 대안의 등장)의 영향을 받기 때문에 태도가 변할 수 있다.

일곱째, 측정상의 문제

소비자가 자신의 신념과 감정적 반응을 완전하게 밝혀주지 않거나 태도의 모든 측면을 포괄적으로 측정하지 않는다면 역시 태도와 구매행동 사이의 연관성이 낮게 나타날 수 있다. 그래서 최근에 실시되는 FGI(focus group interview)와 같은 소비자 조사에서도 응답자들이 조사자가 듣고 싶어 할 것이라고 유추해서 부정확한 답을 하는 경우를 피하기 위해서 최면 후 실시하는 HFGI(hypnotized focus group interview)를 하는 사례가 늘고 있다.

행동이 태도에 미치는 영향

태도가 행동에 영향을 미치기도 하지만 행동이 태도를 형성하거나 변화시키기도 한다. 행동과 태도가 불일치 할 때 행동과 일치하는 방향으로 태도가 변화되기도 한다. 또한, 자신 스스로의 행동이나 신체 반응에 따라 태도가 형성, 변화되기도 한다.

이전에는 태도가 소비자행동에 미치는 영향을 중심으로 보았다. 그러나 그 요인들 중에는 일부 시사된 바와 같이 소비자가 구매하는 행동이 역으로 소비자 태도에 영향을 미쳐서 소비자의 태도의 변화나 수정을 가져올 수가 있는데 이러한 개념을 이론적으로 증명해 주는 연구들이 있다.

가장 대표적인 이론들이 인지부조화(Cognitive Dissonance), 자기지각이론(self-perception theory), 수동적 학습(Passive Learning), 기대에 대한 실망(Disconfirmation of Expectation)인데 이 이론들은 태도에 대한 연구의 중요도가 상대적으로 적다고 본다는 공통점이 있다.

1. 인지적 부조화(Cognitive Dissonance)

인지적부조화 이론(theory cognitive dissonance)에 의하면 두 개의 인지(cognition) 간의 관계는 조화적(consonant), 부조화적(dissonant)관계, 혹은 무관한(irrelevant) 관계 중 하나에 해당한다. 이 중 조호적 관계는 "나는 제네시스 GV90을 샀다. 그런데 그 차는 최근 자동차 평가기관에서 높게 평가되었다"와 같이 두 개의 인지가 잘 부합하는 관계를 가리킨다. 부조화적 관계는 "나는 제네시스 GV90을 샀다. 그런데 그 차는 최근 자동차 평가기관에서 낮게 평가되었다"와 같이 두 개의 인지가 서로 충돌하는 상황이다. 무관한 관계는"나는 제네시스 GV90을 샀다. 그리고 오늘 아침은 맛있다."와 같이 두 개의 인지가 무관한 경우이다. 만약 어떤 시점에서 개인이 갖는 두 개의 인지 간에 충돌이 일어나면 이를 인지부조화라고 부른다.

소비자의 태도는 전에 있었던 행동과 일치되도록 변화하고자 하는 성향이 있으며 그 결과로서 구매 후에 느끼는 갈등을 감소시킬 수 있다는 전제로 시작된다. 좀 더 자세히 알아보면 소비자가 구매결과에 대한 만족/불만족에 따라서 기존에 보유한 소비자의 태도는 수정되거나 변화될 수가 있는데, 제품에 대한 소비자의 태도는 제품성능에 관한 성과가 기대에 비해서 못 미쳤을 때에는 호의적이었던 태도가 부정적인 방향으로 변하며, 기대가 충족되었을 때에는 더욱 긍정적인 방향으로 변한다는 것이다. 만일 소비자가 구매행동을 하고 그 기대와 성과간의 불일치로 인해서 갈등을 경험하고 있다면 소비자는 이 인지적 부조화를 감소시키기 위해서 노력을 하게 되는데 인지적 부조화를 경험한 소비자는 자신의 행동에 일치하도록 이전의 태도를 바꿈으로서 부조화를 감소시킬 수 있다.

인지부조화의 감소와 태도변화로 개인은 인지부조화를 경험하면 이를 감소시킴으로써 인지적 조화(cognitive consonance) 상태로 가려는 경향이 있으며 이 과정에서 태도가 변화될 수 있다. 인지부조화가 발생하는 각각의 상황에 따라 어떻게 인지부조화가 감소되며 태도가 변화하는지 서술한다.

① 의사결정 후 발생한 인지부조화 감소

개인은 의사결정 후 인지부조화를 경험하면 자신의 인지부조화를 야기한 속성과 관련하여 선택한 대안이 선택하지 않은 대안에 비하여 못하지 않다고 스스로 위안하거나 다른 장점이 많으므로 전체적으로는(보완적 방식) 선택한 대안이 더 낫다고 생각함으로써 인지부조화를 감소시키려고 한다.

② 태도불일치 행동에 의해 발생한 인지부조화의 감소

처벌이나 보상 때문에 태도에 반하는 행동을 하여 인지부조화가 발생한 경우, 행동을 되돌릴 수 없으므로 태도를 행동에 준하는 방향으로 변화시킴으로써 인지부조화가 감소 될 수 있다.

③ 불일치 정보에 노출되어 발생한 인지부조화의 감소

의사결정에 배치되는 정보에 노출되면 인지부조화가 발생할 수 있으므로 그러한 정보를 회피하려 한다거나 이미 정보에 노출된 경우에는 그 정보를 왜곡(distorp) 시킴으로써 인지부조화를 감소시킬 수 있다.

2. 자기지각이론(self-perception theory)

① 자기지각이론(self-perception theory)

사회심리학자 Daryl Bem이 제안한 자기지각이론(self-perception theory)에 의하면 사람들은 다른 사람의 행동을 관찰하여 그의 태도를 추론하는 것과 마찬가지로 자신의 행동이나 신체적 반응을 관찰하여 자신의 태도를 추론하는 경향이 있다. 무언가를 원인으로 하여 행동이나 신체적 반응이 일어나는 경우 사람들은 때로는 그 원인을 실제 대상이 아닌 다른 대상에 귀인하기도 하며 이 경우 그 다른 대상에 대한 태도가 변할 수 있다. 예를 들면 상대방에게 호의적인 인상을 주기 위해 따뜻한 차를 대접한다거나 분위기가 좋은 곳이거나 즐거운 음악이 흐르는 장소에서 만남을 가질 경우 즐거움, 따뜻함을 느끼며 상대방에 대한 태도가 더 호의적으로 변할 수 있다는 것을 의미한다.

② Foot-in-the-Door 기법에 의한 순응행동의 유인

Foot-in-the-Door는 자기지각이론을 토대로 하여 개인의 순응(compliance)을 이끌어내기 위한 기법이다. 이 기법은 개인에게 작은 요구를 하여 그가 이를 수용하면 자신의 수용행동으로부터 자신이 그러한 행동을 지지하는 태도를 갖는 것으로 추론하도록 하고 다음에 같은 종류의 더 큰 요구를 하여 먼저 추론한 태도로 인해 그 요구를 수용하도록 하는 기법이다.

Foot-in-the-Door 효과가 주는 시사점은 소비자로 하여금 작은 긍정적인 행동을 하도록 유도함으로써 제품에 대한 태도를 변화시킬 수 있다는 것이다. SNS를 이용한 마케팅의 경우 전통적 마케팅보다 더 용이하게 소비자의 작은 행동을 유도할 수 있다. 상품평의 '좋아요'의 버튼 누르거나 콘테스트 참여는 브랜드태도에 긍정적인 영향을 미칠 수 있다.

3. 수동적 학습(Passive Learning)

수동적 학습이론은 행동에 태도가 영향을 미치는 점이 매우 미미하다고 보며 관여도가 낮은 의사결정에서는 소비자가 문제를 명확하게 인식하고 정보탐색의 목표를 갖지 않고 오히려 단순히 반복적인 노출을 통하여 정보를 수용하며, 상표 친숙도를 근거로 하여 일단 선택행동을 취하기 때문에 명확하게 정의된 태도가 행동의 조건이 아니다. 오히려 태도는 행동이 있은 후 사후적으로 형성되는 것으로 본다. 이에 대한 자세한 설명은 제2장 관여도의 수동적 학습이론을 참고하길 바란다.

4. 기대에 대한 실망(Disconfirmation of Expectation)

소비자가 구매 후 제품 사용을 통해서 기대했던 것보다 못 미치는 성능에 대하여 실망을 하게 되면 그 특정 제품에 대해서 부정적인 태도를 갖게 되며 위에 전술된 것처럼 어느 정도 수준의 실망일 경우에는 소비자가 오히려 동화되어 태도에 변화가 일어나지 않을 수가 있으나 만일 그 수준이 현저하다면 부정적인 결과를 가져오고 실제보다 더 과장된 결과를 가져올 수 있는데 위의 일정 수준까지는 소비자가 참는 것은 동화이론(assimilation effect)의 예가 되겠고 현저한 실망으로 태도에 큰 변화를 주는 것은 대조이론(contrast effect)의 예라고 할 수 있다.

태도의 형성(Formation of Attitude)

태도는 대상에 대한 '어느 정도 일관성 있는' 평가라고 정의된다. 그러나 태도가 항상 동일하게 유지되는 것은 아니며, 한번 형성된 태도는 지속적으로 유지될 수도 있으나 새로운 정보에 의해 변하기도 한다. 특정 대상에 태도를 처음 갖는 과정을 태도형성(attitude formation)이라 한다. 신제품이 시장에 도입되는 경우 소비자는 처음 접하는 제품에 대한 태도를 가지고 있지 않다. 신제품 정보를 살펴본 후 평가를 내리는 과정은 태도형성에 한 예이다. 형성된 태도는 기억에 하나의 마디에 저장되며 관련된 정보를 접하는 경우 활성화 과정을 통해 인출되어 사용된다. 형성된 태도가 항상 동일하게 유지되는 것은 아니다 새로운 정보를 반영해 기본의 태도와 다른 태도를 형성하는 과정을 태도의 변화(attitude change)라 한다.

태도에 대한 이론의 변화에서 다루어졌듯이 소비자들이 제품이나 상표를 평가 할 때에는 어느 특정한 요인을 가지고 평가를 하는 것이 아니며 다양한 제품의 속성과 특성을 동시에 평가하여 그 제품에 대한 태도를 형성하게 된다. 만일 어느 소비자층이 자사의 제품을 싫어한다는 조사가 있을 때 단지 싫어하거나 좋아하는 결과만을 아는 것만으로는 부정적으로 형성된 소비자들의 태도를 변화시키기 어렵다. 여기서는 어떻게 소비자들이 제품이나 상표를 평가하는지를 알아보고자 하며 이를 위해서 뒤에 장에서 다루게 되겠지만 간략하게 관련된 학습이론과 신념들에 대해서 알아보고자 한다.

인지적 학습이론(Cognitive Learning Theory)

고관여 상황에서 태도가 어떻게 형성되는가 혹은 태도의 토대가 무엇인가를 설명하는 이론들 중 전통적인 견해는 인지적 학습이론이다. 인지적 학습이론(Cognitive Learning Theory)에 의하면 소비자는 제품의 속성에 대한 신념에 의해 태도를 형성하고 태도를 바탕으로 구매 여부를 결정한다. 여기서 인지적 학습이란 인지적 과정(사고 과정)을 통해 대상에 대한 태도가 형성되는 것을 말한다. 그리하여 소비자는 구매에 선행하여 속성 신념(attribute beliefs) – 태도(attitude) – 구매 의도(purchase intention)의 단계를 거치는 것으로 간주되었다. 인지적 학습이론을 토대로 하여 이러한 소비자의 제품속성신념과 태도형성과의 관계를 설명하기 위해 개발된 이론이 다속성 태도모델(Multiattribute attitude Model)이다.

본 장 서두에 서술된 대로 소비자는 제품의 속성에 대한 신념에 의거해서 태도를 형성하게 되는데 그 태도를 바탕으로 구매의사결정에 영향을 받게 된다. 감정적 학습은 무의식적으로 제품이나 상표를 좋아하게 된다는 이론이지만 인지적 학습이란 감정적 학습과는 달리 의식적으로 제품에 대한 정보를 처리하여 태도를 갖게 되는 경우를 말하는데 인지적 학습이론 모델은 다음 [그림 8-1]과 같다.

이와 같이 소비자가 속성에 대한 신념을 바탕으로 해서 어떤 제품이나 대상에 대해서 태도를 형성하게 되고 그 태도가 호의적/비호의적인가에 따라서 구매에 직접적인 영향을 미치는 것으로 여기서의 태도가 형성되기 위해서는 한 제품이 가지고 있는 여러 가지 속성을 평가한 후 그 통합된 지식을 바탕으로 해서 형성된다는 것이다.

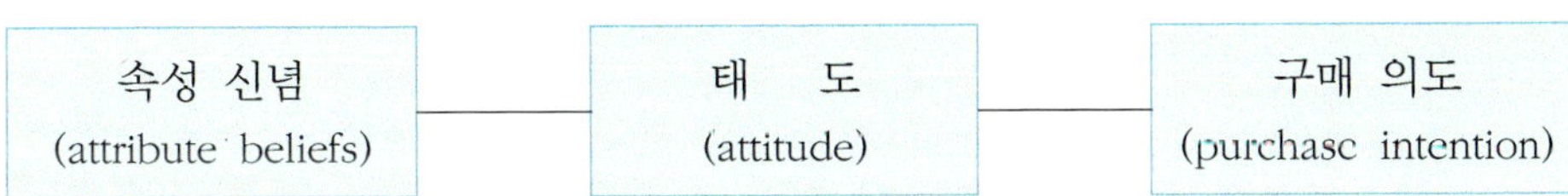

[그림 8-1] **인지적 학습이론 모델**

현저한 신념(Salient Belief)

자극의 현저성(Salience)은 기억 내에서 특정의 자극이 활성화되는 정도를 말한다. 소비자가 어떤 제품을 최근에 구매했을수록, 한 브랜드가 독득한 특성을 가졌을수록, 광고 독특할수록, 동일 브랜드 광고에 반복적으로 노출될수록 현저성(Salience)은 높아질 것이다. 따라서 마케터는 제품의 특성을 독특하게 하거나 광고량을 늘리거나 광고에서 진기함, 대조, 색상 등과 같은 자극요인에 의해 현저성을 높일 수 있다.

소비자는 광고메시지나 다른 정보, 제품 사용 경험 등의 추론을 바탕으로 대상에 대한 여러 가지 신념들을 가지게 되지만 상품을 평가하거나 구매의사결정을 하게 될 때에는 현저하게 자신에게 부각되는 신념들을 구성으로 해서 태도를 형성하게 된다. 이런 현상이 나타나게 되는 이유는 소비자의 기억용량은 한계가 있으므로 해서 모든 정보가 기억 내에서 활성화가 되는 것은 불가능하며 현저하게 돌출되는 신념들만이 영향을 끼치게 되는 것이다.

어떤 신념이 특정시점에 현저히 부각되는가는 영향을 주는 여러 요인들이 존재하는데 이에는 소비자의 감정상태(무드, 분위기) 그리고 자극요인(화려한 포장지, 광고, P.O.P Display), 구매시점에 활성화된 소비자의 가치, 목표 등 일 수가 있다. 이러한 현저한 자극은 어느 특정의 속성이라고 단정적으로 얘기할 수는 없지만 여러 가지 요인들 중에서 특정시점에 상황과 맞는 요인들이 될 수가 있다(Ajzen & Fishbein). 자사브랜드의 현저성을 높이는 마케팅전략을 개발할 수 있다면 자사브랜드의 회상은 증가시키는 반면에 경쟁브랜드들에 대한 회상은 감소시킬 수 있다. 그 결과 그 소비자의 상기브랜드군(evoked set)의 크기는 작아질 것이며 결국 자사 브랜드가 선택될 확률이 높아질 것이다.

다속성 태도모델(Multiattribute Model)의 정의와 유형

현저한 신념들은 소비자들이 제품에 대한 태도를 형성하는 기초가 되며 일반적으로 우리가 다루는 태도는 소비자들이 제품에 대하여 가지고 있는 현저한 신념들을 통합한 것이라고 볼 수 있는데 이 통합된 신념들이 어떻게 결합되어 제품에 대한 태도를 형성하는가를 알아야 한다. 다시 말하면 다속성 태도모델에 있어서 상표에 대한 전반적인 태도는 여러 가지 속성에 관한 신념들과 소비자의 욕구구조를 반영하며, 구매의도를 형성시켜 결국 행동을 야기하므로 전통적인 고관여도 효과의 계층을 나타낸다.

다속성 태도모델은 소비자가 문제를 인식한 후 정보탐색의 단계에서 수집한 정보들을 근거로 하여 속성별로 갖게 된 신념들을 종합하여 태도로 통합되는 과정을 묘사하는데, 소비자 판단규칙(consumer judgement rules)이라고도 하며 제4장의 선택대안의 평가에서 다루어진 보완적 방식(compensatory rule)이라고 볼 수 있다.

즉 태도(attitude)란, 각 속성에 대한 신념들이 야기하는 감정적 반응들을 합계, 산술평균 또는 가중치를 주어서 결합 한 결과에 따라서 태도를 형성한다는 관점으로서 다속성 모델(multiattribute model) 중에서 마케팅 분야에서 가장 널리 사용되고 있는 모델은 피쉬바인(Fishbein)이 제시한 모델인데 이 모델에 대해 알아보자.

1. 피쉬바인의 태도모델(Multiattribute Model)

피쉬바인(Fishbein)은 소비자들의 태도형성은 어느 대상에 대한 소비자 개인들의 지각과 지식을 통해 생겨난 신념을 바탕으로 해서 이루어진다고 보았고 어느 특정 제품이 한 가지 속성만을 가지고 있는 것이 아니고 여러 가지 크기, 모양, 성능, 가격 등의 속성을 가지고 있으므로 이런 여러 가지 속성에 대한 정보를 입수하여 궁극적으로 신념을 형성하게 된다고 보았다. 피쉬바인(Fishbein)에 의해 제안된 신념/평가모델(beliefs/evaluation model)에 따르면 상표에 대한 태도는 모든 관련된 속성(결정적 속성)에 걸쳐 상표가 각 속성을 갖고 있을 확률과 이러한 속성의 중요도를 곱하여 합산함으로써 평가된다. 1963년에 피쉬바인이 제시한 모델은 다음과 같은 식으로 표현된다.

$$A_0 = \sum_{i=1}^{n} \text{bi} \ \ \text{ei}$$

본식에서는

Ao = 대상에 대한 소비자에 전반적인 태도를 말한다.

bi = 대상에 속성 i와 관련된 신념의 강도를 말한다.

ei = 속성 i에 대한 개인적 평가 또는 느낌의 강도를 말한다.

n = 대상의 관련된 현저한 속성의 수를 말한다.

간단히 이 수식을 풀어서 해석해 보면 두 가지 요인에 의해서 결정된다고 보는데, 그 첫째는 속성에 관련된 신념의 강도이고, 둘째는 그 신념에 대한 개인적인 평가로 이루어졌다고 보는 것이다. 만일 ei가 긍정적인 점수를 받게 되면 호의적인 태도를 가지게 될 것이고, 부정적인 점수를 받게 되면 비호의적인 태도를 가지게 된다는 것이다. 이러한 소비자들의 특성 때문에 많은 회사의 제품광고를 지켜보면 소비자들이 중요하게 생각하고 있거나 아직 깨닫지 못하고 있는 중요한 속성을 부각시키려 노력하고 있는 것을 알 수 있다.

일반적으로는 사람의 기억용량의 한계성으로 인해 현저한 신념은 보통 9개를 넘지 않는다고 한다(Fishbein & Ajzen). 이러한 현저한 속성에 대한 신념점수와 평가점수를 곱한 것들을 총합하면 한 소비자의 어떤 대상에 대한 전반적인 태도 A0를 구할 수 있게 되는 것이다.

예를 들어, 스마트폰에 대한 소비자의 태도를 알아보기 위해서 몇 가지의 중요한 신념항목을 정한 다음, 먼저 신념의 강도(bi)는 어떤 대상(스마트폰)이 특정 속성(통화품질)을 어느 정도를 가지고 있다고 생각하는가를 나타내는데 이 강도는 소비자의 제품 사용경험, 외부정보 또는 지각적인 추론에 의거해서 결정된다. 그 신념의 강도에 대한 측정은 다음과 같은 양극척도를 이용하여 측정할 수 있다.

어떤 대상에 대한 신념의 강도(bi)

속성 i에 대한 신념(bi)은 한 브랜드의 특정속성(예, 화질)에 대한 소비자의 주관적 평가를 의미한다. 신념은 소비자의 경험, 외부정보, 혹은 추론에 의해 결정된다. 신념의 강도는 다음과 같은 방법으로 측정될 수 있다.

Galaxy S23 통화 품질이 우수할 것 같은가?								
전혀 그렇지 않다	-3	-2	-1	0	1	2	3	매우 그렇다

이렇게 신념의 점수를 얻은 다음에는 이러한 신념들과 관련된 제품의 속성에 대해서 소비자들이 평가하게 한다. 평가방법은 흔히 다음과 같은 질문을 이용하여 측정할 수 있다. 하지만 우리가 고려해야 하는 것은 호의적으로 생각하는 속성이 상황에 따라서 바뀔 수가 있는 점이며 제품의 가격이 100만 원 이상으로 경제적 여건을 따지게 되면 그냥 조금 더 저가의 제품을 구매하고자 하는 태도가 발생할 수도 있으므로 그리 간단한 것은 아니다.

속성의 개인적인 평가(ei)

속성 i에 대한 평가(ei)는 한 제품군(에, 핸드폰)의 특정속성이 어떠하다는 사실이 소비자에게 바람직한가를 반영하며 평가적 판단에 관한 것이다. 신념의 강도는 특정 브랜드에 대한 것인 데 비해 속성에 대한 평가는 제품군에 대한 것이며, 모든 브랜드에 동일하게 적용된다. 이는 다음과 같은 방법으로 측정된다.

스마트폰(Galaxy S23)의 통화 품질은 매우 우수하다								
나쁘다	-3	-2	-1	0	1	2	3	매우좋다

속성에 대한 개인적인 평가는 어떤 대상(Galaxy S23)이 특정속성(통화 품질 우수도)을 가진다는 것이 얼마나 소비자에게 바람직한가를 반영하며 역시 위와 같은 양극척도(bipolar scale)로 측정된다. 신념의 강도는 특정 상표에 관련된 것인데 반해 속성에 대한 평가는 제품군에 관련된 것이다.

피쉬바인의 다속성 모델의 예

소비자의 각각의 속성에 대한 신념(bi)과 평가(ei)는 [표 8-2]와 같다. Fishbein 모델의 장점 중의 하나는 대상에 대한 태도를 점수로 표현할 수 있다는 점이다. 소비자가 각 브랜드에 대해 갖는 태도는 각 속성별로 신념(bi)과 평가(ei)를 곱한 후 이 값들을 모두 합한 것이다.

위에 측정된 두 가지의 신념의 강도와 속성의 평가를 바탕으로 해서 제품들을 비교해보면 다음과 같은 표를 도출할 수 있는데 이 표를 통해서 종합적으로 설명을 해보자.

[표 8-2] 다속성 비교표

속성 1	속성의 평가 ei	신념의 강도(bi)		
		iPhone 15	Galaxy s23	Shaomi Note
통 화 품 질	+5	+3	+3	+2
다양한 기능	+4	+3	+3	+2
애프터서비스	+2	+2	+3	+3
가 격	+2	-2	-2	+1
각 상표에 대한 태도		27	29	26

계산식의 예 : iPhone XS 스마트폰에 대한 소비자 태도

$$A_0 = \sum_{i=1}^{n} \text{bi ei} = 5\times3 + 4\times3 + 2\times2 + 2\times(-2) = 27$$

이러한 태도에 대한 평가를 보면 소비자들이 가장 호의적인 태도를 가지고 있는 제품은 삼성의 Galaxy S23 제품임을 알 수 있다. 하지만 일반적으로 피쉬바인의 모델에는 위에 전술된 태도와 행동에 영향을 미치는 영향요인들을 살펴보았듯이 그 영향으로 인해 일관적인 결과를 가져오지 못한 한계점이 있다.

기타의 다속성 모델

이 모델의 독특하고 중요한 속성은 기존 상표들에 대한 소비자의 신념이나 지식 외에도 이상적 상표(ideal brand)에 관한 정보를 제공하는 것이다. 소비자들로 하여금 여러 가지 속성상에서 그들의 이상적 수준을 확인하고 동일한 속성들 상에서 상표대안들을 평가시킴으로서 여러 가지 속성에 걸쳐 각 상표가 소비자의 이상점(이상적 제품을 나타내는 속성의 결합)과 얼마나 괴리되어 있는지를 결정하려는 것이다. 이때 이상적 제품과 가까운 상표일수록 소비자의 우호적인 태도를 얻는다.

태도에 대한 마케팅 시사점

해마다 약간씩 매출이 증가하며 대체적으로 안정적인 매출을 유지하는 잘 구축된 브랜드의 경우를 예로 보자.

소비자가 전에 구매했던 특정 상표를 다시 구매하고자 하는 소비자 의도는 그들의 미래의 구매행동과 밀접하게 관련이 되어 있다. 다시 말하면 소비자가 특정 상표를 선택하고 사용한 결과로 자신의 구매결정에 만족한 소비자는 재 구매 시점이 되어도 그 상표를 다시 구매할 것임을 예측할 수 있고 계속해서 이러한 현상이 계속 발생할 수 있을 것이라는 점이다.

모든 후속 구매 시마다 상표를 반복하여 구매하는 상표 충성도를 가진 소비자들은 극소수이기 때문에 제품이 계속적인 만족을 주지 않는 경우에는 상표를 전환(switch)하는 경우가 많을 것이다.

다속성 태도모델은 태도연구에 있어서 많은 연구를 촉진시켰고 소비자의 태도에 근간이 되는 원인을 분석하고 조금 더 나은 마케팅전략을 구사할 수 있게 하는 진단적 목적으로 사용되고 있다. 다속성 태도모델의 또 다른 장점 중의 하나는 브랜드 태도 변화를 위한 마케팅 시사점을 제공한다는 것이다. 소비자가 자사제품에 대해 갖는 태도를 변화시키기 위해서는 다음의 전략을 사용할 수 있다.

첫째, 속성신념(bi)을 변화시킨다.

예를 들면 [표 8-2]의 iPhone 15 경우에 소비자 신념에 있어서 자사제품의 상대적 약점인 에프터서비스를 강화하고 이를 설득시킴으로써 태도점수를 향상시킬 수 있다. 속성신념을 변화시키기 위해 실제로 에프터서비스를 개선할 수 있다. 또한, 속성신념은 주관적인 판단이기 때문에 광고와 같은 설득메시지를 변화시킬 수도 있다.

둘째, 속성과 관련된 평가(ei)를 변화시킨다.

소비자는 삼성 브랜드의 A/S를 높게 평가한다는 사실로부터 삼성진자의 전 제품에 대한 A/S를 잘 한다는 것이 매우 바람직하다고 상조할 수 있다. 이에 따라 자사브랜드의 평가가 향상될 수 있다.

셋째, 자사 브랜드가 차별화된 중요한 속성을 가지고 있다면 그 속성을 중요한 속성으로 생각하도록 한다. 자사제품의 속성을 소비자에게 중요하게 인식하게 함으로써 자사제품에 긍정적인 영향을 줄 수 있다.

넷째, 경쟁자의 속성에 대한 신념을 변화시키는 전략도 가능하다. 이는 주로 비교광고를 통해 이루어진다. 자사제품과 경쟁자의 제품 속성을 비교함으로써 자사 제품의 우수함을 전달하는 직접비교 광고는 자사제품의 속성신념에 긍정적인 영향을 미칠 뿐만 아니라 경쟁자 속성신념을 부정적으로 변화시킬 수 있다. 이와 관련된 시사점은 다음과 같다.

소비자들이 원하는 속성이나 아니면 자사의 제품이 가지고 있는 특정속성을 바탕으로 해서 많은 전략을 구사할 수 있는데 이는 자사의 제품이 가장 효율적으로 충족시켜줄 수 있는 특정시장을 찾는 전략을 구사할 수 있고, 자사 제품의 강점으로 보이는 속성을 더 향상시킨 신제품을 출시할 수 있으며, 우리의 약점으로 되어 있는 속성을 보완해서 새로운 경쟁전략을 수립할 수 있는 것이다. 위에 나왔던 대우자동차 시절부터 현재의 쉐보레 자동차가 약점을 보완하고 강점을 부각시킨 새로운 제품들의 출시로 이루고자 하는 것이 그 사례라고 할 수 있겠다.

피쉬바인의 확장된 신념 / 평가모델

기존 상표에 대한 태도 자체만으로는 소비자의 구매행동을 예측한다는 것이 불가능했고 제약이 많아서 피쉬바인과 아젠은 기존 다속성 태도모델을 확장해서 "확장된 신념/평가 모델"(extended beliefs/evaluation model)을 제시하였다.

이 모델에서 Fishbein과 Ajzen이 신념/평가 모델을 재평가하여 제안한 모델은 또한 합리적인 행동모델(Theory of Reasoned Action)이라고도 불린다. 그들은 상표태도와 구매의도의 형성과정을 설명하기 위하여 그의 모델을 두 가지 측면에서 수정하였다. 하나의 수정은 태도측정에 있는데, 그는 태도측정이 상표 자체에 대한 태도가 아니라 한 상표를 구매하는 행동결과에 대한 태도를 다루어야 한다고 제안하였다. 두 번째 수정은 구매의도에 영향을 미치는 중요한 요소로서 사회적 영향을 포함시켰다. 이러한 사회적 영향은 주관적 규범이라고 부르는데, 다른 사람으로부터 오는 영향에 대한 지각인 규범적 신념과 그에 순응하려는 동기로 구성된다. 이를 도표로 나타내보면 다음의 [그림 8-2]와 같다.

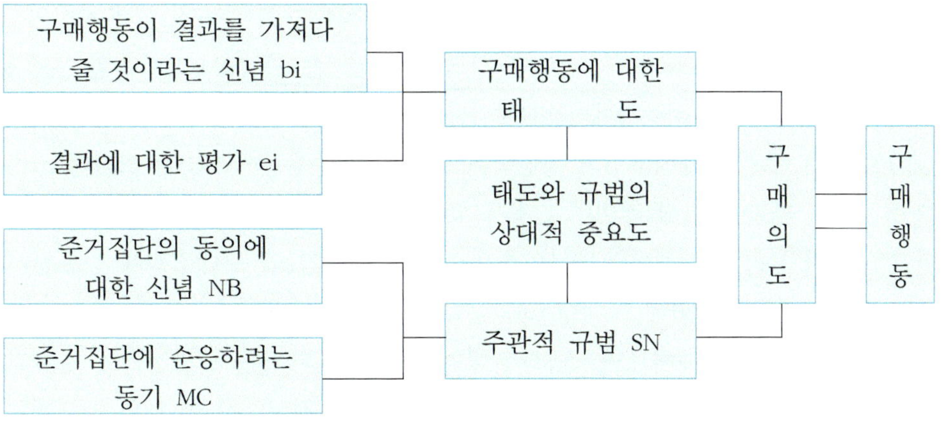

자료 : Icek Ajzen and Martin Fishbein, Understanding Attitude and Predicting Social Behavior, Englewood Cliffs, N.J. Prentice-Hall, 1980, pp.84~87.

[그림 8-2] **피쉬바인의 확장된 신념/평가 모델**

확장된 Fishbein 모델의 특징은 다음과 같다.

첫째, 다속성 태도모델과는 달리 행동의도를 포함하며 실제 행동에 직접적인 영향을 미치는 요인은 태도가 아니라 행동의도이다.

둘째, 행동의도에 영향을 미치는 요소는 행동에 대한 태도와 주관적 규범이다. 행동에 대한 태도는 개인적 요인이며, 주관적 규범은 사회적 요인이다. 즉 행동의도는 행동 주체의 개인적 요인뿐만 아니라 사회적 요인에 의해서도 결정된다.

셋째, 행동의도에 영향을 미치는 개인적 요인은 '행동에 대한 태도'이다. '대상에 대한 태도'에 관한 기존 Fishbein 태도모델과는 달리 합리적 행동이론은 '대상과 관련된 행동에 대한태도'가 행동의도에 영향을 미칠 것이라고 제안한다. 대상에 대한 태도와 행동에 대한 태도는 다르게 형성될 수 있다. 예를 들면 고가의 명품 브랜드와 관련된 '대상'의 태도는 브랜드의 평가를 의미하며 '행동'에 대한 태도는 고가의 명품 제품을 구매하는 행동에 대한 평가를 의미한다. 많은 소비자들이 명품에 브랜드에 대한 긍정적인 태도를 가지고 있다하더라도 구매는 상당한 비용지출로 인해 구매하는 행동에 대해서는 부정적인 태도를 가질 수 있다

넷째, 행동의도는 사회적 요인인 주관적 규범에도 영향을 받는다. 주관적 규범(SN)은 그 행동과 관련하여 사회적 측면에서 타인의 영향을 의미한다. 주관적 규범(SN)은 규범적 신념과 순응동기의 두 가지 요인에 의해 결정된다. 규범적 신념(NB)은 준거인(혹은 준거집단)이 자신의 행동을 지지 혹은 반대할 것인지에 대한 개인의 생각이다.

고급 외제 자동차에 대한 긍정적 태도를 갖는 직원이 직장 동료(준거집단)가 자신의 고급 외제 자동차에 부정적이 것이라는 생각을 가질 수 있다. 순응동기(MC)는 개인이 그 준거인의 의견을 얼마나 수용하는가에 관한 것이다. 규범적 신념(NB)이 동일하더라도 순응동기(MC)에 따라 주관적 규범(SN)의 영향력은 달라진다. 순응동기(MC)가 크다면 고급 외제 자동차의 구매가 낮아질 것이며 순응동기(MC)가 낮다면 구매의도는 높을 것이다.

어떤 소비자가 특정 상표에 대해서 가지고 있는 태도가 꼭 구매결정에 중요한 요인이 아니고 그 대상과 관련된 구매행동이 중요한 것이라는 것이다. Mercedez-Benz라는 독일산 자동차를 예를 들어보면, 상표에 대한 소비자의 태도는 일반적으로 차량의 성능도 우수하고, 상징적 가치도 뛰어나며, 신뢰성이 높은 것이 상표에 대한 태도지만 실제로 소비자가 구입하지는 못할 수 있는데 그 이유는 Benz 자동차를 실제로 구매한 후에는 경제적으로 부담이 되고, 연료도 많이 소모하고, 유지비용이 많이 든다는 구매행동에 대한 태도가 있을 수 있다. 이러한 소비자의 부정적 태도를 바꾸기 위해 디젤이나 하이브리드를 활용해서 개선하고 있다. 더욱이 우리나라에서 수입자동차를 소유하는 사람이 일부인만큼 준거집단에서 특히 회사를 다니는 사람의 경우 동료들이 어떻게 생각을 할 것인가에 대한 부분도 중요한 영향을 미친다는 것이 확장된 피쉬바인의 모델인 것이다. 최근에는 국내의 카메이커들이 고 가격 전략을 구사하고 있어 저렴한 수입차들의 출시로 인해서 수입차가 고가라는 태도는 많이 약해지고 있다.

소비자들이 단순히 본인이 의사결정을 하는 것 외에 가족이나 주변 사람들의 평균적인 소비 행위에도 순응하려는 동기가 있다는 것을 추가한 것인데 이런 주관적 규범 부분을 포함시켜서 소비자행동의 예측력을 좀 더 높이고자 하는 의도를 가지고 준거집단의 순응동기를 포함시켜서 확장된 신념/평가 모델을 개발한 것이다.

계획적 행동이론

합리적 행동이론은 개인이 어떤 행동 수행에 대해 호의적 태도를 가지고 또한 자신에게 중요한 사람들이 그 행동을 지지할 것으로 생각하면 그 행동의도를 갖고 이에 따라 행동이 수행되는 것으로 본다. 그러나 이 이론은 다음의 두 가지 상황의 소비자의 행동을 설명하지 못한다. 첫째, 소비자가 명절 연휴 기간 동안 귀성을 하기 위하여 기차표를 매우 사고 싶고 자신의 구매를 주위에서 지지할 것으로 생각하나 매진되었을 것으로 생각하고 구매를 포기해 버렸다(구매의도가 형성되지 않음).

둘째, 소비자가 더운 날씨 때문에 에어컨을 구매하려고 점포에 갔으나 품절로 구매할 수 없었다(구매의도는 가지나 구매행동이 수행되지 않음).

이러한 상황을 설명하기 위하여 합리적 행동이론 이후 계획적행동이론이 제시되었다. 계획적행동이론은 [그림 8-3]에서 볼 수 있듯이 행동에 대한 태도와 주관적 규범뿐만 아니라 지각된 행동통제가 행동의도에 영향을 미칠 수 있는 것으로 보는 점이 합리적 행동이론과 다르다. 여기서 지각된 행동통제는 개인이 그 행동을 수행하는 것을 얼마나 쉽게 생각하는가를 말한다. 첫 번째 경우는 소비자가 지각된 행동통제가 낮아 의도가 형성되지 않은 것이며 두 번째 경우는 소비자의 지각된 행동통제는 높으나 실제적 행동통제가 낮아 의도대로 행동수행이 불가능하였다. 여기서 실제적 행동통제는 개인이 수행하고자 하는 행동을 실제로 수행할 수 있는가를 말한다.

Ajzen은 행동통제의 요인은 자원과 기회라고 하였다. 행동의도는 태도, 주관적 규범, 그리고 지각된 행통통제의 함수이며 행동은 행동의도와 실제적 행동통제의 함수이다.

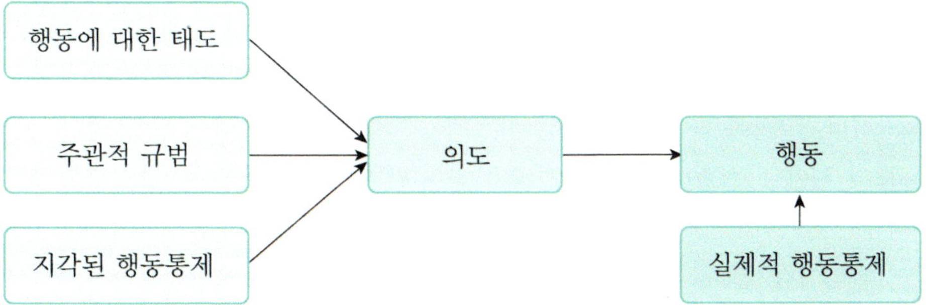

[그림 8-3] **계획적 행동이론**

저관여 태도이론

지금까지 살펴본 고관여 태도 이론들은 소비자의 속성에 대한 신념과 평가를 토대로 태도변화가 발생하는 것으로 설명한다. 그러나 현실적으로 많은 상황에서 소비자의 정보처리, 의사결정, 태도변화는 낮은 관여도 수준에서 이루어진다. 저관여 상황에서의 태도이론들은 관여도가 낮은 경우에는 인지적 학습이론의 방식으로 태도 형성/변화가 이루어지지 않는다고 제안한다. 제2장 관여도에서 설명되었던 Krugman의 저관여 하이어라키는 저관여 상황에서의 태도형성의 특성과 고관여 상황과의 차이를 설명한다. 소비자는 일상생화에서 필요한 편의품을 구매할 때 제품속성들에 대한 구체적인 신념을 형성하지 않은 상태에서 광고에서 접한 적이 있는 브랜드를 구매하고 소비, 사용을 통해 그 브랜드를 평가하는 경우가 흔히 있다.

Krugman은 이런 점을 착안하여 소비자는 비교적 저관여 제품 광고에 노출되었을 때 그 정보를 소극적이고 수동적으로 처리하므로 브랜드태도를 형성할 만큼 구체적 속성 신념이 형성되지 않으며 단지 동일한 광고에 반복적으로 노출되면 브랜드명과 같은 약간의 정보가 기억 속에 저장될 수 있다고 하였다. 그리고 후에 그 브랜드가 속한 제품군에서 구매해야 하는 상황에 처하게 되면 그 브랜드명이 자연스럽게 인출되어 그 브랜드를 구매하게 되고 소비, 사용경험을 통해 비로소 태도가 형성되는 것으로 보았다. Krugman의 이러한 견해는 그 후 Ray 등에 의해 이론적으로 체계화되었다. Ray 등은 태도 형성/변화의 두 가지 하이어라키를 제안하였다. 먼저 전통적인 견해로 인지 ⇨ 태도 ⇨ 행동의 관계로 설정하고 이를 학습 하이어라키(learning hierarchy)로 불렀다. 이 하이어라키(hierarchy)는 인지적 학습을 토대로 태도가 형성된다는 점에서 고관여 상황의 태도변화를 설명한다. 피쉬바인의 태도모델은 학습하이어라키(learning hierarchy)에 해당한다. 고관여 하이어라키와는 다르게 그들은 Krugman의 주장을 인지 ⇨ 행동 ⇨ 태도의 관계로 설정하고 이를 저관여 하이어라키(learning hierarchy)라고 하였다. 이 두 가지 하이어라키의 차이점은 학습 하이어라키의 경우 태도는 행동에 선행하지만 저관여 하이어라키(low involvement hierarchy)의 경우 태도는 행동결과에 따라 결정된다는 점이다. 또 다른 차이점은 학습 하이어라키 경우 인지는 태도를 형성할 만큼 구체적이나 저관여 하이어라키의 경우 인지는 매우 얕은 수준의 인지로서 태도형성에 영향을 줄 수 없다. 저관여 하이어라키는 소비자가 그 브랜드를 소비·사용 경험 후 보다 구체적 인지를 형성하며 이에 따라 태도가 형성되는 것으로 제안한다. 이와 같이 저관여 소비자는 구매 이후 태도를 형성할 수 있는 편의품과 같은 저관여 제품의 경우 반복적으로 노출에 의해 소비자의 상기상표군에 쉽게 속하게 하고 무료샘플이나 특별세일 등에 의한 시용을 유도할 필요가 있다.

저관여 상황에서 태도 형성과 변화를 설명하는 많은 이론이 제시되었다. 고관여 태도이론은 두 가지 유형으로 나누어 볼 수 있다. 첫 번째 유형의 이론은 브랜드태도가 연상(association)되는 대상에 따라 달라질 수 있다고 제시한다. 관련된 이론으로 연상에 의한 태도변화, 균형이론, 광고에 대한 태도모델을 설명한다. 이 이론들은 공통적으로 브랜드가 긍정적인 대상과 연상이 되는 경우 그 긍정적인 대상에 대한 호감이 브랜드로 전이(carry-over)되어 태도가 변화할 수 있다는 견해이며 주변단서가 태도에 미치는 영향을 설명한다. 두 번째 유형의 이론들은 대상이 친숙하거나 정보처리가 용이한 경우 긍정적인 태도가 형성된다고 제시한다. 이는 단순노출 효과와 정보 처리용이성 효과를 설명한다.

소비자 태도 변경을 위한 일반적인 원칙

태도 변화는 다음 장에서 자세하게 다루게 되겠지만 일반적으로 기업이나 마케터는 다음과 같은 태도 변경의 일반원칙에 의존함으로써 보다 효과적인 태도 변경 전략을 구사할 수 있다.

첫째, 태도는 욕구보다 변경시키기가 쉽다. 욕구는 태도에 비하여 더욱 지속적이며 뿌리가 깊고 내재되어 있기 때문에 마케팅 노력을 통하여 변경시키기가 대단히 어렵다.

블라인드테스트를 통해서 보면 맥도날드나 코카콜라보다 버거킹과 펩시콜라가 선택되지만 실제로 소비자들이 구매하는 것은 아니다.

둘째, 인지적 요소는 감정적 요소보다 변경시키기 쉽다. 전통적인 효과의 계층에 따르면 신념의 변화가 상표평가의 변화에 선행될 뿐 아니라 상표평가의 변화는 욕구의 변화를 필요로 할 수 있으므로 신념을 변경시키는 일이 상표평가를 변경시키는 일보다 쉬울 것이다.

셋째, 중도적인 태도는 극단적인 태도보다 변경시키기 쉽다. 소비자가 갖고 있는 상표태도의 정도가 중도 수준이라면 다른 태도로 대체하도록 설득하기가 용이하다.

넷째, 강도가 약한 태도는 강한 태도보다 변경시키기 쉽다. 상표에 관한 자신의 평가를 확신하지 못하는 소비자일수록 광고가 제공하는 정보에 수용적이므로 강도가 약한 태도는 변하기 쉽다.

다섯째, 관여도의 수준이 낮은 여건에서 태도들은 변경시키기 쉽다. 즉 관여도가 높은 여건에서 소비자는 자신의 입장과 일치하는 정보만 수용하고 기존의 태도와 상반되는 정보를 선택적 지각에 의해 회피할 것이므로 기존의 태도는 변하기 어렵다. 이에 반하여 관여도가 낮은 여건에서는 태도가 괴리적인 정보에도 수용적이 되므로 기존의 태도가 변하기 쉽다.

여섯째, 태도의 구조가 불안정할 때 변경시키기 쉽다. 태도의 불균형은 심리적인 긴장을 야기하며 균형 상태를 회복하기 위해서는 태도가 변화될 수밖에 없다.

소비자 태도변화

1. 기능이론

기능이론에 의해 소비자의 태도를 변경시키는 전략을 살펴보면, 실용적 기능에 의해서 마케터는 자신의 제품이 소비자가 이제까지 생각하지 못했던 보상을 제공한다는 새로운 사실을 지적함으로써 그들의 태도를 호의적으로 변경시킬 수 있다.

- 아스피린의 경우 대장암 치료와 임신가능성을 높여준다. 프로페시아는 머리를 자라게 해 준다. 암 앤 해머(Arm and Hammer)의 베이킹 소다(baking soda)가 탈취와 세정력이 높아서 식기류 세척제와 탈취제로 판매되는 것 등도 포함된다.

자아 방어적 기능에 의해 마케터는 자신의 제품을 사용하지 않기 때문에 야기될 수 있는 사회적 위험을 지적하고, 그러한 위험을 회피하여 자아를 방어하는데 기여할 수 있는 제품 효익을 지적함으로써 그들의 태도를 호의적으로 변경시킬 수 있다.

- 식사 후 가그린을 하라고 하는 선전, 구취로 인해 나쁜 인상을 주지 말자는 광고
- 외부 세균을 아이에게 전염시키지 않게 Febreeze 사용을 권장하는 광고

가치 표현적 기능에 의해 마케터는 소비자가 중요시하는 가치들을 확인해 내고 자신의 제품이 그러한 가치를 효과적으로 표현해 줄 수 있는 수단임을 지적함으로써 그들의 태도를 우호적으로 변경시킬 수 있다.

- 품위를 소중히 생각하는 소비자들에게 국내 최고의 가치의 자동차라는 EQ900의 광고 등이다.

지식통합적의 기능에 의해 마케터는 소비자들 사이에서 바람직한 태도를 형성하기 위하여 분명한 포지션을 확립해야 한다.

요소간 일관성 이론

태도에 관한 일관성 이론에 따르면 태도의 세 가지 요소는 일관성을 유지하려는 경향(심리적 일관성)이 있는데 이는 인간이 이상적 상태와 실제적 상태 사이의 생리적 괴리를 해소시켜 생리적으로 일정한 바람직한 상태를 유지하려는 항상성과 유사하다(Osgood & Tarrenbaum).

즉 대상에 대한 감정적 반응들의 총합인 전반적인 평가는 대체로 그 대상에 대하여 일관성 있게 간직하고 있는 신념들의 함수라고 간주되므로 상표에 대하여 우호적인 신념과 지식을 갖고 있는 소비자는 당연히 전반적으로 우호적인 평가를 내릴 것이며, 그러한 제품을 구매하거나 친구에게 추천하려는 행동성향을 보일 것이다. 더욱이 태도 요소 중 하나가 변경된다면 다시 일관성을 회복하기 위하여 나머지 요소들을 변경하게 될 것이다. 이런 기억 속에 저장된 관련정보들 간에 일관성이 있다면 기억으로부터의 정보인출이 보다 쉽게 이루어진다. 예를 들면 재미, 흥미, 편안함, 즐거움 등의 속성은 고급 휴양지라는 정보단위와 서로 일관성을 갖기 때문에 하나의 정보단위가 인출되면 관련된 다른 정보단위들도 활성화의 확산에 의해 쉽게 인출될 것이다. 저장된 제품정보 간에 일관성을 유지함으로써 소비자의 기억 속에 강한 연상 네트워크를 구축할 수 있기 때문에 기업은 제품생산과 제품원료, 매장 등에 있어 브랜드연상을 효과적으로 관리해야 한다. 이러한 브랜드연상효과는 소비자의 마음속에 브랜드이미지를 강화시키기 때문이다.

1. 다속성 이론

다속성 태도모델에 의한 전략을 살펴보면 신념의 변경이나 욕구구조를 변화시키려는 전략 등을 내포하고 있다. 소비자의 태도를 변경시키기 위해서 마케터가 구사하는 보편적인 전략은 새로운 정보를 제공함으로써 상표에 대한 새로운 신념을 추가하거나 기존의 신념을 변경시키려는 것이다.

마케터는 소비자의 태도를 변경시키기 위하여 그들로 하여금 새로운 속성을 학습하거나 특정한 속성의 중요성을 재평가하도록 설득할 수 있는데 물론 확장된 신념/평가모델에서는 "순응하려는 동기"의 변경도 가능하다. 그러나 욕구구조를 변경시키려는 전략은 소비자가 그러한 변화에 수용적이라는 사실을 전제로 해야 한다(Fishbein & Ajzen).

인지적 불균형이론

인지적 불균형(cognitive dissonance) 이론에 따른 태도 변경은 자신의 제품에 대한 태도를 다루는 것이 아니라 경쟁제품에 대한 태도를 대상으로 한다는 점에서 앞의 경우들과 크게 다르다. 즉 마케터는 경쟁자에 대해 공개적인 비난이나 비교 광고를 통해 경쟁상표의 고객들에게 그들의 구매결정 또는 구매습관에 대한 회의심을 증대시켜 상표충성을 약화시키고 태도를 비호의적으로 바꿀 수 있다.

예를 들어, 소비자들이 사례에 나왔던 쉐보레 자동차에 대해서 '매우 좋은 태도를 가지고 있다'라고 가정한다면, 국내에서 쉐보레와 경쟁하고 있는 경쟁회사인 현대나 기아에서는 효율적으로 대처하기 위해서 쉐보레가 국내시장에 적합한 제품을 출시하는 것이 아니고 글로벌 시장에서 출시된 제품의 판매만 신경 쓰고 또 그 결과로 차량이 국내 상황에는 적합하지 않을 수도 있다는 안정적이지 못할 수도 있다는 내용의 비교 광고를 한다면, 소비자들은 자신들이 보유하고 있던 쉐보레 자동차에 대한 호의적인 태도에 대하여 과연 올바른 결정을 한 것인가에 대한 회의심이 들게 되고 결국 현대/기아자동차를 그 동안 비호의적으로 보아왔었던 결정이 옳은 것이었는지에 대해서 다시 생각할 기회를 가지게 된다는 것이다. 다시 말하면 소비자의 태도의 변화를 주기 위해서 직접적이며 공격적인 메시지를 내보내야 하는데 이를 통해서 보면 기업들의 입장에서 감정적인 대응을 하게 되면 법적 제소라든지 소비자들의 입장에서 기업의 윤리적인 측면에서의 부의(−) 요인이 있을 수 있음으로 주의해야 할 것이다. 그래서 최근 경향을 보면 비교 광고를 실시하는 회사들이 경쟁사와 비교하기보다는 자사의 제품을 비교하는 광고를 많이 하고 있음을 알 수 있다. 다만 비교 광고가 매우 자유로운 미국의 경우에는 아주 노골적으로 경쟁사 제품의 약점을 꼬집어서 비교 광고를 하고 있는 것 또한 현실이다. 예를 들어, 펩시가 코카콜라를 직접적으로 공격하는 등의 직접적 비교 광고가 실행되고 있는 것을 말할 수 있다.

참고문헌

Ajzen, Icek, "The theory of planned behavior," Organizational behavior and human decision processes 50, no.2(1991), pp.179-211.

Bem, Daryl J., "Self-perception theory," Advances in experimental social psychology. Vol. 6. Academic Press, 1972. pp.1-62.

C. Osgood and P. Tannenbaum, "The Principle of Congruity in the Production of Attitude Change," Psychological Review, 62, 1955.

D. Krench, and R. Crutcfield, Theory and Psychology(New York: McGrow-Hill, 1948).

Daniel Katz, "The Functional Approach to Attitudes," Public Opinion Quarterly 24 (1960): pp.163~204.

Festinger, Leon, "A theory of cognitive dissonance," Vol. 2. Stanford university press, 1962.

George S. Day, "Theories of Attitude Structure and Change," in Scott Ward and Thomas Robertson, eds., op cit.

Gordon W. Allport, "Attitude," in C. Murchision(ed.), A Handbook of Social Psychology, Clark University Press, Worcester, Ma, 1935, pp.798~844.

Icek Ajzen and Martin Fishbein, Understanding Attitudes and Predicting Social Behavior, Englewood Cliffs, N.J: Prentice-Hall, 1980, p.63.

J. Cacioppo, S. Harkins, and R. Petty, "The Nature of Attitudes and Cognitive Responses and Their Relations to Behavior," in Cognitive Responses in Persuation, ed. R. Petty, T. Ostrom, and T. Brock. eds(Hillsdale, NJ: Lawrence Erlbaum, 1981) p.31.

John Mowen, and Michael Minor, Consumer Behavior Framework Preutice Hall 2001.

Krugman, Herbert E., "The impact of television advertising: Learning without involvement," Public opinion quarterly 29, no.3(1965), pp.349-356.

Lcek Ajzen and Martin Fishbein, "An Investigation of the Relationship between Beliefs about an Object and the Attitude toward the Object," Human Relation, 16(1963), pp.233~240.

M. Sherif and C. Sherif, "Attitude as the Individual's own Categories: The Social Judgement -Involvement approach to Attitude and Attitude Change," eds., Attitude, ego-involvement, and Change, NY: Wiley, 1967.

Michael L. Ray, Alan G. Sawyer, Michael L. Rothschild, Roger M. Heeler, Edward C.

Strong, Jerome B. Reed, "Marketing Communication And The Hierarchy-Of-Effects," Stanford university press, 1973.

Richard Lutz, "The Role of Attitude Theory in Marketing," in Perspectives in Consumer Behavior, ed. H. Kassarjian and T. Robertson(Upper Saddle River, NJ: Prentice Hall 1991), pp.317~339.

W. Bearden and Woodside, "Situational Influences on Consumer Purchase Intentions," in Arch Woodside et al., eds., Consumer and Industrial Buying Behavior(New York: North Holland, 1977) pp.167~177.

Chapter

9

태도의 변화

(Changes in Attitude)

Case study

만년 2위에서 1위를 탈환한 펩시와 코카콜라의 사례

창립 후 130년 간 코카콜라는 전 세계에서 한 세기 넘도록 '콜라 붐'을 주도해 와 '콜라의 원조'라는 꼬리표를 달아 왔지만, 최근에는 이 같은 명성이 무색할 정도로 영업실적이 좋지 않다. 코카콜라는 지난 2004년 이후 매출규모와 순이익, 시가총액에서 모두 경쟁업체 펩시에 밀리는 수모를 겪고 있는 것이다.

코카콜라는 시가총액에서도 펩시에 밀리는 수모를 거듭하고 있다. 지난 2005년 12월에 발표된 주요 기업 시가총액 현황에 따르면 코카콜라는 시가총액이 965억 달러(약 96조 5,000억 원)로 987억 달러(약 98조 7,000억 원)를 기록한 펩시에게 밀렸다. 결국 펩시는 기업 운영에서 코카콜라를 완전히 따돌리고 콜라시장의 새 영주로 등장한 셈이다.

■ 콜라 탈피 종합 식품회사로 탈바꿈

펩시가 코카를 제치고 업계 1위에 등극할 수 있었던 첫 번째 요인은 시대적 흐름을 정확히 읽고 이에 대한 대응전략을 적절하게 구사한 경영전략 덕분으로 풀이된다. 펩시가 간파한 '시대적 흐름'이란 바로 '웰빙(Well-being)' 열풍이다. 소비자들이 다이어트와 건강 유지에 큰 관심을 보이면서 비만을 유발하는 식품류에 대한 거부감도 커지고 있는 것이다.

특히 의학계에서도 콜라가 설탕과 카페인을 다량 함유한 '불량 음료'로 비만의 주요인이라고 지적하는 보고서를 내놓는 실정이다.

이에 따라 펩시는 이 같은 웰빙 추세에 발맞춰 콜라 사업 의존도를 줄이고 제품 다각화에 주력했다. 펩시의 경우 전체 매출에서 콜라를 포함한 탄산음료 비중이 20%대에 머물고 있는 점이 이 같은 사업 방향을 웅변하고 있는 대표적 예다. 펩시는 제품군을 콜라 등 탄산음료 외에 오렌지주스, 트로피카나 등 과일주스와 생수, 이온음료 게토레이, 스낵 등을 고루 취급하는 종합식품회사로 탈바꿈했다. 특히 펩시는 도리토스 등을 생산하는 스낵 브랜드 '프리토레이'가 미국 내 선풍적 인기를 모으면서 미국 스낵시장 점유율을 60%대까지 끌어올리는 기염을 토했다.

그렇다고 펩시가 콜라 사업을 등한시한 것은 아니다. 탄산음료의 판매 개척을 위해 타코벨을 비롯해 피자헛, KFC 등 외식업체와도 전략적 제휴를 통한 저변 확대를 꾸준히 추진하고 있기 때문이다.

이에 비해 코카는 최근 시대적 흐름에 민첩하게 대처하지 못하고 '한 우물'만 판우를 범했다. 전 세계적으로 웰빙 추세가 지배적인 가운데 코카는 한 세기 이상을 콜라 사업에만 의존하는 경영전략을 펼쳤기 때문이다.

코카콜라는 전체 매출액의 80%가 콜라 등 탄산음료 사업에서 나오고 있으며, 특히 지난해에만 탄산음료 사업을 대폭 강화하기 위해 마케팅에 무려 4억 달러(약 4,000억 원)를 투자하는 등 콜라 사업을 더욱 강화하고 있는 형국이다. 이에 대해 업계 전문가들은 코카가 콜라의 대표성을 띠고 있는 브랜드 파워만 턱없이 믿고 사업다각화를 소홀히 하고 있다고 지적한다.

■ '눈가리개 광고' 효과 서서히

콜라시장에서 코카의 '선점효과'에 눌려 만능 2위 자리에 머물러야 했던 펩시가 1위 업체로 오를 수 있었던 또 다른 이유는 젊은 층과 틈새계층을 주도 면밀 하게 공략한 점도 크게 작용했다. 코카의 막강한 브랜드 파워로 콜라시장을 제대로 공략하지 못한 펩시는 이색 마케팅을 펼쳐 고객 확보에 나섰다. 입소문과 독특한 이벤트로 고객층을 파고드는 이른바 '버즈(Buzz) 마케팅'을 펼친 것이다. '버즈'라는 단어는 입소문을 뜻한다. 펩시는 80년대부터 TV광고에서 눈을 가리고 콜라를 시음한 사람이 눈가리개를 벗으며 '어~ 펩시잖아'라고 외치는 독특한 방식을 활용해 큰 호응을 얻었다. 기존 브랜드 파워를 배제하고 실제 맛을 통해 제품을 비교하자는 '블라인드 마케팅'인 것 이다. 이 같은 이벤트 마케팅에 가장 큰 반응을 일으킨 소비자 계층이 바로 젊은 세대이다. 또한, 이들 젊은 세대를 집중공략하기 위해 회사 기치를 '차세대의 선택(The Choice of Next Generation)'으로 정해 코카콜라 소비자층을 '쉰 세대'로 분류하는 '브랜드 포지셔닝'을 모색한 것이다.

콜라 소비자 층의 절대적 다수가 젊은 층인 점을 감안할 때 펩시의 이 같은 시장 공략 노력은 눈에 띄는 전략임에 틀림없다. 펩시의 이와 같은 노력은 70, 80년대 청소년이던 소비자가 90년대 후반 사회의 일꾼으로 부상하면서 브랜드 파워가 더욱 나아지는 성과를 낳았다. 물론 콜라 사업이 전체 매출의 80%에 달하는 코카콜라에 비해 펩시 시장점유율은 아직 낮지만 어릴 때부터 펩시 맛에 길들여진 소비자를 확보하고 있다는 게 펩시의 미래전략인 셈이다.

결과적으로 보면, 소비자들의 코카콜라에 대한 태도를 변화시키려는 노력보다는 새로운 시장을 개척하고 전체 시장점유율을 택한 펩시의 전략이 성공을 거둔 것이라고 볼 수 있다.

[매경이코노미 2006-03-08~현재까지 정리]

태도변화의 중요성

음료시장에서 몇 십 년간을 치열하게 경쟁해온 회사들의 사례라고 할 수 있다. 펩시의 경우 콜라시장에서의 열세를 개선하기 위해 사업 다각화와 더불어 성장하는 신세대들의 입맛을 잡기 위해서 광고 콘셉트(concept)나 캔 디자인과 같은 팩키징(packaging)을 새로운 세대(New Generation)에 맞추고 노력해온 결과 시장에서 매출을 비롯해서 1위로 등극할 수 있게 되었다. 이와 같이 소비자들이 보유하고 있는 태도는 쉽게 변하지 않지만 결국 기업의 노력으로 인해서 서서히 변해 가는 것이다.

소비자들의 태도를 변화시키고자 하는 노력을 하는 회사들은 주로 자사 제품이나 기업 이미지에 대해서 소비자가 비호의적인 태도를 가지고 있다고 조사되거나 그 결과로 인해서 매출이나 시장 점유율이 계속 하락하고 있어서 일 것이다. 본 책 서론 부분에 고객의 욕구를 먼저 파악한 후 제품을 만들어야 한다는 얘기가 있었듯이 욕구를 잘 파악하고 제품을 만들고 출시한 경우에도 여러 가지 이유로 인해서 소비자들의 태도가 부정적으로 자리 잡고 있을 수 있는데 이미 많은 돈을 투자해서 시장조사와 제조과정 그리고 마케팅 비용을 투자한 제품을 그냥 사장시킬 수는 없는 것이다. 경우에 따라서는 막대한 돈이 투자된 신제품의 사장이란 결국 회사의 몰락으로 이어지는 경우도 비일비재하기 때문이다.

그러므로 소비자들이 자사에서 만드는 제품을 가장 선호하도록 소비자의 태도를 바꾸는 노력을 하게 되는데 어떤 방법을 통해서 마케팅 전략을 성공시킬 수 있는지를 알아보도록 하겠다.

마케팅 담당자는 소비자들이 부정적으로 가지고 있는 속성을 정확하게 파악하여 가장 빠르고 효율적으로 소비자의 태도를 변화시키도록 노력해야 한다. 삼성르노자동차의 경우와 같이 소비자가 부정적인 태도를 가지고 있는 속성을 직접적으로 디자인의 변경을 통해서 바꾸는 것보다는 다른 현저한 속성을 부각시켜서 태도를 바꾸는 방법이 있을 수 있으나 이보다는 소비자가 부정적으로 지각하는 속성을 바꾸어서 부정적인 태도를 바꾸려는 노력이 좀 더 일반적이라고 볼 수 있다.

이를 위해서 마케팅단위의 전략인 4P(가격, 제품, 유통, 촉진) 등을 수정하는 전략이 가장 일반적인 소비자태도 변화를 유도하는 방법이 되겠는데 제품의 진부한 디자인을 수정한다든지, 낙후된 서비스 요인을 개선하는 방법, 그리고 팩키징(Packaging)과 그 외 소비자에 태도에 부정적인 요인을 미치는 요소를 개선하는 것인데 위와 같은 요인들은 제품에 관련된 것으로서 수월한 면이 있으나 회사에 부정적인 태도를 가지고 있다면 좀 더 어려운 일이 될 것이다.

최근에는 국내 시장에서도 시장 점유율을 높여 가고 있는 일본산 차량을 예를 들어 보자.

혼다(Honda), 토요타(Toyota), 니산(Nissan), 수바루(Subaru), 미쯔비시(Mitsubishi) 그리고 고급 차량 렉서스(Lexus: Toyota), 아큐라(Acura: Honda), 인피니티(Infiniti: Nissan) 등 정도가 있겠는데 미국시장과 일본시장 고객들의 제조사에 대한 태도를 살펴보면 흥미로운 점을 알 수 있다.

먼저 미국 소비자들의 일본 카메이커에 대한 호의적인 태도를 살펴보면 혼다(Honda)일 것이고 결국 이는 아큐라(Acura)라는 회사로 그 호의도가 연장되고 있다. 물론 렉서스를 포함한 토요다의 대한 호의도도 좋긴 하지만 혼다가 미국 진출 초기부터 각종 레이싱 대회에 참가하면서 인지도를 높여온 결과이다.

그런데 정작 일본시장에서는 소비자들의 인지도나 제품에 대한 태도에 있어서 토요타자동차를 앞지르지 못하고 있는데, 뿌리 깊게 소비자들의 머릿속에 남아 있는 혼다는 처음에 오토바이를 개발한 회사라는 이미지가 강하게 남아 있어서 소비자들이 자동차를 평가할 때에는 토요타보다 부정적인 태도를 가지게 되는데 이런 정서적인 요인은 단순히 자동차의 디자인이나 성능이 일부 뒤쳐져서 소비자들이 부정적 태도를 형성한 경우보다 훨씬 변화하기 힘이 들 것이다. 반면 소비자가 자사제품에 대해서 호의적인 태도를 가지고 있다면 소비자들이 가장 선호하게 되는 초석이 될 것이고 판매하는 데는 아무 문제가 없을 것임으로 단순히 호의적인 태도를 유지하면 되겠지만 그 반대에 경우에는 소비자의 태도 변경 전략을 쓰게 된다.

소비자 태도의 변경은 흔히 마케터의 설득적 메시지를 통해서 주로 이루어진다. 그러나 소비자의 태도 변경을 위한 커뮤니케이션을 설계하는 측면은 메시지를 접하게 되는 소비자들의 특성과 광고 원천의 특성, 내용들을 고려해서 실시해야 하며 또한 설득적 메시지만이 태도 변경 전략이 아니고, 마케터의 태도 변경 전략이 항상 성공하는 것이 아니며 기업이 태도 변경 전략을 시행하는 데는 막대한 예산이 투입되며 태도 변경 전략이 실패하게 되면 또 한 번의 타격을 입는 것이기 때문에 많은 기업들이 신중하게 대처해야 하는 부분이기도 하다.

태도의 형성

태도에 대한 정의는 자극에 대한 부정적/긍정적인 감성이나 감정의 양이라고 간략히 태도를 설명할 때 정의되었지만(The amount of affect or feeling for or against a stimulus) 태도가 어떻게 형성되고 유지되는가에 대한 고찰이 더욱 더 중요하다. 이러한 요인들을 모르고서는 소비자들에 태도에 영향을 주거나 더 나아가 변경하기는 곤란할 것이다. 태도의 형성은 소비자가 어느 특정 대상에 대해서 아무런 태도를 가지고 있지 않은 상태에서 그 대상에 대해서 어떤 태도를 가지게 됨으로 전환되는 것을 말하며, 그러한 전환이 일어나게 되는 것을 태도의 형성이라고 한다.

1. 인지적 반응(Cognitive Response)

태도 변화는 또한 다음과 같은 요인들에 의해서도 일어날 수 있는데 소비자는 어떤 상표나 제품에 관련된 광고나 메시지를 접하게 되면 나름대로 소비자가 생각을 정리하고 정보를 처리하게 되는데 이러한 행위를 소비자의 인지적 반응이라고 하고 인지적 반응의 정의는 '정보처리 중 또는 직후에 일어나는 적극적인 사고과정 또는 인지과정으로서 단순하게 유발된 호기심 등과 같은 것으로 광고에 대한 직접적인 느낌이나 광고에 나온 모델이나 배경 등 여러 가지의 형태를 포함한다.'

이러한 인지적 반응이 발생하게 되면 만일 처리결과가 긍정적이라면 호의적인 태도를 형성하게 되고 만일 결과가 부정적이라면 부정적인 태도를 가지게 된다고 보는데 인지적 반응에서는 소비자의 태도변화는 메시지에 대한 인지적 반응에 달려 있다고 본다.

만일 어느 소비자가 승용차는 핸들링이 좋아야 하고 또 평소 유지비가 적게 들어야 한다고 믿고 있고 그가 접한 광고에 나온 자동차 모델이 이러한 주요 속성을 가지고 있고 소비자가 주변사람들이나 중립적인 원천을 통해서 알아본바 사실이라면, 그 승용차에 대해서 호의적인 태도를 지니게 될 것이 확실하다. 관여도 부분에서 다루었듯이 일반적으로 소비자가 제품이나 서비스에 대해 많은 지식을 가지고 있을수록 긍정적/부정적 태도를 지니고 있을 가능성이 크다.

일반적으로 태도의 변화와 관련해서는 반대 주장이나 찬성 주장 등의 유형이 있는데 예를 들어, 소비자들이 쉐보레 자동차의 말리부 광고를 보면서 또는 설명을 들으면서 광고 메시지에 대하여 생각을 해보게 되는데 소비자들에게 광고가 주장하는 것은 차가 너무 안전하게 제작되어 차체의 10배가 넘는 컨테이너가 말리부 위에 떨어져도 무사히 버텨 낸다는 실제 미국 달라스(Dallas)의 사고 현장 재현을 한 광고였다. 이를 보고 소비자가 많은 차량 관련 지식을 가지고 있는데도 맞다고 느끼는 고객은 찬성 주장(Support Argument)이 될 것이고 만일 쉐보레 자동차에 대해서 부정적인 시각을 가지고 있었던 소비자의 경우는 반박 주장(Counter Argument)를 하게 될 것이다. 일반적으로 광고를 하고 소비자에게 메시지를 보내는 기업에 입장에서는 광고 메시지를 소비자가 보고 기업이 주장하는 광고를 보고는 찬성을 하는 소비자가 많고 그 결과로 자사 제품에 대한 호의적인 태도를 가지거나 과거 부정적인 태도를 변화시키길 바랄 것이다. 그렇지만 현실에 있어서 위와 같이 광고메시지를 통해서 소비자들이 기업이 원하는 방향으로 태도 변화를 하는 일방적인 경우는 거의 없고 광고나 기업의 메시지에 대한 찬성하는 생각들이 반대하는 생각보다 많아지면 메시지가 의도하는 방향대로 일어나게 될 것이라는 것이다(Aaker 외 2인).

1) 소비자의 특성

메시지를 이해할 수 있는 소비자의 특성과 특정 제품에 대한 지식의 정도 그리고 세상을 살아오면서 불만족도보다는 일반적으로 만족스럽게 살아온 삶에 대한 태도가 영향을 주는데 크게 소비자의 욕구와 그들의 선택적 지각 그리고 소비자의 능동적인 수동적인 성격도 역시 영향을 주게 된다. 소비자의 특성도 제품정보의 인출에 영향을 준다. 제품정보의 인출에 영향을 주는 주요한 소비자 특성들에는 기분과 제품지식의 전문성, 그리고 가용성 휴리스틱이 있다.

(1) 기분(mood)

기분은 감정에 비해 강도가 약하며 오래 지속되는 것으로 받아들여진다. 또한, 감정은 어떤 대상과 관련된 데 비해 기분은 특정 대상과 관련되지 않을 수 있는데 기분이 기억성과에 미치는 영향과 관련된 연구에서는 긍정적 기분의 소비자는 긍정적 정보를 더 잘 회상하고 부정적 기분의 소비자는 부정적 정보를 더 잘 회상하는 것으로 나타났다.

(2) 전문성(expertise)

특정 제품범주에 전문지식을 가진 소비자는 초보소비자에 비해 그 제품범주와 관련된 연상적 네트워크의 폭과 깊이가 훨씬 풍부하다. 따라서 전문지식을 가진 소비자는 정보인출 시점에서 활성화의 확산이 보다 광범위하고 신속하게 이루어지며 이에 따라 더 많은 브랜드대안, 브랜드속성, 제품편익을 회상할 수 있다.

(3) 가용성 휴리스틱(availability heuristic)

소비자는 구체적이고 생생한 정보나 독특한 정보를 더 잘 기억하는데 의사결정이나 선택상황에서 장기기억 속에 저장된 이러한 정보에 의존하는 현상인 가용성 휴리스틱은 여러 선택대안을 평가하는 데 투입해야 할 시간과 심리적 에너지를 절약해 주지만 종종 편향된 판단을 하게 만든다.

2) 메시지의 반복 회수

최근에 다시 소녀시대가 침대는 가구가 아니라는 광고를 하고 있는데 이는, 에이스 침대가 종합 가구업체와의 치열한 경쟁 속에서 생존하기 위해서 가구는 침대가 아니고 기능이 좋아야 허리가 아프지 않다는 점을 부각시키고자 교육위원회에서 지적을 받을 때까지 반복적으로 광고를 해서 한 때, 일반 소비자들은 물론 초등학교 학생들이 학교에서 무더기로 시험문제를 틀리게 하는 정도의 반향을 일으켰는데 한번 메시지에 노출된 소비자보다는 많은 메시지를 반복적으로 노출된 소비자가 기업이 의도하는 방향으로 태도가 형성이 될 것이지만 만일 소비자가 너무 반복된 광고에 싫증과 염증을 내게 되면 역효과가 나서 분노를 느끼거나 애써 회피하는 경향이 생길 수도 있다는 점을 인식해야 한다(Hasher et al.).

3) 메시지의 전달 속도

메시지가 전달되는 속도가 너무 빠르다면 그 속도를 안정적으로 조절해야 하고, 너무 반복된 내용이 전달되는 것을 우려하여 자주 광고를 교체하는 것 또한 바람직하지 못하다. 왜냐하면 소비자들이 태도를 형성하는데 방해가 될 수도 있기 때문이다.

4) 소비자의 생각과 메시지의 차이

제품 광고 시 소비자들의 자사 또는 제품에 대한 생각을 고려하여 이를 적극적으로 반영하여 메시지를 작성해야 한다. 예를 들어, 소비자들이 자사제품의 디자인이 너무 스타일이 없다고 생각하고 있다면 이를 적극적으로 개선한 후 광고하고 메시지를 보내야만 소비자들이 긍정적인 태도를 가지게 될 것이다. 만일 제품 개선은 없이 많은 변화가 있는 신제품을 출시한다는 광고를 하는 경우는 일시적인 매출 신장은 있을 수 있지만 소비자의 태도 변화나 매출에 아무 영향이 없거나 오히려 부정적인 태도를 형성하게 된다는 것은 자명한 일이다.

태도 변경 전략

태도 변경 전략은 크게 구매 전 태도 변경과 구매 후 태도 변경전략으로 나누어지는데 구매 후 전략은 소비자들이 특정 상표를 구매하도록 하기 위해서 구매 후 형성된 그들의 태도를 변경시키는 전략인데 이러한 태도 변경을 위해 연구된 여러 가지의 이론들이 있다. 그 중에서 소비자의사결정과정 단원에서 일차 논의가 된 인지부조화이론(Theory of Cognitive dissonance), 귀인이론(Attribution Theory), 그리고 학습 부분에서 다루게 될 수동학습이론과 구매 전 소비자의 태도를 변화시키려고 하는 다속성 모델, 기능이론, 사회 판단이론 등에 대해서도 알아보도록 하겠다.

다속성 모델

우리가 관여도를 연구할 때 관여도를 '어떤 특정 대상에 대해 개인이 가지고 있는 관련성 지각정도 및 중요성 지각 정도이다.'라고 정의를 내린바 있는데 역시 태도의 형성도 관여도에 따라서 차이가 난다. 소비자들이 제품이나 상표에 대해서 저관여 상태에서 활동을 한다면 소비자가 적극적인 정보 탐색을 하지 않고 수동적인 정보처리만을 할 뿐이라는 것을 제2장의 관여도에서 관여도별 태도모델로 설명한바 있다. 이에 따르면 저관여 상태에서는 먼저 인지하고 행동한 후에 태도를 형성하는 순이기 때문에 구매 전 태도를 수정하기 위한 기업들이 노력은 힘이 들며 큰 효과가 없다고 보는 이론이다(Krugman). 단지 구매 전 상황에서는 저관여 상태의 소비자를 고관여상태로 바꾸기 위한 노력을 해야 하는 것이다. 이에 대한 연구는 아사엘(Assael)에 의해서 시행되었는데 대안들은 다음과 같이 요약된다.

1. 상품을 주요 속성과 연계

소비자가 중요하게 생각하는 주요 속성은 제품에 대해 높은 관여도를 발생시키기 때문에 이러한 연계는 특정 제품에 대한 관여수준을 높여 주게 된다. 예를 들면 여성의 골다공증 문제를 해결하기 위해서 우유와 치즈 광고 시 아무 우유나 선택하지 말고 칼슘이 강화된 우유를 선택하도록 건강 문제와 연관시키게 되면 일상적인 식료품에 대한 소비자의 관여도는 상승하게 된다.

2. 고관여 유발 광고를 개발

소비자들의 제품에 대한 관여가 낮아도 광고가 소비자의 호기심을 강하게 유발해서 제품에 관심을 가지게 하는 방법을 개발함으로써 소비자들의 개입을 증대시킬 수 있다. 제품이 별로 흥미롭지 않은데 광고가 호기심을 매우 자극한다면 소비자가 그 제품까지도 주의 깊게 살펴볼 수도 있다.

3. 제품편익의 중요성을 변화시킴

만일 소비자가 중요하게 생각하고 있는 제품 편익에 대해서 적절한 대안이 없이 정면으로 바꾸려고 한다면 소비자들의 태도 변화가 일어나지 않을 것이다.

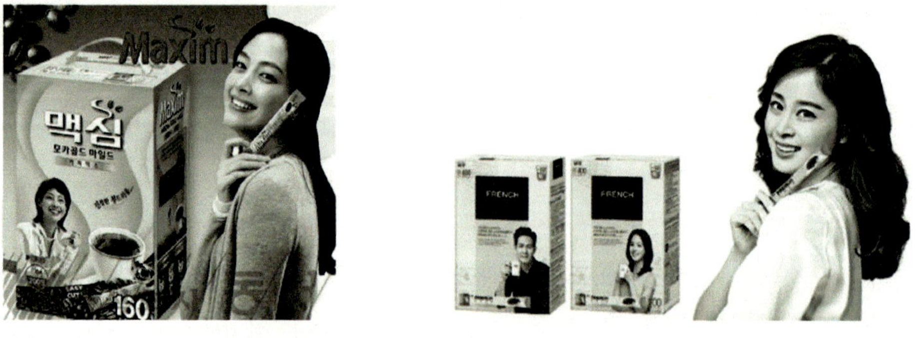

[그림 9-1] 동서식품의 맥심 커피믹스와 남양유업의 프렌치 카페믹스

전통적으로 커피믹스의 시장은 맥심을 보유한 동서식품이 93% 시장을 장악하고 있었다. 그러나 프렌치 카페를 내세운 남양유업이 카제인 나트륨 대신 자연 분유를 첨가했다고 제품의 편익을 변화시켜 성공시킨 사례이다. 최근에는 인산염도 활용하고 있어서 불필요한 과도한 문제제기라고 얘기가 나오고 있다. 이 전략을 통해 남양유업은 놀라운 성장을 보여주었으나 이는 일시적 효과에 그친 것을 주목할 필요가 있다.

4. 중요한 제품특성을 부각

기존에 소비자들이 전혀 알지 못하던 속성을 신제품에다 연계시킬 수 있으며 이로 인해서 관여도가 증가할 수 있기 때문이다. 예를 들어서 자일리톨껌의 경우 일반적으로 사람들이 껌을 씹는 경우 치아에 도움이 되기보다는 나쁜 영향을 준다고 인식되어 왔고 특히 밤에 양치질 한 후에는 껌을 안 씹는 것이 일반적인 소비자들의 태도였다. 그러나 자일리톨껌의 경우 치균을 죽이는 껌이라는 자일리톨의 특징을 내세워 자기 전에 씹는 껌이라는 특성을 부각했는데 그로 인해 소비자들의 태도에 많은 변화가 온 것이다.

경쟁이 치열한 주류시장에서 복분자주를 출시하고 웰빙 관련 측면을 부각 시킨 선운산 복분자주의 노력도 역시 소비자들이 중요하게 생각하는 제품의 특징을 부각시켜서 성공한 결과로 볼 수 있다.

위의 요인들은 소비자들이 구매에 앞서서 어떤 제품이나 서비스에 대해서 호의적인 태도를 형성하게 하고 이 호의적인 태도가 구매결정 시에 영향을 주는 요인들을 살펴보았다.

다음은 소비자들의 행동에 대한 태도를 바꿀 수 있는 전략들을 다루고자 하는데 피쉬바인과 아센이 다속성모델을 만든 후 실제 소비자들이 태도를 변경하기 위해서는 몇 가지 요인이 있나는 것을 깨닫고 추가로 확장된 다속성 모델을 만든 바 있다. 피쉬바인의 다속성태도모델은 한 대상에 대한 개인의 태도는 그 대상의 중요한 속성들에 대한 신념과 그 속성에 대한 평가에 의해 결정된다고 제시한다. 피쉬바인의 태도모델에서 대상은 사람, 사물, 이견, 기관 등 태도의 대상이 될 수 있는 모든 것은 모두 적용될 수 있다. 피쉬바인 태도모델의 장점 중의 하나는 대상에 대한 태도를 점수로 표현할 수 있다는 점이다. 소비자가 각 브랜드에 대해 갖는 태도는 각 속성별로 신념과 평가를 곱한 후, 이 값들을 모두 합한 것이다. 물론 이러한 수식 계산과정을 거쳐서 태도를 형성하는 경우는 거의 없을 것이다.

다만 피쉬바인 태도모델이 제안하는 것은 이와 유사한 심리적 과정을 거쳐 브랜드에 대한 태도가 형성된다는 것이다. 더 나아가 확장된 피쉬바인 모델에서는 첫째, 다속성 모델과는 달리 행동의도를 포함하며 실제로 행동에 직접적인 영향을 미치는 요인은 태도가 아닌 행동의도이다. 둘째, 행동의도에 영향을 미치는 요소는 행동에 대한 태도와 주관적 규범이다. 행동에 대한 태도는 개인적 요인이며 주관적 규범은 사회적 요인이다. 즉 행동의도는 행동주체의 개인적 요인뿐만 아니라 사회적 요인에 의해서도 결정된다. 셋째, 행동의도에 영향을 미치는 개인적 요인은 '행동에 대한 태도'이다. '대상에 대한 태도'에 대한 기존 피쉬바인 태도모델과는 달리, 합리적인 행동이론은 '대상과 관련된 행동에 대한 태도'가 행동의도에 영향을 미칠 것이라고 제안한다. 확장된 피쉬바인 모델의 행동에 대한 태도는 행동으로부터 얻을 수 있는 결과에 대한 신념과 결과에 대한 평가에 의하여 결정된다는 초기의 피쉬바인 모델과 차이가 있다. 대상에 대한 태도와 행동에 대한 태도는 다르게 형성될 수 있다. 예로 고가의 상품에 대한 긍정적인 태도를 가지고 있으나 과도한 지출에 대한 행동에 대해서는 부정적 태도를 가질 수 있기 때문이다. 넷째, 행동의도는 사회적 요인인 주관적 규범에도 영향을 받는다. 주관적 규범은 그 행동과 관련하여 사회적 측면에서 타인의 영향을 의미한다. 주관적 규범은 규범적 신념과 순응동기의 두 가지 요인에 의해 결정된다. 규범적 신념은 준거인이 자신의 행동을 지지 혹은 반대할 것인지에 대한 개인의 생각이다. 순응동기는 개인이 그 준거인의 의견을 얼마나 수용하는가에 관한 것이다. 규범적 신념이 동일하더란도 순응동기가 높고 낮음에 따라 결과가 달라질 것이다.

여기서 소비자의 태도를 예측하기 위해서 단순히 상표에 대한 태도가 아닌 구매행동에 대한 태도와 구매에 영향을 주는 사회적 규범(Social norm)이라는 것 또한 고려해야 한다는 것인데 이와 같이 여러 변수를 조정한다면 소비자의 태도의 변화가 일어난다는 것이다. 또한, 피쉬바인의 확장모델에서는 구매에 대한 태도와 주관적 규범이라는 기본요소의 중요성이 구매 제품마다 상이한 것으로 보기 때문에 기업에서 판매하는 제품의 성격에 따라서 규범적 성향이 클 때에는 다른 소비자나 친구, 가족, 동료가 좋아한다는 점을 부각시키는 것이 더욱더 효율적일 것이며, 소비자의 태도가 주요 관점이라면 구매를 통해서 소비자가 얻을 수 있는 여러 가지 현실적인 또는 상징적인 장점을 부각시켜서 강조함으로써 구매확률을 높일 수 있을 것이다.

① 행동의 결과에 대한 신념을 변경 : 소비자들이 특정 상표 제품구매 후 사용한 결과 보유하고 있던 신념들을 변화시킬 수 있을 정도로 만족하면 태도 변경에 긍정

적인 영향을 줄 수도 있다. 이는 부정적인 태도를 가지고 있는 소비자를 긍정적으로 변화시킬 수 있다면 충성도까지도 발생 시킬 수 있다는 얘기이다. 자동차를 구매하는 고객의 입장에서 차의 성능이나 상징적 가치 등이 몹시 훌륭하지만 구매 후에 가격이 비싸서 생활에 타격을 주고, 유지비가 많이 든다고 했던 수입차에 경우 구매 후 장기간 고장이 없어서 실제로는 유지비가 적게 드는 점을 부각시키거나, 또는 차량의 안전도가 뛰어나서 생명을 지켜주기 때문에 가격이나 유지비는 별로 중요하지 않다고 암시하는 것이다.

② 행동결과에 대한 평가를 수정 : 소비자가 구매하기 전 가지고 있는 기대가 높은 경우 제품을 구매하고 난 후 지각하는 제품성과가 불만족스러운 경우가 있는데 일부 불만족스러운 결과보다 만족스럽게 평가되는 결과에 중요성을 부각시킴으로써 전반적 태도의 변화를 가져올 수 있다.

③ 규범에 대한 신념을 변화 시킴 : 특정행동이나 구매를 하고 싶어도 주변이나 사회 등의 주관적인 규범요인들의 영향이나 비호의적인 반응을 염려해서 실제 행동으로 연결하지 못하는 경우가 많은데 이럴 때 시대의 변화로 인해서 개인적인 의사가 중요하지 주변의 영향을 받지 말아야 한다는 것을 강조하고 소비자들이 따르고 싶어할만한 매력적인 모델을 등장시켜 새로운 규범을 창조해 내어 기존의 규범에 대한 중요성을 어느 정도 희석해 낼 수 있다.

[표 9-1] **태도/신념 변화 모델**

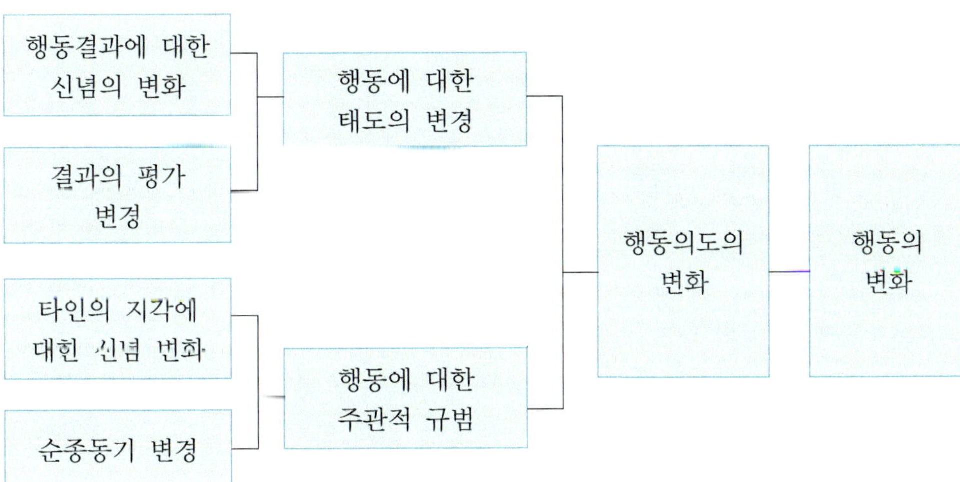

자료 : Loudon and Della Bitta, Consumer Behavior, 2nd ed., p.545.

균형이론(Balance Theory)-by Heider

균형이론(Balance Theory)에 따르면 사람들은 자신의 신념과 태도들 간에 일관성(조화)을 유지함으로써 심리적으로 편안한 느낌을 가지고 싶어 하며, 이로 인해 태도의 형성이나 변화가 발생할 수 있다. 균형이론은 개인의 태도들 간에 균형 상태를 유지하려 하며, 불균형이 발생한 경우 균형을 회복하기 위해 기존의 태도를 변화시키며 이에 따라 심리적 편안함이 유지되는 것으로 제안한다. Heider의 균형이론은 세 요소간의 삼각관계에서 태도 간의 균형을 설명한다. 이 삼각관계는 개인(person: p), 타인(other: o), 태도 대상(x) 간의 관계로 구성되어 있는데 다양한 유형의 대상에 적용 가능하다. 세 요소들 간에는 세 개의 관계가 존재하며 각 관계는 긍정적 관계(+), 부정적 관계(-)로 설정된다. 세 요소들 간의 가능한 관계는 여덟 가지가 있으며 상황에 따라 구성요소 간의 삼각관계는 균형 혹은 불균형상태를 이루게 된다.

세 관계가 모두 긍정적인 (+, +, +)이거나 한 관계가 긍정적이고 다른 두 관계가 부정적 (+, -, -), (-, +, -), (-, -, +,)인 경우 균형 상태이며, 세 상태가 모두 부정적 (-, -, -)이거나 두 관계는 긍정적이고 다른 한 관계가 부정적 (+, +, -), (+, -, +), (-, +, +)인 경우는 불균형상태라고 할 수 있다. 세 관계를 곱한 값이 양(+)이면 균형 상태, 음(-)이면 불균형상태라고 할 수 있다.

균형이론(Balance Theory)을 확장한 일치성이론에 따르면 어느 태도에서 변화가 나타날지는 기존 태도의 극단성의 영향을 받는다. 태도의 극단성은 중립적인 태도에서 벗어난 정도를 의미한다. 균형상태에 이르기 위한 태도의 변화는 극단성이 낮은 태도에서 주로 일어나며 매우 긍정적이거나 매우 부정적인 극단적인 태도는 유지되는 경향이 있다. 주변 사람들의 관계도 균형상태와 불균형상태가 존재한다. [그림 9-2]는 삼각관계의 세 주체가 자신(p), 친구(o), 제3자(x)로 보고 서로의 관계를 호감(+)을 가진 경우와 비호감(-)을 가진 경우로 표시하여 관계를 나타내었다. 이처럼 불균형상태로 바꿀 수 있는 다양한 유형의 태도 변화가 존재한다.

태도변화에 대한 또 다른 이론으로서 소비자 마음속에 인지적 불균형을 심어주는 것으로서 소비자들이 가지고 있는 개념이나 생각들 간의 인지적인 일관성을 유지하려는 성향을 이용하는 기법이다.

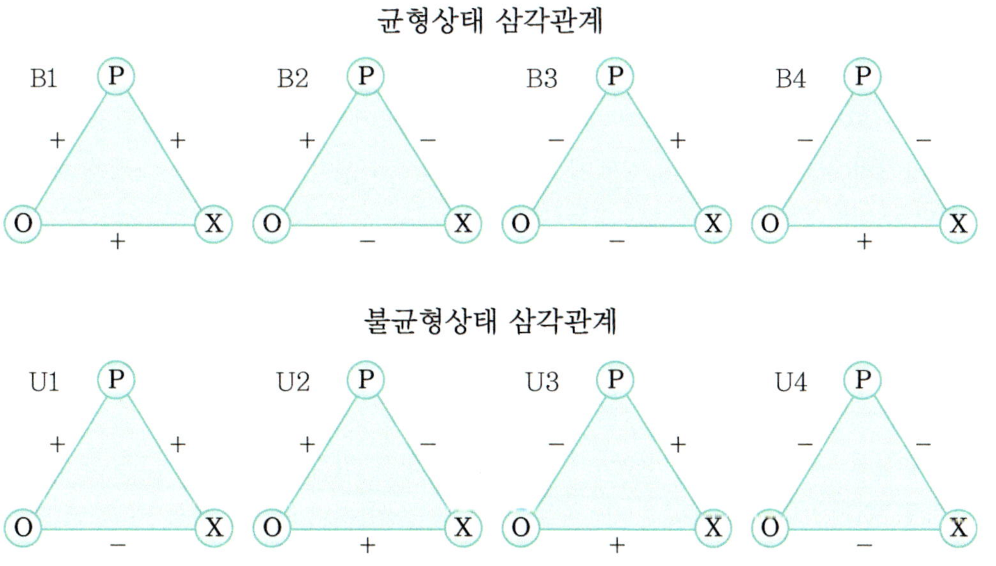

[그림 9-2] 균형상태와 불균형싱태의 삼각관계

소비자들이 사람이나 상표, 신념, 태도, 의도, 행동과 같은 인지적 요소간의 일관성을 추구해야 균형 감각을 가지고 편하게 생각하는 것을 이용하는 기법이다. 만일 이러한 균형상태가 깨어지면 소비자들이 긴장하고 불편해해서 결국 그들이 보유하고 있는 신념, 태도, 의도 중 한 요소를 변화시킴으로서 또다시 소비자의 인지적 일관성을 가질 수 있도록 하는 성향을 이용해 소비자들이 다시 한 번 인지체계를 균형화시킬 수 있도록 하는 기회를 제공하는 것이다(Heider).

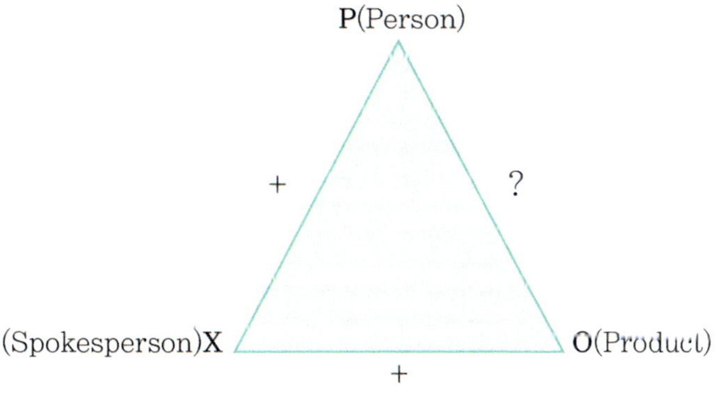

[그림 9-3] 균형이론

균형이론에서는 관찰자(Person), 관련 대상(X) 그리고 태도 대상(Object) 등 세 가지 요인들 간의 인지적 관계를 다루게 되는데 만일 어떤 특정 소비자가 좋아하는, 청순의 아이콘인 '박보영'이 있고 그녀가 좋은데이 소주 광고에 출현을 했는데 만일 특정 소비자가 과거의 경험으로 인해서 상표에 대해 부정적으로 생각하고 있다고 가정을 해보자.

일단 소비자가 호감을 가지고 있는 연예인이 제품을 광고하게 된다면 소비자가 호감을 가지고 있는 모델이 광고하는 제품에도 호감이 전이가 되는 것이 일반적이다. 하지만 소비자가 제품이나 서비스에 대해서 강한 부정적인 태도를 가지고 있다면 여러 가지 상황이 발생할 수 있는데 이것들을 알아보자. 좋은데이 소주가 건강에도 안 좋은 음료인데 왜 '박보영'이 광고를 할까?

① 자신이 좋아하는 연예인(박보영)이 광고는 하고 있지만 단순히 광고출연료 때문에 광고에 나오게 되었을 뿐 적극적인 권유는 아니라고 생각해서 광고모델에 대한 태도는 변하지 않지만 역시 제품에 대한 생각도 변하지 않는 경우가 있을 수 있다.

② 자신이 좋아하는 광고모델이 출연해서 자신이 싫어하는 제품을 광고하고 좋게 메시지를 전달하는 것에 대해 불쾌하게 생각하여 광고모델을 싫어하게 되고 제품에 대한 태도는 역시 변하지 않게 된다.

③ 자신이 좋아하는 연예인이 출연한 것을 보면 제품에 대해 그동안 가지고 있던 부정적인 태도는 잘못된 것일지도 모른다는 생각으로 제품에 대한 호의적인 태도를 가질 수 있다.

기업이 제공하는 재화나 서비스에 대해 부정적인 태도를 가지고 있는 소비자의 태도를 변화시키려고 할 때에 소비자들이 신뢰하고 호감을 가지고 있는 사람들을 섭외해서 출연시키는 점 또는 연예인이긴 하지만 자동차 경주에 참가해서 실적을 올리고 있는 스타들(사이몬 도미닉, 안재모, 김진표)이 차량 광고나 자동차 부품광고에 출연하는 경우 소비자들은 그 연예인들이 단순히 광고모델료를 받고 출연하는 것이 아니고 실제로 제품이나 서비스를 좋아해서 일 것이라는 믿음을 주게 되는데 이러한 믿음이 있다면 태도변화를 유발할 수 있다는 것이다. 하지만 반대로 제품을 광고하는 모델의 신뢰성이나 전문성이 떨어진다고 느껴지게 되면 소비자는 이를 무시함으로써 불균형상태를 해소하여 원래 제품에 대해서 부정적인 태도를 가지고 있는 원래의 균형 상태로 돌아가게 된다고 보는 이론이 균형이론이다.

사회적 판단이론과 태도변화

소비자가 대상에 대해 기존에 의견이나 태도를 가지고 있을 때, 새롭게 제시된 정보를 반영한 태도변화가 일어날지의 여부는 설득정보의 수용가능성에 따라 달라진다. 사회판단이론(Social Judgement Theory)에 의하면 개인은 설득적 메시지에 노출되었을 때 그 메시지가 수용영역에 속하면 설득이 이루어지고 거부영역에 속하면 설득이 이루어지지 않으며 중립 영역에 속하면 수용도 아니지만 그렇다고 거부도 아닌 입장을 취한다. 설득 메시지가 현재 태도와 크게 다르지 않은 경우 수용영역에 속하게 되지만 메시지가 현재 태도와 크게 다르면 거부 영역에 속하게 된다. 수용영역과 거부영역 사이에 중립영역이 존재한다. 소비자는 메시지가 수용영역에 해당하면 설득메시지를 태도에 반영하여 태도가 설득메시지 방향으로 변화하는데, 이를 동화효과(assimilation effect)라고 한다. 반대로 기존태도 또는 신념에 상반되는 메시지, 즉 거부영역에 해당하는 메시지는 실제보다 더 부정적으로 해석할 수 있는데, 이를 대조효과(contrast effect)라 한다. 사회적판단이론에 따르면 설득적 메시지의 수용영역과 거부영역의 크기는 메시지에 대한 개인의 관여정도(involvement level)에 의해 결정된다.

일반적으로 관여도가 높거나 자아상징과 밀접한 관계를 가지고 있는 경우 소비자는 새로 접하게 되는 정보나 메시지를 통해서 태도를 변화시키기 어렵다. 반면 일반적인 편의품과 같은 저관여 상품의 경우에는 새로운 정보에 노출될 때 이러한 정보를 쉽게 수용하여 기존의 태도를 변경할 수도 있다. 사회적 판단이론에 의하면 소비자들이 설득적인 메시지에 노출되었을 때 나타나는 개인의 태도는 외부의 자극대상을 범주화하는 판단을 통하여 유입되는 메시지를 기존에 가지고 있는 준거점과 비교한 후 수용 및 거부 그리고 비개입 등의 영역을 형성한다고 보았는데 이것을 셰리프(Sherif)의 사회적 판단이론(Social Judgement Theory)이라고 한다. 즉 소비자가 메시지에 노출된 후 수용할 수 있는 것은 수용영역(latitude fo acceptance)으로, 기존에 보유하고 있는 어떤 제품에 대한 태도가 호의적인 경우 기존 태도에 상반되는 메시지의 경우는 거부영역(latitude of rejection)으로 판단하는 과정에서 자연스럽게 태도가 형성된다는 것이다(Sherif and Hovland).

예를 들면, 만일 어떤 광고메시지가 소비자가 생각하고 있는 것과 다른 점을 강력히 주장한다면, 소비자의 거부 범위 안에 들어오기 때문에 거부될 것이며, 반대로 메시지가 적정수준에서의 변화를 제시한다면 그것은 소비자의 수용 영역 안에 들어가기 쉬울 것이다. 자동차 회사의 사례를 들어보겠다. 기업은 소비자들의 욕구의 변화에 맞추어 지속적으로 새로운 제품을 디자인하고 출시하게 되는데 Daimler-Benz와 BMW 자동차의 경우를 살펴보자. 차량의 기능은 강화되면서도 오히려 기존의 자동차보다 저렴하고 연비가 좋게 출시되고 있다. 중형차 이상의 경우는 두 회사 모두 각자 보유한 전통적인 브랜드 이미지에 부합하고, 거부감이 없겠지만 만일 초소형차를 도입하여 최저가 차량들과 경쟁하는 차를 만든다면 소비자들이 가지고 있는 허용영역 밖에 위치하게 되고 차량에 대해 부정적인 태도의 변화를 유발할 수 있다는 것이다. 실제 국내 시장에서 Benz의 경우 스마트(Smart)라고 하는 초 소형차와 BMW(미니 쿠퍼) 등을 출시했지만 큰 호응을 얻지 못하고 있는 이유가 소비자들이 가지고 있는 수용영역에 들지 못하기 때문이다. 벤즈(Benz)의 경우 BMW 대비 전통적인 측면이 더 강조된 차라는 소비자들의 인식으로 인해 C 클래스를 출시하면서 크기는 작아졌지만 외형적인 면이나 실내장식이 거의 고급차와 비슷한 벤즈차의 전통에 적합한 차량을 내놓았고 독일시장에서는 젊은 감각에 맞는 BMW 3 시리즈(비슷한 소형차) 판매를 앞섰다고 한다. 이런 경우 독일 소비자들이 벤즈라는 차에 대해서 가지고 있는 수용영역 내에 중소형 벤즈가 포함되었다고 볼 수 있고 상대적으로 차가 작은 BMW 3 시리즈가 거부 영역 쪽에 가깝게 위치한 결과라고 볼 수 있다. 하지만 향후에는 이러한 Benz나 BMW의 소형차들도 많은 수용이 될 것으로 보이는데 그에 따라 BMW 1 시리즈 등 많은 소형차들이 출시되고 있다는 점이다.

정교화 가능성 모델(Elaboration likelihood model)

제품이나 기업에 대한 소비자들의 태도를 변화시킬 수 있는 방법을 찾기 위해 연구해온 다양한 학자들의 이론을 앞서 다루었는데 이 이론들 외에도 정교화 가능성 모델(Elaboration likelihood model)이 있다. 정교화 가능성 모델(Elaboration likelihood model)은 태도형성의 두 가지 경로를 제안한다. 정교화는 소비자가 메시지 정보에 주의를 기울이며 자신의 욕구와 관련지어 정보를 처리하려는 노력의 정도를 말한다. 정교화 가능성이 높을 때 태도는 주로 제품정보에 영향을 받아 형성되는데, 이때 태도형성에 이용되는 제품정보를 중심단서(central cues)라 부르고 이러한 태도형성 경로를 중심경로(central route)라고 한다. 반면에 정교화 가능성이 낮을 때는 광고모델, 배경음악 등 제품 평가에 덜 중요하지만 처리하기 쉬운 주변단서(peripheral cues)에 의해 태도가 형성되며 이 태도형성 경로를 주변경로(peripheral route)라 한다. 정교화 가능성은 소비자의 제품정보처리 동기(motivation)와 능력(ability)에 의해 결정된다. 제품정보를 처리하려는 동기는 관여도와 관련성이 있다. 구체적으로 제품이 자신과의 관련성이 높거나 중요한 경우, 높은 관여도로 인해 정보처리에 대한 동기가 높아지게 된다. 또 다른 요인은 제시된 정보를 처리하고 이해할 수 있는 능력이다. 제품에 대한 지식은 정보처리 능력과 관련이 있으며, 지식이 많을수록 구체적인 제품정보를 기반으로 태도를 형성할 수 있다. 정보처리 능력은 상황적 요인과도 관계가 있다. 제품을 평가할 시간과 여유가 충분하지 않을 경우 정보에 대한 이해를 기반으로 한 태도변화가 어려워진다. 동기와 능력의 수준이 둘 다 높은 경우 정교화 가능성이 높으며 중심경로를 통한 태도변화가 이루어지나 동기와 능력 중 하나라도 결여되는 경우 정교화 가능성이 낮으며 주변경로를 통해 태도가 변하게 된다.

이 모델은 지속적인 관여를 통해서 동기유발상태 개념을 이용해 광고의 설득성 문제를 설명하기 위해 개발된 것이며, 근본적인 의문은 대중 매체의 청중들은 정보를 처리하는 능력과 동기유발 모두에서 차이가 있는데 광고가 이들을 어떻게 설득하는가와 광고를 통해서 소비자들이 가지고 있는 태도가 어떻게 유지 또는 변화하는가에 대한 연구이다. 많은 이론들에서 제시된 커뮤니케이션 요소들이 가장 효율적으로 태도를 변화시킬 수 있는 상황을 설명해 줄 수 있는 이론으로 자리 잡았다.

1. 경로의 선택[중심경로(Central Route)와 주변경로(Peripheral Route)]

정교화 가능성 모델에서는 태도의 형성과 변화를 위해서 사용되는 경로에는 크게 두 가지가 있는데 하나는 중심경로(central route)이고 또 다른 하나는 주변경로(peripheral route)인데 소비자가 태도 형성을 위해 정보를 처리하는 노력의 정도에 따라서 경로가 나누어진다고 보는 이론이다.

만일 소비자들이 정보처리를 위해서 상당한 노력을 기울이고 중요한 논점에 대한 사고의 결과로서 설득이 되는 경우에는 중심경로를 통해서 설득이나 변화를 가져온다고 보고, 중요한 논점이 아닌 요소를 통해서 변화가 일어난다면 주변경로를 통해서 변화가 일어난다고 보는 것이다. 기존에 가지고 있던 어느 제품이나 기업에 대한 태도를 보유하고 있는 소비자가 새로운 논점에 접하게 되었을 때 그 논점이나 정보를 얼마나 적극적인 노력을 통해서 처리를 하는가에 따라서 만일 열심히 처리를 한 후 형성되는 태도는 매우 지속적이고 강하게 자리를 잡게 되고, 약하게 주변적인 단서에 의존해서 일어난 태도 변화라면 일시적이고 쉽게 변할 수 있다는 것이다.

이때 중심적 경로를 통해서 일어나게 되는 태도변화가 영속적인 이유는 소비자들이 적극적으로 참여를 하고 정보를 처리하기 때문이고 주변적인 경로를 통해서 일어나는 태도변화는 주요 논점이 아닌 광고에 제시된 배경이나 유쾌한 음악이나 모델 등의 영향을 받아서 태도변화나 설득이 일어나게 됨으로 더 자극적이고 부각되는 단서가 주어지면 태도형성 및 변화에 대한 효과가 급감하게 되기 때문이다. 따라서 소비자들이 어떤 경로를 통해서 정보를 처리하는가에 대한 사전 연구가 필요하며 마케팅을 하고자 하는 기업 제품의 성격이 소비자들이 관여를 많이 하는 특성을 가진 제품이라면 중심경로를 선택하여야 하고 만일 저관여 상품이라면 주변경로를 이용해서 매력적인 모델을 기용하여 소비자들이 호감을 가지게 한다든지 기분 좋은 배경을 제공하여 소비자들의 태도를 형성하는 방법을 택해야 할 것이다. 정교화 가능성 모델에서는 소비자가 얼마나 정교화하려는 노력, 즉 얼마나 적극적으로 자극을 처리하고자 하는 인지노력을 하는가에 달려있다고 보는데 이러한 인지노력은 모든 소비자가 동일한 것이 아니고 소비자의 정보처리 동기(motivation)와 능력(ability)에 차이에 따라서 결정이 된다는 것이다. 쉽게 얘기하면 만일 소비자가 자기가 필요한 제품정보를 접하게 되고 소비자가 충분한 동기와 능력을 가지고 있다면 좀 더 높은 인지적 노력이 달성될 것이고 만일 소비자가 충분한 동기나 능력을 가지고 있지 못하다면 적은 인지적 노력이 달성될 것이다.

소비자는 관여도가 높은 정보에 노출되게 되면 그 정보를 처리하려는 동기가 높아질 것이고 과거의 제품을 구매해본 경험이 있다든지 사전지식이 많다면 그 정보를 훌륭히 처리할 수 있는 능력이 커지게 되므로 정보처리 노력이 높아지게 된다. 제2장 관여도에서 다룬 Krugman의 이론을 보면, 저관여 상태에서는 구매가 이루어진 후에 태도가 형성이 된다고 보았으나 정교화 가능성 모델을 연구한 페티와 카치오포(Petty & Cacioppo)는 저관여 상태에서도 주변경로를 통해서 태도가 형성되고 변화될 수 있다고 본 것이 다른 점이다. 미용관련 용품 회사를 다니고 있는 남자직원의 경우 화장품의 대한 지식이 많아서 새로운 제품의 등장이나 타 회사의 제품도 처리할 수 있는 능력이 풍부하지만 만일 화장품을 사용하지 않는 일반 남성의 경우 미용 관련 광고정보를 심사숙고하며 처리하지는 않을 것이다.

2. 정교화 가능성 모델의 실험 연구

1) 실험방법

심리학에서 개발된 정교화 가능성 모델을 소비자행동 연구에 적용한, 관여도에 따라서 태도 형성의 경로가 다를 것이라는 주장은 페티와 카치오포(Petty & Cacioppo) 그리고 슈만(Shumann)에 의해서도 검증되었는데 연구결과를 보면 실제 판매되지 않는 가상의 면도기를 시판한다고 조건을 제시하고 실험자들을 고관여 집단과 저관여 집단으로 나누기 위해 각각 다른 유형의 조건을 제시하여 실험을 실시하였는데 관여도를 높이기 위해서 고관여 집단의 경우에는 실험에 참가하는 대가로 면도기를 받을 수 있고 소비자가 거주하고 있는 지역에 곧 시판이 된다고 하는 조건을 제시했고 저관여 집단을 형성하기 위해서는 실험에 참가한 사람들에게는 선물로서 치약을 제공하게 되며 면도기는 실험에 참가한 사람들이 사는 곳이 아닌 곳에만 판매가 된다고 해서 관심도를 낮추는 작업을 병행하였다.

이렇게 나뉜 고관여/저관여 두 집단을 첫 번째 실험으로는 광고메시지를 전달하는 모델을 유명 선수와 일반인을 기용해서 전달하게 했고 두 번째 실험에서는 제품의 성능을 강하게 부각하는 강한 주장과 성능이 별로 우수하지 않다는 약한 주장을 제시해서 시행되었다.

2) 실험결과

광고메시지를 위와 같이 유명인/비유명인, 강한 주장/약한 주장을 제시한 결과를 보면 정교화 가능성 모델의 가정과 일치하게 유명인이 광고한 광고메시지에는 고관여 집단보다 저관여 집단이 태도의 형성에 있어 높은 반응을 나타냈다. 이 얘기는 저관여 상태에서는 중심경로인 제품 관련 정보보다는 주변단서로 분류되는 광고의 배경이나 모델에 영향을 받는다는 것을 반증하는 결과로 볼 수 있다.

반면 메시지를 강하게 주장한 경우에는 고관여 집단으로 구성된 실험자들의 태도 형성이 저관여 집단보다 높게 나타났다. 이 경우는 고관여 상태에서는 중심경로가 사용되기 때문에 중심단서인 제품에 대한 강한 주장이 더 높게 나타났다고 볼 수 있다. 결론적으로 보면 고관여 상태에서는 중심경로가 사용되고 저관여 상태에서는 유명연예인이나 배경과 같은 주변경로가 사용된다는 것을 알 수 있게 된 연구이다.

3) 마케팅 시사점

정교화 가능성 모델의 이론은 마케터나 기업이 제품 관련 메시지나 광고정보를 소비자에게 제공할 때 많은 지침을 주고 있다. 어떤 경우에는 고가의 매력적인 연예인 모델을 등장시켜 광고한 제품이 성공할 때도 있고 실패할 때도 있는데 그 차이는 소비자들에게 주어진 정보가 어떻게 처리되는가를 연구한 정교화 가능성 모델(ELM 이론)이 해결책이 된다고 볼 수 있다. 가장 큰 차이는 소비자들이 노출되는 광고가 판매하고자 하는 제품의 관여도 정도에 따라서 상황이 달라질 수 있다는 것이다. 광고를 보고 소비자는 어느 정도의 정교화 가능성을 발생시켰는지 아니면 주변적 단서가 어느 정도의 역할을 했는가에 달려 있다는 것이다.

판매 하고자 하는 제품이 일반적으로 고가이며 소비자들에게 고관여 상품이라면 제품 관련 정보를 강하게 주장하는 중심단서를 이용한 중심경로를 이용해야 효율적이며, 일반적이고 소비자들이 저관여 상품으로 보는 제품이라면 주변단서들을 효율적으로 사용하는 것이 훨씬 효과적일 것이라는 것이다. 여기서 주변단서들은 제품과 직접 관련이 없는 속성들을 말한다. 예를 들어, 소비자들이 호감을 가지고 있는 모델을 기용한다든지 아니면 유쾌한 음악이나 멋있는 배경을 가진 광고 메시지 등을 의미한다.

정교화 가능성 모델의 마케팅 시사점을 정리해보도록 하자.

첫째, 설득메시지의 사용은 제품이나 표적소비자의 관여도를 고려해야 한다. 고관여 소비자를 표적으로 한다면 광고에서 경쟁브랜드에 비한 차별적 특성이나 혜택 등 중심단서를 설득력 있게 제시하는 것이 효과적일 것이다. 반대로 저관여 소비자를 주된 표적으로 한다면 구체적 제품정보보다 광고분위기, 음악, 혹은 광고모델 등 주변단서에 중점을 두어 광고를 기획해야 할 것이다. 쇼핑 상황의 경우 고관여 쇼핑객들은 제품의 특성이 선택에 매우 중요하지만 저관여 쇼핑객들에게는 매력적인 점포 내 전시, 판매원의 매력도, 제품포장 등도 선택에 영향을 미칠 수 있다.

둘째, 자세한 정보를 제공하여 중심단서로 소구하고자 하면 방송매체보다 인쇄매체가 더 효과적일 수 있다. 인쇄매체를 이용하면 정보를 자세히 제공할 수 있고 그러한 정보를 필요로 하는 소비자가 천천히 정보를 습득할 수 있다(정보처리자 통제). 반면 방송매체를 이용하면 대개의 경우 광고시간이 짧아지므로 정보를 제공하는 데 한계가 있다(매체 통제). 그러나 주변단서에 의해 소구하고자 하면 신문이나 잡지 광고보다 TV 광고가 영상과 음악 등을 이용해 감정을 유발할 수 있으므로 더 효과적일 수 있다. 맥도날드의 경우 일반적인 저관여상황에서는 TV매체를 이용하였으나 광우병 파동으로 고관여 상황이 된 경우에는 신문광고를 이용하였다.

[표 9-2] **태도변화의 정교화 가능성 모델**

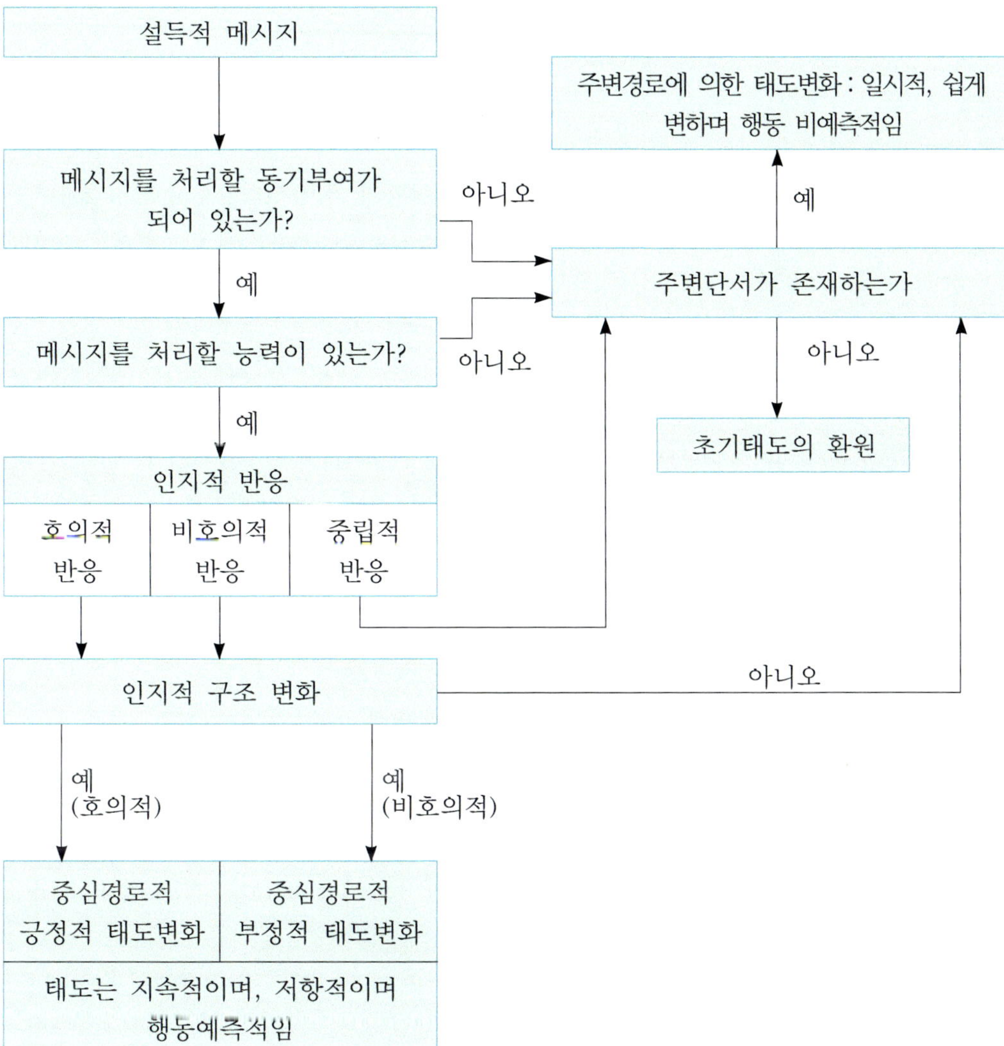

자료 : Thomas S. Robertson and Harold H. Kassarjian, Handbook of Consumer Behavior, Prentice-Hall, 1991, p.244.

셋째, 광고에 따라 중심단서 혹은 주변단서에 치중하기도 하지만 두 가지 단서를 모두 사용하는 광고도 흔히 발견된다. 특히, TV 광고의 경우 인기 연예인이나 스포츠맨이 광고모델로 출연하여 소수의 핵심속성을 제시하는 광고가 많다. 이 경우 그러한 모델은 소비자의 주의 유발과 아울러 주변단서로 작용할 수 있으며 소수의 핵심속성은 중심단서로 작용할 수 있다.

참고문헌

합리적 사고를 가진 '감각적 소비자,' 그가 말하는 자동차의 가치. AD Information 2001. 7.

Alba, Joseph W., and J. Wesley Hutchinson, "Dimensions of consumer expertise," Journal of consumer research 13, no.4(1987), pp.411-454.

Chaiken, Shelly, "Heuristic versus systematic information processing and the use of source versus message cues in persuasion," Journal of personality and social psychology 39, no.5(1980), p.752.

David Aaker, R. Batra, and John Myers, Advertising Management, 5th ed., Prentice Hall, 1996, pp.162~163.

Fritz Heider, "Attitudes and Cognitive Organization," Journal of Psychology 21 1946, pp.136~141.

G.S. Reynolds, A Primer of Operant Conditioning(Glenview, IL: Scott Foresman, 1968).

Gorn and Weinberg, "Impact of Comparative Advertising on Perception and Attitude," Journal of Consumer Research 11(September 1984) pp.719~727.

Heider, Fritz, "The psychology of interpersonal relations," Psychology Press, 2013.

Henry Assael, Consumer Behavior and Marketing Action, Kent, Belmont, Ca, 1981, p.91.

Herbert E. Krugman, "The Impact of Television Advertising: Learning Without Involvement," Public Opinion Quarterly 29, Fall 1965, pp.349~356.

Leon Shiffman, G Kanuk and Leslie Lazar, Consumer Behavior, 6th ed., Prentice Hall, Inc.

Loudon and Della Bitta, Consumer Behavior, 2nd ed., p.545.

Lynn Hasher, D. Goldstein, and T. Toppino, "Frequency and the Conference of Referential Validity," Journal of Verbal Learning and Verbal Behavion 16(1), 1977, pp.107~112.

M. Sherif and C. E. Hovland, Social Judgement, New heaven; Yale University Press, 1964.

M. Sherif and C. Sherif, "Attitude as the Individual's own Categories: The Social Judgement -Involvement Copproach to Attitude and Attitude Change," eds., Attitude, Ego-involvement, and Change, New York: Wiley, 1967.

Martin Fishbein and Icek Ajzen, Belief, Attitude, and Behavior, An Introduction to Theory and Research, Addison-Wesley, Reading, MA, 1975, p.407.

Petty, Richard E., "Attitudes and persuasion: Classic and contemporary approaches," Routledge, 2018.

Richard Petty, John Cacioppo, and David Schumann, "Central Peripheral Routes to Advertising

Effectiveness: The Moderating Role of Involvement," Journal of Consumer Research, 10(September 1983), pp.135~146.

Robert Rescola, "Pavlovian Conditioning: It's Not What You Think It ls," American Psychologist 43(March 1988): pp.151~160.

Sherif, Muzafer, and Carl I. Hovland, "Social judgment: Assimilation and contrast effects in communication and attitude change," (1961).

Chapter

10

학 습

(Learning)

Case study

삶은 학습의 연속이다

사람들이 하는 행동이나 처하는 상황에는 어떤 일을 막론하고 처음이 있기 마련이다. 생전 처음으로 골프장에 가서 골프를 치게 되는 경우 매너를 몰라서 상대방에게 불쾌감을 조성한다든지, 또는 유학생이 처음으로 미국 레스토랑에서 밥을 먹게 된 경우 식탁위에 많은 식사용 도구를 보고 당황한다거나, 미국에서 공부를 하고 있는 유학생이 미국 식당에 들어가서는 자리를 잡아주기를 기다리지 않고 한국에서처럼 불쑥 빈자리에 가서 앉는 등 익숙하지 않은 환경에 때때로 접하게 되어 있는데 인간은 이 처음 하는 모든 상황마다 다 실수를 하는 것이 아니라, 그 동안 간접적으로 들어서 머릿속에 자리 잡고 있는 행동을 상기해 내거나, 아니면 남들이 하는 행동을 재빨리 학습을 해서 무사히 과업을 완수하게 되는 경우도 많은 것이다. 다시 말하면 남의 행동을 학습함을 통해서 살아가는데 필요한 행동이나 대처능력을 습득하게 되고 이들을 경험한 후에는 익숙하게 각 상황마다 대처할 수 있게 되는 것이다.

사람들은 세상에 태어나면서부터 부모나 가족 또는 친구와 같은 또래 집단으로부터 의도적인 교육을 받거나 일부 상황에서는 관찰과 간접 경험을 바탕으로 해서 필요한 사항들을 학습하는데 가장 중요한 것이 언어가 될 것이다. 아이들이 언어를 학습하게 되는 이치는 처음에는 낯선 단어가 계속 반복되다가 시간이 흘러 익숙해지면 자연스럽게 아이들의 머릿속에 자리 잡게 되는 것이다. 일단 언어를 구사하게 되면 사람들이 살아가는데 필요한 것들을 좀 더 많이 알게 되고 본격적인 학습이 시작되는데 이런 관점에서 본다면 일부 본능적이거나 충동적 행동을 제외한다면 소비자의 모든 행동은 학습된 행동이라고 볼 수 있는 것이다. 하지만 모든 사람들이 학습능력이나 집중력과 같이 학습에 영향을 주는 능력들이 동일하지 않은 것이다. 예를 들어, 같은 과에서 수업을 같이 듣는 모든 학생들의 강의 이해력이 동일하지는 않다는 것이다. 이와 마찬가지로 기업들이 행하고 있는 광고나 설득적 커뮤니케이션에 노출이 되어도 어떤 소비자는 학습능력이 탁월해서 설득적인 메시지의 양면성까지 이해를 하고 기억을 하는 반면 어떤 소비자들은 기본적으로 정확하게 메시지의 뜻도 파악하지 못하는 매우 낮은 학습능력을 가질 수도 있다(Hock & Deighton).

학습의 정의

소비자는 일상생활에서 다양한 제품의 소비 혹은 사용경험을 하고 계획적으로 혹은 우연히 여러 제품에 대한 정보에 노출된다. 소비자는 제품을 직접 경험하거나 간접적인 정보에 의하여 그 제품에 대한 기존의 신념, 태도 및 행동(의도)을 변화시킬 수 있는데 이를 학습(learning)이라고 한다. 학습의 연구방법에는 인지적 접근방법(cognitive approach)과 행동주의적 접근방법(behaviorist approach) 이 있다. 인지적 학습은 사고과정에 의하여 이루어지는 학습을 의미하며 행동주의적 학습은 자극과 반응의 연결에 의하여 이루어지는 학습을 의미하며 행동주의적 학습은 자극과 반응의 연결에 의하여 일어난 학습을 의미한다. 이 장에서는 인지적 학습을 설명하고 고전적 조건화와 수단적 조건화를 다루고 그리고 대리학습을 설명한다.

소비자는 문제를 인식하고 해결하기 위한 정보를 기억 속에 충분히 보유하지 못할 경우 외적 탐색을 실행하고, 외적 탐색을 통하여 여러 선택대안에 대한 신념을 형성하거나 기존의 신념을 변화시켜서 태도의 형성 혹은 변화를 통해 특정대안을 선택하는 의사결정과정을 거친다. 이와 같은 의사결정 과정을 자체를 인지적 학습과정(cognitive learning process)이라 한다.

학습의 정의를 살펴보면 심리학자들은 '개인이 그를 둘러싸고 있는 환경에서 일어나는 여러 가지 사건들을 경험함으로써 일어나는 행동의 영속적 변화'라고 정의하기도 하고 마케팅 쪽에서는 '경험의 결과로 발생된 비교적 영구적인 행동의 변화' 또는 '경험의 함수로 특정시점에서 발생한 유기체 내의 변화'라고 정의되기도 한다.

학습은 정보처리과정의 결과이며 소비자의 목표에 부합되거나 관심이 있는 부분을 단기기억에서 학습한 후 장기기억 속에 변화를 야기하게 된다는 것이다. 물론 정보처리는 관여도가 높은 여건에서 의식적이며 매우 신중하지만 관여도가 낮은 여건에서는 의식적이지 않기 때문에 학습도 역시 관여도가 높은 학습상황과 관여도가 낮은 학습상황으로 나누어서 구분할 수도 있다. 위에서 살펴본 바와 같이 학습의 개념은 폭넓고 다양하게 정의되고 있지만 가장 핵심적인 부분을 살펴보면, 인지적 접근과 행동주의적 접근으로 구분하는 것이며 인지학습 이론은 주로 의식적인 정신활동의 결과로 보는 반면에 행동주의적 관점은 학습을 주로 외형적이고 언어적인 행동의 무의식적 변화로 묘사된다(Foxall and Goldsmith).

학습행동의 유형

1. 물리적 행동의 학습

소비자는 일상생활을 효과적으로 영위하기 위하여 필요한 신체적 행동을 학습을 통하여 습득하게 되며, 학습을 통해 환경적 자극에 보다 효과적으로 적응할 수 있게 된다. 일반적으로 한 인간은 걷고 말하고 사회생활을 하는 법을 배우게 되는데 청소년들이 어른들의 행동을 학습하는 것도 사회화과정의 일부이며, 폭력이 많은 프로그램을 통해서도 모방범죄나 부정적인 영향을 학습할 가능성이 있는 것이다. 최근 국내에도 예전에는 없던 강력 범죄가 자주 발생하는데 이는 많은 폭력적 드라마와 영화들의 영향이 일부 있다고 보이고 이러한 모방범죄(Copycat Crime)는 늘어나는 추세이다.

2. 상징의 이해

사람들은 또한 다른 사람과 능률적으로 의사소통을 할 수 있게 하는데 필요한 상징적 의미를 학습한다. 이것은 소비자는 언어라는 상징이 갖는 의미를 학습함으로써 고도로 효율적인 커뮤니케이션을 할 수 있으며, 마케터는 상표명, 슬로건, 간판 등에 적절한 상징들을 이용함으로써 의도하는 아이디어를 소비자에게 효과적으로 커뮤니케이션할 수 있다.

3. 문제 해결적 학습

인지능력의 향상이 이루어지고, 소비자들의 다양한 경험들이 소비자가 당면하고 있는 문제를 해결하기 위한 인지능력의 근거가 되는 것은 당연하다. 그러나 소비자는 직접적인 경험을 거치지 않고도 사고(think)와 통찰(insight)이라는 과정을 통하여 당면한 문제를 해결하기 위한 방법을 학습하고 인지능력을 향상시킬 수 있다.

4. 정서적 학습

소비자는 학습을 통해 환경 내의 일부 자극(또는 대상)들을 좋게 평가하고 다른 것들을 혐오하게 되는데, 이는 소비자가 어떠한 제품이 그들의 욕구를 효과적으로 충족시키는지 학습한다는 사실을 암시한다. 이러한 학습은 소비자로 하여금 한 기업과 그 제품에 대하여 호의적 또는 부정적인 태도를 형성하도록 작용하며, 이러한 태도는 여러 가지 상표들을 구매하려는 성향에 영향을 미칠 것이다.

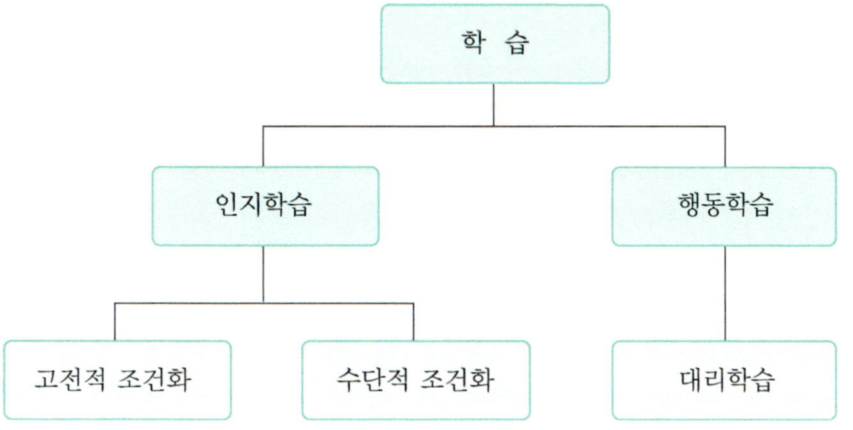

[그림 10-1] **학습이론의 분류**

학습이론

수비자학습에 관련된 이론들은 그 배경의 대부분이 심리학에서 다루어지는 학습이론에 근거하고 있고 그 이론들을 바탕으로 좀 더 효율적으로 소비자의 행동을 이해하고자 노력하고 있다.

1. 인지적 학습(Cognitive Learning)

소비자는 문제 인식을 한 경우 문제해결을 위한 정보를 기억 속에 충분히 보유하지 못하고 있는 경우 외적 탐색을 수행하고 외적 탐색을 통하여 여러 선택 대안에 대한 신념을 형성하거나 기존의 신념을 변화시키며 이는 태도의 형성 혹은 변화를 가져와 특정 대안을 선택하는 의사결정과정을 거친다. 이와 같은 의사결정과정은 사고 과정에 의해서 이루어지므로 의사결정과정 자체를 인지적 학습과정(Cognitive Learning process)이라 할 수 있다. 소비자의 정보처리는 의사결정을 위한 외적 탐색과정에서 의도적으로 발생하기도 하고 혹은 우연히 외부정보에 노출되어 일어나기도 한다. 의도적이든 우연적이든 정보처리에 의하여 그 대상에 대한 기존의 신념, 태도 및 구매의도가 변할 수 있기 때문에 인지적 학습은 주로 정보처리 과정에 의해서 일어난다.

학습을 '장기기억의 내용 또는 구조를 변화시키는 행위'라고 정의를 한다면 이것을 바탕으로 우리는 기업이나 마케터가 소비자에게 영향을 줄 수 있다는 것을 알 수 있으며 소비자는 다른 사람들, 가족, 친구, 동료로부터 가치와 기술, 행동취향, 상표와 그 가치 등에 대해서 배우게 되며 이렇듯 학습한 것들이 또한 소비자의 행동에 영향을 미치게 되는 것이다(Paxton & John).

이러한 학습에는 소비자가 직접 제품이나 서비스를 사용해 본 직접적인 경험을 통해서도 학습되는 유형도 포함하는데 소비자는 문제를 인식하였을 때 소비자가 기억하고 있는 많은 제품과 서비스에 대한 지식이 충분하다면 거기서 멈추게 되겠지만 충분하지 못하다고 느끼게 된 경우 좀 더 구체적인 정보를 찾는 외적 탐색을 통해서 습득된 선택대안들을 평가한 뒤 의사결정과정을 마무리하게 되는데 소비자 의사결정과정 자체가 인지적 학습과정이라고 할 수 있다. 후반부에 다루지만 수단적 조건화의 의한 학습 원리에 대해서는 학습이 직접적인 보상이 없이도 가능하다는 점을 들어 비판하고 있다.

소비자는 실제로 제품이나 서비스를 구매하지 않고서도 간접적으로 그 제품이나 서비스를 사용하는 타인을 관찰하고, 기억하고, 모방을 함으로써 많은 것을 학습할 수 있기 때문이다. 다시 말하면 인지적 학습은 직접적인 경험이나 보강 없이 소비자가 문제를 해결하는 능력에 기여하는 아이디어, 개념, 태도, 사실 등을 통합하는 일을 포함하는데, 매우 단순한 정보의 습득으로부터 복잡하고 창의적인 문제해결에 이르기까지 다양한 형태를 취한다.

소비자는 제품이나 서비스에 관하여 상당히 많은 지식이나 믿음을 갖고 있다. 소비자는 이 같은 믿음들을 강화하거나 수정하는데 있어 마치 과학자들이 가설을 세우고 경험적인 증거를 얻어 이를 검증하는 과정과 매우 유사한 단계를 거치게 된다. 소비자는 가설을 자신의 기존 신념에서 그대로 가져오기도 하지만 경우에 따라서는 광고 주장이 가설의 역할을 하는 경우도 있다.

소비자는 이 같은 가설을 좀 더 객관적인 '증거'에 의해 검증하게 되는데 이때 증거로 사용될 수 있는 것이 직접 제품경험이나 한국소비자원에서 발간하는 웹진 '소비자시대'에 실려 있는 품질비교표 등이다. 그런데 소비자의 가설검증과정에서는 과학들이 사용하는 품질비교표 등이다. 그런데 소비자들은 과학자들이 사용하는 방법과는 달라 추론상의 오류를 범하기 쉬운 검증방법이 사용되는 경향이 있다. 그중 가장 대표적인 것이 소비자의 정보탐색이나 지각과정에 있어서의 '확인의 편향(confirmation bias)'이다. 어떤 생수가 암반수의 물로 깨끗함을 강조하는 광고를 할 경우 실제의 맛을 보고 다른 생수보다 깨끗한 맛을 느끼지 못하더라도 다른 생수에 비해 깨끗한 맛을 갖고 있다고 느끼게 되는 경향이 있다.

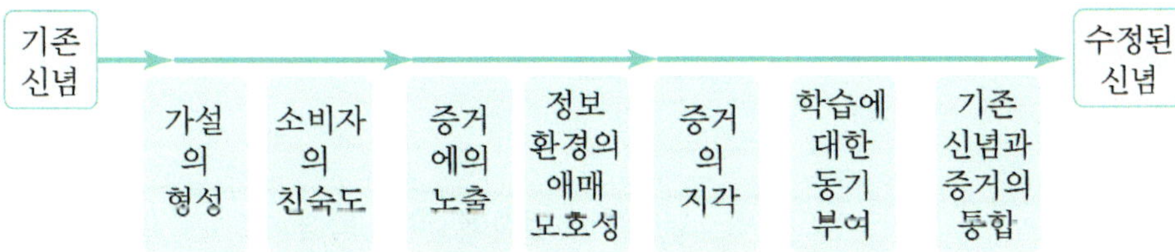

2. 인지적 학습의 유형

① 소비자의 인지적 학습은 대부분 첨가에 속한다.
② 두 번째 인지적 학습은 조율이라고 한다.
③ 인지적 학습은 재구조화를 통해서 발전된다(Hoch & Deighton).

3. 행동적 학습

소비자들은 복잡한 인지적 노력이 없어도, 어떤 자극에 대해서 반응을 나타낼 수 있으며 크게 고전적 조건화, 수단적 조건화 그리고 대리학습으로 나누어진다. 조건화 학습이론은 자극(Stimuli)과 반응(Response) 사이의 연관을 근거로 하는데 고전적 조건화(Classical Conditioning)과 수단적 조건화(Instrumental Conditioning)로 나눌 수 있다.

4. 고전적 조건화(Classical Conditioning)

고전적 조건화의 이론은 자극과 반응 사이의 '자연스런 생리적 관계'를 이용하여 상이한 자극에 대하여 동일한 반응을 학습시킨 아이반 파블로프(Ivan Pavlov)의 실험을 근거로 한 이론으로서 자극-반응(stimuli-response)이론이라고도 불린다. [그림 10-2]를 보면, 파블로프가 학습시킨 개들의 경우 음식을 보고 개가 타액을 흘리는 것은 자연적인 생리적 현상이지만 매번 종을 치고 난 후 음식을 주는 것을 반복하게 되면 종을 울리는 자극과 음식 사이에 연관이 형성되어 나중에는 종만 쳐도 개가 침을 흘리게 된다는 이론이다.

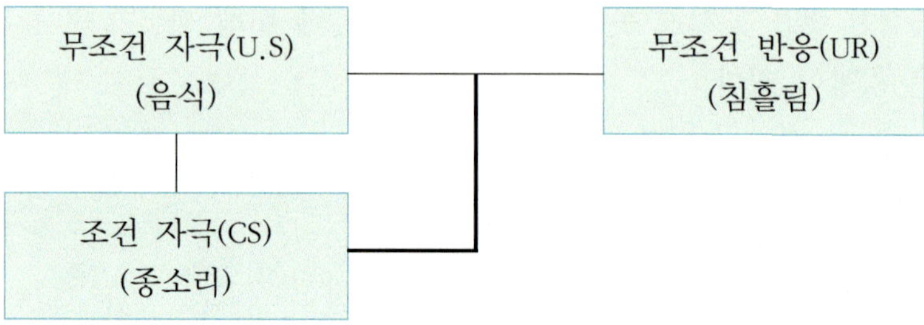

[그림 10-2] **고전적 조건화에 의한 학습**

음식을 보고서 침을 흘리는 것은 당연한 관계임으로 이를 무조건적인 자극(Unconditional Stimulus)−무조건 반응(Unconditional Response)이라고 하는데 종소리는 실제 식욕을 일으키는 것과는 아무 상관이 없는 중립적 자극인데 음식과 연관을 시켜서 반복하게 되면 종소리라는 조건 자극을 (Conditional Stimulus) 주면 음식이 없이도 무조건 반응이 일어나게 된다. 이 고전적 조건화를 이용할 수 있는 방법은 제품이나 서비스가 연상이 될 수 있는 강력한 무조건자극을 찾아야 한다는 것이다.

적극적인 정서적 반응을 일으키는 무조건 자극에는 소비자가 선호하는 연예인, 즐거운 음악이나 경관, 소비자 만족지수 등으로 소비자의 무조건적 반응을 유도한 후에 제품이라는 조건자극을 반복적으로 노출시키면 그 제품에 대해서 호의적 태도를 가지게 된다는 것이다.

이와 비슷한 예를 들면 명예나 부와 같은 사회적 성공에 대하여 선망과 동일시라는 무조건 반응을 보이는 소비자들은 사회적 성공과 연상되는 입지전적인 인물이나 그들이 사용하는 제품에 대하여도 선망과 동일시라는 반응(조건화 반응)을 보일 가능성이 높으며 실제 예로는 삼성 FN Honors Club 광고에 사회적으로 명성이 있는 사람 여러 명을 순차적으로 기용해서 어떻게 자산관리를 하는가라는 주제로 광고를 내보내고 있는 것이 사회적으로 성공한 사람들을 닮고 싶어 하는 일반 대중들을 대상으로 한 광고라는 것이다.

5. 고전적 조건화에 영향을 미치는 요소들

① 무조건 자극의 강도 : pavlov의 실험에서 개에게 주는 먹이의 맛이나 냄새가 만족스러울수록 광고의 내용이 보다 즐거울수록 고전적 조건화에 의한 학습효과가 클 것이다. 이처럼 무조건자극이 강하면 조건화가 더 잘 이루어진다.

② 반복횟수 : 고전적 조건화에 의한 학습이 이루어지기 위해서는 무조건자극과 조건자극이 결부되어 반복적으로 학습자에게 제시되어야 한다. 학자에 따라서는 단 한 번으로도 고전적 조건화가 일어난다고 하지만 일반적으로는 조건자극과 무조건자극간의 반복이 많은 것이 더욱더 조건화를 가져온다고 연구되었다(Kellaris and Cox).

③ 조건자극－무조건자극의 주어지는 순서 : 무조건자극과 조건자극을 제시하는 순서는 세 가지가 될 수 있다. 전방조건화는 조건자극이 먼저 제시되고 무조건자극이 제시되는 것으로 광고에서 제품을 먼저 제시하고 분위기를 연출하는 장면이나 모델을 다음에 제시하는 것이다. 후방조건화는 무조건자극이 조건자극을 선행하는 것으로 분위기 연출이나 모델이 선행되고 그 다음 제품이 제시되는 것이다. 그리고 동시조건화는 두 가지 자극이 동시에 제시되는 것이다. 이 중 전방조건화가 가장 효과적이며 후방조건화가 가장 비효과적인 것으로 알려져 있다. 조건자극(제품)이 먼저 오는 게 효과적이라고 한다. 따라서 TV광고에서는 제품을 먼저 광고하는 것이 바람직하다고 한다.

④ 친숙성 : 학습자가 제시된 무조건자극에 친숙한 경우 학습효과는 낮다. 사전경험이 많은 경우 학습효과가 낮기 때문에 기존 제품보다는 신제품, 아는 음악보다는 새로운 노래가 학습효과를 높일 수 있다.

⑤ 관여도 : 소비자가 광고제품에 대한 관여도가 높으면 주의를 기울이고 제품관련 생각을 깊게 하므로 고전적 조건화에 의한 학습이 낮을 것이다. 그러므로 분위기 연출에 중점을 두는 저관여 제품에 비하여 고관여 제품의 경우 덜 효과적일 것이다.

6. 수단적 조건화(Operant Conditioning)

수단적 조건화 이론은 다른 말로는 조작적 조건화, 강화이론, 행동수정이론이라고도 부른다. 수단적 조건화란 어떤 자극에 대하여 학습자가 특정한 반응을 보일 경우에만 '보상'을 제공함으로써 그러한 반응의 빈도와 확률을 증대시키는 일이다. 도구적 조건화도 역시 반복을 통해 자극과 반응 사이의 연관을 개발함으로써 수행되지만 고전적 조건화가 이미 형성된 자극-반응 사이의 연관을 근거로 하는데 반하여 도구적 조건화에서는 사전에 어떠한 자극-반응 사이의 연관도 존재하지 않으며 학습자로 하여금 어떤 제품을 구매하면 만족스러울 수도 있고 아닐 수도 있지만 만약 그것이 만족스러운 것이었다면(보상적 결과) 그 행위는 반복될 가능성이 크다고 보는 수단적인 것이라고 본다.

수단적 조건화의 이론의 대표적인 학자는 스키너(B.F.Skinner)인데 그는 비둘기들을 가지고 상자에 단추를 설치한 후 실행한 실험을 근거로 하고 있으며 이를 간략히 알아보면 단추 세 개가 있는데 편의상 A, B, C라고 하면 다음과 같다.

> A : 단추를 누르면 새들이 좋아하는 먹이가 나온다.
> B : 전기가 약하게 흐르고 있다가 단추를 누르면 전기가 흐르지 않는다.
> C : 단추를 누르면 전기 충격을 받게 된다.

비둘기는 우연히 또는 호기심을 가지고 단추를 누를 수가 있는데 만일 여 러번 반복을 통해서 단추를 누르면 어떤 결과가 온다는 것을 학습하게 되면 먹이가 나오는 A 단추는 누르게 되고 다른 단추를 누르면 전기충격을 받게 됨을 학습한 비둘기는 절대 C 단추를 누르지 않을 것이다.

이 수단적 조건화는 소비자의 습관적 구매행동이 형성되는 과정을 설명하는데 유용하다. 즉 소비자는 자신의 구매행동을 통제할 수 있으며, 제품 사용으로부터 얻어진 보상(만족)은 동일한 상표가 재구매될 확률을 증대시킬 것이다. 이 수단적 조건화는 강화이론이라고 불린다고 했는데 아래와 같이 나누어진다.

A: 단추를 누르게 되면 먹이가 나오게 되는 것을 긍정적 강화(Positive Reinforcement)라고 하고,

B: 단추를 누르면 전기가 약하게 흐르다 멈추게 되는 것을 부정적 강화(Negative Reinforcement),

C : 단추를 누르면 갑자기 전기 충격을 주게 되는 것을 처벌(Punishment)라고 한다.

7. 강화의 유형(Types of Reinforcement)

1) 긍정적 강화(Positive Reinforcement)

자극에 대한 반응에 따라 긍정적 결과가 제공되는 것을 긍정적 강화(Positive Reinforcement)라고 한다. 바람직하고 소비자들이 열망되는 결과(긍정적 보강인자, 보상)를 제공함으로써 선행된 반응의 강도를 높이고 재발확률을 증대시키는 활동이다(Gaidis & Cross). 한 예로 소비자가 삼성전자의 스마트폰을 구입하고 사용한 결과, 품질도 만족스럽고 삼성이 제공하는 애프터서비스도 몹시 만족스러웠다면 소비자는 당연히 재구매를 할 가능성이 커진다. 또한, 에버랜드를 구경하고 나오는데 다음에 오면 50% 할인을 받을 수 있는 쿠폰을 줄 때도 역시 다시 찾을 확률이 높아질 것이며 특정 패스트푸드를 구매하고 그 맛에 긍정적 만족감을 느낀다면 다음에도 그 제품을 구매할 가능성이 높다. 이와 같이 소비자가 제품을 구매한 후 강화가 어느 정도 일어나는가가 다음 구매행위에 영향을 미친다. 초기구매에 있어서는 의사결정과정을 거치게 되지만 계속 특정상품을 사용하고 만족감을 얻었다면 정보탐색이나 처리과정을 거치지 않고 습관적인 구매를 하게 될 확률이 점점 높아진다. 이는 곧 강화요인으로 작용하게 될 가능성이 높아지는 원인이 되기도 한다.

2) 부정적 강화(Negative Reinforcement)

자극에 대한 반응에 따라 부정적 자극이 중지되는 것을 부정적 강화(Negative Reinforcement)라고 한다. 바람직하지 않고 회피되는 결과(부정적 보강인자)를 철회해 줌으로써 선행된 반응의 강도를 높이고 재발확률을 증대시키는 활동이다. 자동차를 구입한 후에 보험을 들지 않으면 자수리비 등 부담이 매우 커질 것이기 때문에 오늘 돈이 들더라도 보험을 구입하게 되는 상황을 말한다.

3) 처벌(Punishment)

자극에 대한 반응을 함으로써 부정적 결과가 발생하는 것을 처벌(Punishment)이라고 한다. 정신적 또는 신체적 불편을 제공하여 그것에 선행된 반응강도를 낮추거나 재발생 확률을 감소시키는 것인데 구체적으로 어떤 제품을 회피하거나 어떤 행동을 중지하도록 학습시킨다. 예를 들면 제품을 사용하다가 불만족했는데 수리를 받으러 갔다가 부당한 대우를 받았다고 소비자가 생각하는 경우 그 상점이나 제품을 다시는 사용하지 않게 됨을 말한다. 또한, 소비자가 특정 음식을 먹고 식중독이 걸린 경우 처벌(Punishment) 효과에 의하여 다음부터는 특정 음식과 그 가게를 가지 않으려 할 것이다. 이와 같이 소비자가 제품을 구매한 후 강화가 어느 정도 일어나는가 다음 구매행위에 영향을 미친다.

8. 강화 스케줄(Reinforcement Schedule)

자극에 대한 반응이 있을 때마다 강화를 시키는 것을 전체강화(total reinforcement) 혹은 연속강화(continuous reinforcement)라고 하는데 동물실험의 결과에 의하면 전체강화 혹은 연속강화에 의하여 학습이 가장 신속히 일어나는 것으로 밝혀졌다. 그러나 이에 비하여 반응이 가끔씩 강화되는 것을 부분강화(partial reinforcement)라고 하는데 부분강화에 의한 학습효과가 가장 지속적인 것으로 나타났다. 소비자가 자사 제품을 구매하도록 유도하기 위한 강화 스케줄은 경우에 따라 다를 수 있으므로 기업마다 적절히 그 방법을 발견해야 한다. 강화를 실시하는 시점에 따라서 크게 네 가지로 분류하는데 다음과 같다.

① 고정간격 : 일정시간이 흐른 후 나타나는 반응에 대해서 강화
② 가변간격 : 강화와 강화 간의 시간이 일정하지 않게 강화
③ 고정비율 : 강화는 일정횟수 반응 후에 주어진다. 쿠폰 몇 장 모아오면 보상
④ 가변비율 : 강화와 강화 간에 반응하는 횟수가 가변적

[표 10-1] **고전적 조건화와 수단적 조건화 비교표**

고전적 조건화(Classical Conditioning)	수단적 조건화(Operant Conditioning)
1. 자극에 대해 이미 정해진 반응을 다룬다.	1. 사전자극-반응간의 연결성이 불필요하고 학습자가 적절한 반응을 발견해야 한다.
2. 결과는 학습자의 행동에 좌우되지 않는다.	2. 결과는 소비자의 행동에 좌우된다.
3. 의견, 목표의 개발과 변화에 영향을 준다.	3. 목표지향적 행동의 변화에 영향을 준다.

자료 : David Loudon and Della Bitta, Consumer Behavior, 2nd ed., p.465.

일반적으로 학습을 하는 과정에서 자극의 반복빈도가 많을수록, 제품 광고 속에 사진이 많을수록 학습이 신속하게 일어나고 오래 지속되는 경향이 있다. 특정한 행동이나 정보를 학습하는 일이 소비자에게 중요할수록 학습이 효과적으로 이루어진다.

대리학습(Vicarious Learning)

대리 학습이란 흔히 모델링(Modeling) 또는 관찰 학습(Observational Learning)이라고도 불리는데 내용은 관찰 학습(Observational Learning) 또는 모델링(Modeling)이라고도 불리는데 내용은 '다른 사람의 행동을 관찰함으로써 자신의 행동유형을 만들어 가는 현상'이라고 정의된다[Vicarious learning is a phenomenon whereby people observe the actions of others to develop pattern of behavior(Bandura)].

대리 학습(Vicarious Learning) 혹은 모델링(Modeling)은 심리학 분야에서는 오랜 연구가 되어온 중요한 주제이지만 경영학에서는 큰 주목을 받아오지 못했다. 대리 학습에는 공개적 모델링, 비공개적 모델링, 그리고 언어적 모델링 세 가지가 있는데 대표적인 것이 공개적 모델링이다. 공개적 모델링은 개인으로 하여금 타인의 행동 및 행동의 결과를 관찰하게 함으로써 개인의 행동을 변화시키고 자 하는 시도를 말한다. 오늘날 많은 TV광고는 대리학습에 의하여 소비자들을 설득시키고자 한다. 대리학습이란 소비자는 보상이나 처벌을 직접적으로 경험하지 않고도 다른 사람들의 행동이나 그러한 행동의 결과를 관찰함으로써 환경에 적응할 수 있는 방법을 학습하는데, 마케터는 광고를 통해 제품의 소유나 사용으로부터 역할모델이 편리함이나 경제성, 심리적 만족 등을 누리고 있는 모습을 소비자들에게 보여줌으로써 모방학습의 원리를 응용할 수 있다(Bandura). 스타 마케팅의 경우를 보면 실제 외모나 탤런트가 연예인과 같지 않지만 그들이 광고하는 제품을 통해 소비자들이 마치 스타가 된듯한 대리만족을 느끼게 하는 것이다. 많은 온라인 쇼핑몰의 경우 스타 샵(star shop)이라고 해서 스타들이 착용하는 모든 제품들을 코디해서 판매하는 코너들을 가지고 있는데 그 이유는 스타와 같은 대리만족을 소비자가 느낄 수 있도록 해줌으로서 고정적인 고객으로 유지하는 것이다.

거의 모든 제품광고가 그렇듯이 소비자가 가지고 있는 문제를 어떤 특정제품을 사용함으로써 문제가 해결이 된다는 식의 광고에 노출된 소비자들은 자신들이 직접 사용해 보지 않은 제품이라도 모델들을 지켜보고 학습과정을 거쳐서 학습하게 되고 모방할 가능성이 커진다고 하는 이론이다. 이러한 모델링을 사용하는 목적에는 세 가지가 있다.

첫째, 관찰자의 행동목록에 존재하지 않던 새로운 반응패턴을 획득하도록 하는데 사용된다. (가장 빈번한 경우로 소비자가 새로운 제품을 사용하고 만족함을 통해 제품을 구매하도록 유도하여 구매하도록 하는 것이다.)

둘째, 바람직하지 않은 행동을 금지시키는 데 사용된다. (보통은 공익광고에서 많이 이용되는데 청소년의 담배를 피우지 않는 광고로 '노담'이라는 광고를 통해 금연의 필요성을 인식시켜 시청자들이 그와 같은 행위를 하지 않도록 하는 것이다.)

셋째, 관찰자의 행동목록에 이미 있는 바람직한 행동의 유발을 도와주기 위해 사용된다. (이미 잘 알려져 있는 제품인데도 불구하고 다양한 사용 경우의 예를 제시함으로 소비자들에게 구매 설득시키고자 하는 것이다.)

공개적 모델링(Overt Modeling)

① 소비자들이 기존에 모르고 있던 반응패턴을 획득하도록 하는데 유용하다. 기업이 자사가 판매하는 신제품을 직접 사용해볼 수 있게 할 수는 없지만 소비자들이 호의적인 생각을 가지고 있는 모델이 광고에서 제품을 사용하고 만족스러워 하는 모습을 보여 준다면 소비자는 자신도 구매를 해야겠다는 생각이 들게 한다.

② 공익광고 수준에서 바람직하지 않은 행동을 금지하고 긍정적인 방향으로 인도하는 경우도 역시 유용하다. 마이클 조던이 텔레비전에 나와서 어린 시절 많은 유혹이 있었지만 나쁜 마약이나 술, 담배를 하지 않고 체육관에서 열심히 운동했다라고 진술을 하는 광고를 보고 많은 청소년들이 따라서 건전하고 열심히 살도록 하는 것을 유도한다.

비공개적 모델링(Covert Modeling)

비공개적 모델링은 소비자가 실제적으로 모델이 하는 행동이나 그 행동에 대한 결과를 관찰할 수 있도록 제시되지 않으면서 대신 소비자가 상상할 수 있도록 이루어진다. 예를 들어, 추운 겨울날 하루 종일 밖에서 일하다 들어가는 사람들에게 자동차에서 따뜻하고 데워서 먹기만 하면 되는 캠벨 스프(Soup) 광고를 한다면 집에 오는 길에 들려서 구매할 가능성이 커진다. 또한, 운동을 하고 시원한 이온음료를 마시는 모습을 통해 갈증을 해소함을 보여주어 소비자의 구매 상황을 상상하게 하여 구매 가능성을 높인다.

언어적 모델링(Verbal Modeling)

세 가지 유형 중 마지막으로 역시 소비자가 관찰할 수 있는 모델이 제공되지 않으며 비공개적 모델링처럼 상상을 유도 받지도 않고 단순하게 나와 비슷한 사람이 유사한 상황에서 어떤 행동을 했고 그에 대한 결과는 어떤 것이었는지에 대해서만 들려준다.

적십자기금이나 불우이웃돕기 또는 재해 시에 모금운동에 유용한 것으로 드러났다. 옆집에서는 얼마를 기부했다라고 하게 되면 좀 더 기부하게 되는 것을 포함한다.

효과적인 대리적 학습요인

대리적 학습은 위에 설명과 같이 소비자가 모델을 통해서 행동을 관찰하거나 또는 상상을 통해서 듣게 되기 때문에 모델이 매우 중요하다고 볼 수 있다. 만일 모델이 신뢰도가 높고 매력적일수록 효과가 커진다. 특히 관찰자가 자신과 비슷한 사람이라고 믿는 경우는 더욱더 효과가 커질 것이다. 또한, 관찰자가 의존적이고 자신감이 낮을수록 모델의 행동을 따라서 하기 쉬울 것이다.

추론학습이란 소비자는 '문제 해결사'로 간주되며 새로운 연상이나 개념을 형성하여 문제를 해결하기 위해 기존의 정보뿐 아니라, 새로운 정보를 탐색하여 재구성하는 창의적 사고에 참여한다.

소멸과 망각

소멸(extinction)은 자극과 기대되는 보상 간의 연결이 제거되는 것으로 소비자가 소비하던 제품에 더 이상 만족을 하지 않으면 소멸이 일어난다. 재구매의 가능성을 크게 떨어뜨리는 것이다. 소멸은 일단 조건화가 일어나더라도 조건자극과 무조건 자극이 결합되어 제시되는 것이 중단되면 시간이 지남에 따라 조건화의 효과가 서서히 감소하는 것을 말한다. 그래서 광고에 의하여 조건화가 발생하더라도 광고를 완전히 중단하면 그 효과는 언젠가 사라질 것이다. 1985년대에 미국에서 하이네켄이 35% 이상의 점유율을 가지고 있어 일시적으로 광고를 삭감한 적이 있는데 이틈을 타 멕시코에서 수입된 Corona 맥주는 지속적인 광고를 계속해 높은 점유율을 유지하게 되었다. 우리나라의 경우를 보아도 높은 인지도를 유지하고 있는 여러 회사들(예: 코카콜라, 맥도날드, 롯데리아)이 계속적인 광고를 하고 있는데 이는 조건화된 소비자들을 유지하기 위한 것이 한 가지 이유일 것이다.

소멸은 자극과 기대되는 보상간의 연결고리가 제거되는 것으로 소비자가 소비하던 제품에 더 이상 만족하지 않으면 소멸이 일어난다. 소멸의 결과는 물론 동일한 상표를 재구매할 가능성을 크게 떨어뜨리는 것이다. 예를 들면 한 소비자가 일식당에 가서 회를 먹은 후 비브리오 패혈증에 걸려 크게 고생을 했다면 그는 더 이상 회를 먹으려 하지 않을 것이므로 활어류에 대한 구매행동가능성은 소멸되었다고 볼 수 있다.

망각(forgetting)은 자극이 오랫동안 반복되지 않을 때 발생되는 것으로 소비자가 제품을 오랫동안 사용하지 않거나 혹은 광고가 중단되면 그 제품을 망각하게 된다. 또는 광고가 가끔씩 노출되더라도 경쟁 상표가 집중적으로 광고되는 경우 소비자의 마음속에서 혼란을 일으키고 재구매의 가능성을 떨어뜨리는 자극과 보상 간의 관계를 약화시켜 망각을 가져올 수 있게 된다. 세계적으로 유명한 제품들이 꾸준히 광고를 하는 경우는 여기에 해당된다. 자극이 오랫동안 반복되지 않으면 발생하는데 소비자가 어떤 제품을 오랫동안 사용하지 않거나 혹은 광고가 중단되면 그 제품을 망각하게 된다. 그러나 광고가 가끔씩 노출되더라도 경쟁상표가 집중적으로 광고되는 경우 소비자의 마음속에서 혼란을 일으키고 자극과 보상 간의 관계를 약화시켜 망각을 가져올 수 있게 된다. 예를 들면 친한 친구와 거의 매일 전화통화를 하기 때문에 잘 아는 번호이지만 친구가 갑자기 해외로 전근을 가서 연락하기 힘들어진 경우 몇 년간 매일 걸던 전화번호도 망각되어 생각이 나지 않을 수 있다. 그래서 기업들은 지속적인 광고를 통해 망각을 방지할 수 있다. 실제로 소멸과 망각과의 관계를 본다면 재구매 가능성을 떨어뜨리는 데 있어서는 망각보다 소멸이 너무 크다. 즉 망각의 경우는 재구매율이 서서히 망각되어 가는 시간처럼 감소하게 되나, 소멸의 경우는 급격히 감소하게 되는 것이다. 소멸을 방지하기 위해서는 기업들이나 위의 예처럼 식당의 경우, 제품의 품질수준을 일정하게 유지하도록 최선을 다해야 할 것이다. 강화의 수단적 조건화방법 중에 또 다른 하나는 Shaping이 있다. Shaping은 어떤 반응을 가져올 가능성이 높은 자극을 제공함으로써 궁극적으로는 다른 반응을 유도하는 것이다. 기업의 여러 가지 마케팅 행위를 Shaping으로써 설명할 수 있다. 즉 기업은 파격적인 할인품목을 의하여 소비자를 유인하여 점포 안으로 들어오지 않은 소비자보다 점포 안으로 들어온 소비자가 여러 가지 다른 상품을 구매할 가능성이 높아질 것이다. 백화점이나 대형마트에서 다양한 이벤트 및 전시회를 유치하고자 하는 것도 같은 측면이라고 볼 수 있다.

[그림 10-3] 높은 인지도에도 불구 지속적인 광고를 통해 소비자를 유지하고 있는 코카콜라, 맥도날드, 롯데리아의 cf광고

일반화학습과 차별화학습의 정의

자극 일반화(stimulus generalization)란 '한 자극에 대하여 학습된 반응을 유사한 다른 자극에 대하여도 나타내는 현상'으로서 학습의 관점에서는 일반화 학습이라고 한다.

일반화 학습은 개별적인 자극들에 대하여 바람직한 반응을 독특하게 학습할 필요성을 면제해 주고 소비자의 정보처리를 단순화시킨다.

자극 차별화(stimulus discrimination)란 '유사하지만 결코 동일하지 않는 자극들에 상이한 반응을 보이는 현상'을 말하는데, 학습의 관점에서는 차별화 학습이라고 한다.

이러한 차별화 학습은 유사한 두 자극에 대해 동일한 반응이 서로 다른 결과를 유발시켰음을 지각할 때 일어나는데, 추후 소비자가 유사한 자극들을 구별하기 위하여 사용할 수 있는 단서를 차별화 단서라고 한다. 이를 소비자행동 측면에서 보면 소비자가 좋은 분위기와 결부된 어떤 제품광고에 수차례 노출되어 그 제품에 대해 호의적인 태도를 형성하게 되면 이와 유사한 경쟁제품에도 태도가 어느 정도 호의적으로 변하게 된다. 그러므로 선도기업의 마케터는 자회사의 제품이 경쟁제품과는 상당히 차별적으로 보이게 함으로써 일반화를 감소시킬 수 있다. 이와는 반대로 후발기업은 기존 경쟁자의 제품과 유사하게 함으로써 경쟁자의 광고로부터 간접적인 이득을 기대할 수 있다.

행동수정 관점(behavioral modification perspectives)

'학습에 의한 행동수정의 관점'은 소비자행동을 변화시키기 위하여－욕구나 태도 등의 내부 심리적 과정보다는－자극이나 보강 등의 환경적인 사상들을 조작하려는 일에 초점을 둔다.

고전적 조건화 학습에 의한 행동수정이 이루어지는데, 격정적인 스포츠행사에서 경기장 광고를 통해 제품을 관람객들에게 노출시키는 일은 그러한 제품에 대하여 '활동적', '정열적'이라는 감정적 반응을 유발한다. 또한, 초등학교의 운동회나 예술발표회와 같이 흥미 있는 행사를 후원하는 일은 어린이들에게 후원회사에 대해 '즐겁고 친근한'

이미지를 형성하도록 촉구한다.

또한, 도구적 조건화 학습에 의해서도 행동이 수정되는데, 이는 판매 후 구매자에게 직접우편이나 대면접촉을 통하여 '선택의 현명함'을 칭찬하고 구매에 대하여 감사하는 일은 재구매의 확률을 증대시키고 부조화 상태(dissonance)를 감소시킨다. 또한, 구매 고객들에게 기념품, 할인쿠폰, 리베이트 등과 같은 '추가적인' 보상을 제공하는 일은 고객만족을 증대시켜 재구매와 호의적인 구전의 가능성을 증대시킨다.

모방학습/대리학습에 의한 행동수정을 위해 제품을 사용하는 전문가나 기존고객의 모습을 보여주는 일은 효과적인 제품사용의 방법을 학습시킨다. 예를 들어, 구강청정제를 사용하지 않기 때문에 동료들로부터 외면당하는 역할모델은 소비자에게 구강청정제의 사용을 야기시킬 수 있다.

생태환경적 설계에 의한 행동수정은 조용하고 안정된 실내분위기는 도서관의 입장객들에게 무엇이 적합한 행동인지를 학습시켜 준다. 따라서 마케터는 이벤트 행사에 격정적인 환경적 자극을 제공하여 참석사로부터 '경쟁적 응원행동'을 유도하거나 슈퍼마켓의 상품진열과 배치를 조정(계산대 옆에서 기다리는 고객을 대상으로 한 다양한 충동상품)함으로써 내점객의 행동에 영향을 미칠 수 있다.

참고문헌

Albert Bandura, Social Learning Theory (Upper Saddle River, NJ: Prentice-Hall, 1977).

Bandura, Albert, "Principles of behavior modification," (1969).

Chernev, Alexander, "The impact of common features on consumer preferences: A case of confirmatory reasoning," Journal of Consumer Research 27, no.4(2001), pp.475-488.

David Loudon and Della Bitta, Consumer Behavior, 2nd ed., p.459.

G. Foxall and R. Goldsmith, Consumer psychology for marketing, Penguin Press 1994, p.108.

G. S. Reynolds, A Primer of Operant Conditioning(Glenview, IL: Scott Foresman: 1968).

Gordon Foxall, "The Behavioral Perspective Model of Purchase and Consumption: From Consumer Theory to Marketing Practice," Journal of the Academy of Marketing Sciences 20(Spring 1992), pp.189~198.

Hutchinson, J. Wesley, and Eric M. Eisenstein, "Consumer learning and expertise," Handbook of consumer psychology 4(2008), pp.103-132.

J. Paxton and D. John, "Consumer Learning by Analogy: A Model of Internal."

James Kellaris and A. Cox, "The Effects of Background Music in Advertising: A Reassessment." Journal of Consumer Research 16 June 1988, pp.113~118.

Klayman, Joshua, and Young-Won Ha, "Confirmation, disconfirmation, and information in hypothesis testing," Psychological review 94, no.2(1987), p.211.

Loudon, et al. op. cit, p.465.

Marvin Zuckerman, Sensation Seeking: Beyond the Optimum Level of Arousal (Hillsdale, NJ: Lawrence Erlbaum, 1979).

Robert Resorla, "Pavlovian Conditioning: It is Not What You Think It Is," American Psychologist 43(March 1988), pp.151~160.

Rothschild, Michael L., and William C. Gaidis, "Behavioral learning theory: Its relevance to marketing and promotions," Journal of marketing 45, no.2(1981), pp.70-78.

S. Hoch and John Deighton, "Managing What Consumers."

Stephen Hoch and John Deighton, "Managing What Consumers Learnfrom Experience," Journal of Marketing 53(April 1989), pp.1~20.

W. Goudis J. Cross, "Behavior Modification as a Framework for sales Promotion Management," Journal of Consumer Marketing 4(Spring 1987), pp.65~74.

Chapter

11

개성과 라이프스타일

(Personality and Lifestyle)

Case study

무조건적인 신제품 선호 증상으로 잦은 제품소비 발생

국내에 최근 개봉된 미국 영화들을 보다 보면 느끼는 것이 있다. 범인에게 쫒기는 주인공이나 꼭 연락해야 되는 상황에도 휴대폰을 꺼내들고 통화 하는 사람들이 별로 없다는 것이다. 또 우리가 쓰다가 버린 휴대폰이 동유럽과 동남아시아로 수출되고 폐휴대폰은 환경도 망치고 과소비를 부추긴다고 해서 지자체에서도 수거하고 있다. 그렇다면 선진국에도 아직 보급률이 높지 않은 스마트폰(Smart Phone)이 우리나라에서는 초등학생도 들고 다니는 현상이 왜 일어났고 그 과정에서 미국과 같이 중고 휴대폰는 재판매를 하지 않고 주변에 왜 방치하게 된 것인가를 살펴보자. 일단 스마트폰을 패션 액세서리와 같이 주기적으로 교체하는 세대가 존재하고 통신사들은 요금의 징수가 수입원임으로 소비자로부터 가격을 높게 받기 위해서 무조건 공짜 폰 또는 여러 부가 서비스를 강제한 휴대폰을 제공하는 등 여러 가지 이유가 있겠다. 그리고 가장 큰 이유는 우리가 미국인들처럼 유서가 깊고 오래된 호텔이나 식당들이 가장 비싼 가격을 받을 수 있는 게 아니고 무조건적으로 새 호텔, 새 식당 등을 선호하는 민족성 또한 일정 부분 영향을 끼쳤다고 봐야 한다. 그러다 보니 글로벌 기업들도 국내 시장에 들어와서 국내 소비자들의 엄격하고 까다로운 평가를 거쳐야 세계시장에 출시를 한다고 하는 시대가 도래하였다.

모든 사람들이 각각 다른 외모를 가졌듯이 소비자들 모두 각각 상이한 개성을 가지고 있기 때문에 소비자의 여러 특징들과 마찬가지로 개성도 중요한 변수가 될 수 있다. 개성과 라이프스타일(lifestyle)은 개인의 심리 묘사적 특성(psychograpics characteristics)을 나타내 주는데 이 특성은 인구통계학적(demographics) 특성과 더불어 소비자행동을 묘사하고 예측하는데 풍부한 근거를 제공해 준다. 여기서 심리 묘사적 특성이란 소비자의 심리적 기질이나 라이프스타일을 묘사하여 마케터에게 유용한 전략적인 시사점을 제공하기 위해 계량화될 수 있는 심리적 측면들을 구성한 것인데, 크게 라이프스타일(lifestyle), 개성(personality), 가치(value)로 구성된다(Rosenberg). 소비자들은 사회계층, 문화 또는 주변사람들의 사회 문화적 요인의 영향도 많이 받지만, 제품들 중에는 자신의 이미지를 향상시켜 준다는 인식 때문에 사용이 되기도 한다. 그 예로는 의복, 승용차, 화장품 등과 같이 개인적 성향이 중요한 제품들이라고 볼 수 있다. 따라서 일반적인 제품들을 광고 하거나 홍보 하는 것과 달리 마케터들이 마케팅커뮤니케이션을 개발할 때에도 개성이나 라이프스타일에 맞추어 소구하는 것이 적합하다고 보여진다.

소비자행동을 이해하기 위해서 라이프스타일을 중요하게 보는 이유는 이 라이프스타일이야 말로 소비자들이 어떻게 살아가고 있으며, 어떻게 살아가는 것을 선호하는 가에 대한 답을 줄 수 있기 때문이다. 그 과정에서 어떤 제품을 사용하고 그 제품에 대해서는 어떻게 생각하고 있는가에 영향을 미치는 요소이기도 하기 때문이다.

기업이나 마케터는 위에 열거된 것과 같이 인구 통계학적 특성(예: 나이, 직업, 소득, 가족과 같은 일반적인 특성)만으로는 소비자 행동을 이해하는데 한계를 느끼고 개성과 라이프스타일이라는 두 가지의 소비자를 이해하는 방식을 추가적으로 사용하게 된 것이다.

오늘날 인터넷의 발달과 트위터, 인스타그램, 유투브 등 개인 간의 소통도구가 활발해지면서 소비자의 개성과 라이프스타일과 같은 개인의 자아를 중시하는 소비행태가 강조되고 있으며 마케터들은 인구통계학적 변수로 얻는 것보다 더 심층적으로 소비자의 행동에 대한 개성과 라이프스타일의 변수를 활용하고자 노력하며, 브랜드 전략으로써 브랜드 개성에 대한 관리의 중요성이 더욱 부각되었다. 이번 장에서는 개성과 라이프스타일에 대한 이론을 살펴본다.

제1장에서 다루어진 소비자행동모형을 참고하면 그 모형 안에는 다양한 요인들로 구성되어 있는 것을 알 수 있다.

사회 문화적 요인과 같은 외적 요인들도 있고, 소비자 욕구와 같은 내적인 요인들도 역시 소비자행동의 중요한 영향을 주는 요인들이라고 할 수 있다. 모든 사람들이 각각 다른 외모를 가졌듯이 소비자들 모두 각각 상이한 개성을 가지고 있기 때문에 소비자의 여러 특징들과 마찬가지로 개성도 중요한 변수가 된다는 것이다. 개성과 라이프스타일(lifestyle)은 개인의 심리 묘사적 특성(psychograpics characteristics)을 나타내 주는데 이 특성은 인구통계학적(demographics) 특성과 더불어 소비자행동을 묘사하고 예측하는데 풍부한 근거를 제공해 준다. 여기서 심리 묘사적 특성이란 소비자의 심리적 기질이나 라이프스타일을 묘사하여 마케터에게 유용한 전략적인 시사점을 제공하기 위해 계량화될 수 있는 심리적 측면들을 구성한 것인데, 그게 라이프스타일(lifestyle), 개성(personality), 가치(value)로 구성된다(Rosenberg).

소비자들은 사회계층, 문화 또는 주변사람들의 사회 문화적 요인의 영향도 많이 받지만, 제품들 중에는 자신의 이미지를 향상시켜 준다는 인식 때문에 사용이 되기도 한다. 그 예로는 의복, 승용차, 화장품 등과 같이 개인적 성향이 중요한 제품들이라고 볼 수 있다. 따라서 일반적인 제품들을 광고 하거나 홍보 하는 것과 달리 마케터들이 마케팅커뮤니케이션을 개발할 때에도 개성이나 라이프스타일에 맞추어 소구하는 것이 적합하다고 보여진다.

소비자행동을 이해하기 위해서 라이프스타일을 중요하게 보는 이유는 이 라이프스타일이야 말로 소비자들이 어떻게 살아가고 있으며, 어떻게 살아가는 것을 선호하는 가에 대한 답을 줄 수 있기 때문이다. 그 과정에서 어떤 제품을 사용하고 그 제품에 대해서는 어떻게 생각하고 있는가에 영향을 미치는 요소이기도 하기 때문이다.

기업이나 마케터는 위에 열거된 것과 같이 인구 통계학적 특성(예: 나이, 직업, 소득, 가족과 같은 일반적인 특성)만으로는 소비자 행동을 이해하는데 한계를 느끼고 개성과 라이프스타일이라는 두 가지의 소비자를 이해하는 방식을 추가적으로 사용하게 된 것이다. 이 두 개념들의 구분은 본장 후반부에 다루어지겠지만 간략히 설명해보면 개성이란 '광범위한 행동양식의 개인 간 차이'를 뜻하며 심리학자들의 연구에서 인용된 개념이다. 또한, 라이프 스타일은 '사람들이 살아가는 독특한 방식들, 사람들이 그들의 여가와 금전적 여유를 소비하는 방법, 또 어떤 종류의 일들을 중요하게 생각하는지를 말하는 AIO(Action, Interests, Opinion) 등을 포함하는 개념'이다.

마케터들은 사회계층(social class), 개성(personality) 또는 라이프스타일과 같은 특성들을 바탕으로 전체 시장을 세분화하고자 노력하고 있으며 최근의 경향은 단순한 인구통계학적 특성(demographics) 외에 개성과 라이프스타일을 활용해서 세분화된 소비자들을 위한 신제품 개발과 목표시장에 적합한 광고 매체 선택까지도 하고 있다. 예를 들어, 무조건 승용차(세단형)만을 선호한다고 보여 졌던 소비자들이 주 5일제 실시의 정착화를 통해서 주말은 자연으로 나가는 것을 선호한다는 라이프스타일을 인지하게 된 경우, 경쟁이 심한 세단형 승용차 시장에 진입하지 않고 SUV나 지프형 자동차의 출시를 통해서 그들의 세분화된 라이프스타일을 맞춰서 제품의 판매로 이어지게 할 수 있는 것이다. 최근 국내에서 차량 가격을 제일 높게 유지하고 있는 차량이 SUV인 것이 이런 것들을 반영한 결과이다. 또한, 주 5일 근무는 'MOST사업'(Movie, Outdoor, Sports, Travel)의 확장을 가져왔다.

또한, 과거 주부들이 집에만 있었던 라이프스타일에서 벗어나 취업이나 사회진출이라는 방식으로 표출되면서 기존의 TV나 그 외 매체들의 활용도나 노출이 많이 떨어지고 출퇴근길에 보게 되는 옥외간판이나 대중 교통수단에 있는 외부광고들에 대한 활용도가 높아지고 있는 것이 이러한 개성과 라이프스타일의 변화로 마케터들이 광고매체 활용에도 변화가 일어나고 있음을 보여준다.

개성이라는 개념은 시간이 흐르고 상황이 변화해도 분명한 일관성과 규칙성을 보이는 사람들의 행동을 설명하려는 심리학자들의 연구 필요에 의해서 나온 것이지만 행동과학에서의 개성의 의미는 더욱 분명해진다. 대표적인 이론은 프로이드의 이론이고 그 외 CAD라고 불리는 카렌 호니(Karen Horney)의 순종형(compliant), 공격형(aggressive), 독립형(detached) 등으로 나눌 수 있다. 우선 개성에 대해서 좀 더 자세히 알아보고 다시 라이프스타일에 대해서 알아보도록 하자.

개성(Personality)

개성에 대한 학자들의 정의와 형성과정에 대한 논의는 다양하게 전개되어 왔다. 개성은 환경적 자극에 일관적이고 지속적인 반응을 가져오는 심리적 특성이고(Kotler[1]), 환경자극에 대해서 일관성 있게 반응하는 것'으로 정의할 수 있다(Kassarjian). 개성은 개인이 어떠한 상황에 대하여 어떻게 생각하고 반응하며 행동하는가를 결정짓는 심리 내면의 특징적인 성향으로 볼 수 있다. 따라서 개성은 개인 간의 차이를 반영하며, 상대적으로 일관적이며 지속적이지만 개인이 처한 환경의 변화 또는 사건에 의해 변화될 수도 있는 것이다. 각각 사람들의 얼굴이 제각각 다르듯이 어떤 상황에 처했을 때 사람마다 느끼고 반응하는 것이 각자 차이가 있을 수 있다는 것이다. 대학에 입학한 신입생들을 지켜보면 모두들 처음 보는 얼굴이지만 마치 오래된 친구들을 만나는 사람처럼 친절하게 말을 걸고 농담을 하고 웃는 학생이 있는가 하면 구석진 자리에서 별로 말도 없이 앉아서 수동적인 성격을 보이는 사람도 있듯이 사람마다 차분한 사람이나 아니면 활동적인 사람 등 천차만별일 수가 있다. 개성의 형성과정은 유전이나 유아시절의 경험에 의해 형성된다고 하기도 하고 사회화 과정에서 형성된다고도 한다. 하지만 위의 정의처럼 개성은 환경자극에 대해서 일관성 있게 반응하는 것이란 말처럼 어느 정도는 개성의 유형을 구분할 수 있어야 한다

1) Philip Kotler, Marketing Management, 11th ed., Prentice-Hall, Inc., 2003, p.193.

개성특성과 상품 사용에 대한 연구와 최근의 경향

개성특성과 상품 사용에 대한 상호간의 관계를 밝히려는 많은 시도 중 가장 고전적인 두 가지의 연구는 자동차에 관련된 연구였으나 일부는 성공하였지만 대부분의 연구는 실패하였다. 그 이유는 여러 가지가 있을 수 있지만 간략히 살펴보면 소비자 연구에 이용된 심리검사들은 마케팅 관련한 연구가 아니고 임상심리학적인 측면에서의 접근이라는 것, 또한 검사시스템에 예측력이 원래 낮은 것이고, 검사를 무분별하게 사용되었다는 것이다. 그래서 최근에는 좀 더 정확하게 정의된 개성특성과 유형들을 더욱 정확하게 측정하고 있으며 일회에 그치지 않는 타당성이 높은 개성변수들을 사용하고자 한다. 우선 올솝(Allsopp)은 아이젱크(Eysenck)의 개성 항목표를 이용하여 개성의 유형을 세 가지로 분류하였는데 이는 외향성(extroversion), 정서성(emotionality) 그리고 강인성(tough-mindedness)으로 나뉘었다. 이를 간략하게 살펴보면 다음과 같다.

1) 외향성 vs 내향성(Extroversion-Introversion)

- 외향성의 주요 특징은

  –사회성이 높고

  –대화욕구가 높으며 활동적이며, 또한 충동적이다

- 내향성의 주요 특징은

  –조용하고 은둔적이며

  –세심하고 조심스럽다는 것이다.

2) 정서성(Emotionality)

아이젱크(Eysenck)의 신경증 척도점수가 높은 사람들은 정서적 불안정성이 있을 수 있다. 이들의 특징은 다음과 같다.

–불안하고, 분위기를 타며

–'쉽게 우울해지고 과도하게 감정적이다'라는 것이다.

3) 강인성(Tough－mindedness)

아이젱크의 정신병척도의 점수가 높은 사람은 극단적으로 반사회적이고 남들에게 무관심하며, 정신적으로 불안정하다. 이 척도에서 높은 쪽으로 나타난 사람들은 임상치료를 받을 필요가 있고 소비자연구에는 부적절하다.

라이프 스타일(Lifestyle)

라이프스타일은 소비자행동에 관련된 정의로 보면 '사회 전체 또는 일부 계층의 고유하고 특징적인 생활양식'이라고 정의된다. 따라서 특정 문화나 특정 집단의 라이프스타일은 타인이나 타 집단의 문화나 라이프스타일과는 차별이 있다. 라이프스타일은 1960년대 후반부에 마케터들의 관심과 연구가 활발해지기 시작되었는데, 그 이전에 소비자들의 유형을 구분하던 인구통계적 변수(demographics), 즉, 연령, 성별, 소득수준, 인종 등의 구분은 복잡한 소비자행동을 설명하는데 부족하다고 생각되면서 인구통계적 정보에 추가하여 라이프스타일을 연구하기 시작하였다. 라이프스타일은 문화, 사회계층, 준거집단, 가족 등과 더불어 개인의 라이프스타일은 소비자의 욕구와 구매, 사용 행동에 영향을 미치고 역으로 소비행동 또한 라이프스타일에 영향을 준다고 할 수 있다. 이렇게 소비자행동에 대한 이해를 확장하기 위해 사회학적 개념인 라이프스타일과 심리학적 개념인 사이코그래픽스(psychograpics)를 동시에 활용하여 소비자행동의 본질적 측면을 더 명확하게 이해하고자 하였다. 심리묘사적 변수를 뜻하는 사이코그래픽스는 가치, 신념, 동기, 관심 등 심리적 또는 정신적 변수를 말한다. 사이코 그래픽스란 심리적(psychological)이라는 말과 인구통계적(demographics)이라는 말을 혼합하여 만든 것으로 다양한 상황, 욕구 및 자극 하에서 소비자들이 구매하는 성향을 측정하는 것이라고 정의된다.(Bernstein) 많이 알려진 라이프스타일의 측정방법으로는 AIO(Activities, Interests, Opinions)분석법과 VALS 프로그램이 있다.

우리는 흔히 외국사람들은 개인주의적인 성향이 커서 회사가 끝나면 주로 집으로 퇴근을 하고는 동료와 별로 어울리지 않는다고 하고, 우리나라의 회사원들은 동료와 일주일이면 3회에서 4회는 회식을 한다고 한다.

우리나라에도 회식자리를 싫어하고 집으로 바로 퇴근하는 회사원이 있는가 하면 일주일 내내 동료들과 어울려서 술을 먹고는 새벽에 집에 들어가는 사람들이 있고, 주부의 경우도 보면 어느 주부는 아침부터 저녁까지 가사 일만 돌보는 주부가 있는가 하면 어떤 주부들은 가사 일보다는 친구나 친목회 등 외부적인 활동에 시간을 소모하는 사람들이 있기도 하다.

라이프스타일의 정의도 역시 소비자행동에 관련된 정의로 보면 '사회 전체 또는 일부 계층의 고유하고 특징적인 생활양식'이라고 정의된다. 따라서 특정 문화나 특정 집단의 라이프스타일은 타인이나 타 집단의 문화나 라이프스타일과는 차별이 있다.

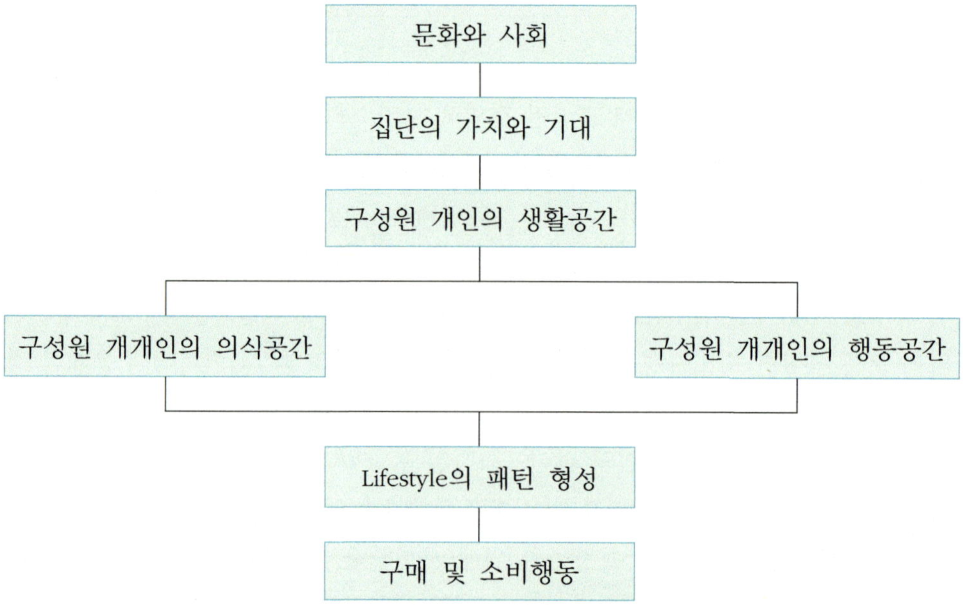

[그림 11-1] 라이프스타일의 구조

라이프스타일은 그 해당 사회의 문화나 가치를 포함해서 개개인들의 생활방식이나 의식과 행동 등에 의해서 형성이 되는 복합개념으로서 라이프스타일을 개성 있게 표현하기 위해서 레이저(Laser)의 라이프스타일의 구조모델을 통해서 설명해보면 본 장에서 다루는 라이프스타일은 사람들이 생활하면서 주요 재원인 자금과 시간을 소비하는 모든 양식을 반영함으로 마케터들이 각자 회사가 원하는 타겟 시장(Target Market)을 선정하는데 유용하게 활용할 수 있는 요인이다.

라이프스타일의 측정

라이프스타일을 측정하는 방법으로 가장 널리 쓰이는 기법이 사이코그래픽스(psychographics)이다. 사이코 그래픽스란 심리적(psychological)이라는 말과 인구통계적(demographics)이라는 말을 혼합하여 만든 것으로 다양한 상황, 욕구 및 자극 하에서 소비자들이 구매하는 성향을 측정하는 것이라고 정의된다(Bernstein). 구체적으로 본다면, 라이프스타일의 측정은 AIO 목록에 의한 측정방법과 구매목록에 의한 측정방법이 있다(Plummer).

① Activities : 소비자가 주로 어떤 행동을 하면서 시간을 보내는가?
② Interests : 중요하게 관심을 가지고 있는 것은 무엇인가?
③ Opinions : 각종 이슈나 사건에 대해 어떤 의견을 가지고 있는가?

AIO 목록에 의한 라이프스타일의 측정은 마케터나 기업 입장에서 해당 소비자들이 검소하게 살림을 하는가, 스포츠에 모든 취미가 집중되었는가, 패션에 민감하고 혁신적 제품을 사용하는 성향을 가지고 있는가와 같이 소비자의 라이프스타일 특성을 묘사하기 위해서는 소비자의 활동, 관심, 의견(AIO)에 관련되는 항목들을 분석할 수 있다. 이러한 목적을 위하여 다양한 AIO 목록들이 개발되어 왔으며 대체로 표준적인 인구통계, 제품 사용, 매체노출패턴(매체습관) 설문과 함께 적용된다. 이러한 목록은 우선 소비자 AIO에 관한 많은 수의 질문을 만든 후, 라이프스타일 특성의 차이를 묘사해 줄 수 있는 적은 수의 대표적인 질문들을 선정함으로써 개발된다.

구매목록에 의한 라이프스타일의 측정은 소비자의 구매품목과 금액을 분석하여 구매패턴을 분석하는 것이다. 마케터는 구매패턴을 근거로 하여 소비자를 식사 하는데 까다로운 식이 요법자 또는 자주 세계 곳곳을 여행하는 여행자, 패션 제품류를 의식적으로 구매하는 소비자 등으로 묘사할 수 있다.

마케팅 시사점을 살펴보면 소비자의 라이프스타일 특성을 분석하기 위한 심리묘사적 조사를 실시할 때에는 AIO항목 이외에도 인구 통계적 특성, 제품 사용률, 매체노출패턴과 같은 자료들을 수집하여 라이프스타일 세분시장의 프로파일을 작성해야 하는데, 세분시장 프로파일은 표적시장을 선정하거나 표적시장을 위한 마케팅 믹스를 구성하기 위한 근거가 된다.

1. AIO 조사

AIO 조사는 소비자 개인의 활동(Activities), 관심(Interests), 의견(Opinions) 등을 조사하는데 추가적으로 인구통계변수(Demographics)[2]가 함께 조사된다.

① Activities : 소비자가 주로 어떤 행동을 하면서 시간을 보내는가?
(예; 일, 취미, 사회활동, 휴가, 오락, 클럽활동, 지역사회, 쇼핑, 스포츠 등)

② Interests : 중요하게 관심을 가지고 있는 것은 무엇인가?
(예; 가족, 가정, 직장, 여가활동, 패션, 음식, 대중매체, 성취 등)

③ Opinions : 각종 이슈나 사건에 대해 어떤 의견을 가지고 있는가?
(예; 자기자신, 사회적 쟁점, 정치, 경제, 사업, 교육, 제품, 미래, 문화 등)

AIO 목록에 의한 라이프스타일의 측정은 마케터나 기업 입장에서 해당 소비자들이 검소하게 살림을 하는가, 스포츠에 모든 취미가 집중되었는가, 패션에 민감하고 혁신적 제품을 사용하는 성향을 가지고 있는가와 같이 소비자의 라이프스타일 특성을 묘사하기 위해서는 소비자의 활동, 관심, 의견(AIO)에 관련되는 항목들을 분석할 수 있다. 이러한 목적을 위하여 다양한 AIO 목록들이 개발되어 왔으며 대체로 표준적인 인구통계, 제품 사용, 매체노출패턴(매체습관) 설문과 함께 적용된다. 이러한 목록은 우선 소비자 AIO에 관한 많은 수의 질문을 만든 후, 라이프스타일 특성의 차이를 묘사해 줄 수 있는 적은 수의 대표적인 질문들을 선정함으로써 개발된다.

구매목록에 의한 라이프스타일의 측정은 소비자의 구매품목과 금액을 분석하여 구매패턴을 분석하는 것이다. 마케터는 구매패턴을 근거로 하여 소비자를 식사 하는데 까다로운 식이 요법자 또는 자주 세계 곳곳을 여행하는 여행자, 패션 제품류를 의식적으로 구매하는 소비자 등으로 묘사할 수 있다.

마케팅 시사점을 살펴보면 소비자의 라이프스타일 특성을 분석하기 위한 심리묘사적 조사를 실시할 때에는 AIO항목 이외에도 인구 통계적 특성, 제품 사용률, 매체노출패턴과 같은 자료들을 수집하여 라이프스타일 세분시장의 프로파일을 작성해야 하는데, 세분시장 프로파일은 표적시장을 선정하거나 표적시장을 위한 마케팅 믹스를 구성하기 위한 근거가 된다.

2) 인구통계변수(Demographics, 예; 나이, 교육, 수입, 직업, 가족규모, 주거지, 지역, 도시규모, 라이프사이클 단계)

2. VALS 프로그램

미국의 경영컨설팅회사 SRI International(Stanford Reasearch Institude)가 VALS(Values and Lifestyles) 프로그램을 개발하였다. SRI는 매슬로우(Abraham H. Maslow)의 욕구계층이론을 기초로 소비자 구매행동에 대한 숨은 동기를 찾기 위해 1960년대 미국사회의 라이프스타일의 조사와 변화를 연구하여 1987년 VALS Ⅰ을 완성하였다. 개인의 라이프스타일 유형은 욕구나 가치관, 개성 등에 따라 상이하다는 전제하에 약 1,600여명의 소비자를 대상으로 600여개의 설문문항을 3년동안 설문조사한 후 다변량 분석통계로 다양한 라이프스타일 유형을 식별하였다. 소비자는 기본욕구 충족형, 외향적, 내향적, 통합형 소비자로 구분되고, 다시 총 9개의 라이프스타일 유형으로 구분된다. VALS Ⅰ은 소비자의 구매행동 양식을 이해하고 설명하는데 유용하지만 세분시장이 너무 광범위하고 일반적이어서 마케팅에 응용하기에 문제가 되어 이를 보완하여 1989년에 VALS Ⅱ를 개발하게 된다.

VALS Ⅱ는 설문 문항을 400여개로 축소하고, 소비자의 자원보유(resources)와 세계관(primary motivation)을 주요 기준으로 삼아 소비자를 분류한다. 소비자의 자원은 인구통계적 변수와 에너지(energy), 자기확신(self-confidence), 지성주의(intellectualism), 참신성 추구(novelty seeking), 혁신(innovativeness), 충동(impulsiveness), 리더십(leadship), 허영심(vanity) 등의 심리묘사적 특징들을 포함하였고, 세계관은 소비자의 이상(ideals), 성취(achivement), 자기표현(self-expression) 등의 동기에 의해 소비자의 행동양식이 결정된다고 가정한다. 미국 소비자를 대상으로 설문조사 결과, 8개의 집단으로 분류되는데, 혁신자(innovators), 고찰자(thinkers), 신뢰자(believers), 성취자(achievers), 노력자(strivers), 제조자(makers), 생존자(survivors) 등이다. SRI는 매년 5만 명 이상의 성인 미국인을 대상으로 VALS Ⅱ조사를 실시하고 내용을 업데이트한다고 한다. 라이프스타일은 소비자들의 심리적 특성과 인구통계적 정보에 따라 상이한 소비행동을 보이므로 시장세분화의 기준으로 활용하기에 적합한 것으로 보인다. 따라서 시장세분화를 통해 표적 집단을 선정하고 그에 맞는 포지셔닝전략과 촉진 전략을 수립하는데 도움을 줄 수 있다. VALS Ⅱ조사는 미국에서 출발하였지만 영국, 일본, 중국, 나이지리아 등 세계 각국에서도 동일한 조사를 실시하고 있으며, 각 나라별로 소비자 집단의 분류가 다양하게 나타나는 것을 보면, 국가와 문화 그리고 사회적 계층의 영향을 많이 받는다는 것을 알 수 있다.

[그림 11-2] 미국의 VALS II 조사 결과

라이프스타일의 시사점

소비자행동을 이해하는데 있어서 라이프스타일이 중요한 이유는 그것이 바로 '어떻게 사는가?'의 문제로서 소비자가 어떠한 제품을 구매하며 그것을 어떻게 사용하고 그것에 관하여 어떻게 생각하는가에 영향을 미치기 때문이다. 라이프스타일은 자아 이미지의 외견상 표출이라고 말할 수 있는데, 후자는 소비자에게 영향을 미치는 문화와 일상생활을 구성하는 개별적 상황 및 경험들의 결과로서 자신에 대하여 갖고 있는 전체적인 이미지이다. 따라서 동기부여, 지각과 학습, 태도, 인구통계학적 특성, 심리묘사적 특성 등의 개인 심리적 요인들과 문화, 가치, 사회계층, 준거집단, 가정 등의 사회문화적 요인들이 라이프스타일을 형성한다.

이와 같은 영향요인들에 의해 형성된 라이프스타일은 독특한 욕구기준과 태도를 형성하여 소비자 문제를 발생시키며, 그러한 문제를 해결하는 활동은 소비자의 경험으로서 다시 라이프스타일에 영향을 미치는 순환적 과정을 반복한다.

개성과 라이프스타일의 관계

개성이 소비자들 개개인의 심리상태를 설명한 심리 묘사적 특성이라면 라이프스타일은 개성의 영향과 개인에 의해 내면화된 사회적 가치가 결합된 개념이라고 볼 수 있다.

개성도 역시 가치와 마찬가지로 라이프스타일에 영향을 미치기 때문에 라이프스타일을 통한 시장 세분화를 정확하게 한다면 소비자들이 가족단위나 개인단위로 어떤 구매행위를 하는지를 알 수 있게 되는데 라이프스타일을 계량적으로 분석하기 위한 측정방법으로 위에서 잠깐 다룬 AIO(Activities, Interests, Opinions)분석이 쓰인다.

소비자의 생활자원을 자금과 시간이라고 할 때, 라이프스타일이란 '소비자가 그러한 자금과 시간을 어떻게 소비하는가(활동), 자신의 환경 내에서 무엇에 관심을 갖고 있는가(관심), 자신과 주변 환경에 관하여 어떠한 의견을 갖고 있는가(의견)의 측면에서 묘사되는 생활양식'으로 정의된다. 자세한 내용은 개성의 관련된 여러 이론을 살펴본 후에 다루도록 하는 것이 옳은 순서일 것이다.

개성(Personality)도 라이프스타일과 마찬가지로 소비자의 심리 묘사적 특성을 나타내기 위한 여러 가지 차원들로 구성된다. 개성 이론들은 소비자가 다양한 상황에 걸쳐 일관성 있게 행동하는 성향을 갖는다고 전제하는데 이러한 견해는 어떤 상황에서 그가 취하는 구체적인 행위보다는 개인적 기질의 전체성을 강조한다. 즉 개별 소비자의 개성 특성은 개성 차원들의 일관성 있고 지속적인 조합으로서 일정한 방향의 행동성향을 나타낸다. 따라서 개성은 다양한 상황에 걸쳐서 소비자가 취할 목표 지향적 행동의 일반적인 방향에 영향을 미친다.

심리 묘사적 특성의 대두는 기존에 소득수준, 성별, 교육수준, 결혼 관계 등의 인구통계적 특성만을 가지고는 효과적으로 마케팅활동을 수행하는 데에는 한계가 있고 소비자들이 소비패턴을 이해하는데 어려움이 생겼기 때문이다. 다시 말하면 나이별로 나누는 단순한 시장세분화보다는 그들이 원하는 가치체계와 그들이 주로 선호하며 자주 접하게 되는 미디어의 종류를 파악해야 하는데 그 이유는 소비의 주요대상으로서 경기에 영향을 덜 타는 이유로 부각되는 세대인 MZ세대들은 일반 TV보다 인터넷이나 그들이 좋아하는 SNS 활동이 높기 때문에 기존에 TV나 라디오를 통한 노출은 비효율적이 되어 버렸다. 또한, 이러한 매체 외에도 그들이 속해있는 준거집단의 구전을 통해서 노출을 시도하는 것이 훨씬 더 효율적이라는 이유에서이다.

1. 심리분석 이론(Psychoanalytic Theory)

개성에 관련된 이론으로서는 가장 광범위하게 연구된 이론 중의 하나가 프로이드(Sigmund Freud)에 의해 개발된 심리분석이론이다. 프로이드의 이론은 개성의 무의식적 세계를 다루고 있으며 개성의 형성은 구강기(the oral system), 항문기(the anal stage), 남근기(the phallic stage), 성적 본능이 잠재화되는 잠복단계(latency stage) 그리고 이성에 대해 성적 관심을 나타내며 사춘기에 해당하는 생식단계(genital stage) 등의 단계를 거쳐서 개성을 형성하는 세 가지 주요한 에너지 시스템인 원초아(id), 자아(ego) 그리고 초자아(super ego) 등을 구성하는데 개개인들이 어떻게 행동하는가는 이러한 시스템 중에서 어느 것이 강조되는가에 따라서 나타난다고 설명하였다. 프로이드에 의하면 개인이 태어나서 성장해서 성인이 되면서 성격은 그가 어린 시절을 보내면서 거치게 되는 위기들을 얼마나 효율적으로 대처하는가에 따라서 결정된다고 한다. 그는 어린 시절에서부터 여러 가지 성장과정에서 발전단계를 거치는데, 이러한 발전단계가 인간의 개성 형성과 밀접한 관계가 있어서 구강기의 욕구가 적절히 충족되지 못하면 그 개인은 구강기에 머물게 되어서 껌을 많이 씹게 되거나 흡연을 심하게 하게 되는 구강활동에 집착하는 성향을 보이게 된다고 한다. 또한, 어느 개인이 항문기에 머물게 되면 성인이 된 후에도 성격이 완고하고 인색하며 지나치게 깔끔하고 또 대인관계에 부적절한 성격을 지니게 된다고 한다(Wells & Beard).

프로이드이론에 의하면 인간이 태어나면서부터 가지게 되는 모든 본능과 심령적인 에너지를 포함하는 것이 원초아(id)라고 보며 원초아는 인간의 본능대로 쾌락원리에 따라서 매우 주관적이며 무의식적인 수준에서 작용됨으로 이러한 원초아는 사회에서 개개인이 추구하기에는 많은 어려움이 있고 결국 사회통념상으로 허용되지 않는다는 것이다. 이러한 본능적 수준에서 좀 더 학습이나 경험을 통해서 사회적으로 허용되고 현실적인 환경에 적응할 수 있는 능력을 개발하게 되는데 이것을 다음 단계인 자아(ego)라고 부른다.

자아는 개인의 무의식적이고 본능적인 행동을 좀 더 억제될 수 있도록 하는데 다시 말하면 쾌락적 수요가 사회적으로 허용되는 한도 내에서 충족되도록 하는 역할을 한다.

마지막으로 개성의 세 번째 단계인 초자아(super ego)는 사회적으로 통용되는 가치를 개인들이 내재화하는 과정을 통해서 형성된 도덕적, 윤리적인 성격으로서 개인들에게 선과 악 또는 행해도 되는 것과 안 되는 것을 정의해 준다는 것이다. 즉 원초아(id)가 사회적으로 허용이 안 되는 무의식적이고 쾌락에 근거한 본능적 행동이라 초자아는 본능적인 목표를 추구하는 것을 지양하고 사회적으로 허용이 되는 이상적 목표를 추구하도록 인간의 자아에 영향을 미치게 되는 역할을 한다.

결론적으로 프로이드의 심리분석이론은 인간의 개성을 본능적 충동에 대해서 자아와 초자아가 어떻게 상호작용을 하는가에 의해서 결정된다고 보았다(Cohen). 다시 말하면, 가장 이상적인 도덕적, 윤리적 이념인 초자아와 가장 본능적인 원초아 사이에서 현실적으로 가장 적합한 타협적인 행동을 나타내게 된다는 것이다.

심리분석이론은 1940년대 말에서 1960년대 초까지 동기연구(motivation research)에 상당한 영향을 미쳤고, 동기연구를 위한 측정 방법은 투사법(projective techniques)과 심층면접법(depth interviews)이 있다. 투사법은 개인에게 기본적인 갈등이나 동기를 밝힐 수 있는 애매한 시각적 이미지를 제시하고 자기 나름대로 해석하도록 요구하여 그러한 지각을 근거로 하여 개성을 측정하는 방법이다. 즉 투사법은 이떤 상황을 제시하고 응답자들의 해석으로부터 응답자의 내면적 동기가 해석에 투사된다고 전제하는 것이다. 심층면접법은 면접원이 응답자와 자연스럽게 대화를 진행하면서 응답자에게서 나온 단서를 가지고 조사내용에서 나오는 소비자의 내면 깊숙이 자리잡고 있는 동기를 밝혀내는 비체계적 방법이다. 그러나 초기의 동기연구에서 나온 결론들은 해석의 주관성과 소수의 인원들을 대상으로 한 임상적 판단으로 일반화시키기 어렵다는 문제점이 있다. 하지만 오늘날에도 많은 광고에서 성적 소구(sexual appeal)를 활용하여 소비자의 주의를 유발하기도 한다. 그러나 많은 학자들은 프로이드의 이론이 인간의 행동을 직관적으로 설명하지만 실제로 마케팅에 활용되기 위해서는 객관적 검증이나 측정이 필요한데, 개인의 무의식을 객관적으로 측정하는 것은 거의 불가능하여 이를 발전시켜 나온 이론이 사회심리이론이며 신프로이드 이론(neo-freud theory)이라고도 한다.

2. 사회심리이론(Socio-psychological Theory)

사회심리이론은 신 프로이드 이론이라고도 불리는데 프로이드에 원초아 중심적인 이론을 비판하고 오히려 사회적 관계가 성격의 발달과 형성에 더욱 더 영향을 미친다고 생각하는 전제를 했는데 이 이론은 애들러(Alfred Adler), 프롬(Erich Fromm), 호오니(Karen Horney) 그리고 설리번(Harry Sullivan)에 의해 연구의 주류를 이루고 있다. 기본 내용은 애들러(Adler)의 주장에 의하면 프로이드 이론의 주제인 어린 시절에 형성되는 본능적이고 성적이라는 이론을 거부하면서 인간은 열등성을 극복하려고 적극적으로 노력하면서 우월성을 추구한다는데 역점을 두게 된다.

이에 반해서 설리번(Sullivan)은 인간들이 꾸준하게 타인들과의 중요하고 보상적인 관계를 유지하려 하고 있음을 강조하면서 개인이 흥분과 같은 긴장상태를 감소하고자 하려는데 관심을 두고 있다는 주장을 했다.

호오니(Horney)도 역시 인간의 갈등(anxiety)관계에 대처하기 위한 학습과정을 통해 형성된다고 보았는데 개인들이 느끼는 이러한 걱정들은 극복하는 유형을 나누었는데 다음과 같다.

① 순응적 개인(compliant individuals) : 다른 사람들을 가까이 하려는 유형
② 공격적 개인(aggressive individuals) : 다른 사람들에게 대항하고 공격하는 유형
③ 일탈적 개인(detached individuals) : 다른 사람들로부터 멀어지고 해방을 추구하는 유형

[표 11-1] **순응-혁신과 개인적 관여에 근거한 세분시장의 의사결정 유형**

수용의사 과정단계	저관여 순응형	혁신형	고관여 순응형
문제인식	수동적, 반응적	능동적	매우 능동적
탐색	최소, 현재의 소비 양상에서 야기된 작은 변칙성 해결에 제한된	표면적이지만 확장적으로 상품류의 경계선 내에서	관련된 상품 범주 내에서 확장적 : 그 틀 내에 있는 모든 가능한 해결책의 주도면밀한 탐색
평가	매우 신중, 합리적으로 느리고 조심스럽게 ; 시도했었고 검증된 준거를 사용하여 객관적으로 평가	빠름, 충동적, 현재 받아들여지고 있는 준거를 사용하여 객관적으로 평가	조심스러움, 관련된 상품 범주에 의해 제기된 고려사항에 제한됨 ; 하지만 준거틀 내에서 자신감 있게(수용자의 경우) 활발하게 진행
의사	알려진 상품 범주 내에서 보수적인 선택, 연속적인 혁신을 선호함	급진적 : 불연속적인 새로운 상품류에 쉽게 매혹되고 빠르게 선택할 수 있음. 자주 사용하고, 쉽게 포기함	심사숙고, 대리적 시용을 통해서 친숙하게 된 상품 분야 내에서 조심스러운 선택, 그리고 신중한 구매 전 비교 평가
구매 후 평가	매우 신중, 만약 품목의 성과가 좋다면 그 상표에 애착을 갖는 경향	덜 애착 : 구매와 소비를 통해 지속적으로 새로운 경험 추구	만족하게 되면, 상표 애착도 형성. 그러나 기존의 준거틀 내에서 혁신을 시도 ; 아마도 역동적으로 혁신을 선호하는 경향

자료 : Foxall, G.R.과 Bhates, S.(1993) 'Cognitive style and personal involvement as explicators of innovative purchasing of 'healthy' food brands.' European Journal of Marketing, 27(2).

코헨(Cohen)은 카렌 호오니의 연구를 바탕으로 구매행동을 설명하기 위해서 CAD척도를 개발하여 마케팅 시사점을 주었는데 이 연구에서 Cohen은 순응적 개인은 구강세척제(mouth wash), 다이알 비누, 그리고 아스피린을 많이 소비하며 수차례 와인을 마시는 유형으로 조사했다. 공격적 개인은 전기면도기 보다 면도칼을 많이 사용하고 올드 스파이스(old spice) 쉐이브 로션을 많이 사용하며, 브랜드에 대한 인식이 별로 없는 사람들은 일탈적 개인이라고 발표했다.

3. 특성이론(Trait Theory)

특성은 개성의 한 종류로 어떤 개인을 다른 사람과 구별하게 만드는 특질이라고 할 수 있다. 결혼 정보회사의 회원으로 가입하면 회원개인은 개성프로파일(personality profile)에 따라 자신과 유사한 개성을 가진 회원과 매칭을 시켜주는데 이는 유사한 특성을 가진 회원과의 만남이 성혼에 성공할 확률이 높다고 한다. 특성연구자들은 성격테스트를 통해 구체적인 특성을 측정하고 개인의 구체적인 심리특성을 실증적, 정량적으로 측정하여 개인적인 차이를 알아내려고 한다. 인간의 특성을 측정하는 측정도구는 다섯 가지 요인 모형(big five model)이 널리 알려져 있다. 5요인은 경험에 대한 개방성(Openness to experience), 성실성(Conscientiousness), 외향성(Extraversion), 정서적 안정성(Emotional stability), 우호성(Agreeableness)이다. 이를 표로서 구분하면 다음과 같다.[3] 이 모형은 EPPS, MMPI, SPI, MBTI 등 다양한 성격측정 도구로 개발되었는데 마케팅 분야에서는 EPPS(Edwards Personal Preference Schedule)이 많이 이용된다. 이는 Murray의 개성이론에서 도출한 인간의 기본욕구와 동기 등 14개 항목을 측정한다. 마이어스-브릭스 유형지표(Myers-Briggs Type Indicator)는 정신분석학자 칼 융(Carl Jung)의 이론에 근거하여 개인을 16개의 범주로 구분하였다.

① 주의 집중도(외향성 vs 내향성)
② 정보처리과정(단계적 처리 vs 일괄적 처리)
③ 의사결정(개관적 사고형 vs 주관적 판단형)
④ 외부 관점(체계적 접근으로 판단 vs 동시적 접근으로 판단)

특성이론은 다수의 소비자를 특성별로 구분하여 시장세분화 전략으로 응용하기를 원

3) 소비자행동론, 김규배 외 공저 2판, 2022년, 박영사, p.199 일부 수정.

하는 마케터의 입장에서는 상이한 소비자들에게 소구하기 위한 브랜드 개성(brand personality)을 창조하기 위해 노력해왔으나 크게 성공하지는 못한 것으로 보인다. 그 이유는 다음과 같다. 많은 측정도구가 충분히 유효하거나 신뢰할 수 없었고, 측정대상이 적절한지 또는 안정적인가에 대한 의문이 있다. 심리학자들이 특정한 모집단을 대상으로 개발한 테스트를 마케터가 차용하여 보다 일반적인 모집단(소비자)에 적용하는 것이 관련성이 낮을 수 있다. 많은 특성 척도가 전반적인 경향(예; 감정적 안정도 또는 내향성)을 측정하고 마케터는 이 결과를 특정 브랜드에 대한 구매예측에 사용하는 문제가 있다.

[표 11-2] Big Five Model of Personality: OCEAN

	요인명	측정개념	그룹
O	Openness to experience 경험에 대한 개방성	• 상상력이 풍부하다 • 예술을 감상할 줄 안다 • 참신한 해결책을 찾는다	• 보존자(preserver) • 중도자(moderator) • 탐색자(explorer)
C	Conscientiousness 성실성	일이나 목표에 대한 집중도 • 꼼꼼하다, 정확하다, 능률적이다	• 유연한(flexible) • 균형잡힌(balanced) • 몰입한(focused)
E	Extraversion 외향성	감각적 자극에 저항성 • 여러 사람과 함께 있는 것을 선호한다 • 대담하다 • 사람들과 있을 때 수다스럽다	• 내향적(intrvert) • 양면적(ambivert) • 외향적(extravert)
A	Agreeableness 우호성	타인의 의견에 대한 수용도 • 마음이 잘 통한다 • 타인에게 친절하다 • 예의바르다	• 도전자(challenger) • 협상가(negotiator) • 수용자(adoptor)
N	Neuroticism or (Need for stability) 신경성	스트레스에 대한 반응 • 시무룩하다, 변덕스럽다, 까다롭다	• 탄력성 있는(resilient) • 반응하는(responsive) • 작용하는(reactive)

4. 브랜드 개성(Brand Personality)

소비자의 개성에 따라 개인의 소비행태가 달라지고 이것은 마케터의 입장에서도 시장세분화 전략이나 촉진 전략에 영향을 미칠 수 있다. 브랜드 개성은 특성이론을 활용하여 마케터들이 브랜드나 기업을 의인화하여 인간적인 특성을 의도적으로 부여하여 소비자로 하여금 감성적이고 상징적인 정체성을 느껴 브랜드에 애착을 가지도록 하는 것이다. 즉 마치 제품이 사람인 것처럼 특별한 개성을 지닌 것으로 간주하게 된다. 우리가 이떤 제품을 먼저 떠올리면 타 제품과는 차별화된 특성을 연상할 수 있고 이는 해당브랜드에 대한 우호감과 긍정적인 태도를 형성하고 충성도와 구매의도를 강화할 수 있는 것이다. 브랜드 개성은 마케팅 촉진활동의 일환으로 연구되기 시작하였는데 특히 광고에서 크게 활용되어왔다. 브랜드 개성에 대한 학술적인 연구는 Jennifer Aaker 교수의 연구가 유명하다. 그는 브랜드 개성의 보편적 차원을 규명하기위한 연구에서 미국의 인구통계학적 통계를 활용한 631명의 샘플을 대상으로 114개의 특성 형용사(trait adjective)로 37개 제품을 5점 척도로 평가하게 하였다. 요인분석 결과 5개의 요인 즉, 성실함(Sincerity; 예, Hallmark cards), 활기참(Excitement; 예, MTV channel), 유능함(Competence; 예, The Wall Street Journal), 세련됨(Sophistication, 예, Guess jeans), 강인함(Ruggedness; 예, Nike) 등이 추출되었다. 이후에 각 차원에 대한 요인분석과 신뢰성 분석으로 브랜드 개성 척도(BPS; Brand Personality Scale)를 개발하였다. 이러한 브랜드 개성은 제품의 실용적 기능과는 달리 실제 소비자가 브랜드에 대하여 상징적 또는 자기표현적 기능을 가지므로 브랜드 개성 척도는 연령이나 성별이 다른 소비자군이나 인구통계학적 집단이나 문화권, 국가에 따라 달라 질 수 있다. 실제로 그는 후속연구에서 일본과 스페인의 연구 결과는 국가별로 상이하다는 결과를 보여 주었다.

5. 자아개념 이론(Self-concept Theory)

자아개념이란 현실적 자아 이미지인 '사회적으로 결정된 준기체계 내에서 개인이 지각하는 대로의 자신' 또는 개인이 바라는 이상적인 자기모습인 '자신에 관한 개인의 사고와 느낌의 총체'라고 정의되며 결국 자신에 관한 개인의 지각과 태도를 의미한다. 따라서 자아 이미지는 일단 형성되고 나면 외부적 정보에 관하여 선택적 지각을 유발함으로 고도의 안정성을 보이며, 한 개인에게 있어서는 잘 조직되어 있고 일관성 있게 작용한다.

소비자행동에 대한 자아 이미지의 영향은 제품을 개발하거나 포지셔닝하고 여러 상표에 대한 소비자행동을 예측하는데 유용한 근거가 된다. 따라서 마케터는 잠재고객의 자아 이미지와 여러 상표의 이미지를 분석하여 그들 사이에 존재하는 '조화의 정도'를 측정함으로써 구매행동을 예측하고 상표 간의 시장점유율을 추정할 수 있다.

이미지 조화를 측정하는 보편적인 방법은 우선 중요한 이미지 차원들을 확인하여 의미차별화 척도를 개발한 후, 잠재고객으로 하여금 자아 이미지를 의미 차별화 척도상에 표시하도록 하고 여러 상표에 관하여도 동일한 작업을 요구하는 것이다. 그 다음 의미차별화 척도 상에 숫자를 할당하여 그의 자아 이미지와 상표 이미지 사이의 수치적 거리를 계산하는데, 이러한 값은 자아 이미지와 각 상표 이미지 사이에 존재하는 조화의 정도를 나타내는 것이다.

마케팅 시사점을 살펴보면 자아 이미지는 의식 수준에서의 자아지각을 강조하므로 잠재의식 수준의 영향을 무시한다는 문제점을 갖고 있으나, 여전히 다음과 같은 마케팅 시사점을 제공한다.

첫째, 마케터는 자아 이미지를 근거로 전체시장을 비슷한 성향의 동질적인 하위집단으로 세분화하고 마케팅 전략을 효율적으로 사용할 수 있도록 하게 하는데 이 과정을 통해서 소비자 지향적(consumer oriented)으로 발전시킬 수 있다.

둘째, 자아 이미지는 촉진의 여러 측면에서 활용될 수 있다(Rosenberg).

셋째, 소매점도 자신의 점포 이미지와 고객의 자아 이미지 사이의 관계를 고려해야 하는데, 상권 안에는 상이한 자아 이미지를 갖는 소비자들이 존재할 것이므로 점포 이미지는 일부 소비자의 자아 이미지와 일치하지 않을 수도 있다.

넷째, 소비자의 자아 이미지와 상표들에 대한 이미지를 분석하는 일은 마케터가 신제품을 개발하는 데도 도움이 된다.

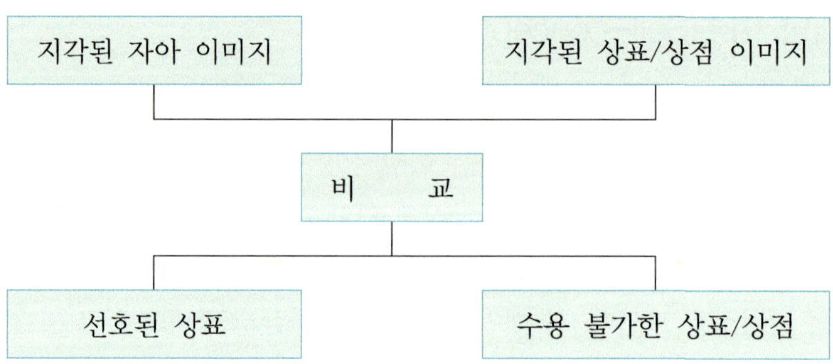

자료 : London and Della Bitta, op, cit., p.511.

[그림 11-3] **자아이미지와 상표이미지 함수로서의 상표/상점 선택 과정모델**

특성이론의 기타 변수들

1. 독특성 욕구(need for uniqueness)

독특성 욕구란 개인이 다른 사람들과 달리 보이기를 원하는 성향을 말한다. 사람은 자신이 속한 집단속에서 자신만의 정체성을 찾고 타인과는 구별되는 욕구를 가지게 되는데 특히 자아개념을 드러내는 의복이나 장신구를 착용하거나 문신을 하는 등 남들과는 다른 자신의 이미지를 강조하려는 것이다. 독특성 욕구가 강한 사람들은 집단의 규범이나 대중적인 유행을 벗어난 제품을 소유하고 타인으로부터 유별난 자신을 드러내려고 한다. 최근 유투브나 틱톡 등 개인의 미디어와 컨텐츠가 다양화되면서 자신을 드러내고 뽐내려는 욕구 경향이 심화되면서 남들의 수용여부는 전혀 상관하지 않는 사람들이 늘고 있다.

2. 인지 욕구(need for cognition)

인지욕구는 생각하기를 즐기는 개인적 성향(individual tendency to enjoy thinking)을 말한다. 인지욕구가 높은 소비자는 제품 정보와 관련된 중심단서에 관심을 기울이고 체계적으로 정보를 처리하고 태도를 형성하는 경향이 있다. 반면에 인지욕구가 낮은 소비자는 제품정보나 설명보다는 매력적인 모델이나 주변단서로부터 영향을 받으며 광고배경에 관심이 많고 휴리스틱 방식으로 정보를 처리하는 경향이 있다.

3. 물질주의와 충동소비(consumer materialism and compulsive consumption)

물질적 소유물과 돈을 숭배하고 값비싼 소유물의 획득이 행복의 수준을 높일수 있다고 믿는 황금만능의 사상을 가진 사람들을 물질주의자라고 할 수 있다. 물질주의자는 경쟁심이 높아 다른 사람들에 비해 값비싼 고급제품을 소유함으로써 자신을 과시하고 과시적 소비를 즐기는 경향이 있고, 자신의 관여도가 높은 제품은 과대 구매를 하고 관여도가 낮은 제품은 소비를 절제하기도 한다. 충동소비행동은 자신의 소비행동을 통제하지 못하고 반복적 구매로 구매중독에 빠지게 되는 경우인데 이것은 본인에게 정신적 문제를 야기하여 본인은 물론 주변인에게도 피해를 주기도 한다. 통제를 벗어난 구매행동은 일상 생활용품에서 자아실현을 위한 제품은 물론 도박, 약물, 알콜 중독 등

심각한 사회문제가 되기도 한다. 온라인 쇼핑과 모바일채널의 활성화, 신용카드 사용한도 확대 등이 소비자의 충동구매를 부추긴다고 주장하기도 한다.

4. 소비자 혁신성(consumer innovation)

혁신성이 강한 소비자는 신제품을 다른 사람보다 먼저 시용(trial)하고 수용하는 성향이 있다. 또한, 독선주의적 성향이 낮고, 다른 사람과 차별되게 보이고 싶어 하는 개인적 성향이 강한 편이다. 소비자의 혁신성을 자극하는 동기는 기능적 요인(신제품의 성과에 대한 관심), 쾌락적 요인(신제품을 사용하면서 느끼는 즐거움), 사회적 요인(신제품 사용으로 다른 사람들에게 인정받음), 인지적 요인(신제품 사용경험으로부터 얻는 정신적 자극) 등이다. 소비자 혁신성은 인터넷의 발달로 소비자가 신제품 정보를 쉽게 얻을 수 있게 되면서 불확실성에 의연히 대응할 수 있다. 소비자의 혁신성은 기업입장에서 브랜드확장 전략에 도움을 줄 수도 있다.

5. 최적 자극 수준(OSL: Optimum Stimulation Level)

최적 자극 수준은 새롭고, 비범하며, 복잡한 경험을 선호하며, 독특함을 추구하는 정도를 말한다. 최적 자극 수준이 높은 소비자는 혁신적이며 위험을 감수하고 신제품을 수용하려는 성향이며, 구매나 소비행태에서도 높은 자극 수준을 유지하려고 하는 편이다. OSL은 개인의 라이프스타일의 자극수준을 반영하기도 하는데, 자신의 라이프스타일이 복잡하고 지나친 흥분을 느끼는 소비자는 조용한 휴양지를 찾고, 생활이 단조롭다고 느끼는 소비자는 활동적인 여행상품을 찾는다고 한다.

개성특성과 마케팅전략

최근에 들어서 소비자들을 분류하는 중요한 기준으로 등장한 개성특성은 마케터나 기업에 입장에서 소비자들을 대상으로 STP 전략(Segmentation, Targeting, Positioning)을 수행하는데 유용한 기준이 된다.

시장세분화를 하는 이유는 각 기업이 모는 소비자들을 대상으로 한 제품을 가지고 만족시키지 못하고 비효율적이기 때문에 가장 자사의 제품이 가장 경쟁우위를 가지고 있는 시장을 선택함으로써 개성특성이 유용한 역할을 하게 된다.

1. 시장세분화(Segmentation)

소비자의 개성에 따라서 소비하는 유형이나 패턴이 다르다.

에코프(Ackoff)와 엠쇼프(Emshoff)는 술을 소비하는 소비자들을 음주자와 개성간의 관련성을 통해 소비자들을 세분화하기 위한 연구를 했는데 이 연구에서는 음주를 하는 소비자들을 네 가지로 구분하고 그들 각각의 독특한 성격특성을 제시하고 있다. 실제로 대상회사였던 엔하우져-부쉬(Anheuser-Busch)회사는 이를 바탕으로 효율적인 마케팅전략을 구사할 수 있었다고 한다.

[표 11-3] 음주자들의 개성유형

음주자 유형	인구통계학적 특성	개성 유형	음주 패턴
1. 보상적 음주형	중년층	자신이 하고 싶은 것이 있어도 타인에 욕구에 민감한 반응을 하고 적응을 하려고 함	흔히 친한 친구나 동료들과 함께 퇴근 후 술을 마신다. 적절하게 음주 수준을 조정하지만 가끔은 과음을 함. 음주를 타인 위해 하는 것에 대한 보상으로 생각
2. 사교적 음주형	청장년층	자신의 성취동기를 추진하면서 원하는 것을 얻고자 타인을 조정(manipulative)하고자 함. 현재는 미완성이지만 미래에는 달성할 것이라 믿음	매주 주말에 과음하고 사교모임(파티)에 많은 사람들과 친교하고 인정받는 기회로 술을 마시지만 실제로는 음주절제가임.
3. 탐익적 음주형		스스로를 인생의 패배자(looser)라고 생각하며 사회와 남을 원망함	남들로부터 탈피하고자 홀로 술을 마시고 항상 과음함
4. 자학적 음주형		스스로를 실패자로 생각하고 있으나 반면 자신의 결점을 인정함	과음을 하는 패턴이지만 결함을 벗어나고자 음주를 하지만 혼자 마시지는 않는 형임

2. 제품 포지셔닝과 판매촉진

마케터들은 소비자들의 개성별 특성에 맞춘 광고 메시지나 판촉을 할 수 있으며, 각 개성특성에 따라 나누어진 세분시장에 제품을 포지셔닝할 수 있다. 예를 들어, 아사엘(Assael)의 연구에 의하면 순응적 개성을 보이는 시장에는 좀 더 강한 이미지를 가지고 있는 모델의 증언을 사용하며 공격적 개성을 보이는 소비자들에게는 우수성, 자존심, 그리고 사회적 신분의 상승을 보여주는 메시지가 더 효율적이라고 할 수 있다. 또한 판매촉진 전략이나 광고매체를 선택 할 때에도 소비자들의 개성특성에 맞춘 선택이 유용할 것인데 비폭력적인 프로그램을 좋아하는 시청자들은 의존적인 성향이 크고 독립심이 약함으로 이러한 소비자들을 대상으로 판촉이나 광고를 할 때에는 전문적인 파워를 가지고 있다고 소비자들이 인지하는 전문가가 광고를 하는 것이 보다 효율적일 것이고 광고를 하는 시간대에도 가벼운 오락물이나 엔터테인먼트 프로그램 시간대가 적합하다고 하는데 이러한 개성을 알게 된다면 이 시간대에 맞추어서 맞추어 광고메시지를 내보낼 수 있다. 또한, 폭력물을 좋아하는 소비자들의 개성은 활동지향적인 성향을 띄고 있으므로 액션영화나 요즘의 오락프로그램은 출연하는 연예인들을 괴롭히고 망신을 주는 경우가 많으므로 이러한 활동적인 오락 프로그램 전후에 내보내는 것이 더욱 효과적일 것이다.

3. 신제품 도입

소비자들의 특성에 따라서 신제품을 출시했을 때 혁신적인 제품일거라고 구입하는 개성이 있을 수 있고 어떤 소비자는 남들이 이미 구입을 완료하고 제품에 아무런 이상이 없다고 콘센서스(consensus)가 이루어져야만 제품을 구입하는 사람들이 있을 수 있는데 이러한 개성을 가진 사람들 중 혁신적인 제품을 과감히 선도해서 구매하는 혁신적인 소비자들이 누구인가를 알아내서 오피니언 리더로서 사용가능하고 이를 통해 다른 사람들의 구매행동에 직접적인 영향을 줄 수가 있기 때문에 중요하다. 이러한 소비자들의 개성특성은 다음과 같이 나눌 수 있다고 한다.

1) 독단주의(dogmatism)

독선주의 또는 독단성이란 자신의 신념과 일치하지 않거나 익숙하지 못한 정보에 대해서 보이는 개인적인 경직성의 정도를 나타내는 특성이며 독단성이 높은 소비자는 익숙하지 못한 것에 대해 방어적이고 불안과 불확실성을 갖고 대하게 되지만 독단성이 낮은 소비자는 이러한 익숙하지 않거나 신념과 일치하지 않는 정보에 대해서 수용을 할 확률이 높다.

2) 사교성(social character)

사교성 또는 사회성이라는 개성특성은 전체 사회를 독특한 사회 문화적 유형별로 분류하려는 사회적 조사에서 시작되었으며 주로 내부지향성과 타인지향성으로 나누어지며 내부지향적인 개성을 가진 소비자들은 소비혁신자일 경우가 많은데 그 이유는 자신의 내적 가치나 표준에 의존하는 경향이 크고 반면 타인 지향적인 소비자는 옳고 그름을 타인의 결정에 의존하려는 경향이 있기 때문에 혁신적인 소비자가 될 가능성이 적다고 본다. 또한, 내부지향적 소비자는 제품 속성이나 편익을 강조하는 광고를 선호하고, 외부지향적 소비자는 집단의 상호작용을 묘사하는 광고에 호의적인 편이다.

라이프스타일과 마케팅전략

라이프스타일도 역시 소비자들의 생활방식을 대상으로 전체 시장을 세분화하는 과정을 통해서 기업이 출시하는 제품이 가장 경쟁우위를 가지고 한정된 자원을 효율적으로 사용하기 위해서 또 소비자들의 생활방식에 적합한 제품의 아이디어를 얻기 위해서 또 생활방식에 의해서 세분화된 표적시장에 적절하게 포지셔닝을 하기 위해서 사용빈도가 늘어나고 있는 요소이다.

1. 시장세분화

인구통계학적인 세분화에는 한계점이 있기 때문에 소비자들의 구매행동과 생활에 많은 영향을 주는 라이프스타일에 의한 시장세분화가 많이 사용되고 있는데 이는 AIO기법이나 가치측정을 통한 Psychographics 특성을 가지고 시장을 분류하는 것이다.

이러한 과정을 통해서 시장세분화를 하게 되면 몇 개의 이질적인 생활양식을 가진 소비자들의 집단으로 나누고 분류하게 되는데 기업이나 마케터가 필요로 하는 목적에 따라서 일반적인 문항을 작성하든지 아니면 특정 제품이나 소비자에 맞는 문항을 작성하여 사용하게 된다.

2. 신제품 개발

평균적인 한 가지 제품으로 모든 소비자의 욕구를 만족시킬 수 없듯이, 다양한 라이프스타일을 가지고 있는 모든 소비자들을 만족시킬 수 없으므로 세분화된 라이프스타일을 바탕으로 해서 시장을 나누고 그 세분시장에 적합한 신제품을 개발하거나 기존 제품은 수정하는 경우가 발생한다. 예를 들면 예전에는 미국에서 여행을 즐기는 사람들을 위해서 웨곤형의 자동차만이 있었으나 이는 차체와 스타일이 승용차형이라서 야영을 즐기는 사람들의 라이프스타일을 만족시킬 수 없었다. 그래서 새로운 라이프스타일에 맞추어 출시된 R.V(Recreation Vehicle) 차량이나 SUV(Sports Utility Vehicle) 차량이 등장하게 된 것이다. 이러한 추세는 전통적으로 세단형 승용차만을 제조하던 벤츠(Mercedez-Benz)나 BMW회사도 달라진 고객들의 라이프스타일에 맞추어 SUV형 차량을 만들게 한 배경이기도 하다.

3. 광고와 제품 포지셔닝

광고나 제품 포지셔닝도 역시 라이프스타일에 많은 영향을 받게 되는데 인구통계학적 특성에 의한 일반적인 내용의 광고보다는 실질적이고 풍부한 자료를 제시해 준다. 예를 들면 어떤 소비자들이 광고의 배경이라든지 모델들을 선호하는가를 라이프스타일의 의한 기준을 이용해서 실행하면 보다 효율적인 접근을 할 수 있다는 것이다. 광고에서 라이프스타일을 이용하여 성공한 사례가 있는데 쉴리츠(Schlitz)의 출시를 들 수 있다. 엔하우저 부쉬사(Annhouser busch)가 음주자들의 개성에 대한 연구를 해 본 결과 맥주를 주로 마시는 소비자들의 공통적인 라이프스타일은 '현실적으로 불가능한 꿈과 희망을 가진 사람들이다'는 것을 알게 되었는데 이러한 라이프스타일을 가진 사람들이 선호할 만한 환상적인 내용의 광고 메시지를 보내서 쾌락적이고 환상적인 맥주로 포지셔닝을 하여 큰 성공을 거둘 수 있었다. 국내에도 하이트 맥주 광고 장면에 축구선수 박지성을 모델로 하여 냉장고를 열 때마다 미녀들이 등장해 함께 파티를 하는 음주자들의 환상에 소구 하는 광고가 있었는데 이 또한 소비자들의 환상을 충족시키고자 하는 광고 콘셉트 의도일 것이다.

참고문헌

김규배·김동태·김문섭·김용철·김한구·김혜주·서준용·양수진·이경미·한웅희, 소비자행동론, 2022.

이학식·안광호·하영원·석관호, 소비자행동, 2020.

황용철·송영식, 소비자행동론, 2019.

A. Mitchell, The Nine American Life Style, New York: Macmillan Publishing Company, 1983.

David Cohen, Consumer Behavior, Random House, Inc., 1981, p.236.

Del Hawkins, Roger Best, and Kenneth Coney, Consumer Behavior: Implications for Marketing Strategy(Plano, TX: Business Publications, 1983).

Gordon W. Allport, "Attitude."

H. Kassarijian, "Personality and Consumer Behavior: A Review," Journal of Marketing research, November 1971, pp.409~418.

Henry Assael, Consumer Behavior and Marketing Action, 3rd Ed., PWS-Kent Publishing Co., p.286.

Joel B. Cohen, "An Interpersonal Orientation to the Study of Consumer Behavior," Journal of Marketing Research, 6 (August 1967), pp.270~278.

Joseph T. Plummer, "The Concept and Application of Life Style Segmentation," Journal of Marketing, 38 (January 1974), p.34.

London and Della Bitta, op. cit., p.511.

Michael R. Solomon, "Concumer Behavior: Buying, Having, and Being," 11th Ed., Pearson Education,Inc., 2015, p.270.

Morris Rosenberg, Conceiving the Self (New York, Base Books, 1979).

Peter W. Bernstein, "Psychographics: Is it the elusive Perfect Marketing Tool?" TWA ambassador, April 1978, pp.25~27.

Philip Kotler, "Marketing Management," 11th ed., Prentice-Hall, Inc., 2003, p.193.

Rosenberg, Conceiving the Self.

Russell L. Ackoff and James Emshoff, "Advertising Research at Anheuser-Busch, Inc. (1968~1974)," Sloan Management Review, 16(Spring 1975), pp.1~15.

S. Mehrota and W. Wells, "Psychographics and Buyer Behavior: Theory and Recent Empirical Findings," in Arch Woodside et al., eds., Consumer and Industrial Buying

Behavior(New York, North-Holland, 1977), p.160.

Willam D. Wells and Arthur D. Beard, "Personality and Consumer Behavior," in Scott Ward and Thomas S. Robertson, eds., Consumer Behavior: Theoretical Sources (Englewood Cliffs, N.J.: Prentice-Hall, 1973), p.146.

William Lazer, "Life Style Concepts and Marketing," in Toward Scientific Marketing: Proceedings of the American Marketing Association Winter Conference, ed., S. A. Greyser, Boston, 1963, pp.130~131.

Chapter

12

문화, 사회계층, 가족

(Culture, Social Class and Family)

Case study

따뜻한 감동으로 소비자에게 접근하는 광고가 효과적이다

영어를 사용하는 민족에게는 없는 말이 한국인에게는 있다. 우리나라 말로 '정(情)'이라는 말인데 꼭 집어서 표현할 수 있는 영어 단어가 없다. 최근 일본에서도 오리온의 초코파이를 조명하고 있는데, 세계의 문화를 살펴보면 그 문화에 속해있는 사람들에게 호소력이 있는 주제가 있게 마련인데 한국인에게는 따뜻한 온정을 느끼게 하는 정서가 있다. 그것은 정과 한인데 그 중에서도 정을 표현하는 주제들이 마음을 뭉클하게 하여 감동을 통해서 소비자에게 자연스럽게 기업이나 제품을 머리에 깊이 남기고자 하는 의도에서 비롯된다.

과거 오리온 초코파이가 '정'이라는 개념으로 제품의 판매뿐만 아니라 기업 이미지에도 긍정적인 효과를 가져 온 것이 좋은 사례이다. 최근 방영되고 있는 많은 공익 광고들을 보면 조용하지만 설득력 있는 이러한 광고들이 소비자들의 마음을 적시고 있다. 국가마다 정서의 차이가 있어서 일본의 경우도 일부 전자제품 광고에 정(情)이라는 광고를 실시한 것으로 조사되나 그 성공은 미미했던 것으로 보인다. 외국에서는 반향을 일으킬 만한 주제가 아님에도 국내에서는 사회적인 이슈가 되는 경우(예를 들면 비행기가 천재지변으로 연착을 하거나 늦게 떠날 경우, 외국인은 조용히 기다리는데 우리는 항의하고 환불을 요구하는 경우)가 있는데 이는 아마 국가마다 다른 문화를 가지고 있기 때문일 것이다.

이러한 정서에서 출발하다 보니 기업 광고도 기업을 가족과 같이 따뜻한 주체로 좋은 감정을 유발시키는 광고가 주종을 이루고 있다. 기업이미지 광고의 목적은 특정 상품에 대한 홍보가 아니라 그 기업에 대해 좋은 이미지를 형성하도록 하는데 있는데 장기적으로 보면 그 기업의 제품들에 대해서 좀 더 좋은 반응을 유도하고자 함이다. 최근 기업이미지 광고 중에 가장 뛰어난 광고로 삼성의 '또 하나의 가족' 광고를 들 수 있다. 외국의 전자제품 회사의 경우 제품의 특성의 맞추어 미래지향적인 분위기를 많이 연출한다. 반면, 국내의 정서에 맞추어 삼성은 '또 하나의 가족'에서는 첨단제품들이 가져다주는 편익으로 가족 간의 정이 더욱 훈훈해지는 모습을 클레이메이션(claymation) 기법을 이용하여 잔잔하게 그리고 있어 급변하는 현실에 두려움마저 느끼고 있는 시청자들에게 자그마한 안식을 준다. 이 캠페인 광고 이후 삼성전자에 대한 소비자 친근감이 캠페인 전 30%에서 63.5%로 상승했다.

외국 사람들이 국내 기업들의 광고를 보면 문화의 차이로 조금 어색한 설정으로 느낄지 모르지만 국내 사람들은 이러한 광고를 보고 마음이 훈훈해짐을 느끼는 것이 문화의 차이라고 할 수 있는데, 바꾸어 말하면, 국내제품 해외 광고에는 이러한 차이점들을 고려해서 시행해야 한다.

- 우리나라의 '정(情)'이라는 개념을 잘 활용한 오리온 초코파이의 cf광고

('정 때문에 못한 말 까놓고 말하자' 편)

문화의 본질

소비자행동에 있어서 문화란 중요한 환경요소 중 하나이며 그 문화를 공유하고 있는 사람들의 생활방식에 많은 영향을 미치게 된다. 소비자는 자신이 속한 문화에 따라 일상의 소비자행동, 즉, 구매활동과 소비활동의 제품선택은 물론 스포츠 관람, 예술활동 등 수많은 유·무형의 서비스를 포함하며, 윤리나 가치 등의 추상적인 개념들도 포함하는 매우 광범위한 것이다. 우리는 일상생활에서 문화의 영향을 피부로 느끼지 못하고 생활하지만 문화의 영향력은 막강함을 유추할 수 있다. 실제로 우리가 해외여행을 가보면 현지인들의 행동과 사고방식이 우리와 사뭇 다름을 보고 문화적 충격(culture shock)을 받기도 하는데, 이러한 문화를 잘 이해해야만 소비자행동을 이해할 수 있을 것이다. 또한, 요즘처럼 모든 기업들이 글로벌 시장에서 경쟁하고 있는 현실에서는 다른 문화권에 대한 이해가 없다면 타 시장에 진입해서 성공하는 것은 불가능하다고 할 것이다.

결국 문화란 '한 사회의 구성원들이 생물학적인 유전이 아니라 타인과의 사회접촉을 통해 물려받은 모든 것을 말한다.' 문화는 사회화과정을 통해 전파되는 생각, 기술, 행

동양식, 규칙, 의식(rituals) 그리고 관습들로 구성된다. 각기 다른 문화권에는 다른 문화가 있기 때문에 이에 대한 구체적인 이해가 필요하다. 한 국가의 문화 체계는 그 구성원에게 정체성(identity)을 부여하며, 자신이 누구이며 무엇을 좋아하며 자신을 둘러싼 세상을 어떻게 해석해야 하는지를 일러준다. 그러면 문화에 대해서 자세히 알아보자.

문화의 정의와 특성

1. 문화의 정의(definition)

문화에 대한 정의는 학자에 따라 수백 가지가 넘는다고 한다. 문화의 고전적인 정의를 살펴보면 '한 사회를 구성하는 구성원들 간의 언어나 다른 방법으로 상징적으로 전파된 특정 사회적 행동 양식이라고 정의된다'(Reilly & Wallendorf). 또 다른 정의들은 '사회의 구성원으로서 개인이 획득하는 지식, 신념, 예술, 도덕, 법률, 관습 등의 총체'(Taylor) 또는 '한 집단을 이루는 사람들의 독특한 생활방식과 생활을 위한 모든 설계'라고 정의된다(Kluckhohn). 넓은 의미에서 얘기하면 그 사회 구성원들의 삶의 방식이기도 하다. 또한, 문화 역시 우리가 태어날 때부터 가지고 있는 것이 아니고 태어난 후에 학습을 통해서 가지게 된다는 것이다. 선대에서부터 다음 세대로 연결되며, 미래의 후손들에게 연결이 되는 것이기도 하다.

따라서 문화는 사회적으로 학습되고 구성원들에 의해 공유되는 모든 것이며, 크게는 두 가지로 나누어지는데 이는 비물질적 요소와 물질적 요소로 세분화된다.

2. 문화의 구성요소

문화는 사회적으로 학습되고 구성원들에 의해 공유되는 모든 것이며, 크게는 두 가지로 나누어지는데 이는 비물질적 요소와 물질적 요소로 세분화된다.

1) 비물질적 문화 요소(Non-material Culture)

사회구성원들이 사용하는 언어, 아이디어, 관습, 사회제도, 신념체계, 미학을 포함한다.

① 언어

모든 사회구성원들은 집단 내에서 동일한 언어를 사용하여 지식이나 경험, 기술 등을 전파하고 문화를 계승, 발전시킨다. 언어는 문화의 가장 중요한 요소라 볼 수 있으며, 같은 민족이라도 언어가 다르면 문화 차이 또한 매우 클 것이다. 언어 문화권이라는 용어가 암시하듯이 문화와 밀접하게 관련되는데, 다른 문화에서는 쉽게 이해할 수 없는 관용적인 뉘앙스나 상이한 의미를 갖고 있다. 그런 이유로 수출하는 제품에다가 순수 사전에 뜻만을 가지고 상표명을 하게 되면 수출시장에서는 큰 물의를 빚을 수도 있는 것이다. 참고로 [표 12-1]의 잘못된 브랜드명 사례를 참조하자.

[표 12-1] 상표명과 오해

영창 피아노(Young Chang)	중국인 젊은 장씨가 만든 피아노
대영 자전거(Dae Young)	Die Young으로 발음됨
토요타 MR2 자동차	Mr 2는 동성연애자를 연상시킴
기아자동차(KIA) 영어 명	Killed In Action KIA(전사자 명단)
Zipfel 지펠 냉장고	독일말로 성기(Zipel)
㈜금호	죽음호
Sunkyoung 선경	Sunk Young → SK
한국화약 Korea Explosives	테러단체로 오인(Explosives)

② 가치(value)와 신념(beliefs)

가치란 개인이나 사회가 지향하는 바람직스러운 삶의 방향이라고 할 수 있다. 개인의 가치들이 사회구성원들과 공유하는 것을 문화적 가치(cultural value)라 하고 이는 사회구성원들의 핵심 가치이다. 문화의 차이를 비교할 때 가치를 비교하여 차이점을 알아내는 경우가 많다. 대표적인 것으로 서양의 개인주의와 동양권의 집단주의 성향이다. 그러나 오늘날 동서양을 막론하고 개인주의 성향이 점차 많아지고 있음을 우리는 보고 있다. 또한, 종교적 신념이나 갈등은 지구촌 곳곳에서 많은 분쟁을 야기하기도 한다.

③ 관습과 의례(custom and ritual)

사회구성원들이 일상생활에서 동일한 행동을 반복하는 것을 관습이라고 한다. 전통적으로 한국인들은 수저를 이용하여 한식을 먹고, 외국에서는 포크와 나이프를 사용하여 식사를 한다. 그러나 현대인들의 대표 음료인 커피의 경우 대부분의 사람들이 식사

후 또는 식사대용으로 즐겨 마시는 관습이 되었다. 의례 또한 각 사회마다 달리 발전해 왔으며 많은 소비활동이 의례적 행위(예; 결혼 예물, 생일 케익, 졸업식 선물주기 등)와 함께한다.

④ 사회제도의 측면

사회제도의 측면에서 신분계층이나 인구통계적 요인(Demographics) 사회계층, 성별 간의 지위는 모두 문화에 따라 다를 수 있으며 구성원들의 가치와 행동, 라이프스타일에 영향을 미친다. 예를 들어, 구성원들의 인생에 대한 가치와 생활방식, 제품 구매행동 방식, 좋아하는 오락물 등이 다양하게 영향을 미친다.

2) 물질적 문화요소(Material Culture)

물질적인 문화 요소는 크게 기술적 측면과 경제적 측면으로 구분되는데. 여기서 기술적 측면이란 사회의 구성원들이 보유한 노하우로서 제품을 생산하기 위하여 이용되는 모든 공정과 기법을 포함한다. 한 문화 속에서 널리 이용되는 제품이 다른 문화 속에서는 완전히 생소할 수 있으므로 물질적 문화요소의 기술측면은 마케팅에 직접적으로 영향을 미친다.

물질적 문화요소는 도구, 자동차, 도로, 농장 등과 같이 사람들이 창조하고 사용하는 모든 물리적 실체로 구성되는데, 마케팅과 소비자행동의 맥락에서 물질적 문화요소는 그 사회에서 생산되고 소비되는 모든 제품과 서비스, 농수산물 시장이나 쇼핑센터와 같은 유통기관 등을 포함한다.

문화의 특성

문화의 중요한 특성을 살펴보면

첫째, 문화는 집단에 속한 구성원들에 의해 창출된다.

기존에 가지고 있는 것 외에 시대의 변화와 상황에 변화에 의거해서 긍정적인 것은 유지하고 부정적인 것은 다른 사람과 조화시킬 수 있는 가정이나 사회계층과 같은 요소의 상호작용을 통해 창출된다.

둘째, 문화는 학습된다.

문화는 구성원이 태어날 때부터 가지고 태어나는 것이 아니고 출생 후의 학습에 의해서 규범과 행동체계를 배우고 이를 후대에 다시 가르치는 역할을 한다.

셋째, 문화는 구성원들이 중요시하고 바람직하다고 동의하는 가치를 가짐으로써 독특한 규범을 제공한다. 문화는 사회를 구성하고 있는 사람들의 행동기준이 된다. 즉 문화는 사회구성원들의 욕구를 충족시키는 기준이 되고 방향과 지침을 제공한다.

넷째, 문화는 사회적으로 공유된다.

문화는 한 사회에 구성원들의 의해서 공유되며 사회적 압력과 규범에 의해 일체성을 유지하며 만일 일탈하는 사람이 있으면 제재가 기해져 규범을 준수하게 된다.

다섯째, 문화는 지속적이면서도 동적이다.

문화는 그 사회를 유지하는 기준이 되기 때문에 쉽게 변하지 않는 반면, 시간이 흐르면 새로운 것이 유입되고 부정적이거나 시대에 맞지 않는 것은 일부 버려지고 새로운 것이 탄생하기도 한다.

문화의 구성요소

문화를 구성하는 요소에는 많은 차이들이 있다고 연구되었고 이는 실제로도 사실이지만 모든 문화에도 일면 공통적인 면도 어느 정도는 있다. 건강에 신경을 쓰거나, 결혼을 하기도 하고, 교육을 받거나, 종교를 가지고 있기도 하다(Murdok). 그러나 실제 내용을 살펴보면 그 의식이나 관습에서 각 문화마다 매우 상이할 수가 있다. 이러한 한 사회에 문화를 구성하는 요소들을 살펴보면 크게 문화적 신념, 문화적 가치, 그리고 문화적 규범으로 나누어 볼 수 있는데 다음과 같다.

1. 문화적 신념(Cultural Belief)

한 사회의 신념체계는 그 사회구성원들의 대부분에 의해서 공유되고 있는 모든 종류의 인지와 사고, 지식, 미신 등을 모두 포함한다. 이는 경험적 타당화 또는 반박이 허용되지 않는 종교적 신념일 수도 있고, 아닐 수도 있는데 비합리적이라도 구성원들이 그렇다고 믿게 된다면 문화적 신념이 될 수 있다. 하지만 그 문화를 관할하고 있는 종교에서 나온다면 더욱 더 강하게 신념으로서 자리를 잡을 것이다. 굶어 죽는 한이 있어도 돼지고기를 먹지 않는 이슬람교와 유대교도인들의 경우 종교에서 금하고 있는 음식 자체가 식사의 대상이 아니라 종교적 신념화된 것이다(Goodman).

2. 문화적 가치(Cultural Value)

일반적으로 가치관은 개인이 추종해야 할 삶의 종류에 대한 합의된 관점들이다. 그것은 사회를 구성하고 있는 구성원들이 추구해야 할 목표와 그것을 어떻게 추구해야 하는지를 구체화하는 공식적 또는 비공식적 규칙들이라고 할 수 있다. 이러한 예는 서구 문화권 같은 경우 타인과의 경쟁이 매우 높은 평가를 받는가 하면 일본이나 일부 동양국가에서는 개인적인 경쟁보다는 협력과 단결을 높게 평가하기도 하는 등 문화마다 그 가치는 다를 수 있다(Vinson, Scott & Lamont).

사회구성원의 생활에는 각자가 중요하게 생각하는 가치가 반영이 되어 있다. 문화적 가치란 한 집단이 갖고 있는 문화적 특성의 핵심인데, 사회학적 관점에서 문화적 가치란 '집단의 정체성 또는 복지에 중요하다고 인정되는 활동, 관계, 느낌 또는 목표들에 관한 보편적인 신념'이라고 정의되며, 심리학적인 관점에서는 '개인적으로나 사회적으로 추구될 가치가 있다고 여겨지는 존재의 일반적인 상태'로 정의된다. 결국 문화적 가치란 그 사회의 구성원들이 공통적으로 바람직하다고 여기는 것을 의미하는데, 예를 들어, 근검절약을 통한 개인의 성공이나 어려운 환경을 딛고 열심히 공부해서 유명한 학자로 거듭나는 것 등은 우리 사회에서 중요시되고 있는 가치라고 할 수 있다. 이러한 가치는 문화적으로 결정되며, 그 구성원들의 행동방향을 규정하는 사회적 규범의 근거가 되는데, 개인은 문화적 가치를 태어나면서부터 가정과 사회를 통하여 학습(사회화 학습)하며, 그 결과 일상생활은 집단의 가치를 지향하게 된다. 문화적 가치란 '바람직한 것'으로서 널리 신봉되는 신념들이며 사회적 규범을 통하여 소비자행동에 영향을 미치는데 이때 규범은 구체적인 상황 하에서 허용될 수 있는 행동의 방향을 규정한다. 로키치

(Rokeach)는 개인의 가치를 궁극적 가치(Terminal Value)와 수단적 가치(Instrumental Value)로 구별하였는데 궁극적 가치는 수단적 가치에 비해 보다 강력하게 제품류에 선택과 관련되어 있고 상표 선택에 있어서는 수단적 가치가 더욱 밀접하게 연결되어 있었다고 한다.

궁극적 가치는 안락한 생활, 구원, 자유, 성취감과 같이 인간이 살아가면서 추구할만한 가치가 있는 삶의 목적이며, 수단적 가치는 이러한 궁극적인 가치를 달성하기 위한 정직성, 창의성 등의 수단적 행동양식을 말하는 것이다. 결국, 한 사회에 구성원들에 의하여 공유되는 최종 가치가 그 사회의 문화적 가치로 볼 수 있는 것이다.

마케터는 소비자의 가치지향성을 근거로 하여 각 세분시장의 규모 및 구성상의 변화와 이러한 변화가 마케팅 활동에 대하여 갖는 시사점을 평가해야 한다. 간혹 전반적인 문화 내에서 지배적인 것과는 별도로 문화적 가치를 강조하는 소비자 집단을 발견할 수도 있다.

소비자가 갖고 있는 가치지향성에 대한 평가는 마케터가 새로운 기회를 확인하고 세분시장별로 보다 효과적인 마케팅 믹스를 개발하는 데 도움을 줄 수 있다. 한편 가치지향성의 변화는 상이한 쇼핑 패턴을 야기시키며 그러한 소비자에게 도달하기 위하여 마케터는 새로운 유통경로를 설계하기도 한다.

3. 문화적 규범(Cultural Norm)

규범은 사회가 보상하는 이상적인 행동유형을 말한다. 다시 말하면 적합한 행동과 적합하지 못한 행동이 어떤 것인지 구체적으로 명시해 주고 사회 구성원들에 의해 수용된 각종 규칙이나 표준을 말한다. 구성원들은 사회적으로 용인된 행동을 하는 것이고 다른 사람도 역시 그렇게 행동하기를 바란다. 이와 같이 한 사회를 구성하는 구성원들의 대다수가 의식/무의식적으로 하는 행동양식을 문화적 규범이라고 한다(Fairchild).

Johnson의 문화 구성요소(Ⅱ)

1. 인지와 신념요소

인지적 요소들은 물리적 사회적 세상에 대한 경험적 지식, 과학, 기술, 실용지식, 사회구조와 조직에 대한 생각, 사회가 작용하는 방식에 대한 생각들을 모두 포함한다. 문화의 인지적 요소들과는 달리 신념은 경험적 타당화 또는 반박이 용납되지 않는 힘의 체계이다. 그래도 신념은 인지적 요소들과 상호작용하여 태도와 행동들을 정당화하고 통제하는 지식체계를 형성한다.

2. 가치관과 규범

가치관은 개인이 추종해야 할 삶의 종류에 대한 합의된 관점들이다. 즉, 이것은 사람이 추구해야 하는 목표와 그것을 어떤 방식으로 추구할 것인지를 구체화하는 공식적 또는 비공식적인 규칙들이라는 것이다. 이러한 생각은 사람들이 살고 있는 사회마다 다르며 어떤 문화권에서는 타인과의 공정한 경쟁을 통한 승진 및 성공이 높은 평가를 받는 경향이 있으며, 다른 문화권에서는 희생을 높이 평가한다.

예를 들면 미국에서는 같은 회사에 근무하는 동료 간에도 공정한 경쟁을 통해서 승진을 하거나 월급이 인상되는 것은 당연하다고 생각되는 것이 가치관인 반면, 일본이나 아시아 국가에서는 동료 간의 협동심이 우선되고 개인의 경쟁은 처벌 대상이 되고 오히려 희생정신이 높게 평가되는 경우도 있다는 것이 좋은 예가 될 것이다.

규범은 아래와 같이 크게 두 가지로 정의된다.

첫째, 규범은 사회가 보상하는 이상적인 행동유형을 뜻한다.

둘째, 규범은 한 사회의 속해있는 대다수의 사람들이 하는 행동을 기술한 것이다. 그래서 서구에서는 하얀 치아를 반짝이는 모델이 등장하는 것과는 달리 일부 동남아시아의 국가에서는 나뭇잎(차잎)을 빨아먹는 것이 습관이 되어 건강한 이의 상징이 새하얀 치아가 아니고 검은색 치아임으로 모델은 당연히 검은 치아를 가진 사람이어야 한다는 것이다.

3. 표시(signs)

여기에는 신호와 상징들이 포함된다. 신호는 저녁 식사가 다되었다고 울리는 벨소리부터 군대에서 기상시간이 되었다고 울리는 나팔소리까지 어떤 것의 존재나 출현을 알려주는 기능을 하며, 이에는 도로 표지, 소리, 그림 등도 모두 사인으로 작용하게 된다. 상징은 보통 언어적(verbal)이며 어떤 개념들을 뜻한다. 예컨대, 언어는 커뮤니케이션을 촉진하는 상징체계이며, 사회에 따라 쓰임새가 전혀 다르다. 한 예로 미국에서는 Yellow 또는 Chicken이라는 말이 겁쟁이를 나타내는 대표적인 말이라면 영국에서는 White Chicken이 겁쟁이를 나타내는 것과 서구에서는 흰색이 순수 그리고 고급스러움, 특권을 나타내지만 아시아의 대부분에서는 슬픈 일과 관련된 것을 나타내는 색이다. 국내의 경우를 따져보면 흰색 한복은 초상이 있을 때 상복으로 입는 색깔임을 알 수 있겠다.

4. 비규범적 행동

이것은 자신이 살고 있는 문화에 대한 개인적인 반응을 포함하는 행동방식을 말한다. 개인의 경향성과 성격특성은 그것이 주요 규칙이나 규범, 관습이나 오랜 세대에 걸쳐서 전통적으로 확립된 방식을 위협할 정도로 극단적인 것이 되지 않는 한, 그 사회가 공개적으로 처벌하지 않는 비규범적 행동양식을 결정한다. 그래서 비규범적 행동은 사회적으로 규정된 한계내의 기이한 행동을 포함한다.

문화의 측정

1. 관찰법(Fieldwork)

전통적으로는 타문화에 대해 측정을 하기 위해서는 그 문화권에 들어가서 생활하면서 주의 깊게 관찰함으로써 그 특정 사회의 문화적 특성을 알아내곤 했으나 시간이 많이 소요되고 정확하게 관찰 가능한 행동에 대한 측정만이 가능하기 때문에 이 또한 한계점이 있다.

2. 가치조사법(Value Survey)

가치조사법 중 가장 많이 쓰이고 있는 도구 중 하나는 로키치의 가치조사법(RVS)인데 관찰이나 문헌고찰을 통한 측정을 하는 것이 아니고 설문지조사를 통해서 직접 그 사회구성원의 가치를 측정하는 방법이다. 소비자행동에 대해서 문화적 가치가 미치는 영향을 연구하기 위해 사용되어온 항목으로서 크게 그 사회에 구성원들이 원하는 궁극적인 가치들과 이러한 궁극적인 가치들을 달성하기 위해서 쓰이는 수단적 가치를 각각 18개 항목으로 나눈 후에 개인적 가치에 유형을 측정하게 된다. 각 가치에 대해서 서열을 매기도록 하거나 5점 척도상에 응답하도록 해서 조사하는 것인데 이를 바탕으로 비슷한 궁극적 가치와 수단적 가치를 가진 집단의 분류를 STP전략으로 시행할 수 있을 것이다.

하위문화(Subculture)

문화는 그 문화권 내에 속해 있는 모든 구성원들에게 영향을 주지만 모든 구성원이 동일한 문화적 가치를 가지게 하는 것은 아니며 같은 문화권 안에서도 언어, 인종, 종교 그리고 위에 문화의 구성요소인 신념, 가치, 관습이 다를 수도 있는데 이러한 다른 양상을 나타내는 것을 하위문화라고 한다(Williams Jr). 일반적으로 미국에 경우는 다민족이 모여서 살고 있기도 하지만 특정도시에 경우 많은 수의 사람들이 각각 자기국가의 모국어만을 쓰기 때문에 전화번호부 광고도 각 나라의 언어를 바탕으로 광고가 되기도 하고 매우 복잡 하다고 볼 수 있다. 이런 경우는 시장세분화를 할 때에도 하위문화에 대해서 심각하게 고려해야 한다는 것이다. 하위문화는 한 지역이나 문화권에 살면서 독특한 구별이 되는 생활양식을 가지고 있는 사람들의 집합으로서 다른 집단과 구별이 될 만큼 이질적인 성격을 띠고 있다고 보아야 한다. 문화는 동일하게 유지되다가 그 사회에 구성원이 유입되거나 유출되고 그들의 활동영역이 다양해짐에 따라 구성원들은 각자 같은 문화를 공유하고 있는 일부의 구성원들과만 접촉을 유지하게 된다. 따라서 그들은 접촉을 유지하면서 상호 작용하는 사람들의 정체성 욕구를 충족시키기 위해 자신들만의 가치, 규범과 집단의식, 여러 가지 자극에 대한 반응 패턴을 공유하는 등 동질적인 문화요소를 별도로 개발하기에 이른다. 이러한 문화요소들의 이질화 과정을 문화의 분화라고 하며, 하위문화의 생성을 설명해 준다.

문화는 빈번한 접촉과 상호작용을 유지할 수 있는 사람들 사이에서 새롭게 형성되는데, 대체로 지역, 연령층, 종교, 종족 등을 중심으로 문화의 분화가 진행된다. 한 기업의 국내 또는 미국의 해외시장 내의 하위문화들에 대한 지식은 차별적 마케팅 전략을 위한 토대가 된다. 이러한 세분화는 전체 시장의 하위 집단들을 정의할 수 있는 행동을 밝혀낼 수 있는 마케팅 분석을 필요로 한다. 그래야 이를 토대로 서로 다른 세분시장들의 소비선호에 맞도록 전략을 특수화할 수 있다.

어떤 하위문화에 성공적으로 소구(appeal) 하려면, 마케팅전략은 그들의 가치관과 신념, 생활양식을 표현하거나 지지하는 것이어야 한다. 소비에 영향을 미치는 문화의 각 요소는 차별적 마케팅 전략들이 민감해야 할 필요성을 보여 준다.

공통적인 실수는 소위 어떤 하위문화를 실제보다 더 동질적인 것으로 가정함으로써 그 하위문화에 존재하는 명백한 세분시장들을 간과하는 것이다. 미국의 예를 들어도 수많은 민족이 있음으로 흑인의 경우 하나의 하위집단이며 또 마케팅에서는 세분화된(segmented market) 시장이라고 볼 수 있는데 단순히 피부색이나 인종을 토대로 한 하위문화는 존재하지 않을 수도 있으며, 존재한다고 해도 그 세분화된 시장에서 주류적인 행동이 있고 비주류적인 행동으로 차이가 발생할 수도 있는 것이다.

일반적으로 보면 아프로 어메리칸(Afro-American)이라고 불리는 흑인들의 경우 평균수입은 적어도 돈을 사용하는 구매력이 매우 크기 때문에 마케터나 기업 입장에서 보면 매우 매력적인 세분시장으로 분류된다. 이와 관련해서 두 가지 다른 관점으로 볼 수 있는데 첫째는, 세분화라는 관점에서, 흑인들을 하나의 독특한 세분시장으로 보는 것은 이들이 어떤 특별한 마케팅 접근법을 쓰지 않으면 안 될 정도로 체계적인 상품사용과 태도, 행동이나 가치관의 패턴들을 드러낼 때에만 의미가 있다는 것이다. 예를 들어 흑인들이 TV를 시청하는 시간이 길다는 점을 알고 방송사들이 흑인 시청자들에게 더 큰 주의를 기울여서 흑인들만 출연하는 쇼 프로그램을 많이 만든다거나 아니면 아세니오 홀(Arsenio Hall)과 신배드(Sinbad)와 같이 흑인들을 기용한 심야 토크쇼를 만든다는 것이다. 그러나 마케터에 입장에서 주의해야 하는 사례가 있는데 이것은 바로 잠재적 또는 가시적으로 해로운 제품을 판매하는 세분시장으로 분리해 내는 경우 그 하위문화 집단의 분노에 부딪힐 수도 있다는 것이다. 각 담배회사에서는 지역에 따라서도 같은 회사의 담배를 다르게 포지셔닝하는 경우가 있는데 레이놀즈(R. J. Reynolds)사에서는 특별하게 흑인만을 겨냥하여 만든 업다운(updown)이라는 담배 출시에 대한 흑인들에 저항에 당황했었다. 이런 해로운 상품을 특정집단에 포지셔닝하고 판촉해서는 안 된다는 공공의 압력으로 인해서 레이놀즈사는 제품을 철수시킬 수밖에 없었다. 마케터들이 하위문화를 이용하는 것에 대한 두 번째 관점은 그들을 하나의 특별히 구별되지 않는 세분화된 시장으로 보지 않으면서도 그들의 독특한 가치관과 생활양식(lifestyle), 관심들에 호소하는 촉진메시지를 개발하는 것이다. 그래서 광고에 다른 인물들을 등장시키거나, 특별한 이미지와 상징을 삽입한다든지 광고 카피를 다른 언어로 번역한다거나, 특정 매체를 이용한다거나 하여 광고를 특정 하위집단에 더 신뢰를 받을 수 있도록 변화시킬 수도 있는 것이다.

하위문화의 유형

어떤 기준에 의해서 하위문화를 세분화하는가는 기업입장에서 매우 중요한 의미를 가지고 있는데 세분화된 하위집단들이 비슷한 욕구를 가지고 있다면 세분화의 의미가 없기 때문이다. 가장 흔히 분류기준이 되는 하위문화는 연령, 지역, 그리고 종교 등이 있다.

과거에는 가계구조가 다세대로 이루어졌기 때문에 할아버지, 아버지, 자녀 사이의 빈번한 접촉과 상호작용을 통해 문화요소의 동질성이 유지될 수 있었지만, 오늘날에는 세대 간 접촉이 소원해져 문화요소들의 수직적 동질성이 약화되는 반면 수평적 동질성이 강화되어 세대 간 하위문화(세대차)가 두드러지게 되었다.

국내에도 인터넷의 보급과 함께 1990년대 후반에 등장한 N세대와 세기말의 태어난 밀레니얼(Millenial)세대라는 말이 있는데 10대와 20대 초반으로 등장한다는 새로운 세대를 나타내는 말이라 하겠다. 이들의 가치관과 좋아하는 것들은 기존의 세대와 매우 상이해져서 기존의 연령을 위주로 하위문화를 분류한 것이 사용하기 어렵게 되었다. 하지만 이들 젊은 세대들이 과거 경제적 어려움을 모르고 풍요로운 시대에 태어난 연령층이기 때문에 주요 소비층으로 부상하고 있으며, 각 기업의 입장에서는 고객의 생애가치를 고려한다면 이들이 매우 매력적인 하위문화 중 하나가 될 것이다. 또한, 인간의 수명이 과학의 발달로 연장되고 있어서 자신들의 건강이나 운동 등에 많은 돈을 쓰고 있고 평생을 노력해서 살아온 연령층이기 때문에 남은 여생을 편하고 재미있게 보내기를 원하는 사람들이 많은 특징이 있어서 중요한 시장으로 부각되고 있다.

국내에는 지역적이나 인종 간의 큰 차이는 없고 단지 지역적으로는 이질감 있는 식생활이나 의생활에 차이를 보이고는 있지만 마케터들이 고려해야 할 만큼의 이질성은 없고 반면 미국의 경우나 중국의 경우에는 매우 큰 차이를 보인다고 알려져 있다.

비교문화(Cross Culture)

미국기업들의 브랜드파워나 상표자산을 알려면 유럽이나 아시아를 여행해보면 알 수 있다고들 할 정도로 거의 모든 미국기업들이 전 세계시장으로 진출해서 국제적으로 운영하고 있다.

최근에는 국내의 기업들도 많은 제품을 외국으로 수출하고 있는 상태인데 이렇듯이 어느 기업이 해외에 자신과 다른 문화적 배경을 갖고 있는 소비자에게 마케팅 하려고 할 때에는 자국의 마케팅전략을 그냥 답습해서 시행할 것이 아니고 해당국가의 특수성들을 미리 감안하여야 한다. 왜냐하면 국가별 또는 문화권별 문화적 특성과 소비자행동을 충분히 이해하지 못함으로써 돌이킬 수 없는 치명적인 실패를 겪고 시장 진입에 실패하는 사례도 있기 때문이다. 국내시장을 대상으로 마케팅을 하던 마케터들이 해외시장에 나가서 처음 겪게 되는 것이 문화적 충격이라고 한다.

자국 내에서 일반화되어 있어서 고려할 필요도 없다고 느꼈던 어떤 가치, 관습, 태도, 욕구, 전통과 금기(taboo)시 되는 것들을 접하게 되고 이에 대한 적절한 대처를 못해서 암담한 실패로 끝나게 되는 것을 볼 수 있다. 또한, 국내(Home Country)에서 성공적이었던 전략들이 현지 국가(Host Country)에서는 전혀 효과가 없기도 하다. 이러한 현지 국가에서의 문화적 특성을 자국의 것과 동일하게 생각하려는 것을 자기준거기준(Self reference Criterion)이라고 한다.

비교문화의 필요성

비교문화를 연구함으로써 우리 문화권에는 존재하지 않는 독특한 문화 차이가 국가별로 있을 수 있다는 것을 알게 되고 또한 이들이 다른 문화에 영향을 미치는 요인이 많으므로 더 효율적인 대처를 통해 마케팅전략을 수행하기 위해서이다(Kluckhohn).

첫째, 해외에 나가서도 자국 내에서 하던 방식 그대로 사업을 하려는 문화적 근시안(Cultural Myopia)을 근절하고 각기 다른 문화에 맞는 마케팅믹스전략을 수립하는데 도움을 주기 때문이다.

둘째, 마케터가 타 문화권(해외문화) 내에서 마케팅 활동을 수행하고 전략을 구사할 때 미리 유의해야 할 점들을 알 수 있도록 해 준다.

셋째, 기업이 원래 운영하고 있던 자기 국가 내에서 문화가 소비자행동에 미치는 영향을 더 구체적으로 파악할 수 있도록 해 준다.

비교문화 분석

1. Hofstede 모델

Hofstede는 인간이 세계를 인식하고 해석하는 차이를 기준으로 각 나라의 문화를 분류하였다. 초기 연구에서는 4개의 차원을 문화의 기본요소로 제시하였는데, 개인주의(individualism) 대 집단주의(collectivism), 남성성(masculinity) 대 여성성(femininity), 권력 격차(power distance), 불확실성 회피(uncertainty avoidence) 이다. 그는 추가연구로 장기지향성(long-term orientation)과 탐닉(indulgence) 대 절제(refrain)의 두 가지를 추가하여 총 여섯 개의 차원을 제시하였다.

첫째 차원은 개인주의 정도를 나타내며, 한 나라의 문화가 개인의 자유와 권리 및 가치가 가족이나 집단에 대한 책임이나 권리보다 우선하는 지를 나타낸다. 서구권 문화는 개인주의가 강한 편이며, 동양권 문화는 집단주의 경향이 더 크다고 한다. 둘째 차원은 권력의 격차로 사회내에서의 권력과 부(wealth)의 편중에 대한 수용도를 나타낸다. 사회 계층간 차이가 있고 계층간 이농성이 낮을수록 권력격차가 높고, 권력 및 부의 불평등에 대한 보상을 요구하는 사회일수록 권력격차가 적다. 셋째 차원은 사회가 권력이나 물질적 부를 선호하고 성취와 경쟁을 추구할수록 남성적인데 반해, 타인을 배려하고, 겸손과 협동, 삶의 질을 추구하는 사회릴수록 여성성이 강한 사회문화이다. 넷째는 사회구성원들이 관습이나 전통, 규칙을 준수하고, 이를 벗어난 행동을 수용하지 않거나 미래의 상황을 위협적으로 느낄수록 불확실성 회피성향이 강하다고 본다. 다섯째는 전통적 가치를 준수하고 체면을 중시하는 사회는 단기지향적이고, 미래의 보상이나 성실과 노력을 강조할수록 장기지향적 사회라고 판단한다. 여섯째 차원은 재미있고 즐거운 삶을 영위하려는 인간의 욕망을 통제하는 사회는 기본적 욕구충족이 사회적 규범에 의해 통제되는 문화이다. 이와 같은 여섯 가지 문화차원을 비교분석함으로써 기업들은 각 문화의 특성에 맞춘 마케팅 전략을 수립할 수 있다.

2. Hall의 모델

문화인류학자 Hall은 사건이나 자극을 둘러싼 환경을 의미하는 맥락(context)을 통해 고맥락 문화와 저맥락 문화로 양분하였다. 저맥락 문화에서는 의사소통의 메시지가 문자 그대로 쉽게 전달되므로 맥락을 고려하지 않아도 정확한 의미전달이 가능한 반면, 고맥락 문화에서는 커뮤니케이션이 전달되는 상황에 따라 다양하게 의미가 해석될 수 있어, 실제의 메시지 내용보다 분위기나 눈빛, 몸짓, 친밀도 등에 따라 의미가 달리 전달될 수도 있다고 한다.

[표 12-2] **고맥락(high-context) 문화와 저맥락(low-context) 문화 비교**

	고맥락 문화	저맥락 문화
공간 개념	공간 어울림을 중요시 함	개인적 공간을 중요시 함
시간 개념	시간 개념이 낮고 불명확 함	시간은 매우 중요함
개인적 업무	비공식적 의사표현	서면 보증이 중요
협상	협상시간이 긴 편임	신속한 협상을 선호
법률/법률가	비교적 덜 중요	매우 중요함
실패에 대한 책임	최고경영층이 책임	관련 업무담당자가 책임
경쟁 정도	경쟁이 적음	일반적임
국가/지역의 예	일본,중동,한국	미국, 북유럽

자료 : Keegoan, Warren J. & Mark C. Green(2012) Global Marketing, p.113 수정.

일반적으로 서양문화는 저맥락 문화에 해당되고 동양문화는 고맥락 문화에 해당된다고 한다. 따라서 맥락에 따라 수용되는 가치가 상이할 수 있으므로 마케터는 맥락수준을 고려한 마케팅 활동을 수행하는 게 필요하다.

문화적 근시안(Culutral Myopia)의 사례들

첫째, 현지 국가의 문화적 가치와 규범은 마케팅이 해외에서 수행될 방법에 영향을 미치는데, 자국 내에서 성공한 마케팅 전략이 반드시 현지 국가에서도 효과적인 것은 아니다. 예를 들어서 많은 자국 내에서 행해지고 그 효과가 입증된 경우의 광고에도 현지 국가에서 현지인들이 볼 때 적합하지 않은 경우가 있을 수 있는데 예를 들면 치약광고의 중요한 속성 중 하나인 하얀 이를 강조하는 광고는 차를 자주 마셔서 흑색 치아를 선호하는 일부 동남아시아 사람들에게는 호소력이 없을 수 있다.

둘째, 해외에서의 마케팅 전략을 표준화할 수도 있으며, 그러한 표준화가 현지국의 가치와 규범, 관습, 여러 가지 자극에 대한 반응 등의 차이를 전혀 고려하지 않은 것이라면 효과를 거둘 수 없을 것이다.(미국에서 가장 잘 팔리는 팸퍼스 기저귀가 일본시장에 표준화된 하루가 지나도 괜찮다고 하는 특수 재질의 기저귀를 판매했으나 일본 주부들을 아기들과 같이 생활하다가 바로 교체해 주는 것을 선호하였기 때문에 가격이 비싼 팸퍼스 제품보다 얇고 사용시간이 짧고 저렴한 라이온 사의 제품을 이길 수가 없었다.)

문화의 다양성

문화는 각 사회마다 각기 다르며, 같은 사회 내에서도 다수의 하위문화가 존재한다고 알아보았다.

위에 예처럼 자국에서 시행하던 마케팅 전략을 현지 국가에서 적용하는 문화적 근시안 외에도 외국의 독특하고 다양한 문화나 관습을 깨닫지 못함으로써 실패를 할 수도 있는데 그 예들은 다음과 같다.

① 유럽의 회사들은 미국보다도 공식적이며 직위를 매우 중요하게 생각하므로 처음 접촉은 서면을 통해서 하는 것이 바람직하다.

② 일본회사와 거래를 할 때 조금 어려운 질문이나 부탁을 했을 경우 "조금 어렵다" 라고 하는 대답은 일반적으로 거절의 의미이다.

문화의 영향

문화가 소비자행동에 영향을 미친다는 사실은 오래 전부터 인정되어 왔으며, 문화에 대한 이해는 마케팅 전략에 대한 소비자의 반응을 이해하고 예측하는 데 도움을 주어 왔다. 해외마케팅에서 마케터는 비교 문화적 특성을 언어적 커뮤니케이션의 측면과 비언어적 커뮤니케이션의 측면으로 구분할 수 있는데, 여기서는 후자를 다시 사업 수행에 대한 문화적 영향과 현지 소비자의 태도로 나누어 살펴본다.

국내 상표와 오해 가능성

국내 상표를 해외에서 판매하고자 마케팅 커뮤니케이션을 할 때에도 문제가 생길 수도 있는데 이는 한 언어로 표현된 상표나 메시지를 다른 언어로 번역할 때 전혀 다른 의미를 전달하여 마케팅 커뮤니케이션을 방해할 수 있음에 유의해야 한다.

더욱이 번역과 은어표현의 문제들은 그러한 단어들에 연관된 상징적 의미, 적절한 대응어의 결여, 발음상의 어려움 등과 추가로 매우 나쁜 뜻을 포함하고 있다면 심각한 결과를 초래할 것이다. [표 12-1]에 이어서 일부 국가에서 다른 뜻으로 쓰이는 사례를 살펴보자.

[표 12-3] 상표명과 오해 II

	한국 기업들의 상표와 그 부정적인 해외단어의 뜻	
쌍용 (SSANG YONG)	외국인이 SS를 뭐라고 읽을지 몰라함	S-OIL
현대 (HYUNDAI)	현다이, 훈다이 등으로 읽음	SUNDAY
아모레 (AMORE)	거리의 여자, 매춘부를 의미	
Mitsubishi Pajero	Masterbator	남미지역

표준화와 비표준화전략

현지 소비자의 태도는 제품사용에 영향을 미치는데, 마케터는 모든 해외시장에서 하나의 표준화된 전략을 사용할 것인지 또는 현지의 문화적 특성을 고려하여 차별화된 전략을 사용할 것인지를 신중히 검토해야 한다.

1. 표준화 전략

문화적 차이는 제품에 대한 전략을 문화권마다 달리해야 함을 암시하지만 제품이 보편적인 소구를 가진다면 동일한 촉진 캠페인과 포지셔닝 전략을 여러 시장에 적용할 수 있을 것이다.

즉, 표준화 전략의 논리는 문화가 다른 사람들도 그들이 기본적으로 '원하는 바'에 있어서는 차이가 없다는 것이다. 그러나 현지 소비자의 관습과 가치를 고려하지 않은 채 표준화 전략을 시행하는 것은 분명히 위험하다. 하지만 일반적으로 세계적으로 표준화 전략을 구사하고 있는 회사들의 예는 코카콜라, 펩시콜라 등이 대표적인데 이들은 심지어 광고자체도 미국에서 촬영한 것을 언어적 메시지만 각국 언어로 더빙을 해서 시행하기도 한다. 이런 전략의 가장 큰 장점은 마케팅 비용을 크게 축소할 수 있고 일관성 있는 제품과 상표 등은 호의적 이미지를 줄 것이다.

2. 차별화 전략

모든 지역의 독특한 관습과 문화를 무시하고 보편적으로 마케팅 전략을 시행하면 크게 실패를 하게 된다는 경험을 통해서 차별화 전략을 사용하게 되는데 차별화 전략은 현지시장의 문화적 특성에 따라 별도의 적합한 마케팅 전략을 수립하고 수행하는 것이다. 왜냐하면 해외의 소비자는 국내의 소비자와 상이한 소비패턴을 갖고 있으며, 그 곳에서 판매될 수 있는 제품의 형태도 다르다. 따라서 해외에서 마케팅 될 제품은 현지문화에 대한 적합성으로 평가되어야 한다. 해외마케팅에 있어서 자국과 현지국가의 문화차이를 충분히 고려하지 못하여 실패한 사례는 수없이 많다. 하지만 이렇게 하면 국가 또는 문화권별 제품포장과 상표명 등을 따로 따로 만들어야 하는 마케팅 비용이 추가로 발생되게 되는 단점이 있다. 예를 들어, 미국에서 가장 잘 팔리는 샴푸와 린스 그리고 비듬성 기능 샴푸 중 하나인 Pert(P&G)가 국내시장에는 예를 들어서 하나로 샴푸라는 이름으로 판매되었던 예가 좋은 보기가 될 것이다. 그리고 최근 국내 시장에도 판매되고 있는 P&G사의 Head and shoulders 샴푸가 중국시장에서는 海飛絲으로 판매되는 것 또한 좋은 사례일 것이다.

3. 유통경로상의 문제

한편 제품의 포장이나 색채와 같이 단순하다고 여겨지는 요소들도 해외 마케팅에서는 함정이 될 수 있다. 왜냐하면 국가별로 색깔에 대해서 호의적/비호의적일 수가 있기 때문이며 현지에서 활동하는 마케터는 그 지역 소비자들의 쇼핑패턴과 유통조직에도 적응해야 한다. 색깔 관련한 사례를 간략히 보면 중국과 홍콩 등 중화 문화권 국가들은 붉은 색을 길한 색이라고 보고 택시나 그 외 부조금 봉투 모두 붉은 색을 사용한다. 그러나 다른 국가들에서는 붉은 색의 경우 소방차나 그 외 긴급자동차를 쓰이는 점도 염두에 두어야 한다.

그리고 촉진활동도 문화에 따라 조정되어야 하며, 마케터는 국내에서 성공적으로 사용된 상징과 주제가 해외에서는 수용되지 않을 수 있다는 점도 명심해야 한다.

예를 들면 도로가 좁고 교통이 불편한 유럽의 일반 주부들은 집 근처에 슈퍼마켓을 많이 이용하고 미국의 경우는 일주일분 이상의 식량을 대형 할인점에 가서 한꺼번에 구입을 하는 점이 다르며, 미국에서 화장품 방문판매로 성공한 Avon도 유럽에서는 방문판매원도 사생활 침해라고 여기는 문화적 차이 때문에 실패했다. 하지만 멕시코와

남미의 경우는 사교의 장으로 생각하는 문화적 분위기 때문에 방문판매전략은 성공을 거둘 수 있었다.

사회계층(Social Class)

사회계층이란 어느 사회에서라도 교육수준, 사회적 지위, 직업, 재산과 가치관들이 차이가 나는 사람들을 지각적이든 아니면 실제적으로든 구별을 해놓은 신분계급을 말한다고 정의되기도 하고 또한 사회의 구성원들을 사회적 지위의 측면에서 비교적 동질적인 가치관이나 흥미, 라이프스타일을 보유하고 있는 비교적 동질적인 집단이라고도 정의되는데, 콜만(Coleman)의 분류에 의하면 사회 계층을 나누는 큰 세 가지 요인들은 다음과 같다.

① 경제적 지위(Economic Status) : 직업, 재산, 주거형태와 위치

② 학력증서(Educational Credentials) : 학력

③ 행동표준(Behavioral Standards) : 지역적 참여, 야망, 여가활용 취미

사회계층의 특성

① 우선 마케터들은 소비자들이 속해있는 사회계층에 걸맞게 소비자행동을 한다고 기대하고 또 이들이 주로 같은 계급 간 상호작용이 많다고 보기 때문에 마케터들이 마케팅전략을 사용하는데 중요한 세분시장의 기준이 된다고 본다. 즉 사회계층은 교육수준이나 직업, 소득이 유사한 사람들의 동질적인 집단을 나타내므로 한 사회계층의 구성원들은 직접 대면접촉을 하지 않을지라도 유사한 행동을 보이는 경향이 있다.

② 어느 사회라도 그러하듯이 성공한 사업가나 저명한 학자 등 일부사람들이 그 사회 내에서 높은 지위를 점하는 반면에 다른 일반 사람들은 낮게 자리 잡고 있으며, 이들이 차지한 지위의 범주를 사회계층이라고 부른다.

③ 사회계층의 결정요소와 영향을 살펴보면 위엄과 영향력의 지표로 사용할 지위차원(status dimensions)들을 선정하는 일이다. 일반적으로 사회적 지위는 교육수준, 직업, 소득수준, 재산상태, 주거형태, 인종, 혈통(조상), 성별, 연령, 소속된 모임과 친교관계, 사회에 대한 봉사활동, 다른 사람에 대한 영향력 등의 다차원들에 의해 결정되지만, 정태적이 아니라 시간의 경과에 따라 변화한다. 현대사회에서는 상류층과 하류층으로의 상호 이동이 쉽게 이루어지고 있다.

사회계층 측정방법

1. 주관적 방법(Subjective Method)

소비자에게 각자 그가 속한다고 생각되는 사회계층상의 위치를 나타내도록 하는 것으로서 실제로는 자기의 위치보다 너무 낮게나 높게 표시하려고 하지 않기 때문에 거의가 중산층이라고 대답을 한다고 한다.

2. 평판적 방법(Reputational Method)

일반적으로 연관이 있는 그룹의 사람들에게 다른 사람의 사회계층상의 위치를 표시하게 하는 방법으로서 조사를 받는 사람들이 같은 계층으로서 서로를 잘 알아야 한다는 어려움이 있다.

3. 객관적 방법(Objective Method)

객관적 방법이란 어떤 사람들이 어느 사회계층에 속하는가를 알기 위해서 여러 가지 사회계층을 분류하는 데 쓰이는 교육수준, 직업, 소득수준, 재산상태, 주거형태, 성별, 연령, 소속된 모임과 친교관계 등에 대한 자료들을 수집한 후 분류하고 판단하는 것이 객관적 평가방법이다.

단일 변수측정방법(single variables indexes)이란 중요하다고 생각되는 기준 한 가지를 가지고 측정하는 방법이고 예를 들어, 소비자의 구매행동에 경제적 변수가 중요하다고 보면 연봉 한 가지를 가지고 측정하는 방법을 말하고, 복수 변수측정방법(composite variables indexes)은 여러 변수들을 체계적으로 지표를 개발하여 사회계층을 측정한다.

사회계층 분류의 시사점

1. 제품의 상징성

소비자는 제품을 구매함으로써 얻을 수 있는 실용적 기능뿐만이 아니라 제품을 사용함으로써 제품이 상징적인 가치를 주는 것 때문에, 제품은 그들의 기능적 목적에 덧붙여 심리적 및 사회적으로 독특한 의미를 갖는 것으로 간주된다. 어떤 경우에는 소비자는 일부 제품을 기능적으로 필요해서가 아니라 그가 누구이며, 그의 사회적 지위나 사회계층이 무엇인지를 다른 사람들에게 알려주기 위한 상징으로서 구매하는 경향도 있다.

2. 정보탐색과정

일반적으로 정보가 제한되어 있는 하류층의 경우는 구매결정을 주로 개인적인 친구나 친지 또는 판매원으로부터 얻는 경우가 많고 반면, 중상류층의 소비자는 구매에 앞서서 폭넓은 탐색을 하고 많은 잡지나 해당 광고에 관심이 많다.

3. 구매과정

사회계층은 역시 구매과정에도 영향을 주며 일반적인 경우에는 중상류층은 쇼핑자체가 사회적 행동이고 쇼핑을 통해서 만족을 얻는 측면이 있기 때문에 물건들이 흥미롭고 쇼핑환경이 쾌적한 상점을 선호한다. 반면 하류층에 가까울수록 집 근처의 친절한 서비스와 외상이 가능한 동네 점포를 사용한다고 한다.

일반적으로 사회계층분류는 마케터가 시장을 세분화하는데 많은 도움을 주게 된다.

왜냐하면 사회계층 자체가 좋은 시장세분화의 근거가 되어서 각 사회계층의 욕구가 이질적으로 나누어지기 때문이다.

1) 광고

광고에서 사용하는 언어와 상징은 사회계층에 따라 상이한 의미를 전달하므로 표적시장의 사회계층은 광고의 방향을 제시해 줄 수 있다. 상류층 소비자는 직접적인 효익에 대한 광고보다는 은근히 자신의 지위와 상징을 보여주는 광고를 선호한다고 한다. 국내 최고급 승용차의 경우 제품의 특징이나 장점을 열거 하는 것보다는 '사회를 이끌어 가는 당신의 품격에 어울리는 차'와 같이 상징적인 면을 부각시켜 존경을 유도하는 것이 훨씬 더 효과적이다.

2) 유통경로

점포애호도 역시 사회계층에 따라 다르다. 즉 하류층 소비자가 할인점이나 지역점포에서 또는 우편주문을 통하여 쇼핑하는데 반하여 상류층 소비자는 위험을 많이 지각하는 제품은 정규 백화점에서, 위험을 덜 지각하는 제품은 할인점에서 구매하는 경향이 있다고 한다. 상류층들도 모든 제품을 고가에 백화점에서만 구매하는 것이 아니고 교차판매(cross selling)를 통해서 고관여 제품은 백화점에서 저관여 제품은 할인점을 통해서 구입하기도 한다는 것이다.

3) 신제품 개발

사회계층에 따라 소비자는 제품특성과 스타일에 대하여 상이한 반응을 나타낸다. 도요타자동차가 일반적인 경제성 있는 제품으로 일반소비자들의 욕구를 만족시킨다면 토요타자동차에서 10년 이상 근무한 베테랑 기술자가 렉서스 사업부에서는 벤츠, BMW와 경쟁하는 제품으로 고가의 자동차를 원하는 상류층고객을 위해 다양한 자동차를 제조하고 있다.

가족(family)

경제를 크게 나누면 정부, 가계, 기업으로 나눌 수 있을 정도로 가계가 국민경제에서 차지하는 비중은 매우 크다고 볼 수 있다.

가족이 형성되는 단계에서 필요한 각종 재화와 서비스에 수요금액은 얼마나 될지 정확한 자료는 없으나, 평균적으로 연간 60만 쌍이 결혼을 하고 평균혼수 비용이 5,000만 원이라고 본다면 30조 원에 가까울 것이다. 이렇듯이 TV, DVD, 캠코더, 세탁기, 냉장고, 장롱과 같은 가전제품과 가구는 개인이 사용하기보다는 가족이라는 조직단위에서 구매하고 가족의 구성원 모두가 사용한다.

주택, 콘도, 승용차와 같은 상품은 가족이 구매단위인 상품이고 개개인이 사용하는 제품이라도 가족구성원들의 종합적인 영향을 많이 받는다고 볼 수 있다.

가족시장의 특성과 중요성

가족이란 결혼, 혈연, 입양 등을 통해서 함께 살아가는 운명 공동체 집단이라고 할 수 있다. 이에 비해 가계는 주거단위를 함께 하고 있는 집단으로 정의 될 수 있고 전통적으로 가족은 핵가족과 확장가족으로 구분할 수 있다. 핵가족은 부부와 직계가족으로, 확장가족은 한 세대 이상의 세대가 같은 가계를 형성하고 있다고 볼 수 있다.

가족시장의 중요성은 다음과 같다.

① 개인보다는 가정이란 조직단위에서 구매, 사용하는 제품이 많다.

② 가족과 관련한 경조사에 따라 발생하는 많은 시장기회가 있고 큰 시장규모이다.

③ 일반적으로 가장이 소득의 주체라고 하지만 실제로 가족의 영향을 받아서 구매결정을 하게 된다.

④ 가정의 수명주기 변화에 따라서 가족의 구매패턴이 바뀐다.

가계와 같은 집단의 의사결정은 완전히 개인적인 의사결정과 뚜렷한 차이를 보인다.

즉 가계구매는 가계구성원들의 개인적인 욕구를 절충하고 공통적인 욕구를 충족시키기 위한 것이므로 개인적인 구매활동과 다르며, 따라서 마케터는 가계단위 내에서 의사결정이 어떻게 수행되는지를 파악함으로써 보다 효과적인 마케팅 전략을 수립할 수 있다.

가계의 모든 구성원들은 실제의 구매와 소비과정에서 역할을 분담하는데, 이러한 역할들은 새로운 문제를 인식하고 의사결정과 관련된 정보를 수집하고 처리하며 그러한 제품을 소비하는 동안 수행된다(Qualls).

1) 제안자

제안자(initiator)란 새로운 문제를 인식함으로써 가계의사결정의 필요성을 지적하는 사람인데, 대체로 어떠한 제품의 구매나 행동을 제안한다.

2) 정보수집지

정보수집자(information gatherer)란 여러 가지 원천으로부터 정보를 획득하고 평가하는 사람으로서 주로 의사결정에 필요한 정보를 수집한다.

3) 영향력 행사자

영향력 행사자(influencer)란 의사결정을 위해 필요한 정보를 제공하거나 충족되어야 할 어떤 요건을 설정함으로써 의사결정에 영향을 미치는 사람이다.

4) 의사결정자

의사결정자(decider)란 가계의사결정에 있어서 최종 결정권을 갖는 사람이다. 그러나 결정자의 역할을 담당하는 구성원이 명확하지 않은 경우도 있으며, 누가 결정자의 역할을 담당하는지는 제품과 가정의 역할구조에 따라 매우 달라질 수 있다.

5) 구매담당자

구매담당자(purchasing Agent)란 실제의 구매행위를 수행하는 사람인데, 대부분의 가계구매에 있어서는 주부가 구매 대리인으로서 이러한 역할을 한다.

6) 사용자

사용자(user)란 제품을 사용하거나 소비하는 사람이다. 대부분의 가계의사결정에 있어서는 사용자가 가장 많은 역할을 담당하지만 사용자가 구매의사결정의 어떠한 측면에도 참여하지 않을 수도 있다.

7) 평가자

평가자(evaluator)란 제품 사용의 결과를 평가하여 만족수준을 결정하는 사람인데, 대체로 사용자가 평가자의 역할을 담당하지만 다른 사람이 담당하는 예도 있다.

남편과 아내의 영향

제품에 따라 구매의사결정 과정에서 남편이 주도하거나 반대로 아내가 주도하는 품목이 있고, 공동으로 의사결정을 하는 제품도 있을 것이다. 전통적으로 자동차나 주식투자, 술 등은 남편이 주도적으로 결정하고, 음식 및 주방용품, 화장품 등은 아내가 주도하며, 주택구입이나 휴가지 선택 등은 공동으로 결정이 이루어진다고 보았다. 그러나 현대에 와서는 여성의 주도권이 점차 늘어나고 있고, 남성의 전유물이라 생각되었던 제품까지 여성이 주도하는 양상으로 바뀌고 있는 것이 현실이다. 과거의 수직적 가부장적 권력구조는 수평적으로 변화하였고 공동의사결정의 범위가 훨씬 많아지면서 여성의 역할이 더 강화되고 있다고 볼 수 있다. 따라서 기업에서도 남성의 선택품목이었던 자동차나 스포츠 용품 등에서 여성 소비자의 안목에서 새로운 마케팅 전략을 펼칠 필요가 있다.

터프 가이로 유명했던 멜 깁슨이 "What women wants"에선 여성의 심리를 모른다는 이유로 광고회사 이사 자리에서 물러나게 된다. 이는 주요 고객 특히 구매담당자의 역할은 여성이 하고 있는 시대적인 조류를 보여 주는 단적인 예가 될 것이다(Fletcher).

남성이 주요 구매 대상이라고 알려진 자동차 광고도 최근에는 장동건(Lexus es300h 광고)이 광고하고, 해외 유수의 카메이커들도 자동 주차(Seld Parking Assist)같은 기능의 선전을 통해 쉬운 운전 및 주차 장면을 연출하고 있다. 그 외 남성들의 전유물인 와이셔츠도 부인이 사고 심지어 컴퓨터나 그 외 남성의 전유물이라고 알려진 것도 대충 남편이 윤곽을 잡아서 몇 개의 대안을 제공하면 아내가 의사결정을 한다고 한다. 전통적으로 승용차, 증권투자, 저축, 술 등은 남편의 영향이 지배적이고 음식, 화장품, 그리고 소형 가전제품은 아내의 영향이 크다고 하던 영역에서 변화를 일으키고 있는 것이다.

남편이 가장 큰 수입원임에는 틀림이 없으나 상품구입자 또는 구매담당자의 역할은 어느새 여성이 되어버린 것이다. 남녀제품을 가리지 않고 생필품뿐만 아니라 주로 남성이 사던, 제품까지도 이제는 남자의 어머니나 아내, 아니면 여자 친구가 사다준다. 이를 반증하는 것이 요즘 남성 와이셔츠 광고에 국내 탑 남자배우들이 도맡아서 구매를 준비하는 여성 주부들의 시각을 즐겁게 해 준다.

(장동건의 Lexus Es300h, 조인성의 제이하스 정장, 정우성의 무슈제이 옴므 화장품 광고)

다만 이러한 트렌드에도 예외가 있는데 다음과 같다.

① 남편의 교육 수준이 아내보다 높을 때
② 남편의 소득과 직업적 신분이 아내보다 높을 때
③ 아내가 직장이 없을 때
④ 부부가 결혼생활 주기에서 초기단계에 있을 때
⑤ 부부가 평균 이상의 자녀를 가지고 있을 때

가계의사결정에 있어서 구성원들의 역할 분담은 마케터에게 많은 시사점을 제공해 준다. 즉 마케터는 각 역할을 수행하는 구성원이 누구인지와 그들이 역할 수행을 위하여 채택하는 기준이 무엇인지, 그들의 매체노출 패턴을 확인해 냄으로써 마케팅 믹스의 각 요소를 효과적으로 구성할 수 있으며, 특히 그러한 지식은 적절한 매체와 소구점을 개발하는데 매우 유용하다.

가족구성원 사이의 갈등과 갈등처리전략

외부적 자극의 여과기능과 친밀한 접촉을 통하여 가정이 가계구성원들의 심리적 특성을 수렴케 한다는 일반화는 대체로 타당하지만, 가계 내에서 갈등이 발생하는 경우도 많다. 즉 가계의사결정은 두 가지 유형으로 구분할 수 있는데,

첫째는 완전한 의견일치에 의한 의사결정으로서 의사결정의 목표 또는 바람직한 결과가 무엇인지에 관하여 구성원들이 동의하는 경우이다.

둘째는 타협에 의한 의사결정이다.

이때 의사결정은 적어도 한 사람(경우에 따라서는 구성원 모두)에 의한 타협을 포함한다. 물론 가계의사결정이 완전한 의견일치나 완전한 타협에만 의존하지는 않지만, 이러한 두 가지 개념은 가계의 의사결정 전략과 그것을 수행하기 위한 방법을 논의하는데 유용하다.

가족은 한 명 이상의 가족의 모임이기 때문에 의사결정이 한결 같을 수도 있지만 대부분 갈등상황이 빚어진다고 본다. 다음은 가계의사결정 과정에서 야기되는 갈등해결의 방법들이다.

- 역할구조전략(role structure strategy)이란 한 구성원이 특정한 제품분야에 있어서 전문가의 역할을 담당하고, 그 분야에서의 의사결정을 책임지는 형태이다.
- 예산전략(budget strategy)이란 지출되는 예산규모에 따라 의사결정을 통제할 구성원을 사전에 정하여 의사결정의 규칙으로 삼는 형태이다.
- 문제해결전략(problem-solving strategy)이란 의견일치에 도달하기 위해 보다 많은 정보를 수집하거나 또는 집단토의를 벌이거나 전문가의 조언을 구하는 형태이다.
- 설득전략(persuasion strategy)이란 한 구성원이 자신의 의사결정을 다른 구성원들이 받아들이도록 설득하는 형태이다.
- 협상전략(bargaining strategy)은 서로 주고받는 일을 포함하는데, 한 구성원이 이번 구매에서 의사결정을 전담하는 대신에 다른 구성원은 다음 구매에서 마음대로 할 수 있다든지 한 구성원이 승용차의 모델을 결정하는 대신에 다른 구성원은 색상과 액세서리를 결정할 수 있다. 물론 단순히 의사결정을 연기할 수도 있다.

자녀의 소비자 사회화의 정의, 중요성, 방법

소비자 사회화(consumer socialization)는 학습의 특별한 형태로서 '시장에서 소비자의 기능을 수행하는데 관련되는 기술, 지식, 태도를 소비자가 획득하는 과정'이라고 정의할 수 있다. 구매나 소비와 관련되는 지식의 획득을 포함하여 학습은 평생 동안 일어나는 현상이지만, 특히 청소년 시절에 일어나는 사회화 학습은 다음과 같은 점에서 중요하다(Ward).

① 어린 시절의 경험을 앎으로써 성인행동의 구체적인 측면을 예측할 수 있다.
② 공공정책의 수립과 소비자 교육 프로그램을 개발하기 위한 지침을 제공해 준다.
③ 가치와 라이프스타일에 있어서 세대간의 변화를 이해하는데 유용하다.

소비자 사회화 학습의 방법은 다음과 같다.

도구적 조건화 학습은 선생님이나 부모, 다른 중요한 사람이 구체적이며, 직접적인 보강을 통하여 특별한 반응을 유도하는 것이다. 다시 말하여 부모는 구매될 수 있는 것과 구매할 수 없는 것을 명시적으로 언급하고 바람직한 행동에 대해 적절한 보상을 제공함으로써 용돈이 어떠한 용도에 사용될 수 있는지를 직접 가르쳐 줄 수 있다.

모방학습은 어린이가 역할모델을 관찰함으로써 적절치 않은 행동을 학습하는 것이다. 간혹 모방학습은 역할모델로부터 직접적인 보상 없이－심지어는 어린이측의 의식적인 사고나 노력 없이－일어나기도 하는데 예를 들어, 대부분의 남자아이는 아버지라는 역할모델을 모방함으로써 훌륭한 면도기의 상표를 학습한다.

Carlson and Grossbart(1988)는 자녀이 소비자 사회화과정에서 부모의 유형을 네 가지로 구분하였다.[1)]

① 권위적 부모(authoritarian parents) : 자녀에 대한 통제수준이 높고, 절대적인 복종을 요구한다. 외부 영향력으로부터 자녀를 보호하고 사회지향적 커뮤니케이션을 하는 성향이다.
② 무시하는 부모(neglecting parents) : 자녀들과 심리적인 거리를 두고 그들에 대한 통제를 하지 않으며, 아이들의 능력을 계발하거나 용기를 주려고 노력하지 않는다.

1) Carlson, L., and Grossbart, S., Parental style and consumer socialization of children, Journal of Consumer Research, 15(June 1988), p.77~94.

③ 민주적 부모(democratic parents) : 부모와 자녀간 권리의 균형을 추구하고, 자녀의 자주성과 자기표현을 존중한다. 자녀를 따뜻이 대하고 위하는 마음도 크지만 자녀들의 성숙한 행동을 기대하기 때문에 바람직하지 않은 행동에 대하여 처벌을 하기도 한다.

④ 허용적 부모(permissive parents) : 가급적 자녀를 구속하지 않으며, 자녀들도 부모와 같은 권리를 가졌지만 책임은 없다고 생각한다.

참고문헌

김규배 · 김동태 · 김문섭 · 김용철 · 김한구 · 김혜주 · 서준용 · 양수진 · 이경미 · 한웅희, 소비자행동론, 2022.

이학식 · 안광호 · 하영원 · 석관호, 소비자행동, 2020.

"한국인의 정서를 울리는 따뜻한 감동," Ad Information, 1999. 5.

Carlson, L., and Grossbart, S. "Parental style and consumer socialization of children," Journal of Consumer Research, 15(June 1988), pp.77-94.

Clyde Kluckhohn, "The Study of Culture," in Daniel Lewer and Harold D, Lasswell ed., The Policy Sciences, Stanford, CA 1951, p.86.

D. Vinson, J. Scott, and L. Lamont, "The Role of Personal Values in Marketing and Consumer Behavior," Journal of Marketing 41(April 1977), pp.44~50.

Edward Taylor, Primitive Culture, Murray, London, 1891, p.1.

Florence R. Kluckhohn, "Dominant and Variant Value Orientation," in Clude Kluckhohn and H. Murray(eds.) Personality in Nature, Society and Culture, 2nd ed. (New York: Alfied A Knopf, 1953), p.346.

Henry Fairchild, Dictionary of Socialogy(Totawa, NJ: Littlefield, Adams, 1970)

June Fletcher, "When Buying a House, Who Needs a Man?" Wall street Journal, February 9, 1996, p.A6.

Keegoan, Warren J. & Mark C. Green, "Global Marketing," 2012, p.113

M. Goodman, The Individual and Culture(Homewood, IL: Dorsey, 1967), p.32.

Melanie Wallendorf and M. Reilly, "Distinguishing Culture of Origin from Culture of Residence," in Advances in Consumer Research, ed. R. Bagozzi and A, Tybout (Ann Arbor, MI; Association for Consumer Research, 1983), 10: 699-701.

Richard Coleman, "The Continuing Significance of Social Class in Marketing," Journal of Consumer Research 10 (December 1983): 265-280.

Robin. W. Williams Jr., American Society: A Sociological Interpretation, 3rd ed. (New York: Knopf, 1970), p.415.

Scott Ward, "Consumer Socialization," Journal of Consumer Research, 1(September 1974): pp.2~4.

William Qualls, "Household Decision Behavior: The Impact of Husbands' and Wives' Sex Role Orientation," Journal of Consumer Research 14(September 1987), pp.264~279.

Chapter

13

준거집단, 집단 내 커뮤니케이션, 확산

Case study

최근 은행이 본업인 금융 서비스 이외에 다양한 업종으로 사업 영역을 확대하고 있다. 신한은행이 음식 배달 앱 '땡겨요'를, KB국민은행이 알뜰폰 사업인 '리브엠'을 선보이며 첫발을 뗀 가운데 다른 시중은행도 여러 제휴사와 손잡고 비금융 사업 진출을 모색 중이다.

은행이 비금융 사업으로 눈길을 돌리는 이유는 예대마진(예금과 대출의 금리 차이) 중심의 전통적 사업 방식에만 집중해서는 성장을 지속하기 어려워졌기 때문이다. 특히 올해는 금리 인상이 마무리되면서 지난해와 같은 대규모 이자 수익을 기대하기 힘들어진 데다, 예대마진을 줄이라는 정부와 금융 당국의 압박도 거세지고 있어 은행의 고민이 더욱 깊어진 상황이다.

비슷한 어려움을 겪고 있는 일본의 경우 금융 당국의 규제 완화를 통해 은행이 농업과 관광업, 환경 등 여러 업종의 비금융 자회사를 설립해 변화를 모색하고 있다. 우리 금융 당국도 오랜 기간 유지해 온 금산분리 규제를 완화하겠다는 뜻을 내비쳐 국내 은행의 비금융 사업 진출이 활발해질 것으로 관측된다.

◇ 신한·NH농협, 통합 플랫폼 구축 박차

비금융 사업에 가장 활발하게 뛰어들고 있는 곳은 시중은행은 신한은행과 NH농협은행이다. 두 은행은 단순히 본업에 비금융 사업을 일부 추가하는 데서 그치지 않고, 금융을 중심으로 여러 생활 밀착 서비스를 이용할 수 있는 플랫폼으로 진화하는데 집중하고 있다.

신한은행은 메타버스 플랫폼인 '시나몬'을 통해 은행을 중심으로 열 비금융 서비스를 제공하고 있다. /신한은행 제공

신한은행은 지난 2021년 12월 배달 애플리케이션(앱) 땡겨요를 출범하며 비금융 사업에 첫발을 뗀 후 현재 마켓플레이스 뱅킹 플랫폼 구축에 대한 투자를 확대하고 있다. 마켓플레이스 뱅킹 플랫폼은 비금융 회사가 자사 플랫폼에 예금과 대출, 결제 등 금융 기능을 접목하는 형태의 'BaaS(Banking as a Service) 모델'과 반대되는 개념으로, 은행이 주가 돼 다양한 비금융 서비스를 융합해 확장하는 형태를 뜻한다.

신한은행이 지난해 11월 국내 은행 가운데 최초로 선보인 메타버스 뱅킹 플랫폼 '시나몬'은 현재 신한은행 모바일 앱인 '쏠(SOL)'을 중심으로 땡겨요 외에 GS25(편의점), 종근당건강(헬스케어), KBO(프로야구), 서울옥션(예술품) 등 여러 업체와의 제휴를 통해 비금융 서비스를 확장하고 있다. 시나몬은 출범 5개월 만에 가입자 수 10만 명을 넘어섰다.

NH농협은행은 종합금융플랫폼인 'NH올원뱅크'에 카드, 보험, 증권 등 비은행 금융 거래 외에 다양한 생활 편의 서비스를 이용할 수 있도록 했다. 이 플랫폼에는 온라인 쇼핑과 꽃 배달, 축산물 구매·배송, 택배, 부동산 거래 정보 등의 서비스가 포함돼 있다.

하나은행도 최근 비금융 사업 확장에 나서고 있다. 지난 2021년 8월 자동차 경매 전문업체인 카옥션과 손잡고 비대면 중고차 거래 서비스인 '원더카 직거래'를 출시했고 스포츠와 음악, 라이브커머스 등으로 영역을 확대했다. 하나은행의 모바일앱 '하나원큐'에 지난해 7월 뮤직박스, 9월에는 스포츠 카테고리를 신설해 앱에서 금융 거래를 하면서 경기 입장권이나 공연 좌석 등을 구매하고 음악을 감상할 수 있도록 하는 방식이다.

우리은행과 KB국민은행의 경우 경쟁사에 비해 비금융 사업 진출이 다소 더딘 편이다. 우리은행은 2021년 8월 택배 서비스를 선보인 이후 아직 이렇다 할 신규 사업 추진 실적이 없다. KB국민은행 역시 2019년 기존 통신사 망을 임대해 알뜰폰 사업을 시작한 후 별다른 추가 서비스는 선보이지 않았다.

매년 수조원의 순이익을 기록하는 시중은행의 실적에서 비금융 사업이 차지하는 비중은 미미한 수준이다.

출범 3년째를 맞는 신한은행 땡겨요의 경우 월간 활성이용자수(MAU)는 50만명대로 배달의민족, 요기요, 쿠팡이츠에 이어 배달 앱 순위 4위에 올랐고 지난달 가입자 수 192만 명을 돌파하는 등 성과를 냈지만, 여전히 적자에 허덕이고 있다. KB국민은행의 리브엠 역시 지난 2020년 139억 원, 2021년에는 184억 원의 영업손실을 기록한 것으로 나타났다.

은행이 적자와 더딘 성장에도 비금융 사업 확대를 모색하는 것은 본업인 은행의 안정적인 경영 여건을 확보하는데 도움이 되기 때문인 것으로 분석된다. 식음료 배달과 스포츠·공연 예매, 택배 등 여러 생활 밀착형 서비스를 추가해 은행 앱의 경쟁력을 강화하고, 소상공인 등과의 상생으로 브랜드 이미지를 개선하는 효과도 기대할 수 있는 것이다.

땡겨요의 경우 가맹점에 별도의 입점 수수료와 광고비를 받지 않고 있으며 중개수수료도 업계 최저 수준인 2%를 적용하고 있다. 금융위원회는 지난해 말 "수수료를 절감하고 신속한 정산과 소상공인·배달라이더에 대한 전용 대출을 실행하는 등 여러 성과를 올렸다"라며 땡겨요에 대한 혁신금융서비스 지정 기간을 2년 연장하기도 했다.

◇ 日, 은행이 농장 만들고 관광상품도 개발

다만 아직 은행들이 비금융 사업을 본격적으로 추진하기에는 제약이 많다. 금융자본과 산업 자본이 서로의 영역을 교차 소유하는 것을 금지하는 금산분리 원칙에 따라 은행이 비금융 자회사를 설립하는데 규제를 받고 있기 때문이다.

일본의 경우 금융 당국이 지난 2016년 이후 은행법을 두 차례 개정해 은행이 자체 또는 자회사 설립을 통해 비금융 사업에 진출할 수 있는 길을 열어줬다. 일본 금융 당국은 지역경제 활성화, 은행업 고도화, 기업 생산성 향상 등 여러 세부유형에 따라 은행의 비금융 자회사 설립을 허용했고 업무 범위에 대한 규제도 완화했다.

하나금융연구소에 따르면 지난 2020년까지 일본에서는 14곳의 은행 소유 핀테크 회사가 출범했으며, 홋카이도은행 등 20여개의 지방은행들은 지역 특산품 제조·판매 관련 자회사를 운영하고 있다. 미야자키은행은 자회사를 통해 농장을 운영하며 농작물을 직접 재배해 판매 중이다.

출처: 조선비즈 2023.5.1. 일부수정

준거집단의 본질

마케터나 기업들은 광고를 통해서 제품을 알리려고 하는데 주로 제품의 속성이나 특징을 알릴 때 소비자들이 선호하는 각계각층의 사람들을 기용해서 광고모델로 사용하고 있다(Olmstead).

일반적으로 소비자들이 제품을 광고하는 사람들을 바라보는 시각은 소비자들마다 많은 차이가 있겠지만, 같은 광고에 오랜 기간을 출연하고 다른 광고에는 출연하지 않는다면 실제 출연모델이 그 제품을 상용하고 있으며 실제로 제품을 사용함에 '만족을 느끼고 있다'라고 느낄 수도 있는 것이다.

우리가 알고 있는 유명제품들에 경우도 특정 모델을 사용해서 인지도가 매우 향상되고, 소비자들이 선호하는 유명 브랜드가 된 제품들이 많이 있다. 최근에는 마이클 조던이 골프선수로 데뷔했다가 실패하고 농구 구단주가 되었지만 아직도 그를 기억하는 사람들을 위해서 많은 제품의 광고 모델로 기용하고 있고, 아직도 그를 선호하는 회사가 많다.

마이클 조던이 광고를 하면서 브랜드 인지도와 브랜드 자산이 크게 향상된 회사가 많다. 이는 광고의 힘인 것처럼 보이지만, 사실은 소비자들 자신이 그 제품을 사용하면서 마치 유명한 운동선수나 연예인이 된 것 같은 대리만족을 느낄 수 있게 된다는 심리를 이용한 광고일 뿐이다. 이러한 스타들을 좋아하는 소비자들이 구매결정을 내릴 때, 자기 주위 사람들이 어느 제품을 쓰는지 혹은 내가 쓰는 제품에 대해서 어떻게 생각을 하는지를 생각하는 경우가 많은데 구매하고자 하는 상품이 눈에 띄는 제품일 경우에는 더욱 심화될 수도 있다.

데니스 로드먼(Dennis Rodman)은 수차례 북한을 방북했는데 이 전직 MBA스타는 왜 방북을 하는 것일까. 또 만약 마케팅 전략을 통해 방북을 하는 것이라면 어떤 소비자들이 영향을 받을까 궁금하다.

스타의 영향을 받는 제품들에는 승용차, 신사복, 골프채, 스포츠화, 가방 등이 좋은 예라고 볼 수 있다. 가정 형편이 어려운 중학생이 필요한 제품을 구입하고자 할 때 시장에서 제품을 구입하는 것을 싫어하고 유명브랜드의 가방이나 스포츠화만을 사겠다고 고집하는 경우는, 만일 친구들이 일반적으로 사용하는 제품을 사용하지 못하면 친구들 사이에 끼지 못하거나 무시당할 수 있음을 걱정하기 때문일 수도 있다.

한때 North face padding이 유행하고 Canada Goose padding이 청소년 사이에 유행한 적 있는데 이는 로빈슨 크루소와 같이 무인도에 혼자 고립되어 살고 있지 않는 한 어느 사회라도 소속되어 있으며 어떤 형식이라도 서로가 접촉(interaction)을 하고 서로에게 영향을 주고받는 것이다. 특히 개인이 자신의 태도와 행동의 근거로 삼으려는 관점과 가치를 갖는다. 따라서 소비자행동과 관련하여 집단이란 이러한 의미를 강조하여 '준거집단'이라고 부르는데, 구체적인 상황에서 소비자 태도와 행동에 영향을 미친다.

[그림 13-1] '제2의 교복'이라 불리며 학생들 사이에서 유행했던 노스페이스 패딩의 광고

소비자의 환경 내에는 다양한 준거집단들이 존재하며, 소비자는 그러한 집단 중 일부에 속하여 있거나 다른 일부 집단에 소속하기를 열망한다. 그러나 상황에 따라 그들의 행동은 완전히 상이한 준거집단으로부터 영향을 받을 수도 있다. 즉 소비자는 동시에 많은 준거집단을 갖고 있지만 구체적인 상황에서는 일부의 집단만을 준거의 틀(frame of reference)로 사용한다. 즉 준거집단이란 개인이 자신의 태도와 행동을 결정하는데 있어서 준거의 틀로 이용하는 집단이다. 이렇게 소비자가 구매결정을 하고자 할 때 비교의 기준으로 삼는 집단을 준거집단(Reference Group)이라고 부른다. 또한, 준거집단(reference group)은 개인의 행동에 직접적 또는 간접적으로 영향을 미치는 사람이나 집단을 말하며 개인이 어떻게 생각하고 행동하는가에 대한 기준이나 가치를 제공하게 된다.

소비자들이 흔히 자신이 행동을 하기 전이나 행동 후에 자신의 태도와 행동을 타인과 비교하기 때문에 준거집단을 이해하는 것이 소비자행동연구에서 필수적이다. 특히 개인은 자신의 태도와 행동의 근거로 삼으려는 관점과 가치를 갖는다. 따라서 소비자행동과 관련하여 집단이란 이러한 의미를 강조하여 '준거집단'이라고 부르는데, 구체적인 상황에서 소비자 태도와 행동에 영향을 미친다.

소비자의 환경 내에는 다양한 준거집단들이 존재하며, 소비자는 그러한 집단 중 일부에 속하여 있거나 다른 일부 집단에 소속하기를 열망한다. 그러나 상황에 따라 그들의 행동은 완전히 상이한 준거집단으로부터 영향을 받을 수도 있다.

집단은 소비자연구를 하는 학자나 기업들에게 특별한 관심을 주는 대상으로서 일반적인 개별행동을 예측하기 보다는 동질성을 가진 집단을 대상으로 연구하면 개별적인 행동에 비해서 좀 더 쉽게 예측할 수 있기 때문이다. 일상에 대화 속에서 '집단'이란 용어는 축구팀 정도의 집단에서부터 축구 관중들이나 한나라의 국민을 이르기까지 모든 형태의 인간의 집합을 말하는데 예를 들어, 어느 개인이 무슨 음료수를 마시는가를 조사하고 그들 개개인의 취향을 바꾸는 것은 매우 힘이 드는데 반면 2002년 4강 신화를 바탕으로 한 축구 열풍에 편승해서 2006 독일월드컵과 2010년, 2014년 월드컵 관련해서 코카 콜라가 한국 축구의 승리를 기원하는 메시지를 지속적으로 보낸다면, 월드컵을 스폰서하지 않는 제품에 비해서 그들의 행동이 코카 콜라제품에 대해서 우호적인 태도를 보일 가능성이 높은 것이다. 실제로 각종 올림픽이나 국제 대회에 스폰서로 참여하는 기업들의 인지도 향상이나 매출의 신장이 있다는 것은 과거에서부터 입증되어 온 것이며 이 또한 동질성을 가진 집단을 대상으로 펼치는 마케팅 전략이나 판촉 전략이 개별 마케팅보다는 어느 정도 예측가능성도 높고 준거집단의 압력이나 순응하고자 하는 동기를 통해서 호의적인 태도의 유도나 형성이 가능한 것이다.

만일 소비자들이 같은 준거집단이 인정하는 상품, 남들이 수용할 것이라 믿는 상품, 칭찬과 부러움을 살만한 상품이나 서비스를 구매하고자 노력한다면 그 행동의 대부분은 그 집단에서 이탈되지 않고 오히려 순응하고자 하는 동기에서 이거나 그 준거집단의 압력에 의한 것일 것이다. 그런 소비자들은 타인들의 행동을 통해서 그 상품에 관한 중요한 무엇인가를 학습했기 때문이다. 많은 마케팅과 광고 전략은 자사의 상표가 준거집단이 추천하는 것임을 강조하는 방식으로 집단의 영향을 이용하고 있다. 예를 들면 칫솔과 치약광고의 경우 한국의사협회의 인증을 받은 제품이라는 것과 아니면 그 제품에 대해서 대표할 만한 사람들을 모델로 기용해서 광고하는 메시지는 모두 “이 상표는 당신이 열망하거나 존경하는 집단에서 추천하는 것이니 구매하시오”라고 하는 뜻을 내포하고 있는 것이다. 개인이 어떤 집단에 속하려면 그 집단의 행동규범에 어느 정도 동조하지 않으면 안 된다. 이 행동규범은 구성원들이 수행해야 하는 이상적인 행동 양상(보통 사회적인 역할)을 통해서 집단의 정체성(identity)을 규정하는 기능을 한다.

준거집단의 요건(Cohen 1981)

준거집단은 하나나 둘 이상의 사람들로서 구성되어 있지만 사람들이 여러 명 같이 있다고 해서 집단이나 준거집단이라고 볼 수 없다. 소비자가 준거집단의 구성원이 될 가능성을 보면 다음과 같다.

1. 근접성

사람들 간 물리적인 거리가 줄어들고, 상호작용(interaction)의 기회가 늘어난다. 가까이에서 상호작용을 자주하면 구성원이 될 가능성이 늘어나게 된다.

2. 단순노출

의도하지 않은 노출이라도 반복적인 접촉빈도가 늘어나면 준거집단의 구성원이 될 가능성이 커진다.

3. 집단응집성

구성원이 그 집단의 구성원이 되는 것에 대해 어느 정도 가치를 부여하는가를 집단응집성이라고 하는데 집단에 들어가기가 힘들수록 가치는 커진다.

준거집단의 유형

개인이 집단구성원으로 가입될 수 있는가에 따라 회원집단(membership reference group)과 비회원집단(nonmembership reference group)으로 분류된다([그림 13-2] 참조). 긍정적인 희망성을 갖는 집단에는 긍정적 회원집단과 열망집단이 있다. 긍정적 회원집단은 다시 구성원 간의 친밀성과 개인적 관여도에 기인하여 대면접촉이 빈도에 따라서 1차적 또는 2차적 집단으로 구분되며, 조직구조와 목표가 명시적인지의 여부에 따라 공식 또는 비공식 집단으로 구분된다.

열망집단 중 예상적 열망집단이란 개인이 미래 어떤 시점에서 소속되기를 기대하며, 대체로 직접적인 접촉을 유지하고 있는 집단인데, 예를 들어, 조직의 계층상에서 개인이 소속되기를 원하는 상위집단이다. 이에 비하여 상징적 열망집단은 개인이 그러한 집단의 신념과 태도를 우호적으로 수용하지만, 미래에도 결코 소속되지 않을 집단이다.

1. 비회원집단(열망집단)과 회피집단

열망집단(aspirational group)은 개인들이 다른 사람의 가치, 규범 또는 행동을 본받고자 하고 이 집단은 간접적으로 제품구매 의사결정에 영향을 주기도 한다. 위의 스타마케팅 사례와 같이 실제로 농구선구들이 신는 제품을 신으면 마치 좋아하는 마이클 조던처럼 농구를 할 수 있을 지도 모른다는 생각을 가지고 제품을 구입한다든지 하는 것을 말한다. 마케터들은 자동차와 의류광고의 경우 사업상의 성공과 위신을 내세우는 경우가 많다. 열망집단의 경우 자신이 참여할 수 있는 기대열망(anticipatory aspirational group)집단과 연예인들과 같이 집단의 신념과 태도를 수용하지만 그에는 속하지 못하는 상징적 열망(symbolic aspirational group)집단이 있다.

회피집단(dissociative Group)은 개인이 별로 속하고 싶어 하지 않는 집단으로서 어쩔 수 없이 속해는 있지만 그 집단에 가치나 규범은 인정하지 않고 남들에게 그 집단에 속해 있지 않다고 말을 하는 집단을 말한다.

2. 공식 집단과 비공식 집단

공식 집단은 집단에 구성원이 되고자 하는 사람들에게 요구하는 요건이 있으며 구성원의 명단들이 구성되고 있고, 지역자치단체, 교회, 학교, 동창회 등이 포함된다. 반면에 비공식 집단은 조직구조가 명확하지 않고 규범이 있을 수는 있으나 문서화되어 있는 경우는 드물고 구성원들과는 친분이나 교류를 통해서 생기는 집단이다.

3. 1차 집단과 2차 집단

1차 집단은 가족(family)이나 동료집단(peer group)으로 구성되며, 구성원들 사이에 빈번한 접촉과 친밀감으로 소비자로서의 활동에 가장 큰 영향을 주는 집단을 말한다. 그러한 집단으로부터 소비자들은 제품소비, 쇼핑과 매체패턴을 개발하기 때문에 광고주들은 주로 그들의 제품을 친구들, 가정, 또는 동료집단과 같은 사람들을 배경으로 해서 제시하고자 한다.

2차 집단은 원활한 대면적 상호작용이 일어나고 개인의 사고와 행동에 영향을 많이 미치는 경우도 있지만 일반적으로는 그 영향이 훨씬 덜하며 구매행동에는 간접적인 영향을 주로 미친다. 한 연구에 의하면 소비자들이 구매행동을 할 때 개인이 혼자서 쇼핑을 하는 것보다 3명 이상의 집단으로서 구매행동을 하게 된다면 본래 계획보다 심한 경우 2배 이상 구매를 한다고 밝혀냈다(Granbois).

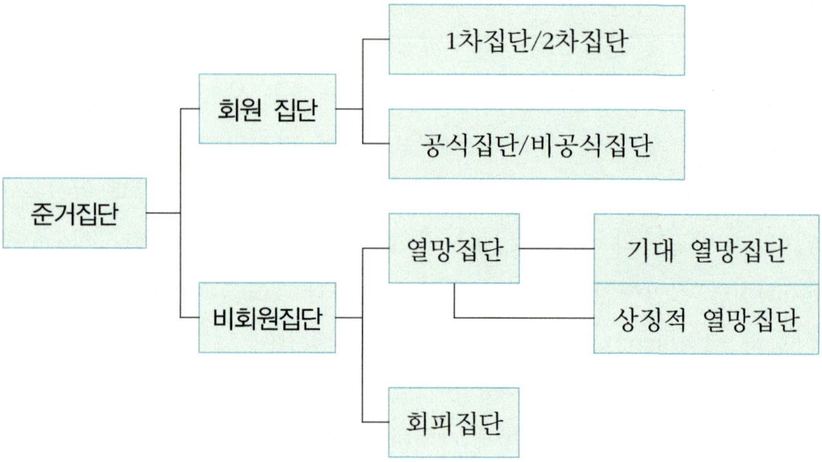

[그림 13-2] **준거집단의 분류**

준거집단 영향의 차원과 결정요인

준거집단이 소비자행동에 미치는 영향의 차원은 세 가지 유형으로 구분할 수 있다.

1. 가치 표현적 영향(value expressive influence)

소비자는 끊임없이 준거집단의 가치나 신념 및 태도, 행동을 자신의 것과 비교하고 특정집단과 심리적으로 연관을 갖고 정체의식을 명확하게 만들어 나가는데, 이는 긍정적 요망성을 갖는 집단과 동일화시키고, 부정적 요망성을 갖는 집단과 차별화하여 자신의 포지션을 확립하기 위한 것이다.

2. 정보 제공적 영향(informational influence)

소비자들은 종종 다른 사람의 의견을 신뢰한다. 그래서 기업이 제공하는 상업적 원천의 정보보다 주변의 가족과 동료 같은 개인적 원천의 정보를 더 신뢰하는 경우가 있다고 하는데 이러한 준거집단의 정보 제공적 차원의 영향은 개인이 준거집단 구성원들의 행동과 의견을 참조하여 자신의 태도나 행동을 결정할 때 나타난다. 개인적 원천은 상업적 원천보다 신뢰성이 크며 특히 신제품의 구매에서 매우 중요하다.

3. 규범적 영향(Normative Influence)

준거집단은 집단의 규범과 기대에 순응하는 소비자에게는 보상을 제공하고 그렇지 않은 소비자에게는 제재를 가함으로써 그로 하여금 집단규범에 순응하도록 영향을 미칠 수 있다. 집단규범에 대한 순응은 곧 소비자들이 집단의 행동을 모방하고 집단에서 수용되는 제품이나 상표를 구매하도록 영향을 미치는데, 집단규범에 순응할 때 주어지는 기본적인 보상은 사회적 수용(social acceptance)이다.

준거집단의 파워

준거집단에게는 집단구성원에게 영향을 미치는 파워가 존재하며 이를 준거집단의 사회적 파워라고 하는데 French와 Raven의 정의를 살펴보면 다음과 같다.

① 준거적 파워(referent power) : 개인이나 구성원이 특정인이나 집단을 선호하는 경우 발생하는 힘을 말한다.

② 전문적 파워(expert power) : 집단 자체의 특성으로는 집단이 전문성을 많이 가진다고 지각될 때 생기는 힘

③ 보상적 파워(reward power) : 집단이 개인에게 보상을 줄 수 있다고 지각될 때 생기는 힘

④ 강제적 파워(coercive power) : 집단이 개인에게 벌을 주거나 보상을 철회할 수 있다고 지각될 때 생기는 힘

⑤ 합법적 파워(legitimate power) : 집단이 개인에게 특정한 행동을 요구할 합법적 권한이 있다고 지각할 때 등이다.

⑥ 정보적 파워(informational power) : 다른 사람이 원하지만 알지 못하는 정보를 알고 있기 때문에 생기는 힘

준거집단이 소비자들의 구매행동이나 결정에 미치는 영향
① 제품 자체의 특성으로는 제품의 가시성이 높을수록,
② 제품이 필수적이지 않을수록, 제품이 집단의 기본 목적과 관련될수록(영화, 자동차, 인터넷 동호회) 준거집단에 영향을 미친다.

[표 13-1] **제품과 상표선택에 미치는 준거집단의 영향**

품목 / 상황	필 수 품 (제품선택에 적은 영향)	사 치 품 (제품선택에 강한 영향)
공공 장소 (상표선택에 강한 영향)	공공 필수품 • 자동차 • 양 복	공공 사치품 • 골프채 • 스 키
개인적 사용 (상표선택에 약한 영향)	개인적 필수품 • 침대 매트리스 • 냉장고	개인적 사치품 • 비디오 게임 • 제빙기

자료 : Bearden, William & Michael Etzel, "Reference Group Inflences on Product and Brand Purchase Decisions," Journal of Research, 9, 1982, p.185.

다시 말하면 사람들에게 중요하게 생각하는 준거집단이 있다면 구매를 할 때 그 준거집단의 가치나 기준을 따를 가능성이 크지만 개인적으로 사용하는 제품에 대해서는 별로 신경을 쓰지 않을 수가 있다는 것이다. 즉 자동차와 같이 공공장소에서 보이거나 사용되는 제품에 경우에는 상표나 어떤 형태의 자동차를 쓰는가가 많은 영향을 줄 수 있다는 것이고 속옷이나 공공장소에서 노출되지 않는 제품은 준거집단의 영향을 덜 받는다는 것이다.

마케터는 준거집단 영향의 결정요인들을 이용하여 소비자를 효과적으로 설득할 수 있다.

첫째, 유능한 판매원이나 제품분야의 전문가들의 전문성을 활용하여 개인에 대한 영향을 증대시킬 수 있다.

둘째, 동일화의 열망 때문에 개인은 긍정적 준거집단과 마찬가지로 행동하고 사물을

지각할 수 있는데, 마케터는 이러한 준거력을 이용하여 소비자로 하여금 광고 속의 모델과 똑같은 제품을 좋아하거나 똑같은 행동을 취하도록 설득할 수 있다.

셋째, 집단들은 개인에게 다양한 형태의 보상을 제공할 수 있는데, 보상은 화폐나 선물과 같은 유형적이거나 인정, 칭찬과 같이 무형적일 수 있으며 지각되는 보상의 크기에 따라 그러한 보상을 근거로 하는 영향력이 결정된다.

넷째, 집단은 벌을 주거나 보상을 철회함으로써 개인에게 영향을 미칠 수 있는데 생명보험이나 구강청정제, 방취제와 같은 제품의 마케터들은 두려움 소구를 효과적으로 활용하고 있다.

다섯째, 마케터는 가정과 직장에서 합법적인 권한을 가진 사람을 활용하여 개인에게 영향을 미칠 수 있다.

집단 내 커뮤니케이션

1. 구전 커뮤니케이션 모델

전통적인 커뮤니케이션 모델은 정보가 대중매체로부터 직접 소비자들에게 흐르는 것으로 묘사해 왔지만, 커뮤니케이션의 두 단계 흐름 모델(two-step flow of communication)은 마케터가 제공하는 정보들이 대체로 집단의 일부 구성원(의견 선도자)에 의해 여과 및 해석되어 나머지 구성원(의견추종자)에게 제공된다고 제안하고 있다.

이는 대중매체가 소비자들에게 영향을 미치기 위한 직접적인 수단이며 정보의 주요한 원천이라는 전통적 모델을 부정한 것으로서 1950년대 이후 집단 내 커뮤니케이션을 개인적 영향의 주요한 수단으로 간주하도록 만들었다.

그러나 커뮤니케이션의 두 단계 흐름 모델도 다음과 같은 이유로서 정보의 흐름을 정확하게 표현하고 있지 않다.

첫째, 추종자들이 항상 수동적이지 않다. 그들은 의견 선도자가 자발적으로 제공하는 의견을 청취할 뿐 아니라 정보를 능동적으로 요구하고 의견 선도자에게 피드백을 제공하기도 한다.

둘째, 추종자들은 의견 선도자가 아닌 집단 내 다른 사람들로부터도 정보를 교환한다.

셋째, 추종자들도 역시 대중 매체로부터 정보를 직접 얻으며, 더욱이 그 과정에는 정보통제자가 개입할 수 있다. 정보통제자는 다른 사람에게 정보를 선별적으로 소개하지만 그들의 행동에는 직접적으로 영향을 미치지 않는다는 점에서 의견 선도자와 다르다.

따라서 집단 내 커뮤니케이션의 보다 현실적인 모델은 다단계 흐름이다. 이러한 모델에서 마케터가 제공하는 정보는 정보통제자나 의견 선도자를 통하거나 직접 추종자들에게 도달되며, 물론 추종자들 사이에서 정보교환도 일어난다. 특히 의견 선도자와 추종자 사이에는 정보의 쌍방적 흐름이 존재하는 것으로 묘사한다.

다단계 흐름 커뮤니케이션의 모델은 다음 그림으로 나타낼 수 있다.

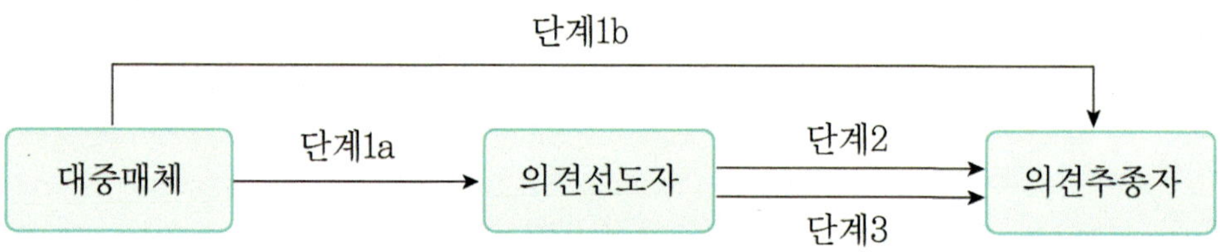

[그림 13-3] **다단계 흐름 커뮤니케이션의 모델**

단계1a와 단계1b는 의견선도자와 의견추종자가 동시에 매체에서 제공되는 정보에 노출됨을 보여준다. 단계2는 정보의 영향력이 의견선도자에서 의견추종자로 전달되는 과정을 보여주며, 단계3은 역으로 의견추종자로부터 의견선도자에게 정보와 영향력이 이전되는 과정을 보여준다. 최근 인터넷을 통한 정보전달이 급성장하면서 다단계 흐름 커뮤니케이션 모델이 사회구성원들 사이의 커뮤니케이션 과정을 설명하는데 매우 적합하다.

2. 의견 선도자의 중요성과 활용상의 문제점, 대응방안

집단 내 커뮤니케이션 모델을 근거로 하여 소비자(대체로 추종자)들에게 영향을 미치려는 마케터는 우선 특정한 제품범주 내의 의견 선도자를 확인해 내야 한다.

즉 한 제품범주에서 의견 선도자를 다른 소비자(추종자)들과 구분해 주는 인구통계학적 특성을 확인하는 일은 마케터로 하여금 의견 선도자에게 도달할 수 있는 매체를 선정하는데 도움을 줄 것이며, 태도나 라이프스타일 특성을 확인하는 일은 그들에게 효과적인 소구를 개발하도록 도와줄 것이다.

그러나 의견 선도자는 자신과 유사한 소비자들과 커뮤니케이션 하는 경향이 있으므로 그들의 인구 통계적 및 라이프스타일 특성의 차이를 발견하기는 쉽지 않으며, 그들에게 도달하기 위한 매체도 확인하기가 곤란하다.

더욱이 의견 선도자의 특성 프로파일은 제품범주에 걸쳐 일반화시키기가 곤란한데 예를 들어, 패션의 의견 선도자는 식품의 의견 선도자와 아주 다른 특성 프로파일을 가질 것이다.

그럼에도 불구하고 마케터는 소비자에 대한 영향력을 극대화하기 위하여 우선 소비자 집단의 의견 선도자를 확인해 내고 그들의 의견 선도력을 활용하기 위한 전략을 수립해야 한다. 마케터는 다음의 방법들을 통하여 의견 선도자를 발견하여 활용할 수 있다.

첫째, 마케터는 의견 선도자들이 해당하는 의견 선도력 분야의 대중매체를 탐독한다는 일반적인 경향으로부터 이들을 찾을 수 있다.

둘째, 의견 선도자들은 남들과 어울리기를 좋아하며 클럽이나 협회활동이 왕성한 경향이 있다.

셋째, 일부 제품 범주에서는 객관적으로 인정되는 의견 선도자가 있기도 하다. 예를 들어, 이용사나 미용사는 두발 관련 제품에 대하여 의견 선도자가 될 수 있다.

넷째, 마케터는 의견 선도자들이 남들과 어울리기를 좋아하고, 제품 범주에 대하여 관심(관여도)과 지식이 많다는 사실로부터 남들과 어울리기를 좋아하는 사람들을 찾아내 자사제품에 대한 관심과 지식을 갖도록 자극함으로써 의견 선도자를 인위적으로 창출할 수 있다.

집단 간 커뮤니케이션(구전)(Word of Mouth)

소비자는 일반적으로 상업적 원천보다는 친구나 가족과 같은 개인적 원천을 신뢰하며 진실하다고 지각하기 때문에 개인적 원천은 소비자의 태도와 행동에 보다 강력한 영향을 미치며, 이러한 개인적 정보는 구매결정의 위험을 감소시키는 데 효과적이다. 과거 김혜자씨가 다시다 광고를 할 때 소비자들이 느꼈던 점은 15년 이상 다른 광고에는 출연하고 있지 않다는 점과 항상 친근한 어머니 역할을 해온 긍정적인 이미지로 가족이나 친지와 같은 관계는 아니지만, 돈 몇 푼을 받고 가족들을 위해서 요리하는데 쓰이는 조미료를 선전하는 것이 아니라 제품을 실제로 애용하고 있는 모델이라고 소비자들이 마치 중립적인 원천인 것처럼 받아들였다는데 있다. 최근에 시행되고 있는 광고들은 세련되고 기획력이 돋보이지만 이러한 효과는 발휘하지 못하고 있음을 상기해보자.

세분화된 고객의 욕구와 다양한 소비자들의 활동 시간대로 인해서 구전이나 집단 간의 커뮤니케이션의 역할이 더욱더 중요해지고 있다(Olsen).

다시 말하면 위에 준거집단에 의해 영향을 많이 받는 제품들의 경우, 즉 값이 비싸거나 사회적 가시성이 높은 품목을 구매하려는 소비자는 '관련된 다른 사람'(준거인)들의 의견을 구하는데, 그들로부터 얻어진 정보는 재무위험과 성능위험을 감소시켜 주는 수단이 될 뿐 아니라 그들의 인정은 사회적 위험을 감소시켜 주는 메커니즘을 한다.

집단 내 커뮤니케이션(구전)은 특히 다음과 같은 여건에서 중요하다.

첫째, 제품이 가시적이어서 소비자행동이 명백하게 관찰될 수 있는 여건

둘째, 제품이 독특하며, 라이프스타일이나 자아 이미지 등에 쉽게 연관될 수 있는 여건

셋째, 제품에 관한 지식을 소비자가 많이 갖고 있지 않은 여건

넷째, 제품이 준거집단의 규범과 신념에 중요한 여건(예를 들어, 새로운 팝송앨범에 대한 10대의 반응, 새로운 무가당 식품에 대한 성인의 반응)

다섯째, 구매결정과 관련하여 지각되는 위험이 큰 여건

여섯째, 제품에 대한 소비자의 관여도가 높은 여건

1. 혁신의 확산 : 의미와 구분

미국의 유명한 커뮤니케이션 학자 에버렛 로저스(Everret M. Rogers; 1931~2004)는 혁신의 확산을 "시간의 경과에 따라 혁신이 사회시스템 구성원들 간에 특정한 경로를 통해 커뮤니케이션되는 과정"으로 정의하였다.[1] 이를 소비자행동의 관점에서 보면 신제품이 혁신소비자에게서 먼저 수용되고 조기수용자, 조기 다수자, 후기 다수자, 최후 수용자로 퍼지는 혁신수용과정을 의미한다고 볼 수 있다. 혁신을 소비자의 편익(benefit)제공 관점에서 보면 기능적(functional) 혁신, 쾌락적(hedonic) 혁신, 상징적(symbolic) 혁신으로 구분할 수 있다. 기능적 혁신은 기존제품보다 기능적으로 더 우수한 제품으로 우리가 사용하는 대부분의 제품은 기능적 혁신의 산물이다. 쾌락적 혁신은 소비자의 쾌락적, 감각적 욕구를 충족시키는 유무형의 제품과 서비스를 뜻하며, 상징적 혁신은 새

1) Everett M. Rogers, Diffusion of Innovations, 3rd ed., New York; Free Press, 1983, p.5.

로운 사회적 의미를 가진 신제품(예; 남성화장품, 남성 성형술, 타투 등)으로 이해할 수 있다. 또한, 소비자행동의 변화의 정도에 따라 연속적 혁신, 역동적인 연속적 혁신, 비연속적 혁신으로 구분할 수도 있다. 연속적 혁신은 기존 제품을 개선한 것(예; 새로운 자동차 모델), 역동적인 연속적 혁신은 상당한 기술적 진보가 일어난 제품(예; 전기자동차), 비연속적 혁신은 새로운 소비자행동이 필요한 신제품(예; 컴퓨터, 휴대폰)이다.

2. 혁신제품의 확산 요인

혁신제품의 성공에 영향을 미치는 요인은 다음과 같이 정리할 수 있다.

① 상대적 이점(relative advantage) : 신제품이 기존 제품보다 경제성이나 편리성에서 뛰어나다고 자각되는 정도(예; 스마트폰 〉 CD 플레이어 〉 테이프 레코더)

② 적합성(compatibility) : 새로운 제품이 소비자의 과거의 경험이나 현재의 필요에 부응하는 정도로 호환성이라고도 한다.(예; 이온음료, 일회용 기저귀)

③ 단순성(simplicity) : 신제품을 이해하고 사용할 때에 상대적으로 용이한 정도

④ 시도가능성(trialadility) : 신제품을 소비자가 수용하기 전에 시험적으로 경험할 수 있는 정도

⑤ 커뮤니케이션 가능성(communicability) : 신제품의 편리함에 대한 정보가 소비자에게 쉽게 전달될 수 있는 가능성

3. 혁신제품 확산의 제약요인

혁신제품의 확산을 제약하는 요인은 다음과 같이 정리할 수 있다.

① 가격(가치)인식 요인 : 소비자들이 신제품으로부터 얻을 수 있는 효능이나 편익에 비해 고가격으로 인식되면 혁신제품의 확산에 저해요인이 될 수 있다.

② 사용 장벽 : 혁신기술의 제품의 속성이 기존 습관이나 관행, 문화 등과 어울리지 않은 경우 확산에 어려움이 따른다.

③ 지각된 위험 : 소비자가 신제품을 사용할 때에 신체적, 사회적, 심리적, 경제적 위험을 지각하는 경우 확산이 늦어질 수도 있다.

구전의 내용

구전이나 집단내 커뮤니케이션을 통해 전달되는 주요내용은 다음과 같다

① 제품뉴스 : 제품에 대한 정보

② 충고 : 구매선택에 영향을 미치는 의견

③ 사용경험 : 제품에 대한 사용자들의 느낌의 전달

소비자의 혁신수용 모델

소비자의 혁신 수용과정이란 개별적 또는 집단적으로 소비자가 혁신에 노출된 후, 그것을 지속적으로 구매하려는 의사결정(수용)에 이르기까지 거쳐가는 일련의 정신적 상태를 말하는데, 혁신수용의 단계는 관여도가 높은 여건의 의사결정과 매우 유사하다. 그러나 현실적으로 대부분의 혁신은 지속적 혁신이며 관여도가 높지 않다.

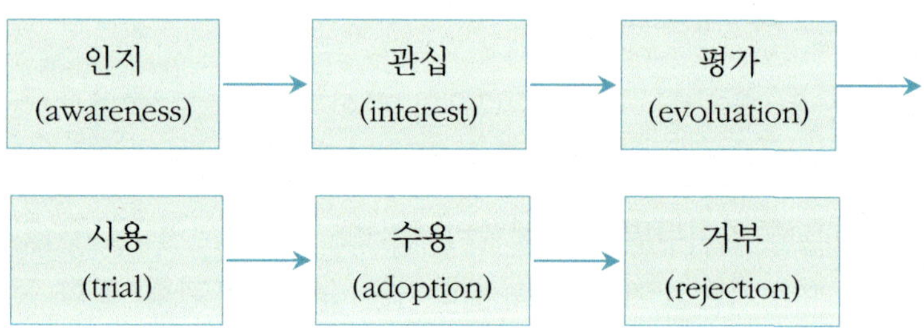

[그림 13-4] **혁신 수용의 단계**

혁신 수용의 단계는 인지, 관심, 평가, 시용, 수용, 거부의 과정을 거친다.

인지단계에서는 처음으로 혁신에 대하여 노출되지만 정보는 부족하다. 관심단계는 혁신에 관한 정보를 능동적으로 탐색한다. 평가단계는 혁신을 자신의 욕구나 기존제품과 비교한다. 시용단계는 혁신의 유용성을 결정하기 위해 소규모로 사용한다. 수용 및

거부단계는 시용의 결과가 만족스럽다면 혁신을 대량으로 또는 정규적으로 구매하기로 결정하게 된다.

신제품의 잠재고객은 수용과정의 단계를 거쳐 구매하므로 마케터는 잠재고객들이 현재 어느 단계에 있는지를 파악하고 다음 단계로 신속하고 용이하게 옮겨가도록 격려하기 위한 전략을 개발해야 한다.

소비자의 혁신수용성향과 수용자 범주

신제품이 시장에 도입되자마자 그것을 재빨리 구매하는 소비자가 있는가 하면, 구매에 앞서서 추가적인 정보를 탐색하고 먼저 구매한 사람의 경험을 살피는 소비자도 있다.

즉 '한 사회 내의 다른 구성원과 비교하여 상대적으로 일찍 혁신을 수용하려는 경향'인 혁신(수용)성향(innovation level)은 개인에 따라 다르다.

즉 혁신에 대한 인지로부터 수용에 이르기까지 소요되는 상대적 시간을 기준으로 수용자 분포를 작성하면 정규분포곡선을 얻을 수 있는데 혁신의 수용자들은 그러한 상대적 시간에 따라 혁신층, 조기수용층, 조기다수층, 후기다수층, 후발수용층으로 정의될 수 있다.

그러나 수용자들은 다섯 개의 범주로 구분하는 일은 모든 잠재고객이 언젠가는 결국 혁신을 수용할 것으로 가정하고 있는데, 이러한 가정은 현실적이지 않으므로 간혹 전기수용층(혁신층과 조기수용층, 조기다수층을 포괄)과 후기수용층(후기다수층과 후발수용층을 포괄), 비수용층으로 선제시장을 구분하기도 한다.

마케팅 시사점을 살펴보면 제품 구체적이기는 하지만 수용자 범주들은 독특한 개인적 특성을 가지며, 마케팅 믹스에 대한 반응도 다르기 때문에 혁신(수용)성향은 시장세분화의 유용한 근거가 된다. 더욱이 혁신층이 중요성으로 인하여 신제품의 마케터는 시장 수용도에 따라 표적시장을 변화시켜 나가는 접근방법을 사용해야 한다.

즉 일반적인 표적시장을 선정한 후, 마케터는 우선 그러한 표적시장 내에서도 혁신성향이 높은 혁신층(과 조기수용층)에게 마케팅 노력을 집중시키고, 제품이 시장에 수용되어 감에 따라 점차 조기다수층, 후기다수층, 후발수용층 등으로 마케팅 노력을 확대해 나간다. 물론 이러한 점은 매체와 광고주체 등의 마케팅 믹스도 함께 조정되어야 함을 내포한다.

진로 소주(프레쉬)의 경우 폭포수이론이라고 불리는 이론을 사용해서 먼저 오피니언 리더들을 대상으로 천연 알카리 소주라는 콘셉트를 가지고 접근하여, 사회지도층(언론인, 고위관료, 대기업 경영진)을 대상으로 선정하여 이들에게 양주병에 들어 있는 소주를 증정했다.

혁신의 확산속도에 영향을 미치는 요인

혁신의 확산속도 또는 확산율(rate of diffusion)이란 시간경과에 따른 신제품 수용의 누적적 비율을 의미한다. 잠재 고객층의 수용 속도는 결국 신제품의 확산속도를 결정짓는데, 신제품의 특성에 따라서 확산속도는 커다란 차이를 보인다. 예를 들어, 일부 제품은 시장에 도입된 지 불과 몇 개월 만에 잠재고객들 사이에서 널리 수용되는 데 반하여 다른 신제품은 수십 년이 소요되기도 한다. 이와 같이 신제품이 한 사회시스템의 구성원들에게 퍼져 나가는 속도를 확산율(diffusion rate)이라고 하며, 대체로 신제품의 다음과 같은 특성으로부터 영향을 받는다. 1988년도에 동아제약에서 판매했던 가그린은 대실패였다. 제품은 당시 미국에서는 매우 보편화된 제품이었으나 당시 국내에서는 확산이 되는데 실패했고 결국 20년이 지난 오늘날에서야 확산이 된 대표적인 사례로 볼 수 있다.

첫째, 일부 집단은 혁신에 대하여 특히 수용적인데, 일반적으로 젊고 유복하며 교육수준이 높은 집단들은 변화에 수용적이다.

둘째, 의사결정의 형태는 '개인적 - 집단적' 차원으로 묘사될 수 있으며, 의사결정에 보다 적은 사람들이 포함될수록 확산율이 높아진다.

셋째, 확산율은 당연히 기업측의 마케팅 노력의 크기로부터 영향을 받는다.

넷째, 혁신이 충족시키려는 기본적인 욕구가 소비자에게 명백할수록 혁신이 빨라진다.

다섯째, 혁신수용에 소요되는 자금지출(초기투자와 계속비용)이 많거나 지각되는 위험이 크다면 혁신의 확산율이 낮아진다.

여섯째, 신제품이 이전의 제품에 비하여 우수한 기능, 서렴한 가격, 내구성 등의 상대적 이점을 많이 가짐으로써 소비자가 '원하는 바'를 더 잘 충족시킬 수 있다고 지각될수록 확산속도는 빠르다.

일곱째, 신제품이 개인 및 집단의 가치나 신념과 어울릴수록 확산속도는 빠르다.

여덟째, 잠재고객이 신제품을 이해하거나 사용하기가 용이할수록 확산속도가 빠르다. 그러나 단순성의 차원은 제품 자체의 단순성보다는 '사용의 편리함'과 관련된다.

아홉째, 적은 부담으로 신제품을 시용해 볼 수 있다면 제품의 구매결정과 관련하여 지각된 위험을 쉽게 감소시킬 수 있으므로 확산속도는 빨라진다.

열번째, 혁신수용의 결과가 남에게 효과적으로 묘사되거나 보여 질 수 있을 때 확산속도는 빨라진다.

확산율을 높일 수 있는 전략을 예시하여 보면 다음과 같다.

집단의 성격이 보수적이라면 다른 시장을 모색하여 집난 내에서 혁신층을 발견해야 하며, 의사결정의 유형이 집단적이라면 모든 사람에게 도달할 매체를 선정하거나 갈등해소를 위한 주제를 전달해야 한다. 또한, 마케팅 노력이 제한적이면 집단 내에서 혁신층을 발견해야 하며, 마케팅 노력의 지역적 배분을 해야 한다.

욕구의 강도가 미약하다면 효익을 강조하는 집중적인 광고활동을 펼쳐야 하며, 적합성에서 갈등이 있다면 가치나 규범에 일치하는 속성을 강조해야 한다. 상대적 이점이 낮다면 저가격 정책을 쓰거나 제품을 재설계해야 하고, 복잡성이 높다면 고부가가치 상품을 만들고 서비스 점포를 이용하여 판매를 하거나 능숙한 판매원을 활용하여야 한다.

또한, 제품 시범이 필요할 것이다. 관찰가능성이 낮다면 집중적인 광고를 이용하여 확산율을 증대시켜야 하며, 시용가능성이 낮다면 조기 수용층에게 견본을 배포하거나 고부가가치 서비스점포를 이용하는 유통경로를 가져야 한다. 지각된 위험이 높은 경우에는 성공사례를 소개하고 신뢰성 있는 원천의 증언 및 여러 가지의 보증 제도를 도입하여서 소비자들이 지갑을 여는 것을 두려워하지 않게 해야 한다.

참고문헌

김규배 · 김동태 · 김문섭 · 김용철 · 김한구 · 김혜주 · 서준용 · 양수진 · 이경미 · 한웅희, 소비자행동론, 2022.

"승리보증수표 나이키가 있다." 스포츠 마케팅 선두주자, 매일경제, 2001. 10.

이학식 · 안광호 · 하영원 · 석관호, 소비자행동, 2020.

황용철 · 송영식, 소비자행동론, 2019.

Bearden, William & Michael Etzel, "Reference Group Inflences on Product and Brand Purchase Decisions," Journal of Research, 9, 1982, p.185.

C. Hovland and I. Janis, Personality and Persuasibility(New Haven, CT: Yale University Press, 1959).

Cathy Goodwin, "A Social Influence Theory of Cnsumer Cooperation," Advances in Consumen Research 14, 1987. pp.378~381.

Cohen David, Consumer Behavior, Random House Inc., 1981, p.75.

Donald H. Granbois, "Improving the Study of Customer In-store Behavior," Journal of Marketing 32, October 1968, pp.28~33.

G. Olsen, "Creating the countrast: The influence of Silence and Background Music on Recall and Attribut Importance," Journal of Advertising 24(Winter 1995), pp.29~44.

George Moschis, "Social Comparison and Informal Group Influence," Journal of Marketing Research 13(August 1976), pp.237~244.

Irving Janis, Victims of Group Think(Boston, MA: Houghton Mifflin, 1972).

John French and Bertrann Raven, "The Bases of Social Power," in Dorwin Cartwright, ed., Studie; in Social Power, The University of Michigan's Institute for Social Research, Ann Arbor, MI, 1959, pp.150~167.

John Mowen and Michael Minor, Consumer Behavior, A Framework, (Upper Saddle River: N. J.) Prentice Hall.

Kurt Lewin, Resolving Social Conflicts(New York: Harper & Row 1948): p.54.

Leon Shiffman and Leslie L. Kanuk, Consumer Behavior, 2nd ed. (Englewood, Cliffs New Jersey: Prentice Hall 1983), p.292.

Marvin Shaw, Group Dynamics: The Psychology of Small Group Behavior, McGraw-Hill, New York, 1981, pp.4~7.

Michael S. Olmstead, The small Group(N.Y. : Holt, Rinehart & Winston, 1962).

Reynolds, Fred D., and William R. Darden, "Mutually adaptive effects of interpersonal communication," Journal of Marketing Research 8, no.4(1971), pp.449-454.

Terrence Shimp, "Methods of Commercial Presentation Employed by National Television Advertisers," Journal of Advertising 5(Fall 1976), pp.30~36.

Chapter

14

소비자행동과 유통전략

Case study

아마존을 능가하는 리테일의 혁신 유럽 최대 무인 매장 '자브카'의 비밀

2023년 1월 15~17일 사흘간 미국 뉴욕에서는 세계 최대의 리테일·유통 박람회 'NRF 2023: Retail's Big Show(이하 NRF 2023)'가 열렸다. 'NRF 2023'은 세계 최대 규모 소매유통 무역협회인 미국 전국소매연맹(NRF)이 매년 1월 개최하는 박람회로 지난 2013년 시작돼 2023년 11회째를 맞았다. 전 세계 리테일 및 유통 산업의 최신 기술과 트렌드를 한눈에 확인할 수 있는 NRF 2023에는 1000여 개 업체에서 3만 5000여 명의 업계 관계자가 참여했다.

NRF 2023의 주요한 주제는 '기술 지원(개발)을 통한 고객 경험 개선(Tech-enabled customer experiences), 차별화와 경쟁(Differentitation and competition), 소비자의 매장 경험에 영향을 미치는 문화(Culture inpacts the store experience)' 등 세 가지였다. 이 중 기술 지원(개발)을 통한 고객 경험 개선 부문은 기술이 비용 효율성을 높인다는 관점에서 많은 기업가가 관심을 갖는 분야다. 기술을 통해 고객 경험을 개선한 대표적 사례는 '아마존고(Amazon Go)'다. 아마존고는 지난 2016년 시애틀에 1호점을 개장한 이후 무인 매장 분야에서 독보적인 위치를 차지했다. 2023년 현재, 미국 내 아마존고 매장은 28개, 영국에 15개로 총 43개이다. 그런데 NRF 2023에서는 유럽 최대 무인 매장 운영 기업인 폴란드의 자브카(Zabka)가 아마존고에 도전장을 내밀었다. 자브카는 2021년 6월에 폴란드 포즈난(Poznań)에 최초의 무인 매장 '나노(Nano)'를 열었고 현재 유럽에만 50개가 넘는 무인 매장을 보유하고 있다. 매장의 개수만 놓고 봤을 때 자브카는 유럽 최대의 무인 매장 운영 기업일 뿐만 아니라 이미 아마존고의 수준을 넘어서고 있다.

생태계 확장을 통해 사업 영역의 경계가 무너졌다

아마존과 자브카는 둘 다 기술을 활용한 생태계 확장을 통해 무인 매장이라는 카테고리에 선도적으로 진출해 리테일 분야 혁신 기업으로 자리매김하고 있다. 사실 리테일 업계의 변화는 예견된 것이었다. 온라인 쇼핑은 코로나19를 기점으로 소비자들에게 오프라인보다 더욱 접근성이 좋은 선택지로 인식됐다. 여기에서 슈퍼마켓과 편의점을 비롯한 전통 리테일은 한정된 지역 기반 소비자들을 위한 사랑방이 될지, 기술을 수용해 변화를 꾀하며 시장을 주도하는 리더가 될 것인지를 고민해야만 했다.

글로벌 컨설팅 회사인 맥킨지는 2022년 3월 발간한 '식료품점을 넘어선 성장: 생태계 확장(Growing beyond groceries: The ecosystem expansion)'이라는 리포트를 통해 리테일 산업의 미래에 대한 분석을 내놓았다. 맥킨지는 식료품점은 우리 삶의 중심에 있는 장소이고 모두가 식료품점을 정기적으로 방문하고 있다는 사실에 근거해 리테일이 가진 잠재 가능성에 주목해야 한다고 의견을 제시했다. 이 기사에서 이야기하는 리테일 분야의 확장성을 다음과 같이 요약해볼 수 있다.

- 정기적으로 방문하는 사용자들의 데이터 생성
- 매장 네크워크, 공급망, 라스트 마일 서비스 등과 연관돼 핵심 비즈니스를 넘어선 확장 가능한 플랫폼 보유
- 식품 분야뿐만 아니라 비식품 분야(예: 약국 소매, 금융 서비스 등)로의 확장

이처럼 리테일 부문을 단순히 '식료품 판매'라는 핵심 비즈니스 분야를 넘어서 무한한 확장 가능성을 지닌 분야가 됐다. 더 이상 리테일이 오프라인 공간에만 국한된 것이 아니기 때문이다. 이러한 리테일 플랫폼을 활용하는 좋은 방법은 '생태계를 구축하는 것'이다. 리테일에서 생태계는 '고객이 통합된 하나의 경험을 통해 다양한 니즈 충족이 가능한 제품 및 서비스의 집합'이라고 정의된다. 예를 들어, 슈퍼마켓에서 금융 서비스를 제공하거나 슈퍼마켓의 유통망을 사용해서 밀키트를 배달받는 새로운 서비스를 창출할 수 있는 기반이 바로 생태계다. 성공적인 생태계란 다음과 같은 요소를 기반으로 구축된다.

- 단순한 상거래를 넘어 이해관계자의 빈도 높은 사용
- 다양한 파트너십을 통해 다양한 형태의 서비스 제공이 가능한 네트워크 형성
- 고객과 참여자의 가치를 복합적으로 만드는 강력한 네트워크 효과: 이 경우 생태계가 클수록 각 참여자에게 더 많은 가치가 부여됨
- 풍부한 데이터 활용 가능성

이러한 생태계 구축의 선두주자가 바로 아마존과 알리바바와 같은 기술 기반 대형 리테일 기업이다. 아마존 온라인 쇼핑몰을 이용하는 고객을 아마존 전용 신용카드 가입자로 이끌고 아마존 OTT 서비스인 아마존 프라임으로 유치하는 것은 더욱 용이하다. 즉, 아마존이 만든 생태계를 통해 기존 고객은 단순한 온라인 쇼핑을 하는 것이 아닌 아마존이 구축한 생태계에서 더욱 다양한 경험을 하면서 충성도가 증가한다. 이는 신규 고객을 추가로 유치할 수 있는 좋은 유인 요인이 된다. 여기서 생태계라고 일컬어지는 '플랫폼'은 고객의 소비 데이터를 다양한 사업에 적용할 수 있게 되고 결국 기존 슈퍼마켓 또는 온라인 쇼핑몰 사업은 무한히 다른 사업으로 확장할 수 있는 좋은 예가 된다.

동아비즈니스리뷰 364호(2023년 3월 Issue 1), 일부수정

소비자의 구매의사결정은 일반적으로 문제의 인식에서 시작되어 정보탐색 과정을 거치고, 대안을 평가한 다음 구매를 결정하고 구매후 평가 과정을 거친다. 구매 과정은 특정 상표에 대한 구매 결정뿐만 아니라 점포내에서의 쇼핑활동을 포함한다. 소비자의 상표 결정과 점포 결정에 중요한 영향을 미치는 요소가 바로 상황이다. 소비자행동 모델에 상황요인을 포함시킴으로써 소비자의 행동을 보다 잘 설명하고 예측할 수 있음을 제안하고 있다. 한 사람 혹은 그이상의 사람에 의하여 점거되는 분리된 시간과 공간은 소비자행동에 대한 영향요인으로서 상황을 구성한다. 따라서 상황은 "개인적 특성과 선택대안의 특성으로부터 당연히 도출될 수는 없으나 현재의 행동에 논증가능하고 체계적인 영향을 미치는 관측의 시간과 장소에 대하여 독특한 모든 요인"이라고 정의된다.

즉 상황이란 소비자가 당면하는 선택대안의 특성뿐만 아니라 개별 소비자의 특성 이외의 모든 영향요인들의 집합이다. 상황과 대상, 소비자행동 사이의 관계를 명확히 보여 주는데 대상과 상황은 함께 소비자에게 영향을 미쳐 그로 하여금 어떤 행동을 취하도록 작용한다.

즉 이전의 마케터는 제품이나 서비스와 같은 대상이 지각되고 선택되는 양상에 대하여 상황이 미치는 영향을 무시하여 왔으나 상황을 대상과는 별도로 소비자행동에 영향을 미칠 수 있는 요인이다.

모든 분류 시스템의 목적은 유사한 특성들을 근거로 하여 항목들을 적은 수의 집단으로 결합하는 것인데, 마케팅 전략을 수립하는 데 있어서 상황요인들의 영향을 효과적으로 고려하기 위해서는 그러한 상황요인들을 범주화할 필요가 있다. 가장 보편적인 상황분류 체계는 다음과 같은 다섯 가지 차원을 근거로 한다.

첫째, 물리적 배경이란 가장 객관적으로 측정될 수 있는 상황적 차원인데, 이러한 차원은 지리적 위치, 실내장식, 음악, 풍치, 조명, 날씨 등 대상을 에워싼 환경의 물리적 특성을 포괄한다.

둘째, 사회적 배경은 주로 다른 사람과의 관계로부터 기인하는 상황적 차원이다. 즉 개인은–특히 행동이 가시적일 때–집단기대에 순응하려는 경향이 있으므로 관련 있는 사람들의 특성과 역할 등은 소비자행동에 많은 영향을 미친다.

셋째, 시간적 관점이란 하루 중의 시각으로부터 계절에까지 확대되는 상황적 차원이다. 시간은 또한 미래 또는 과거의 사건에 대하여 상대적으로 측정될 수도 있는데, 이는 마지막 구매로부터의 경과시간, 식사나 봉급일로부터의 경과 시간 또는 그것을 기다려야 할 시간, 과거 또는 현재의 약속에 의해 부과되는 시간제약 등을 포괄한다.

넷째, 과업의 정의란 특정한 제품을 구매하거나 이에 관한 정보를 획득하려는 목적과 관련되는 상황적 차원으로서 간혹 개인에게 기대되는 구매자나 사용자의 역할을 반영하기도 한다.

다섯째, 선행상태란 개인의 만성적인 특질보다는 걱정, 유쾌함, 적대감, 흥분 등 일시적인 기분이나 수중의 현금, 피로, 질환 등의 일시적인 여건을 포괄하는 상황적 차원이다.

상황요인들은 직접적으로 소비자행동에 영향을 비칠 뿐 아니라 제품 및 개인적 특성과의 상호작용을 통하여 소비자행동에 많은 영향을 미친다. 더욱이 소비자는 상황에 무작위로 당면하는 것이 아니라 자신이 당면할 상황을 '창출'한다.

예를 들어, 조깅이나 테니스와 같은 격렬한 운동에 참여하는 사람은 자신이 '피곤하다'거나 '목마른' 상황에 노출되기를 간접적으로 선택하는 것인데, 이러한 점은 마케터로 하여금 소비자들이 당면하는 상황을 근거로 하여 시장세분화, 제품 포지셔닝, 광고 등을 고려하도록 시사점을 제공한다.

소비자의 쇼핑 동기

소비자는 구매를 할 것이라는 결정을 한 후 점포선택과 관련한 쇼핑행동을 한다. 그런데 소비자의 쇼핑 동기를 보면 제품구매와 직접 관련이 없는 여러 가지 요인들이 영향을 주는 것을 알 수 있다. 소지자의 쇼핑(점포 방문) 동기는 크게 개인적 동기와 사회적 동기 두 가지로 구분할 수 있다.

1. 개인적 동기(personal motives)

첫째, 소비자는 자신의 사회적 지위나 역할에 따라 쇼핑을 하여 만족한다.(예; 주부 역할로 장보기)

둘째, 일상생활의 단조로움과 따분함을 벗어나기 위한 기분전환을 위해 진열된 제품을 구경하거나 점포를 거닌다.(window shopping)

셋째, 욕구불만을 해소하고 자신의 감정변화를 위해서 점포를 방문한다.

넷째, 새로운 제품과 유행의 트렌드를 이해하고 학습하기 위해 점포를 방문한다.

다섯째, 점포내 음악, 향기, 쾌적함 등과 제품을 직접 만지거나 비교하는 감각적 자극을 얻기 위해 방문하기도 한다.

2. 사회적 동기(social motives)

첫째, 친구를 사귀고 이성이나 이웃을 만나게 해주는 교제의 기회를 준다(사교적 동기).

둘째, 유사한 관심을 가진 사람들과 대화하거나 정보를 교환한다(유사 취미 공감대 동기).

셋째, 어떤 점포는 특정한 집단에게 만남의 장소를 제공하는 미팅 장소의 약할을 하기도 한다.

넷째, 쇼핑으로 소비자는 자신의 성공과 사회적 지위, 위신을 과시하기도 한다.

다섯째, 판매자와 흥정을 하여 물건을 싸게 샀다는 심리적 즐거움을 얻는다.

소비자의 점포선택 모델

소비자는 점포를 선택하는 데 있어서 복잡한 의사결정 과정을 거치거나 점포충성을 개발하기도 한다. 한 가지 대표적인 점포선택 모델을 살펴보면, 소비자의 인구통계학적 특성, 라이프스타일, 퍼스낼리티 특성 등은 쇼핑 및 구매 욕구를 형성하며, 이들은 다시 점포 대안들을 평가하는데 있어서 점포속성들의 중요성에 영향을 미친다.

여기서 점포속성이란 편의성, 판매원, 구색, 장식 등을 포괄한다. 특정한 점포에 관한 이미지는 점포의 특성에 관한 소비자의 지각으로부터 개발되는데, 점포의 이미지가 소비자의 욕구에 가까울수록 점포에 대한 태도는 우호적이며 소비자가 그 점포에서 쇼핑할 가능성이 커진다.

만일 소비자가 점포 내 정보처리와 점포 내에서 제품과 상표의 선정의 결과로서 점포환경에 만족한다면 점포에 관한 긍정적인 이미지가 보강되어 재방문의 가능성이 높아질 것이며, 결국 계속적인 보강은 점포충성을 형성할 것이다.

소비자들은 그들의 점포선택에 따라 세분될 수 있는데, 대체로 세 가지 접근방법이 적용된다.

첫째, 행위세분화는 특정한 점포를 자주 찾는 소비자 집단의 인구통계학적 특성 또는 라이프스타일, 쇼핑특성을 다른 집단과 구분하는 것이다. 마케터는 이러한 정보를 근거로 하여 빈번히 방문하는 고객들에게 소구하기 위하여 적합한 광고 메시지와 매체를 결정할 수 있다.

둘째, 효익 세분화는 쇼핑욕구와 점포속성의 가중치에 따라 소비자들을 집단화하는 것이다. 마케터는 특정한 효익을 희구하는 세분시장에 소구함으로써 자신의 점포를 포지셔닝하는 데, 여기서 중요한 문제는 점포 이미지가 표적시장에 수용되는지의 여부이다.

셋째, 반응탄력성 세분화는 점포 내 변수들에 대한 소비자 반응의 차이를 근거로 하는 것이다. 즉 할인판매에서 구매할 가능성, 가격혜택에 의해 구매할 가능성, 쿠폰을 사용할 가능성 등에 따라 소비자들을 집단화하는데, 물론 소비자들은 포장규격, 시각적 자극, 진열, 선반의 위치 등의 변화에 대한 민감도에 따라 세분화될 수도 있다.

점포내 소비자행동(In-store Consumer Behavior)

점포 내 환경은 사회적인 차원과 물리적인 차원으로 나누어지는데 한 상점이나 점포의 물리적인 배치는 특정 상표를 주목하는 것과 같은 일부 소비자행동들을 촉진할 수 있고 돈을 내지 않고 나갈 수 있는 행동을 억제할 수 있는 기능을 하기도 한다. 또한, 상점이 매우 넓은데도 배치가 나빠서 좁아 보이거나 너무 넓어서 진열되어 있는 제품이 적은 것처럼 보이기도 하는 것이다. 이렇게 혼잡스러운 환경으로는 소비자들이 들어오지도 않고 가버리는 역작용이 있을 수 있고 손님이 혼잡스럽게 많은 것을 보면 좋은 서비스나 가격을 제공할 것이라고 구매행동을 자극할 수도 있는 것이다.

1. 상점 내 환경의 물리적 특징

최근의 상점의 환경은 가격 표시제(수시변동제 포함)나 Point of Purchase Display (구매시점 광고)와 그리고 빠르게 많은 손님들이 제품 값을 계산하고 나갈 수 있도록 해 주는 RFID 등과 같은 새로운 기술과 마케팅 기법의 도입을 통해서 소비자 정보처리에 많은 변화를 가져왔다.

상품이 진열대에 놓인 위치나 그 방법은 소비자들이 문제인식을 하고 의사결정을 하는 데에도 많은 영향을 끼치며 경우에 따라서는 소비자들이 매우 잘 인식하고 구입을 하도록 연결이 되는가 하면 어떤 위치에 따라서는 그런 제품이 있는지도 소비자들이 인식을 못하고 지나가게 될 수도 있다.

점포의 내부 장식(interior)과 진열도 역시 소비자들의 기분(mood)이나 의지, 지향성과 같은 일시적인 상태에 영향을 미친다고 많은 연구결과 밝혀졌다. 미국의 경우 의류매장 중 Polo 매장을 마치 유명 카페에 있는 것 같이 아름답고 깔끔하게 인테리어를 구성하고, 서비스 음료를 제공하는 등 소비자들이 편하게 매장에 오래 머물면서 쉬기도 하고 또 제품을 천천히 살필 수 있도록 했고, 체류시간이 길어지면 길어질수록 구매로 이어지는 가능성이 높다는 것을 알게 되었다. 이러한 물리적인 특징은 소비자들에게 많은 영향을 미치기 때문에 기업의 입장에서는 매장을 능동적으로 관리할 필요가 있으며, 소비자들이 편하게 오래 머물면서 기업이 제공하는 모든 제품을 둘러볼 수 있도록 신경을 써야 할 것이다.

2. 점포 배치(Store layout)

소비자들은 규모가 작은 상점보다 큰 상점에서 더 오래 시간을 지체하고 탐색에 더 많은 시간을 소비한다고 한다. 물론 상점에 머물면서 많은 탐색을 한다는 것은 결국 보다 많은 매출로 이어진다고 볼 수 있겠다. 국내에도 이러한 경향이 선명하게 보이고 있는데 대형할인점들의 입점들로 인해서 국내의 슈퍼마켓산업은 급격한 쇠퇴기를 겪고 있으며, 일부 지방들의 백화점들도 외국계 대형 할인점들과 국내의 굴지의 백화점 선두주자들에게 속속 자리를 내어 주고 있는 것이 현실이다. 이러한 국내/국외의 할인점들의 진입을 계기로 소비자들은 예전보다 더 많은 돈을 소비하고 있으며 그 이유는 쾌적한 쇼핑환경과 또한 다양한 상품들의 전시로 인해 그 동안 모르고 있는 상품이나 상표들을 알게 되었으며 그 결과로 충동구매도 역시 증가했다는 것이다. 그러나 이러한 대형점포나 상점과 같은 규모가 전부가 아니고 상점내의 전시 및 배치방식도 많은 영향을 미칠 수 있다는 것이다. 이런 지각은 그 점포 상황에 대한 소비자들의 경험에 대한 하나의 중요한 요소로 작용을 한다.

- 통로가 짧으면 고객들은 그 통로를 찬찬히 살펴보기보다는 그냥 대충 보고 지나간다.
- 고객들이 주로 구입하는 식료품(빵, 우유, 육류, 야채)은 점포 내에서 가장 먼 구석에 배치를 함으로써 고객들이 다른 상품을 살펴보며 지나갈 수 있도록 한다.

- 소비자들이 걸어가면서 볼 수 있는 눈높이에 전시된 제품들이 더 잘 팔린다.
- 통로 바깥쪽과 식료품구역, 통로의 시작부분과 끝부분 등이 잘 팔리는 지역이다.
- 계산대 부근에 껌류, 사탕류, 일상잡화류가 잘 팔린다.

3. 판매에 영향을 주는 물리적인 특성

- 점포의 전면 위치
- 점포의 간판
- 쓰레기통
- 개/폐점 사인
- 전단광고
- 점포 배치
- 음악
- 진열대 할당
- 진열 단위
- 진열 카드
- 유리창 게시물
- 출입구 게시물
- 가격 표시물
- 진열대 위치
- 이벤트와 무료 시음/시식회
- 조명

4. 혼잡도의 영향(The Effects of Crowding in Store)

한 소매지역 내에 고객이 너무 많아서 생기는 혼잡도는 쇼핑행동의 물리적 요소 중의 하나로서 혼잡은 점포를 구성하는 사회적 요인의 하나이다. 객관적인 고객의 밀도는 소매점에 대한 지각과 인지에 영향을 미치며, 만일 소비자들이 인파로 북적거리는 점포환경을 접하게 되면 다음과 같은 행동을 하게 된다고 본다(Saegert).

- 차분하게 물건들을 둘러보기보다는 밀리는 계산대를 염두에 두고 사려고 목적한 물건만 구입하고는 빨리 나가고자 한다는 것이다.
- 혼잡한 상점에서 구매를 한 고객들은 그 점포의 배치나 물건의 위치를 잘 기억하지 못한다.
- 높은 혼잡도 수준은 그 점포를 방문한 고객들에게 그 상점에 대한 부정적인 시각을 가지게 하고 그 결과로 불만족을 느끼게 할 가능성이 크다는 데 그 문제점이 있다.

또한, 다른 학자들의 연구에 의해서도 역시 혼잡도는 소비자에게 부정적인 영향을 미친다는 결과를 발견하였는데 이는 혼잡에 대해서 어떻게 대응을 하는가에 따라 많은 차이가 발생함을 알아내었다. 따라서 기업의 입장에서 보면 상점의 혼잡을 줄일 수 있는 내부시설이나 상품의 배치 이외에도 소비자들을 효율적으로 도와줄 수 있는 점포 내 도우미를 배치하거나 몇 개 되지 않는 제품을 사는 사람들이 빨리 대금을 계산하고 나갈 수 있는 고속계산대(Express Lane)를 설치해서 소비자들이 계산대에 서서 장시간 기다릴 우려 때문에 제품들을 차분히 둘러보지 못하는 증상을 막아주어야 한다는 것이다. 곧 실행을 앞두고 있는 RFID 계산방식이 도입된다면 일정 게이트를 지나가면 소비자가 구매한 모든 상품들이 일일이 현재처럼 스캔하지 않아도 입력이 되고 고객의 카드로 결재되어 긴 라인에 서서 대기하는 일은 없어져서 소비자의 만족도를 더욱더 높일 수 있을 것이다.

브랜드충성의 본질과 측정을 위한 접근방법

구매결정에 관한 평가와 불평행동의 결과는 소비자가 반복적으로 구매하려는 동기에 영향을 미친다. 즉 소비자는 구매에 관련된 기대를 충족시켜 준 제품이나 상표를 다시 구매하려는 경향이 있는데, 그것은 구매행동이 보상을 제공하고 보강되기 때문이다.

반복구매행동이 단순히 동일한 상표의 빈번한 구매를 의미하는데 반하여 브랜드충성은 친구와의 우정과 마찬가지로 특정한 상표에 대한 심리적 개입을 포함한다.

브랜드충성이란 '상표대안들 중의 일부에 관하여 의사결정 단위가 시간경과에 걸쳐 보여주는 편의된 행동적 반응'이며 심리적인 과정의 함수로 정의된다. 그러나 브랜드충성은 본질상 개념적이기 때문에 이러한 개념을 소비자 조사에서 이용하기 위해서는 조작적으로 정의해야 하는데, 브랜드충성을 조작하기 위한 접근방법은 두 가지가 있다.

첫째, 행동주의적 접근방법(behavioral approach)은 특정 브랜드에 대한 지속적이고 편향된 반복구매 행동이 보강과 강력한 '자극-반응'의 연관임을 가정하고 시간경과에 걸쳐 한 상표의 지속적인 구매를 브랜드충성의 지표로 보는 것이다.

둘째, 태도론적 접근방법(attitudinal approach)는 인지이론을 근거로 하는데, 행동 자체만으로는 상표충성을 제대로 반영하지 못한다고 주장하면서 상표에 대한 심리적 개입을 포함시키려는 것이다.

예를 들어, 가격이 저렴하다는 이유로 특정한 상표를 반복적으로 구매해 오던 소비자에게 있어서 약간의 가격인상은 상표대체를 유발할 수 있다. 이러한 경우 반복적인 구매는 보강이나 브랜드충성을 반영하지 않으며, 진정한 브랜드충성을 확인하기 위해서는 '행동적인 측정'과 함께 '인지적(태도적)인 측정'이 필요하게 된다.

마케팅 전략의 다양성을 살펴보면, 새로운 고객에게 충성도를 유발시키기 위해서는 가격할인 등으로 유인 전략을 사용 하고, 기존고객의 브랜드충성을 강화하기 위해서는 에프터서비스(A/S) 등의 사후관리를 개선해야 할 것이다.

또한, 개입의 정도가 적은 소비자들은 광고 메시지나 쿠폰, 견본, 구매시점의 시각적 자극, 포장 등을 통하여 상표대체를 유도할 수 있으나 고도로 충성적인 소비자에게서 상표대체를 유도하기 위해서는 제품 이미지를 크게 개선하고 촉진공세를 폄으로써 소비자 지각과 태도를 기본적으로 변화시켜야 한다.

광고 의사결정도 역시 브랜드충성의 여건을 고려해야 하는데, 브랜드충성이 강하다면 새로운 고객을 유인하기 위하여 단기간에 많은 금액을 지출하는 투자의 개념을 가져야 하며, 브랜드충성이 약한 제품 범주에서는 매출액을 근거로 하여 일정한 비율한도 내에서 광고예산을 결정해야 한다.

Zikmund는 지각된 위험을 7가지 유형으로 나누어 설명하고 있다.

① 경제적 위험 : 경제적 위험이란 구매한 제품이 제 구실을 못할 때 그 수선과 대체에 비용이 발생하거나 구매에 소요된 금액의 손실이 발생할 가능성에 따라 소비자가 지각하는 위험을 말하며, 재무적 위험이라고도 한다.

② 성능위험 : 성능위험이란 구매한 제품이 기대된 기능을 제대로 수행하지 못할 가능성에 따라 소비자가 지각하는 위험인데, 이러한 성능위험은 제품이 기술적으로 복잡하거나 건강과 안전에 관련될 때 크게 나타난다.

③ 신체적 위험 : 신체적 위험이란 구매한 제품이 안전성을 결여하여 신체적 위해를 야기할 가능성에 따라 소비자가 지각하는 위험이다.

④ 심리적 위험 : 심리적 위험이란 일단 구매한 제품이 자아 이미지와 어울리지 않을 가능성에 따라 소비자가 지각하는 위험이다.

⑤ 사회적 위험 : 사회적 위험이란 어떤 제품이나 특정한 상표를 구매한 자신에 대하여 다른 사람들이 가질 평가에 관하여 소비자가 지각하는 위험으로서 대체로 가시적인 품목들이나 자아방어를 위해 구매되는 방취제 및 구강청정제 등에서 크게 나타나는 경향이 있다.

⑥ 시간손실 : 시간손실이란 구매한 제품이 제 구실을 못할 때, 그 수선이나 대체에 시간이 소요되거나 정보탐색과 평가활동에 소요된 시간이 가치를 잃게 될 가능성

에 따라 소비자가 지각하는 위험이다.

⑦ 미래기회의 상실 : 미래기회의 상실이란 앞으로 보다 향상되고 저렴한 대안이 판매될 가능성에 관하여 소비자가 지각하는 위험이다.

소비자는 구매과정에서 지각되는 위험을 감소시키려고 노력할 것이며 마케터도 소비자의 위험감소 노력을 지원함으로써 경쟁적 우위를 모색하는데 이들이 구사하는 전략을 살펴보면 다음과 같다.

마케터에 의한 전략은 우선 손해의 결과를 적게 하기 위하여 포괄적이거나 장기적인 보증을 제공해야 하며, 대금 반환을 제의하거나 가격이 저렴한 대안을 공급한다. 또한, 작은 규격으로 제품을 공급하여야 한다. 다음은 결과의 확실성을 증대시키기 위하여 신제품의 무료견본을 확인하여야 하며, 전문가에 의한 보증을 제공하고, 정부 또는 공인기관의 품질표시를 부착하여야 한다.

소비자에 의한 전략은 우선, 손해의 결과를 적게 하기 위하여 저렴한 가격의 상표를 구매해야 하며, 적은 양을 구매한다. 또한, 구매에 앞서서 성능에 관한 기대수준을 낮추어야 한다.

다음은 결과의 확실성을 증대시키기 위하여 동일한 상표를 구매하거나 인기 있는 상표를 구매해야 한다. 또한, 추가적인 정보를 탐색하거나 비교구매 등을 통해 구매에 앞서 심사숙고를 해야 한다.

참고

일반적으로 다음의 두 가지 접근법이 사용된다.

개념적 정의란 하나의 개념을 상호 관련된 다른 개념들로 정의하는 것인데, "브랜드충성"에 관한 개념적 정의도 상표충성의 본질을 언급함으로써 "브랜드충성"을 "반복구매행동"이라는 별개의 개념과 구분해야 한다. 예를 들어, "의자"에 관한 개념적 정의는 의자의 본질이나 기본적인 역할을 언급함으로써 책상이나 침대와 구분해야 하며, "브랜드충성"에 관한 개념적 정의도 브랜드충성의 본질을 언급함으로써 "브랜드충성"을 반복구매행동이라는 별개의 개념과 구분해야 한다.

조작적 정의란 특정한 연구에 있어서 하나의 개념을 연구목적에 부합되도록 규정한 것인데, 이러한 정의는 관찰될 수 없는 가설적 구성 개념일지라도 하나 이상의 관찰될 수 있는 사상으로 변환시킨다. 따라서 개념적 정의가 조작적 정의에 선행하며, 조작적 정의는 개념적 정의를 특정한 연구목적에 적합하도록 관찰 가능한 일정한 기준으로 변환시킨 것이다. 예를 들어, 한 연구에서 브랜드충성은 '최근 구매한 세 상표가 동일한 경우'로 변환(조작)될 수 있으며, 물론 다른 연구에서는 다른 기준으로 변환될 수도 있다. 브랜드충성에 관한 개념적 정의가 '한 상표에 대한 우호적인 태도를 근거로 하여 시간경과에 걸쳐 보이는 선호적 반응'이라고 할 때 '지난해 전체 구매의 80% 이상을 한 상표에 집중한 소비자가 상표 충성적'이라는 조작적 정의는 앞의 개념적 정의와 일치하지 않는다.

즉 조작적 정의는 '원치 않지만 가용한 상표가 제한되어 있기 때문에 반복 구매한 소비자까지 상표 충성적'이라고 판단케 하므로 상표에 대한 선호도 함께 고려해야 한다.

소비자행동에 관련된 변수의 유형

소비자들은 끊임없이 다양한 자극에 당면하고 반응하는데, 소비자행동에 관련된 변수들은 다음과 같은 네 가지 유형으로 나눌 수 있다.

자극변수란 소비자행동에 대한 자극을 유도하는 변수들인데, 광고물, 다른 사람, 제품 등은 대체로 소비자의 외부적 환경 내에 존재하지만 간혹 내부적으로 산출되기도 한다. 예를 들어, 혈당치가 일정한 수준 이하로 떨어진다면 뇌의 신경이 자극을 받아 배고픔을 느끼고 음식을 받아들이도록 촉구하는데, 이 경우의 뇌신경 자극은 내부적 자극의 좋은 예가 될 수 있다. 이러한 자극변수들은 소비자행동의 투입요소로 작용한다.

반응변수란 자극변수들에 의하여 산출되는 결과적인 행동을 말하는데 특정한 몸짓, 특정한 제품의 구매, 목소리의 고저와 같이 외형적이며 쉽게 관찰될 수 있는 행위뿐 아니라 제품에 관한 지식의 증가, 제품에 대한 신념과 태도의 변화, 구매의도의 감소와 같이 직접 관찰될 수 없는 정신적인 활동들도 포함된다.

개재변수란 자극과 반응 사이에 개재되어 있는 변수로서 개재변수의 존재는 적어도 일부의 자극이 직접적으로 반응에 영향을 미치지 않고 개재변수를 통하여 작용한다는 사실을 암시한다.

조정변수란 두 변수 사이의 관계에 영향을 조정하는 역할을 수행하는데 예를 들어, 광고물에 대한 소비자의 반응은 그들의 성격(personality) 연령, 소득수준 등에 의해 조정된다. 단지 여기서 유의해야 할 점은 동일한 변수라도 다른 범주의 변수로 분류될 수 있다는 것이다.

유통전략

소비자들의 욕구가 세분화되어가고 점점 다양해짐에 따라서 기업들의 입장에서도 예전과 같은 대량생산이나 대량 유통을 하기에는 급변하는 소비자의 변화를 따라 갈 수 없게 된 것이다. 그래서 유통에서도 소비자들의 급변하는 취향을 맞추기 위해서 총공급망관리라고 불리는 SCM(Supply Chain Management)이 도입이 된 것이다.

1. Supply Chain Management의 도입 배경

① 초고속화 되어가는 기업사회 속에서 경쟁 심화
② 다양화되어가는 고객의 요구와 사회 환경(Life Cycle의 축소)
③ 개성이 없는 종합기업, 민첩성이 부족한 거대한 조직의 비용 증가
④ 다양한 소비자의 욕구를 만족시키려면 간접비의 증가

한마디로 총공급망관리를 설명한다면 위와 같이 소비자의 욕구는 다양화되고 치열해지는 경쟁 환경을 벗어나기 위해서 기업의 구조를 재조정을 해서 소비자들의 욕구를 충분히 만족시키면서도 기업 내외의 개성과 전문성을 잘 갖춘 각 구성원이 다양한 시합 경험과 우수한 운동능력을 가지고 있는 축구선수처럼 상대편 골을 향해 서로 제휴하면서 전속력으로 질주하는 축구형 조직이라고 보면 가장 적합한 설명이 될 것이다.

예를 들어 보면 기업과 그 주변 환경을 구성하고 있는 조직들인 부품공급업체, 제조업체, 유통업체가 마치 한 조직처럼 고객의 다양한 욕구를 만족시키면서도 공유된 정보의 흐름으로 원자재 구입으로부터 소비자에게 판매되는 시점까지 분업의 효율성을 최대한 살려 비용을 절감하고자 하는 이유에서 비롯되었지만 가전, 자동차, 그리고 하

이테크 제품들의 유통 비용부담은 판매가의 30% 이상을 차지할 정도로 기업들에게 부담을 주고 있는 입장으로서 만일 총공급망관리(SCM)를 통해서 유통비용을 줄일 수 있다면 이익구조도 개선이 될 것이고 경쟁사의 비해서 가격우위를 차지하게 되는 것이다. 총공급망관리(SCM)를 통해서 굴지의 컴퓨터회사들을 앞서서 성장하고 있는 Dell Computer회사의 예를 통해서 보면 유통에 소요되는 비용이 차지하는 부분이 매우 크다는 것과 이를 통해서 고성능 PC를 저렴한 가격에 고객에게 판매할 수 있는 경쟁우위를 가지게 된 것이다. 유통혁신을 위해서 Dell Computer 사는 유통단계 철폐로 각 단계별 소요되는 비용구조를 개선할 수 있었고 이를 바탕으로 해서 경쟁우위를 가지게 되었다.

그 결과를 살펴보면

1) 고속 경영

- 최소자산으로 고효율 사업 진개(총자산이익률 ROA: 22.1% vs 7.5% In Avcragc)
- 최신기술을 빠른 시간 내 고객에게 전달 상품차별화 실현(하이텍 제품의 경우 최대 수명 3개월 이내 그 후 중고제품가격으로 하락)

2) 저비용 운영

- User Direct(고객과 직접 접촉), Outsourcing에 의한 고효율 경영
- 최소재고에 의한 간접비용과 재고비용의 최소화
- User Direct기법의 장점
  - 사용자의 요구를 직접 파악할 수 있어 고객 밀착서비스 제공
  - 총괄적 서비스 제공으로 만족도 높임, 관계형 마케팅으로 생애가치
  - 고객취향, 동향, 수요를 세밀히 파악해서 정확한 생산내용

종합적으로 보면 고객과 직접 일체가 되고 부품공급업자와 같은 정보 공유, 부품업체를 직접 소유하지 않고도 마치 동일 기업체처럼 민첩하게 움직이는 구조를 보유하고 Fedex를 통해 효율적 배달(Scalc mcrit)로 배달비용 최소화 연합조지(원자재 조달, 부품 조달, 생산, 판매)을 효율적으로 조절해 최고의 생산성을 추구한다.

SCM과 Big Data의 선두주자 : Dell Computer사의 사례

(물적유통관리의 목표 : 고객 서비스 향상 VS 물류비용 최소화)

① 20/80 Rule 실행 : SCM활용으로 비용 최소화 보잉사 10만 대 P.C 납품 후 30명의 고객지원팀 상주 : 소규모 불특정 고객을 위한 대리점이나 물류창고 보유하지 않음.

② USER DIRECT 수요동향/ 고객의 Need 파악(일일 5만 통의 전화, 일주일 200만 명 인터넷 접속) 주문 후 생산 시작.

③ DATABASE관리고객 PC마다 고유번호 부여 후 D/B관리로 문제 발생전화 중 80%를 10분 내 처리, 빠른 선호도 파악 가능관계 마케팅으로 연결

④ 주문시점으로부터 4일내 고객의 취향에 맞는 제품 공급, 외국 7일 내 배달

예 아시아지역은 말레이지아 페낭지역에서 생산 후 공급

⑤ 평균재고자산은 8일분만 보유(타사대비 1/8 : 예)

- 이동중제품(Dell) : 주 문제품
- 이동중제품(타사) : 비주문제품

⑥ 부품공급업체와 시장흐름 정보공유 및 교류 : Lead 타임 1~3일 내 실현

⑦ 고객의 애호도 증진을 위해 개별화된 서비스 제공 : M/S S/W, 고객요구S/W 설치

⑧ 저렴한 가격에 최고급 사양 P.C 판매

- 표준화된 부품 사용함
- OUTSOURCING을 통해 비용절감을 꾀하고 생산기능 외 나머지기능은 개별 업체에 위임하여 업무 효율성을 확보하고자 함.

참고문헌

김규배 · 김동태 · 김문섭 · 김용철 · 김한구 · 김혜주 · 서준용 · 양수진 · 이경미 · 한웅희, 소비자행동론, 2022.

유동근, 소비자행동 원칙, 미래원, 1993, p.102.

이학식 · 안광호 · 하영원 · 석관호, 소비자행동, 2020.

황용철 · 송영식, 소비자행동론, 2019.

B. Rosenbloom, Marketing Channels, 5th ed., Dryclen Press 1995.

Bearden William & Michael Etzel, "Reference Group Inflences on Product and Brand Purchase Decisions," Journal of Research, 9, 1982, p.185.

Cohen David, Consumer Behavior, Random House Inc., 1981, p.75.

Donald H. Granbois, "Improving the Study of Customer In-store Behavior," Journal of Marketing 32, October 1968, pp.28~33.

John Mowen and Michael Minor, Consumer Behavior, A framework.

Susan Saegert, "Crowding in Real Environments", Sage Publications Beverly hills, 1976.

찾아보기

ㄱ

ㅈ

기타

저자 약력

■ 김 영 균(金泳均)

〈학력〉
- 미국 Indiana State University 경영학과 학사
- 미국 Indiana State University 경영학과 석사
- 미국 Indiana State University 경영학과 Ph.D Degree 수료
- 인하대학교 경영학 박사 마케팅 전공
- Stanford University Executive Program 수료

〈주요 경력〉
- 미국 State Farm Insurance Co. 금융지원팀 근무
- 미국 Johnson & Johnson 기획팀 근무
- 금호 아시아나그룹 회장부속실/기획실/영업기획팀 근무
- 미국 국방성 소속 한국조달사령부(USACCK) 계약심사직
- ㈜주신 대표이사
- BSC 컨설팅 Korea 부사장
- 경희대학교 경영대학원 겸임교수
- 국립인천대학교 학과장, 산학과장, 학생과장, 경영대학 부학장, 부원장 역임
- 국립인천대학교 발전기금 상임이사 및 경영대학 학부장 역임
- 국립인천대학교 테크노 경영학과 책임교수(현)

〈주요 활동〉
- 20대 대통령 인수위 자문위원/ 2016년 대통령 표창 수상
- ㈜백금T&A 사외이사(코스닥상장사) 역임
- (사)한국산업정보학회 편집위원 및 부회장, 회장 역임
- (사)한국경영교육학회 부회장(현)
- 공기업/ LH, GH/ 인천공항공사, 코레일네트웍스, 조달청 평가위원

〈저서〉
- 마케팅, 2016, 초아출판사.
- Business 2017, 초아출판사.
- 디지털경영전략 2판, 2005.
- 지식경영시대의 경영학, 도서출판 두남, 2006년 3월.
- Ambidexterity for my job or firm? Investigation of the impact of Psychological Ownership on exploitation, exploration and ambidexterity, European Management Review, 2020
- An Interview with Rami-Lee, CEO of InBody Co. Ltd., Journal of Global Information Technology, 2022.
- An Interview with Cheolho Jang, CTO of GolfZon Co. Ltd., Journal of Global Information Technology, 2023. 외 다수

■ 김 성 광(金聖光)

〈학력〉
- 단국대학교 생활음악과 학사
- 단국대학교 경영대학원 경영학 석사 예술경영 전공
- 인천대학교 대학원 경영학 박사 마케팅 전공

〈저서〉
- 김성광·권두순·최효근, 전직지원 프로그램의 자기결정성 요인이 자기효능감, 심리적 안녕감, 학습 성과에 미치는 영향, 디지털산업정보학회논문지, 제15권 1호, 2019, 3월.

- 신석영·김성광·권두순, 메이크업 서비스의 감정반응(PAD) 요인이 자기효능감과 회복탄력성을 통해 고객만족에 미치는 영향, 차세대융합기술학회논문지, 제6권 8호, 2022, 8월.
- 김소영·김성광·권두순·박동철, 카카오 게임 서비스 이용자의 몰입과 만족을 통한 충성도에 미치는 영향: 마음챙김 이론을 중심으로, 차세대융합기술학회논문지, 제7권 4호, 2023, 4월.
- 김수현·이도윤·김성광·권두순, 핀테크 서비스의 기술적 특성과 정보시스템 품질이 기술수용을 통해 고객만족에 미치는 영향, 차세대융합기술학회논문지, 제7권 4호, 2023, 4월.

임 영 수(林 映 秀)

〈학력〉
- 인천대학교 경영대학원 경영학 석사
- 인천대학교 대학원 경영학 박사

〈주요 경력〉
- 前) 강남외국어학원 원장
- 前) 대신학원 원장
- 前) 대성학원 원장
- 前) 서창사관 원장
- 前) 베니스스퀘어 관리위원장(소상공인 경영컨설팅)
- 前) 디지털전환전문강사(중소기업 경영컨설팅)

- 수(修)경영연구소 대표
- 한국산업정보학회 이사
- 매일경제 전문면접관
- 남부孝노인복지센터 대표
- 요양보호사교육원 교수

Digital Nudges **소비자행동론**

초 판 1쇄 인쇄 —— 2023년 8월 25일
초 판 1쇄 발행 —— 2023년 8월 30일
지은이 —— 김 영 균·김 성 광·임 영 수
펴낸이 —— 전 두 표
펴낸곳 —— 도서출판 두남
서울시 강동구 성내로 6길 34-16 두남빌딩
신고 : 제25100-1988-9호
TEL : 02) 478-2065~7, 2311
FAX : 02) 478-2068
E-mail : dnbooks@dunam.co.kr
http://www.dunam.co.kr

정가 31,000원

ISBN 978-89-6414-974-4 93320